SIMON &
SCHUSTER

LIBROS EN
ESPAÑOL

Frank McCourt

LAS CENIZAS DE ÁNGELA: UNA MEMORIA

Traducción en español por Alejandro Pareja

Libros en Español
Published by Simon & Schuster

SIMON & SCHUSTER
LIBROS EN ESPAÑOL
Rockefeller Center
1230 Avenue of the Americas
New York, NY 10020

Copyright © 1996 por Frank McCourt
Traducción en español por Alejandro Pareja.
Copyright © 1997 por Maeva Ediciones, S.L.

Esta edición en español publicado en acuerdo con Maeva Ediciones, S.L.

First Simon & Schuster Libros en Español Edition 1999

SIMON & SCHUSTER LIBROS EN ESPAÑOL y su colofón son marcas registradas
de Simon & Schuster Inc.

Hecho en los Estados Unidos de América

3   5   7   9   10   8   6   4   2

Datos de catalogación de la Biblioteca del Congreso:
Puede solicitarse información.

ISBN 0-684-85933-5

A mis hermanos
Malachy, Michael, Alphonsus.
Aprendo de vosotros, os admiro y os quiero.

Agradecimientos

Éste es un pequeño himno a unas mujeres excelsas.

R'lene Dahlberg atizó las ascuas. Lisa Schwarzbaum leyó las primeras páginas y me animó. Mary Breasted Smyth, que también es novelista y muy elegante, leyó el primer tercio del libro y lo hizo llegar a Molly Friedrich, que se convirtió en mi agente y que opinó que Nan Graham, editora jefe de la editorial Scribner, sería la persona ideal para poner en marcha el libro. Y Molly tenía razón.

Mi hija Maggie me ha enseñado que la vida puede ser una gran aventura, y los momentos exquisitos con mi nieta Chiara me han ayudado a recordar el sentimiento de asombro de un niño pequeño. Mi esposa, Ellen, escuchó mi lectura del libro y me animó hasta la última página.

Me siento bendito entre los hombres.

Frank McCourt *(en primera fila, derecha)* en el patio de su escuela
en Limerick, Irlanda, hacia 1938.

I

Mi padre y mi madre debieron haberse quedado en Nueva York, donde se conocieron, donde se casaron y donde nací yo. En vez de ello, volvieron a Irlanda cuando yo tenía cuatro años, mi hermano Malachy tres, los gemelos, Oliver y Eugene, apenas uno, y mi hermana Margaret ya estaba muerta y enterrada.

Cuando recuerdo mi infancia me pregunto cómo pude sobrevivir siquiera. Fue, naturalmente, una infancia desgraciada, se entiende: las infancias felices no merecen que les prestemos atención. La infancia desgraciada irlandesa es peor que la infancia desgraciada corriente, y la infancia desgraciada irlandesa católica es peor todavía.

En todas partes hay gente que presume y que se lamenta de las penalidades de sus primeros años, pero nada puede compararse con la versión irlandesa: la pobreza; el padre, vago, locuaz y alcohólico; la madre, piadosa y derrotada, que gime junto al fuego; los sacerdotes, pomposos; los maestros de escuela, despóticos; los ingleses y las cosas tan terribles que nos hicieron durante ochocientos largos años.

Sobre todo... estábamos mojados.

A lo lejos, en el Océano Atlántico, se juntaban grandes cortinas de lluvia que subían poco a poco por el río Shannon y se asentaban para siempre en Limerick. La lluvia humedecía la ciudad desde la festividad de la Circuncisión hasta la Nochevieja. Producía una cacofonía de toses secas, de ronquidos bronquíticos, de estertores asmáticos, de ahogos tísicos. Convertía las narices en fuentes, los pulmones en esponjas llenas de bacterias. Inspiraba remedios a discreción: para ablandar el catarro se cocían cebollas en leche ennegrecida con pimienta; para la congestión se preparaba una pasta con harina hervida y ortigas, se envolvía en un trapo y se aplicaba, humeante, al pecho.

De octubre a abril, las paredes de Limerick estaban relucientes de humedad. La ropa no se secaba nunca: los abrigos de *tweed* y de lana albergaban a seres vivos; a veces brotaban en ellos vegetaciones misteriosas. En las tabernas salía vapor de los cuerpos y de las ropas húmedas, que era aspirado con el humo de los cigarrillos y de las pipas, sazonado con las emanaciones rancias de la cerveza negra y del whiskey derramados e impregnado del olor de la orina que entraba a bocanadas de los urinarios exteriores, donde muchos hombres vomitaban su sueldo semanal.

La lluvia nos empujaba a la iglesia, nuestro refugio, nuestra fuerza, nuestro único lugar seco. En la misa, en la bendición, en las novenas, nos apiñábamos en grandes masas húmedas, dormitando mientras el sacerdote hablaba con voz monótona, mientras el vapor subía de nuestras ropas para mezclarse con el olor dulzón del incienso, de las flores y de las velas.

Limerick se labró una reputación de ciudad piadosa, pero nosotros sabíamos que sólo era a causa de la lluvia.

Mi padre, Malachy McCourt, nació en una granja de Toome, en el condado de Antrim. Como su propio padre, se crió desmandado, metido en líos con los ingleses, o con los irlandeses, o con ambos. Luchó en el IRA antiguo, y por algún acto desesperado acabó siendo un fugitivo y pusieron precio a su cabeza.

Cuando yo era niño miraba a mi padre, con su cabello ralo, con los dientes que se le caían, y me preguntaba por qué querría nadie pagar dinero por una cabeza como aquélla. Cuando tenía trece años, la madre de mi padre me contó un secreto:

—Cuando tu pobre padre era un mocito lo dejaron caer de cabeza en el suelo. Fue un accidente, ya no fue el mismo desde entonces, y debes tener presente que la gente que se ha caído de cabeza puede ser un poco especial.

Como habían puesto precio a esa cabeza que había caído al suelo, tuvieron que sacarlo clandestinamente de Irlanda en un carguero que zarpó del puerto de Galway. En Nueva York, en plena ley seca, creyó que se había muerto y que había ido al infierno por sus pecados. Después descubrió los bares clandestinos y se regocijó.

Después de vagar y de beber por América y por Inglaterra anheló la paz en el ocaso de su vida. Regresó a Belfast, que crecía a su alrededor como una erupción. Se dijo «Malditas sean todas sus casas» y se dedicó a charlar con las señoritas de Andersontown. Ellas lo tentaban con manjares exquisitos, pero él las echaba de su lado y se bebía su té. Ya no fumaba ni tocaba el alcohol: ¿para qué, entonces? Había llegado el momento de marcharse, y murió en el hospital Royal Victoria.

Mi madre, de soltera Ángela Sheehan, se crió en un barrio pobre de Limerick con su madre, dos hermanos, Thomas y Patrick, y una hermana, Agnes. No vio nunca a su padre, que había huido a Australia algunas semanas antes de nacer ella.

Después de una noche de beber cerveza negra en las tabernas de Limerick, llega tambaleándose por la calle cantando su canción favorita.

¿Quién ha tirado el guardapolvos en la sopa de la señora Murphy?
Nadie respondió, y él lo preguntó con voz más fuerte.
Es una sucia jugarreta irlandesa, y voy a dar una paliza al gracioso
Que ha tirado el guardapolvos en la sopa de la señora Murphy.

Está muy animado y se le ocurre jugar un rato con el pequeño Patrick, de un año. Un chiquillo encantador. Quiere mucho a su papá. Se ríe cuando su papá lo tira al aire. Arribota, mi pequeño Paddy, arribota, arriba por los aires, en la oscuridad, tan oscuro que, ay, Jesús, se te escapa el niño al bajar y el pobrecito Patrick aterriza de cabeza, gorjea un poco, gime, se queda callado. La abuela se levanta pesadamente de la cama, con la carga de la criatura que lleva en el vientre, mi madre. Apenas es capaz de levantar del suelo al pequeño Patrick. Gime con un largo gemido junto al niño y se dirige al abuelo.

—Largo de aquí. Fuera. Si te quedas un minuto más te doy con el hacha, loco borracho. Por Dios te digo que me ahorcarán por tu culpa. Fuera.

El abuelo se mantiene firme como un hombre.

—Tengo derecho a quedarme en mi propia casa —dice.

Ella corre hacia él y él se desvanece ante aquel derviche giratorio que lleva en brazos a un niño estropeado y otro sano que le bulle dentro. Sale a tropezones de la casa, baja por el callejón y no para hasta que llega a Melbourne, en Australia.

El pequeño Pat, mi tío, no volvió a ser el mismo. Se crió con debilidad mental, y la pierna izquierda se le iba para un lado, el cuerpo para el otro. No aprendió nunca a leer ni a escribir, pero Dios le otorgó otra bendición.

Cuando se puso a vender periódicos a los ocho años, sabía contar el dinero mejor que el mismo ministro de Hacienda. Nadie sabía por qué lo llamaban Ab Sheehan, el Abad, pero todo Limerick lo quería.

Los apuros de mi madre comenzaron la misma noche en que nació. Allí está mi abuela en la cama, agitándose y jadeando con los dolores del parto, rezando a San Gerardo Majella, santo patrono de las embarazadas. Allí está la enfermera O'Halloran, la comadrona, vestida con sus mejores galas. Es Nochevieja, y la señora O'Halloran espera con impaciencia que nazca este niño para poder marcharse corriendo a las fiestas y a los cotillones. Dice a mi abuela:

—Haga el favor de empujar, ¿quiere? Empuje. Jesús, María y el santo San José, si no se da prisa con este niño, no nacerá hasta el Año Nuevo, y ¿de qué me servirá entonces mi vestido nuevo? Déjese de San Gerardo Majella. ¿Qué puede hacer un hombre por una mujer en unos momentos como éstos, aunque sea santo? San Gerardo Majella, y una mierda.

Mi abuela traslada sus oraciones a Santa Ana, patrona de los partos difíciles. Pero el niño no quiere llegar. La enfermera O'Halloran dice a mi abuela que rece a San Judas Tadeo, santo patrono de los casos desesperados.

—San Judas Tadeo, patrono de los casos desesperados, ayúdame. Estoy desesperada.

Gruñe, empuja, y aparece la cabeza de la criatura, sólo la cabeza, mi madre, y entonces dan las doce y llega el Año Nuevo. En la ciudad de Limerick hay una explosión de silbatos, bocinas, sirenas, bandas, gentes que gritan y cantan «Feliz Año Nuevo», «Llegado ya el momento de la separación», y las campanas de todas las iglesias tocan el Ángelus, y la enfermera O'Halloran llora por su vestido que no le sirvió de nada:

—Esa criatura sigue allí, y yo con la ropa buena. ¿Quieres salir, criatura? ¿Quieres?

Mi abuela da un empujón fuerte y la criatura está en el mundo: es una niña preciosa con el pelo negro y rizado y los ojos azules y tristes.

—Ay, Dios del cielo —dice la enfermera O'Halloran—, esta criatura está entre dos épocas: ha nacido con la cabeza en el Año Nuevo y con el culo en el Viejo; o, mejor dicho, con la cabeza en el Año Viejo y con el culo en el Nuevo. Tendrá que escribir al Papa, señora, para enterarse de en qué año nació. Yo me guardaré este vestido para el año que viene.

Y a la criatura la llamaron Ángela, en recuerdo del Ángelus que sonó a la medianoche, en el Año Nuevo, en el momento en que llegó; y porque de todos modos era un angelito.

Ámala como en tu infancia.
Aunque esté débil, vieja y llena de canas.
Pues el amor de madre no te ha de faltar
Hasta que a ella la lleven a enterrar.

Ángela aprendió a leer, a escribir y a hacer cuentas en la escuela de San Vicente de Paúl, y cuando tenía nueve años terminaron sus estudios. Probó suerte como asistenta, como criada, como doncella que abría las puertas y que llevaba un sombrerito blanco, pero no era capaz de hacer la pequeña reverencia que se exige, y su madre le dijo:

—No tienes maña. No sirves. Eres totalmente inútil. ¿Por qué no te marchas a América, donde hay sitio para las inutilidades de todo tipo? Te pagaré el pasaje.

Llegó a Nueva York justo a tiempo de vivir el primer día de Acción de Gracias de la Gran Depresión. Conoció a Malachy en una fiesta que habían organizado Dan MacAdorey y su esposa Minnie en la avenida Classon de Brooklyn. A Malachy le gustó Ángela y él le gustó a ella. Él tenía un aspecto apocado, resultado de los tres meses que acababa de pasar en la cárcel por haber robado un camión. Su amigo John McErlaine y él se creyeron lo que les habían contado en el bar clandestino: que el camión estaba lleno hasta el techo de cajas de latas de judías con tocino. Ninguno de los dos sabía conducir, y cuando los policías vieron un camión que iba dando bandazos y acelerones por la avenida Myrtle lo hicieron parar. Los policías registraron el camión y se preguntaron por qué querría alguien robar un camión que no contenía judías con tocino sino cajas de botones.

En vista de que Ángela se sentía atraída por el aspecto apocado y de que Malachy se sentía solo después de pasar tres meses en la cárcel, tenía que llegar un tiemblarrodillas.

Un tiemblarrodillas es el acto propiamente dicho, realizado contra una pared, con el hombre y la mujer de puntillas, con tanta tensión que les tiemblan las rodillas a causa de la excitación.

Aquel tiemblarrodillas dejó a Ángela en estado interesante y, por supuesto, hubo habladurías. Ángela tenía unas primas, las hermanas MacNamara, Delia y Philomena, casadas respectivamente con Jimmy Fortune, del condado de Mayo, y con Tommy Flynn, del mismo Brooklyn.

Delia y Philomena eran unas mujeres grandes, con mucho pecho y feroces. Cuando caminaban majestuosamente por las aceras de Brooklyn, las criaturas inferiores se apartaban, les daban muestras de respeto. Las hermanas sabían lo que estaba bien y lo que estaba mal, y toda duda al respecto podía resolverla la Iglesia, que era Una, Santa, Católica, Apostólica y Romana. Sabían que Ángela, soltera, no tenía derecho a estar en estado interesante y que ellas debían tomar medidas.

Y vaya si las tomaron. Con Jimmy y Tommy a rastras, se dirigieron al bar clandestino de la avenida Atlantic donde se podía encontrar a Malachy los viernes, que eran sus días de cobro cuando tenía trabajo. El encargado del bar, Joey Cacciamani, no quería dejar entrar a las hermanas, pero Philomena le dijo que si no quería que le hundiese la nariz ni que le arrancase la puerta de su marco más le valía abrir, pues llevaban una misión divina. Joey respondió:

—Está bien, está bien, irlandeses. ¡Jesús! Líos, líos.

Malachy, que estaba al final de la barra, palideció, dirigió a las de los pechos grandes una sonrisa forzada, les ofreció una copa. Ellas hicieron caso omiso de la sonrisa y rehusaron la invitación.

—No sabemos de qué especie de tribu de Irlanda del Norte vienes tú —dijo Delia.

—Algunos creen que tienes parientes presbiterianos. Así se explicaría lo que has hecho a nuestra prima —añadió Philomena.

—Bueno, bueno —dijo Jimmy—. Si tiene parientes presbiterianos, no es culpa suya.

—Tú, a callar —dijo Delia.

Tommy se sintió obligado a intervenir:

—Lo que has hecho a esa pobre y desgraciada muchacha es una deshonra para la raza irlandesa y debería darte vergüenza.

—*Och*, me la da —dijo Malachy—. Me la da.

—Nadie te ha pedido que hables —dijo Philomena—. Ya has hecho bastante daño con tus disparates, de modo que cierra el pico.

—Y mientras tienes cerrado el pico —dijo Delia—, hemos venido a procurar que hagas lo que hay que hacer con nuestra pobre prima, Ángela Sheehan.

—*Och*, desde luego, desde luego —dijo Malachy—. Lo que hay que hacer es lo que hay que hacer, y tendré mucho gusto en invitaros a todos a una copa mientras tenemos esta pequeña conversación.

—Coge la copa y métetela por el culo —dijo Tommy.

—Apenas desembarca nuestra primita, estás detrás de ella —dijo Philomena—. En Limerick tenemos moral, ¿sabes? Moral. No somos como las conejas de Antrim, ese hervidero de presbiterianos.

—No tiene aspecto de presbiteriano —dijo Jimmy.

—Tú, a callar —dijo Delia.

—Y hemos notado otra cosa —dijo Philomena—. Tienes un aire muy raro.

—¿Sí? —dijo Malachy con una sonrisa.

—Sí —dijo Delia—. Creo que es una de las primeras cosas que notamos en ti, ese aire raro, y nos intranquiliza.

—Es esa sonrisita falsa de presbiteriano —dijo Philomena.

—*Och* —dijo Malachy—, es que tengo mal la dentadura.

—No hay dentadura que valga, y con o sin aire raro te vas a casar con esa muchacha —dijo Tommy—. Vais a ir al altar.

—*Och* —dijo Malachy—, no tenía pensado casarme, ¿sabéis? No hay trabajo, y yo no sería capaz de sacar adelante...

—Pues te casarás —dijo Delia.

—Irás al altar —dijo Jimmy.

—Tú, a callar —dijo Delia.

Malachy las vio marchar.

—Estoy en un aprieto tremendo —dijo a Joey Cacciamani.

—Y que lo digas —dijo Joey—. Si yo veo llegar a esas nenas, me tiro al río Hudson.

Malachy estudió el aprieto en que estaba. Le quedaban de su último trabajo algunos dólares en el bolsillo y tenía un tío en San Francisco o en algún otro de los santos de California. ¿No estaría mejor en California, lejos de las hermanas MacNamara con sus pechos grandes y de sus maridos torvos? Sí que estaría mejor; y decidió tomarse un trago de whiskey irlandés para celebrar su decisión y su marcha. Joey sirvió el trago y la bebida estuvo a punto de despellejar la garganta a Malachy. ¡Llamar a eso whiskey irlandés! Dijo a Joey que aquello era un brebaje de la Ley Seca que había salido del alambique del mismo diablo.

—Yo no sé nada, yo no hago más que servir —dijo Joey, encogiéndose de hombros.

Pero era mejor que nada, y Malachy pidió otro.

—Y tómate tú otro, Joey, y pregunta a esos dos honrados italianos qué les apetece tomar. ¿Qué dices? Claro que tengo dinero para pagar.

Se despertó en un banco de la estación del ferrocarril de Long Island; un policía le daba golpecitos en las botas con la porra, ya no tenía dinero para huir y las hermanas MacNamara estaban dispuestas a comérselo vivo en Brooklyn.

Malachy se casó con Ángela el día de San José, un día crudo de marzo, cuatro meses después del tiemblarrodillas, y el niño nació en agosto. En noviembre, Malachy se emborrachó y decidió que ya era hora de inscribir al niño en el registro. Pensó que podría llamar al niño Malachy, como él, pero con su acento de Irlanda del Norte y sus balbuceos alcohólicos el funcionario lo entendía tan mal que no escribió más que «Varón» en el registro de nacimientos.

Sólo a finales de diciembre llevaron a Varón a la iglesia de San Pablo para que lo bautizaran y le impusieran el nombre de Francis, en recuerdo del padre de su padre y del santo encantador de Asís. Ángela quería imponerle un nombre compuesto y llamarlo también Munchin, por el santo patrono de Limerick, pero Malachy dijo que eso sería por encima de su cadáver. Ningún hijo suyo llevaría un nombre de Limerick. Ya era bastante difícil ir por la vida con un solo nombre. Los nombres compuestos eran una costumbre americana atroz, y no hacía falta llevar otro nombre cuando a uno lo bautizan con el del hombre de Asís.

El día del bautizo se produjo un retraso cuando el padrino elegido, John McErlaine, se emborrachó en el bar clandestino y se olvidó de sus responsabilidades. Philomena dijo a su marido Tommy que él tendría que hacer de padrino.

—El alma del niño está en peligro —le dijo. Tommy bajó la cabeza y gruñó.

—Está bien: haré de padrino; pero no me hago responsable si sale como su padre, armando líos y yendo por la vida con ese aire raro, pues si sale así puede recurrir a John McErlaine, el del bar.

—Bien dicho, Tom —dijo el sacerdote—: tú sí que eres un hombre honrado, un buen hombre que nunca ha pisado un bar clandestino.

Malachy, que acababa de llegar del bar clandestino, se sintió insultado y quiso discutir con el sacerdote: sacrilegio sobre sacrilegio.

—Quítese ese alzacuellos y vamos a ver quién es hombre.

Tuvieron que contenerlo las de los pechos grandes y sus torvos maridos. Ángela, madre primeriza, agitada, olvidó que tenía al niño en brazos y lo dejó caer en la pila bautismal, una inmersión total a la manera protestante. El monaguillo que ayudaba al sacerdote sacó al niño de la pila y se lo devolvió a Ángela, que sollozó y lo apretó contra su pecho, chorreando. El sacerdote se rió, dijo que nunca había visto una cosa así, que el niño era todo un pequeño baptista y que no le hacía falta un sacerdote. Esto puso furioso de nuevo a Malachy, que quiso agredir al sacerdote por haber llamado protestante al niño. El sacerdote dijo:

—Cállate, hombre: estás en la casa de Dios.

Y cuando Malachy dijo «En la casa de Dios, y una mierda», lo echaron a la calle Court, porque no se puede decir mierda en la casa de Dios.

Después del bautizo, Philomena dijo que tenía té, jamón y bollos en su casa a la vuelta de la esquina.

—¿Té? —preguntó Malachy, y ella le respondió:

—Sí, té, ¿o es que prefieres whiskey?

Él dijo que el té estaba muy bien, pero que antes tenía que ir a arreglar cuentas con John McErlaine, que ni siquiera tuvo la consideración de cumplir con sus deberes de padrino.

—Lo único que buscas es una excusa para correr al bar —dijo Ángela, y él respondió:

—A Dios pongo por testigo de que beber es lo último en lo que estoy pensando.

Ángela rompió a llorar.

—Es el día del bautizo de tu hijo y tienes que ir a beber.

Delia le dijo que era un individuo repugnante, pero qué se podía esperar de Irlanda del Norte.

Malachy miró a una, miró a la otra, se balanceó de un pie a otro, se caló la gorra, se metió las manos a fondo en los bolsillos de los pantalones, dijo «*Och*, sí», como dicen en los rincones remotos del condado de Antrim, se dio la vuelta, echó a andar aprisa por la calle Court hacia el bar clandestino de la avenida Atlantic, donde estaba seguro de que lo llenarían de bebida gratis en atención al bautizo de su hijo.

En la casa de Philomena, las hermanas y sus maridos comían y bebían mientras Ángela permanecía sentada en un rincón dando el pecho al niño y llorando. Philomena se llenaba la boca de pan y jamón y decía a Ángela con voz profunda:

—Es lo que te pasa por ser tan tonta. Apenas habías desembarcado y vas y te enamoras de ese loco. Debías haberte quedado soltera, haber dado al niño para que lo adoptaran, y ahora serías una mujer libre.

Ángela rompió a llorar con más fuerza y Delia pasó al ataque.

—Ay, calla, Ángela, calla. Nadie tiene la culpa más que tú, por haberte quedado embarazada de un borracho del Norte, de un hombre que ni siquiera tiene aspecto de católico, con su aire raro. Yo diría que... que... que Malachy tiene un ramalazo de presbiteriano, de verdad. Tú, a callar, Jimmy.

—Si yo estuviera en tu lugar —dijo Philomena—, procuraría no tener más niños. Él no tiene trabajo, claro que no, y no lo tendrá nunca con esa manera de beber. Así que... ningún hijo más, Ángela. ¿Me escuchas?

—Sí, Philomena.

Un año más tarde nació otro niño. Ángela lo llamó Malachy, por su padre, y le dio un segundo nombre, Gerard, por el hermano de su padre.

Las hermanas MacNamara dijeron que Ángela no era más que una coneja y que no querían tener nada que ver con ella hasta que volviera a su sano juicio.

Sus maridos estuvieron de acuerdo.

Estoy en un parque infantil de la avenida Classon, en Brooklyn, con mi hermano Malachy. Él tiene dos años, yo tengo tres. Estamos en el balancín.

Arriba, abajo, arriba, abajo.

Malachy sube.

Yo me bajo.

Malachy baja. El balancín golpea el suelo. Él chilla. Tiene la mano en la boca y hay sangre.

Ay, Dios. La sangre es mala. Mi madre me matará.

Y allí está ella, intentando correr a través del parque infantil. Su gran barriga la obliga a ir despacio.

—¿Qué has hecho? —dice—. ¿Qué le has hecho al niño?

Yo no sé qué decir. No sé qué he hecho.

Me tira de la oreja.

—Vete a casa. Vete a la cama.

¿A la cama? ¿En pleno día?

Ella me empuja hacia la entrada del parque infantil.

—Vete.

Toma a Malachy en brazos y se marcha, tambaleándose.

El amigo de mi padre, el señor MacAdorey, está ante nuestro edificio. Está al borde de la acera con su esposa, Minnie, mirando a un perro que está tendido en el arroyo. Alrededor de la cabeza del perro hay un charco de sangre. Es del color de la sangre de la boca de Malachy.

Malachy tiene sangre de perro y el perro tiene sangre de Malachy.

Tiro al señor MacAdorey de la mano. Le digo que Malachy tiene sangre como el perro.

—Ah, sí, desde luego, Francis. Los gatos también la tienen. Y los esquimales. Todos tienen la misma sangre.

—Déjalo, Dan —dice Minnie—. Deja de confundir a la criaturita.

Me dice que al pobre perrito lo había atropellado un coche y que se había arrastrado desde el centro de la calle antes de morir. Quería volver a su casa, el pobre animalito.

—Será mejor que vuelvas a tu casa, Francis —dice el señor MacAdorey—. No sé qué has hecho a tu hermanito, pero tu madre se lo ha llevado al hospital. Vuelve a casa, muchacho.

—¿Morirá Malachy como el perro, señor MacAdorey?

—Se ha mordido la lengua —dice Minnie—. No morirá.

—¿Por qué murió el perro?

—Le llegó su hora, Francis.

En el apartamento no hay nadie y yo vago por las dos habitaciones, el dormitorio y la cocina. Mi padre ha salido a buscar trabajo y mi madre está en el hospital con Malachy. Me gustaría tener algo para comer, pero en la nevera no hay más que unas hojas de repollo que flotan en el hielo fundido. Mi padre me dijo que no comiera nunca nada que flotara en el agua porque podría estar podrido. Me quedo dormido en la cama de mis padres, y cuando mi madre me zarandea ya es casi de noche.

—Tu hermanito va a dormir un rato. Casi se ha arrancado la lengua de un mordisco. Le han puesto un montón de puntos. Vete a la otra habitación.

Mi padre está en la cocina tomando té negro en su gran tazón blanco esmaltado. Me levanta y me sienta en su regazo.

—Papá, ¿me cuentas el cuento de Cu Cu?

—Cuchulain. Dilo conmigo: Cu-ju-lín. Te contaré el cuento cuando digas bien el nombre Cu-ju-lín.

Yo lo digo bien, y él me cuenta el cuento de Cuchulain, que cuando era un muchacho tenía un nombre diferente, Setanta. Se crió en Irlanda, donde vivía papá cuando era niño, en el condado de Antrim. Setanta tenía un palo y una pelota, y un día golpeó la pelota y ésta se metió en la boca de un perro grande que era de Culain y lo ahogó. Culain se enfadó mucho y dijo:

—¿Qué voy a hacer ahora sin mi perro grande para que guarde mi casa, a mi mujer y a mis diez hijos pequeños, además de numerosos cerdos, gallinas, ovejas?

—Lo siento —dijo Setanta—. Yo guardaré tu casa con mi palo y mi pelota y me llamaré Cuchulain, el Perro Guardián de Culain.

Y así lo hizo. Guardó la casa, y las regiones vecinas, y llegó a ser un gran héroe, el Perro Guardián de todo el Ulster. Papá decía que fue un héroe mayor que Hércules y que Aquiles, de los que tanto presumían siempre los griegos, y que podía medirse con el rey Arturo y con todos sus caballeros siempre que la pelea fuera limpia, cosa que, naturalmente, nunca podía esperarse cuando se luchaba contra un inglés.

Éste es mi cuento. Papá no puede contar este cuento a Malachy ni a ningún otro niño de los otros apartamentos del pasillo.

Termina el cuento y me deja probar su té. Está amargo, pero yo soy feliz sentado en su regazo.

Malachy tiene la lengua hinchada durante varios días y apenas puede emitir sonidos, mucho menos hablar. Pero aunque pudiera nadie le prestaría atención, porque tenemos dos niños recién nacidos nuevos que trajo un ángel en plena noche. Los vecinos dicen:

—Oh, ah, son unos niños preciosos: mirad qué ojos tan grandes.

Malachy está de pie en el centro de la habitación, levantando la vista a todos, señalándose la lengua y diciendo: «Uk, uk». Cuando los vecinos le dicen: «¿No ves que estamos mirando a tus hermanitos?», él se pone a llorar hasta que papá le da unas palmaditas en la cabeza.

—Métete la lengua, hijo, y sal a jugar con Frankie. Vamos.

En el parque infantil hablo a Malachy del perro que murió en la calle porque alguien le había metido una pelota en la boca. Malachy niega con la cabeza.

—No uk pelota. Coche uk mató perro.

Llora porque le duele la lengua y apenas puede hablar, y es terrible no poder hablar. No me deja que lo empuje en el columpio.

—Tú uk me matas uk en balancín —me dice. Pide a Freddie Leibowitz que lo empuje y está contento, se ríe cuando sube con el columpio hacia el cielo. Freddie es mayor, tiene siete años, y yo le pido que me empuje.

—No —dice—: tú has intentado matar a tu hermano.

Intento impulsar el columpio yo mismo, pero lo único que consigo es moverlo para delante y para atrás, y me enfado porque Freddie y Malachy se están riendo de mí porque no sé columpiarme. Ahora son grandes amigos, Freddie, de siete años, y Malachy, de dos. Se ríen constantemente, y la lengua de Malachy mejora con la risa.

Cuando se ríe se puede ver lo blancos, lo pequeños y lo bonitos que tiene los dientes y se le ven brillar los ojos. Tiene los ojos azules, como mi madre. Tiene el pelo dorado y las mejillas rosadas. Yo tengo los ojos castaños, como papá. Tengo el pelo negro y mis mejillas se ven blancas en el espejo. Mi madre dice a la señora Leibowitz, del apartamento del fondo del pasillo, que Malachy es el niño más feliz del mundo. Ella dice a la señora Leibowitz, del apartamento del fondo del pasillo, que Frankie tiene el aire raro de su padre. Yo me pregunto qué es eso del aire raro, pero no puedo preguntarlo porque no debería estar escuchándolas.

Me gustaría poder subir en el columpio hasta el cielo, hasta las nubes. Quizás pudiera volar por todo el mundo y dejar de oír a mis hermanos, Oliver y Eugene, llorar en plena noche. Mi madre dice que siempre tienen hambre. También ella llora en plena noche. Dice que está agotada de cuidar a los niños, de darles el pecho y de cambiarlos y que cuatro niños son demasiados para ella. Le gustaría tener una nena sólo para ella. Daría cualquier cosa por tener una nena.

Estoy en el parque infantil con Malachy. Yo tengo cuatro años; él tiene tres. Me deja que lo empuje en el columpio porque no se le da bien columpiarse solo y Freddie Leibowitz está en la escuela. Tenemos que quedarnos en el parque infantil porque los gemelos están dormidos y mi madre dice que está agotada.

—Id a jugar —dice—, y concededme un descanso.

Papá ha salido otra vez a buscar trabajo y a veces vuelve a casa oliendo a whiskey, cantando todas las canciones que hablan de la sufrida Irlanda. Mamá se enfada y dice que se pasa a Irlanda por el culo. Él dice que ésa no es manera de hablar delante de los niños y ella dice que se deje de maneras de hablar, que lo que le hace falta es comida en la mesa y no la sufrida Irlanda. Dice que el día que suprimieron la Ley Seca fue aciago porque papá consigue beber pasándose por las tabernas y prestándose a barrer los bares y a mover barriles a cambio de un whiskey o de una cerveza. A veces trae a casa restos de la comida que le dan gratis, pan de centeno, carne en conserva, pepinillos en vinagre. Deja la comida en la mesa y él bebe té. Dice que la comida es un choque para el sistema y que no sabe cómo podemos tener siempre tanto apetito.

—Tienen tanto apetito porque se están muriendo de hambre casi siempre —dice mamá.

Cuando papá consigue un trabajo, mamá está alegre y canta:

> *Cualquiera entenderá por qué quería yo tu beso,*
> *Tenía que ser, y la razón es ésta,*
> *¿Puede ser cierto que alguien como tú*
> *Pueda amarme a mí, amarme a mí?*

Cuando papá trae a casa el sueldo de la primera semana, mamá está encantada porque puede pagar al italiano simpático de la tienda de comestibles y puede volver a llevar la cabeza bien alta, pues en el mundo no hay nada peor que tener deudas y tener que deber favores a nadie. Limpia la cocina, lava los tazones y los platos, quita de la mesa las migas y los restos de comida, limpia la nevera y encarga a otro italiano un nuevo trozo de hielo. Compra papel higiénico para que lo llevemos al retrete que está en el pasillo y que, como ella dice, es mejor que mancharse el culo de negro con los titulares del *Daily News*. Hierve agua en el fogón y pasa un día entero lavando en un gran barreño de estaño nuestras camisas y calcetines, los pañales de los gemelos, nuestras dos sábanas, nuestras tres toallas. Lo tiende todo en el tendedero de la parte trasera del edificio de apartamentos y vemos bailar la ropa al viento y al sol. Dice que a nadie le gusta que los vecinos se enteren por la colada de la ropa que tiene uno, pero que no hay nada como la suavidad de las ropas secadas al sol.

Cuando papá trae a casa el sueldo de la primera semana, la noche del viernes, sabemos que el fin de semana será maravilloso. La noche del sábado mamá pondrá agua a hervir en el fogón y nos bañará en el gran barreño de estaño y papá nos secará. Malachy se dará la vuelta para enseñarnos el trasero y papá fingirá que se escandaliza y todos nos reiremos. Mamá preparará chocolate de taza y podremos quedarnos levantados mientras papá nos cuenta un cuento que se inventa. Basta con que le digamos un nombre, el del señor MacAdorey o el del señor Leibowitz, el del apartamento del fondo del pasillo, y papá nos contará que los dos van remando por un río del Brasil, perseguidos por indios que tienen las narices verdes y los hombros de color pardo rojizo. Las noches como ésas podemos dejarnos caer dormidos sabiendo que habrá un desayuno con huevos, tomates fritos y pan frito, té con abundante leche y azúcar, y, más tarde, una gran comida a base de puré de patatas, guisantes y jamón, y un bizcocho borracho que hace mi madre con capas de fruta y natillas calientes y deliciosas sobre un bizcocho empapado de jerez.

Cuando papá trae a casa el sueldo de la primera semana y hace buen tiempo, mamá nos lleva al parque infantil. Se sienta en un banco y charla con Minnie MacAdorey. Cuenta a Minnie anécdotas de personajes de Limerick y Minnie le habla de personajes de Belfast y se ríen, porque en Irlanda hay gente divertida, tanto en el Norte como en el Sur. Después se enseñan mutuamente canciones tristes, y Malachy y yo dejamos los columpios y los balancines para sentarnos con ellas en el banco y cantar:

> *Un grupo de soldados jóvenes, una noche en un campamento,*
> *Hablaban de las novias que tenían.*
> *Todos parecían muy alegres salvo un muchacho*
> *Que estaba abatido y triste.*
> *Ven con nosotros, dijo uno de los mozos,*
> *Seguro que tienes a alguien.*
> *Pero Ned levantó la cabeza y dijo con orgullo:*
> *Estoy enamorado de dos que son como madres para mí;*
> *Y no voy a dejar a ninguna de las dos.*
> *Pues una es mi madre, que Dios la bendiga y la ame,*
> *Y la otra es mi novia.*

Malachy y yo cantamos esta canción y mamá y Minnie se ríen hasta que se les saltan las lágrimas de risa cuando Malachy hace una profunda reverencia y extiende los brazos hacia mamá al final. Dan MacAdorey llega de vuelta del trabajo y dice que Rudy Vallee debería empezar a preocuparse por la competencia.

Cuando volvemos a casa, mamá prepara té y pan con mermelada o puré de patatas con mantequilla y sal. Papá se bebe el té y no come nada. Mamá dice:

—Dios del cielo, ¿cómo puedes trabajar todo el día sin comer?

—Con el té basta —dice él.

—Vas a arruinarte la salud —dice ella, y él vuelve a decirle que la comida es un choque para el sistema. Se bebe el té y nos cuenta cuentos y nos enseña letras y palabras en el *Daily News* o se fuma un cigarrillo, contempla la pared, se pasa la lengua por los labios.

Cuando papá llega a la tercera semana de trabajo, no trae a casa el sueldo. La noche del viernes lo esperamos y mamá nos da pan y té. Cae la noche y en la avenida Classon se encienden las luces. Otros hombres que tienen trabajo están ya en sus casas y están tomando huevos para cenar, porque los viernes no se puede comer carne. Se oye a las familias hablar arriba, abajo y por el pasillo, y Bing Crosby canta en la radio: «Hermano, ¿me das diez centavos?».

Malachy y yo jugamos con los gemelos. Sabemos que mamá no cantará «Cualquiera entenderá por qué quería yo tu beso». Se queda sentada hablando sola, «¿qué voy a hacer?», hasta que es tarde y papá sube tambaleándose por las escaleras cantando *Roddy McCorley*. Abre la puerta y nos llama:

—¿Dónde está mi tropa? ¿Dónde están mis cuatro guerreros?

—Deja a esos niños en paz —dice mamá—. Se han acostado casi con hambre porque tú tenías que llenarte la tripa de whiskey.

Se planta en la puerta del dormitorio.

—Arriba, muchachos, arriba. Cinco centavos para todo el que prometa morir por Irlanda.

En un espeso bosque canadiense nos encontramos,
venidos de una isla reluciente.
Grande es la tierra que pisamos, pero
Nuestros corazones están en la nuestra.

—Arriba, muchachos, arriba. Francis, Malachy, Oliver, Eugene. Los caballeros de la Rama Roja, los hombres fenianos, el IRA. Arriba, arriba.

Mamá está sentada junto a la mesa de la cocina, temblando, con el pelo suelto y húmedo, con la cara mojada.

—¿No puedes dejarlos en paz? —dice—. Jesús, María y José, ¿no te basta con llegar a casa sin un centavo en el bolsillo? ¿Tienes que obligar a los niños a hacer el tonto, encima?

Se dirige a nosotros y nos dice:

—Volved a la cama.

—Yo quiero que estén levantados —dice él—. Quiero que estén preparados para el día en que Irlanda sea libre de costa a costa.

—No me hagas enfadar —dice ella—, porque entonces será un día triste en casa de tu madre.

Él se cala la gorra cubriéndose la cara y exclama:

—Mi pobre madre. Pobre Irlanda. *Och, ¿qué vamos a hacer?*

—Estás loco rematado, de atar —dice ella, y nos manda otra vez a la cama.

En la mañana del cuarto viernes de trabajo de papá, mamá le pregunta si volverá a casa por la noche con su sueldo o si se lo beberá todo otra vez. Él nos mira y sacude la cabeza como diciendo a mamá: «*Och*, no deberías hablar así delante de los niños».

Mamá sigue acosándolo.

—Te estoy preguntando si vas a volver a casa para que podamos cenar algo o si llegarás a medianoche sin dinero en el bolsillo, cantando *Kevin Barry* y todas las demás canciones tristes.

Él se pone la gorra, se mete las manos en los bolsillos de los pantalones, suspira y levanta la vista al techo.

—Ya te he dicho que volveré a casa —dice.

Ese mismo día, más tarde, mamá nos viste. Mete a los gemelos en el cochecito y nos ponemos en marcha por las largas calles de Brooklyn. Algunas veces deja a Malachy subirse al cochecito cuando está cansado de trotar al lado de ella. A mí me dice que soy demasiado mayor para ir en el cochecito. Yo podría decirle que me duelen las piernas de intentar seguir su paso, pero ella no canta y sé que hoy no están las cosas para decir que me duele algo.

Llegamos a una verja grande donde hay un hombre en una caseta con ventanas por todos los lados. Mamá habla con el hombre. Le pregunta si le deja entrar hasta el sitio donde pagan a los obreros y si podrían darle una parte del sueldo de papá para que él no se lo gaste en los bares. El hombre sacude la cabeza y dice:

—Lo siento, señora, pero si hiciéramos eso la mitad de las señoras de Brooklyn entrarían al asalto. Muchos hombres tienen el problema de la bebida, pero no podemos hacer nada mientras se presenten serenos y hagan su trabajo.

Esperamos en la acera de enfrente. Mamá me deja sentarme en la acera apoyado en la pared. Da a los gemelos sus biberones de agua con azúcar, pero Malachy y yo tenemos que esperar a que papá le dé dinero y podamos ir al italiano para comprar té, pan y huevos.

Cuando suena la sirena a las cinco y media empieza a salir por la puerta un enjambre de hombres con gorra y guardapolvos, con la cara y las manos negras del trabajo. Mamá nos dice que busquemos a papá con atención, pues ella casi no ve nada de un lado al otro de la calle: tan mal tiene la vista. Hay hombres a docenas; después sólo hay unos pocos y después no hay ninguno. Mamá exclama:

—¿Por qué no lo habéis visto? ¿Es que estáis ciegos, o qué?

Vuelve a dirigirse al hombre de la caseta.

—¿Está seguro de que no queda dentro ningún hombre?

—No, señora —dice él—. Han salido. No sé cómo ha podido darle esquinazo.

Volvemos por las largas calles de Brooklyn. Los gemelos enseñan los biberones y lloran pidiendo más agua con azúcar. Malachy dice que tiene hambre y mamá le dice:

—Esperad un poco; papá nos dará dinero y todos tomaremos una buena cena. Iremos al italiano, compraremos huevos y haremos tostadas en la lumbre del fogón y las comeremos con mermelada. Sí, lo haremos así, y estaremos a gusto y calentitos.

Está oscuro en la avenida Atlantic, y los bares próximos a la estación del ferrocarril de Long Island están iluminados y animados. Vamos de un bar a otro buscando a papá. Mamá nos hace esperar fuera con el cochecito mientras entra ella, o me envía a mí. Hay multitud de hombres ruidosos y rancios olores que me recuerdan a papá cuando llega a casa oliendo a whiskey.

El hombre que está detrás de la barra me dice:

—¿Qué quieres, hijo? No deberías estar aquí, ya lo sabes.

—Estoy buscando a mi padre. ¿Está aquí mi padre?

—No, hijo, ¿cómo voy a saberlo? ¿Quién es tu padre?

—Se llama Malachy y canta *Kevin Barry*.

—¿Malakey?

—No, Malachy.

—¿Malachy? ¿Y canta *Kevin Barry*?

Se dirige en voz alta a los hombres que están en el bar:

—¿Muchachos, alguno de vosotros conoce a un tal Malachy que canta *Kevin Barry*?

Los hombres niegan con la cabeza. Uno dice que conocía a un tal Michael que cantaba *Kevin Barry,* pero que se murió por culpa del alcohol que tomaba a causa de sus heridas de guerra.

—Jesús, Pete, ¿es que te he pedido que me cuentes la historia del mundo? —dice el barman—. No, chico. Aquí no dejamos cantar a la gente. Se arman líos. Especialmente los irlandeses. Si se les deja cantar, a continuación vienen los puñetazos. Por otra parte, nunca había oído un nombre como ése, Malachy. No, chico, aquí no hay ningún Malachy.

El hombre al que llaman Pete me acerca su vaso.

—Toma, chico, toma un trago.

Pero el barman le dice:

—¿Qué haces, Pete? ¿Quieres emborrachar al chico? Como vuelvas a hacer eso, Pete, salgo y te parto el culo.

Mamá prueba en todos los bares próximos a la estación antes de rendirse. Se apoya en una pared y se echa a llorar.

—Jesús, todavía tenemos que volver a la avenida Classon a pie, y tengo cuatro niños que se mueren de hambre.

Me hace que vuelva a entrar en el bar donde Pete me ofreció el trago para preguntar al barman si me podría llenar de agua los biberones de los gemelos, y quizás ponerles un poco de azúcar a cada uno. A los hombres que están en la barra les parece muy gracioso que el barman esté llenando biberones, pero éste es un hombre grande y les dice que cierren el pico. Me dice que los niños pequeños deben beber leche y no agua, y cuando yo le digo que mamá no tiene dinero él vacía los biberones y los llena de leche.

—Dile a tu mamá que les hace falta para los dientes y para los huesos —dice—. Si beben agua con azúcar, lo único que les da es el raquitismo. Díselo a tu mamá.

Mamá es feliz por la leche. Dice que sabe lo de los dientes, los huesos y el raquitismo, pero que el que pide no escoge.

Cuando llegamos a la avenida Classon va directamente a la tienda de comestibles del italiano. Dice al tendero que su marido se retrasa esa noche, que seguramente está haciendo horas extraordinarias, y le pregunta si sería posible llevarse algunas cosas que le pagará mañana con toda seguridad.

—Señora, usted siempre paga su cuenta tarde o temprano —dice el italiano—, puede llevarse de esta tienda todo lo que quiera.

—Oh, no quiero muchas cosas —dice ella.

—Lo que quiera, señora, porque sé que es una mujer honrada y tiene unos niños preciosos.

Tomamos huevos con tostadas y mermelada, aunque estamos tan cansados de andar por las largas calles de Brooklyn que apenas podemos mover las mandíbulas para masticar. Los gemelos se quedan dormidos después de comer y mamá los echa en la cama para cambiarles los pañales. Me envía a mí al fondo del pasillo a enjuagar los pañales sucios en el retrete para poder colgarlos a secar y usarlos al día siguiente. Malachy le ayuda a lavar el trasero a los gemelos, aunque también él está a punto de caer dormido.

Me arrastro a la cama con Malachy y con los gemelos. Dirijo la vista a mamá, que está junto a la mesa de la cocina, fumándose un cigarrillo, tomando té y llorando. Quiero levantarme y decirle que pronto seré un hombre y tendré trabajo en el sitio de la verja grande, y llegaré a casa todos los viernes por la noche con dinero para huevos, tostadas y mermelada, y ella podrá volver a cantar «Cualquiera entenderá por qué quería yo tu beso».

A la semana siguiente papá pierde el trabajo. Llega a casa ese viernes por la noche, arroja su sueldo sobre la mesa y dice a mamá:

—¿Estás contenta? Te presentas en la puerta a quejarte y a acusarme, y me despiden. Buscaban una excusa y tú se la ofreciste.

Toma algunos dólares de su sueldo y se marcha. Vuelve a casa tarde, vociferando y cantando. Los gemelos lloran, y mamá los tranquiliza y después pasa mucho rato llorando ella misma.

Pasamos horas enteras en el parque infantil cuando los gemelos están dormidos, cuando mamá está cansada y cuando papá llega a casa oliendo a whiskey, cantando a voces cómo ahorcaron a Kevin Barry un lunes por la mañana o la canción que habla de Roddy McCorley:

> Por la calle estrecha pasó,
> Sonriente, orgulloso y joven;
> Sus rizos dorados están pegados
> A la cuerda de cáñamo del cuello.
> Ni una lágrima en los ojos azules:
> Alegres y luminosos los tiene,
> Roddy McCorley, que va a la muerte
> Hoy, en el puente de Toome.

Mientras él canta y desfila alrededor de la mesa, mamá llora y los gemelos berrean con ella.

—Vete, Frankie; vete, Malachy —dice—. No debéis ver así a vuestro padre. Quedaos en el parque infantil.

No nos importa ir al parque infantil. Podemos jugar con las hojas que se amontonan en el suelo y podemos empujarnos el uno al otro en los columpios, pero más tarde llega el invierno a la avenida Classon y los columpios están helados y ni siquiera se mueven. Minnie MacAdorey dice:

—¡Que Dios ampare a estos pobrecitos niños! No tienen ni un guante entre los dos.

Esto me hace reír, porque sé que Malachy y yo tenemos cuatro manos entre los dos, y sería una tontería tener un solo guante. Malachy no sabe siquiera de qué me río: no sabrá nada hasta que tenga cuatro años para cumplir cinco.

Minnie nos hace entrar en su casa y nos da té y gachas con mermelada. El señor MacAdorey está sentado en un sillón con la nueva hija de los dos, Maisie. Sujeta el biberón de la niña y canta:

> *A dar palmas, a dar palmas,*
> *Que papá viene a casa,*
> *Con bollos en el bolsillo*
> *Sólo para Maisie.*
> *A dar palmas, a dar palmas,*
> *Que papá viene a casa,*
> *Y papá tiene dinero*
> *Y mamá no tiene nada.*

Malachy intenta cantar la canción, pero yo le digo que lo deje, que es la canción de Maisie. Se echa a llorar y Minnie dice:

—Ya, ya. Puedes cantar la canción. Es una canción para todos los niños.

El señor MacAdorey sonríe a Malachy, y yo me pregunto qué mundo es éste si cualquiera puede cantar la canción de cualquier otro.

—No frunzas el ceño, Frankie —dice Minnie—. Así se te oscurece la cara, y bien sabe Dios que ya la tienes bastante oscura. Algún día tendréis una hermanita y podréis cantarle esa canción. *Och*, sí. Tendréis una hermanita, seguro.

Minnie tiene razón, y el deseo de mamá se cumple. Pronto llega una criatura nueva, una niña, y la llaman Margaret. Todos queremos a Margaret. Tiene el pelo negro y rizado y los ojos azules como mamá, y mueve las manitas y gorjea como cualquier pajarillo de los árboles de la avenida Classon. Minnie dice que el día que nació esta criatura hubo fiesta en el cielo. La señora Leibowitz dice que no se habían visto nunca en el mundo esos ojos, esa sonrisa, esa felicidad.

—Me hace bailar —dice la señora Leibowitz.

Cuando papá llega a casa de buscar trabajo, coge en brazos a Margaret y le canta:

En un rincón oscuro, una noche de luna
Vi a un gnomo.
Con gorra morada y casaca verde,
con un pequeño cántaro a su lado.
Tic, toc, tic, sonaba su martillo
En un zapatito.
Oh, me río porque lo atraparon al fin,
Pero el hada se reía también.

Se pasea por la cocina con ella y le habla. Le dice lo preciosa que es con el pelo negro y rizado y con los ojos azules de su madre. Le dice que la llevará a Irlanda y que se pasearán por los valles de Antrim y se bañarán en el lago Neagh. Él encontrará trabajo pronto, claro que sí, y ella tendrá vestidos de seda y zapatos con hebillas de plata.

Cuanto más canta papá a Margaret, menos llora ella, y con el tiempo hasta empieza a reír. Mamá dice:

—Miradlo: quiere bailar con esa criatura en brazos, con lo torpe que es.

Mamá se ríe, y nos reímos todos.

Cuando los gemelos eran pequeños lloraban, y papá y mamá les decían «chis» y «sss», les daban de comer y ellos volvían a dormirse. Pero cuando llora Margaret, reina en el aire un gran ambiente de soledad y papá salta de la cama en un momento, la coge en brazos, baila despacio alrededor de la mesa, cantándole, haciendo sonidos como una madre. Cuando pasa junto a la ventana por donde entra la luz de la farola se le ven lágrimas en las mejillas, y eso es raro, pues él no llora nunca por nadie si no es cuando ha bebido y canta la canción de Kevin Barry y la canción de Roddy McCorley. Ahora llora por Margaret y no huele a alcohol.

—Está en el cielo con esa criatura —dice mamá a Minnie MacAdorey—. No ha tomado ni una gota desde que nació. Ojalá hubiera tenido una hija hace mucho tiempo.

—*Och*, son preciosas, ¿verdad? —dice Minnie—. Los niños también son estupendos, pero le hace falta una niña que sea sólo para usted.

—¿Sólo para mí? —dice mi madre, riéndose—. Dios del cielo, si no tuviera que darle el pecho no podría acercarme a ella siquiera, porque él quiere tenerla siempre en brazos, día y noche.

Minnie dice que de todos modos es precioso ver a un hombre tan encantado con su niña, pues ¿no están todos encantados con ella?

Todos.

Los gemelos ya se ponen de pie y andan, y sufren accidentes constantemente. Tienen los traseros irritados porque siempre están mojados y cagados. Se meten porquerías en la boca, trozos de papel, plumas, cordones de zapatos, y vomitan. Mamá dice que la estamos volviendo loca entre todos. Viste a los gemelos, los mete en el cochecito, y Malachy y yo los llevamos al parque infantil. El tiempo frío ha terminado y los árboles tienen hojas verdes a un lado y otro de la avenida Classon.

Corremos por el parque infantil con el cochecito y los gemelos se ríen y hacen gu, gu hasta que tienen hambre y rompen a llorar. En el cochecito hay dos biberones llenos de agua con azúcar, y esto los hace callar durante un rato, hasta que vuelven a tener hambre y lloran tanto que yo no sé qué hacer, porque son muy pequeños y me gustaría darles comida de todas clases para que se rieran e hicieran esos ruidos de críos. Les encanta la papilla que les prepara mamá en un cazo, pan machacado en leche con agua y azúcar. Mamá lo llama «pan con dulce».

Si llevo a los gemelos a casa ahora, mamá me chillará por no darle un momento de descanso o por despertar a Margaret. Debemos quedarnos en el parque infantil hasta que ella se asome a la ventana y nos llame. Yo hago muecas a los gemelos para que dejen de llorar. Me pongo un pedazo de papel en la cabeza y lo dejo caer, y ellos se ríen mucho. Llevo el cochecito hasta los columpios, donde Malachy está jugando con Freddie Leibowitz. Malachy está intentando contar a Freddy cómo Setanta se convirtió en Cuchulain. Yo le digo que deje de contar ese cuento, porque es mi cuento. Él no lo deja. Yo lo empujo y llora, «buaa, buaa, se lo contaré a mamá». Freddie me empuja y todo se vuelve oscuro dentro de mi cabeza y yo lo ataco con los puños, con las rodillas y con los pies hasta que él chilla, «Eh, para, para», y no lo hago porque no puedo, no sé hacerlo, y si me paro Malachy seguirá quitándome mi cuento. Freddie me aparta de un empujón y huye corriendo, chillando, «Frankie ha intentado matarme, Frankie ha intentado matarme». Yo no sé qué hacer porque nunca había intentado matar a nadie hasta entonces y ahora Malachy, que está sentado en el columpio, llora, «No me mates, Frankie», y tiene un aspecto tan indefenso que yo lo rodeo con mis brazos y le ayudo a bajar del columpio. Él me abraza.

—No volveré a contar tu cuento. No contaré a Freddie el cuento de Cu Cu.

A mí me dan ganas de reír, pero no puedo, porque los gemelos están llorando en el cochecito y el parque infantil está a oscuras, y ¿de qué sirve intentar hacer muecas y dejar caer cosas de la cabeza de uno cuando no pueden verte porque estás a oscuras?

La tienda de comestibles del italiano está en la acera de enfrente y yo veo plátanos, manzanas, naranjas. Sé que los gemelos pueden comer plátanos. A Malachy le encantan los plátanos, y a mí me gustan. Pero hace falta dinero, y los italianos no tienen fama de regalar plátanos, y menos a los McCourt, que ya les han dejado provisiones a deber.

Mi madre me dice siempre:

—No salgas nunca, nunca, de ese parque infantil si no es para volver a casa.

Pero ¿qué voy a hacer con los gemelos que berrean de hambre en el cochecito? Digo a Malachy que volveré en seguida. Me aseguro de que no mira nadie, cojo un racimo de plátanos ante la tienda de comestibles del italiano y corro por la avenida Myrtle, en dirección contraria al parque infantil, doy la vuelta a la manzana y vuelvo a entrar por el otro lado, donde hay un agujero en la valla. Llevamos el cochecito a un rincón oscuro y pelamos los plátanos para los gemelos. Hay cinco plátanos en el racimo y nos damos un banquete en el rincón oscuro. Los gemelos babean, mastican y se embadurnan de plátano la cara, el pelo, la ropa. Me doy cuenta de que me harán preguntas. Mamá querrá saber por qué están llenos de plátano los gemelos: «¿De dónde los sacaste?». No puedo contarle lo de la tienda del italiano de la esquina; tendré que decirle que nos los dio un hombre.

Eso diré. Un hombre.

Entonces pasa una cosa muy rara. Hay un hombre en la puerta del parque infantil. Me llama. Dios mío, es el italiano.

—Oye, hijo, ven aquí. Oye, te estoy hablando. Ven aquí.

Me acerco a él.

—Eres el chico que tiene los hermanitos pequeños, ¿verdad? ¿Los gemelos?

—Sí, señor.

—Toma. Tengo una bolsa de fruta. No te la doy: es que la voy a tirar, ¿entiendes? De modo que, toma, coge la bolsa. Hay manzanas, naranjas, plátanos. Te gustan los plátanos, ¿verdad? Creo que te gustan los plátanos, ¿no? Ja, ja. Ya sé que te gustan los plátanos. Toma, coge la bolsa. Tienes una madre muy buena. ¿Y tu padre? Bueno, ya sabes, tiene ese problema, eso de los irlandeses. Da un plátano a los gemelos. Hazlos callar. Los oigo desde la acera de enfrente.

—Gracias, señor.

—Jesús, qué chico más educado. ¿Quién te lo ha enseñado?

—Mi padre me ha dicho que dé las gracias, señor.

—¿Tu padre? Ah, bueno.

Papá está sentado ante la mesa leyendo el periódico. Dice que el presidente Roosevelt es un buen hombre y que todo el mundo tendrá trabajo pronto en los Estados Unidos. Mamá está al otro lado de la mesa dando el biberón a Margaret. Tiene esa mirada dura que me da miedo.

—¿De dónde has sacado esa fruta?

—El hombre.

—¿Qué hombre?

—Me la ha dado el italiano.

—¿Has robado esa fruta?

—El hombre —dice Malachy—. El hombre ha dado la bolsa a Frankie.

—Y ¿qué le has hecho a Freddie Leibowitz? Estuvo aquí su madre. Una mujer encantadora. No sé qué haríamos sin ella y sin Minnie MacAdorey. Y tú vas y pegas al pobre Freddie.

—No, no —dice Malachy, dando saltos—. No intentó matar a Freddie. No intentó matarme a mí.

—Chis, Malachy, chis. Ven aquí —dice papá, y sienta a Malachy en su regazo.

—Ve al fondo del pasillo y pide perdón a Freddie —dice mi madre.

Pero papá dice:

—¿Tú quieres pedir perdón a Freddie?

—No.

Mis padres se miran el uno al otro.

—Freddie es un buen chico —dice papá—. No hacía más que empujar a tu hermanito en el columpio, ¿verdad?

—Quería quitarme mi cuento de Cuchulain.

—Och, vamos. A Freddie no le interesa el cuento de Cuchulain. Él tiene cuento propio. Tiene cuentos a centenares. Es judío.

—¿Qué es judío?

Papá se ríe.

—Judío es..., judío es una gente con cuentos propios. No les hace falta Cuchulain. Tienen a Moisés. Tienen a Sansón.

—¿Qué es Sansón?

—Si vas a hablar con Freddie te contaré más tarde quién fue Sansón. Pides perdón a Freddie, le dices que no lo volverás a hacer, y hasta puedes preguntarle quién fue Sansón. Lo que quieras, con tal de que hables con Freddie. ¿Quieres?

La niña pequeña da un pequeño quejido en los brazos de mi madre y papá se pone en pie de un salto, dejando caer a Malachy al suelo.

—¿Está bien?

—Claro que está bien —dice mi madre—. Está comiendo. Dios del cielo, eres un manojo de nervios.

Ahora están hablando de Margaret y se han olvidado de mí. No me importa. Voy al fondo del pasillo a pedir a Freddie que me hable de Sansón, a enterarme de si Sansón es tan bueno como Cuchulain, a enterarme de si Freddie tiene cuento propio o si todavía quiere robarme a Cuchulain. Malachy quiere venir conmigo ahora que mi padre está de pie y ya no tiene regazo.

—Oh, Frankie, Frankie, pasa, pasa —dice la señora Leibowitz—. Y el pequeño Malachy. Y dime, Frankie, ¿qué le has hecho a Freddie? ¿Has intentado matarle? Freddie es un niño bueno, Frankie. Lee su libro. Escucha la radio con su papi. Columpia a tu hermano en el columpio. Y tú intentas matarle. Oh, Frankie, Frankie. Y tu pobre madre con la niña enferma.

—No está enferma, señora Leibowitz.

—Enferma está. Ésa es una niña enferma. Entiendo de niños enfermos. Yo trabajo en el hoztipal. No me cuentes nada, Frankie. Entrad, entrad. Freddie, Freddie, ha venido Frankie. Sal. Frankie ya no te querrá matar. Tú y el pequeño Malachy. Bonito nombre judío. Toma trozo bollo, ¿eh? ¿Por qué te ponen nombre judío, eh? Así que vaso leche, trozo bollo. Estáis muy delgados, niños. Los irlandeses no coméis.

Nos sentamos a la mesa con Freddie, comemos bollo, bebemos leche. El señor Leibowitz está sentado en un sillón leyendo el periódico, oyendo la radio. A veces habla a la señora Leibowitz y yo no lo entiendo, porque le salen de la boca ruidos raros. Freddie lo entiende. Cuando el señor Leibowitz emite los ruidos raros, Freddie se levanta y le lleva un trozo de bollo. El señor Leibowitz sonríe a Freddie y le da una palmadita en la cabeza, y Freddie le devuelve la sonrisa y emite los ruidos raros.

La señora Leibowitz sacude la cabeza contemplándonos a Malachy y a mí.

—*Oy*, qué delgados.

Dice tantas veces *oy* que Malachy se ríe y dice *oy*, y los Leibowitz se ríen y la señora Leibowitz dice unas palabras que no entendemos:

—Cuando los *oyos* irlandeses sonríen...

La señora Leibowitz se ríe tanto que se le sacude el cuerpo y se tiene que sujetar el vientre, y Malachy vuelve a decir *oy* porque sabe que eso hace reír a todos. Yo digo *oy*, pero nadie se ríe, y sé que el *oy* es de Malachy, del mismo modo que Cuchulain es mío, y Malachy puede quedarse con su *oy*.

—Señora Leibowitz, mi padre me ha dicho que Freddie tiene un cuento favorito.

—San, San, *oy* —dice Malachy, y todos se ríen otra vez, pero yo no me río porque no recuerdo qué venía después de San.

—Sansón —mascula Freddie comiéndose su bollo, y la señora Leibowitz le dice:

—No hables con la foca llena.

Y yo me río porque ella es una persona mayor y dice «foca» en vez de «boca». Malachy se ríe porque yo me río, y los Leibowitz se miran entre sí y sonríen.

—No es Sansón —dice Freddie—. Mi cuento favorito es el de David y el gigante Goliat. David lo mató con un tirachinas, le clavó una piedra en la cabeza. Le cayó los sesos por el suelo.

—Se dice «le tiró» —dice el señor Leibowitz.

—Sí, papi.

Papi. Así llama Freddie a su padre, y yo llamo a mi padre «papá».

El susurro de mi madre me despierta.

—¿Qué le pasa a la niña?

Todavía es temprano y la mañana no ha entrado mucho en la habitación, pero se ve a papá junto a la ventana con Margaret en brazos. La mece y suspira, *och*.

—Está... ¿está enferma? —dice mamá.

—*Och*, está muy callada y está un poco fría.

Mi madre se levanta de la cama y coge a la niña.

—Ve por el médico. Ve, por Dios —y mi padre se pone los pantalones

35

por encima de la camisa; sin chaqueta, sin zapatos ni calcetines en este día de frío riguroso.

Esperamos en la habitación. Los gemelos están dormidos al fondo de la cama; Malachy se mueve a mi lado.

—Frankie, quiero beber agua.

Mamá mece a la niña en brazos en su cama.

—Oh, Margaret, Margaret, amorcito mío. Abre los preciosos ojitos azules, mi pequeña niñita.

Lleno una taza de agua para Malachy y para mí y mi madre gime:

—Agua para tu hermano y para ti. Muy bonito. Agua, ¿no? Y nada para vuestra hermana. Vuestra pobre hermanita. ¿Habéis preguntado si tenía boca? ¿Habéis preguntado si quiere tomar un trago de agua? No. Vamos, bebed vuestra agua, tu hermano y tú, como si no pasara nada. Es un día como otro cualquiera para los dos, ¿no? Y los gemelos durmiendo tan tranquilos mientras yo tengo aquí en mis brazos a su pobre hermanita enferma. Enferma en mis brazos. Ay, buen Jesús del cielo.

¿Por qué habla así? Hoy no habla como si fuera mi madre. Quiero ver a mi padre. ¿Dónde está mi padre?

Vuelvo a la cama y me pongo a llorar. Malachy dice: «¿Por qué lloras? ¿Por qué lloras?», hasta que mamá vuelve a reñirme.

—Tengo a tu hermana enferma en brazos, y tú gimiendo y lloriqueando. Como vaya a esa cama te voy a dar para que lloriquees con razón.

Papá vuelve con el médico. Papá huele a whiskey. El médico examina a la niña, le da pinchazos, le levanta los párpados, le toca el cuello, los brazos, las piernas. Se incorpora y sacude la cabeza.

—Ha muerto.

Mamá coge a la niña, la abraza, se vuelve hacia la pared. El médico hace preguntas:

—¿Ha habido algún accidente? ¿Ha dejado caer alguien a la niña? ¿Han jugado los niños con ella con demasiada violencia? ¿Ha pasado algo?

Mi padre niega con la cabeza. El médico dice que tendrá que llevársela para examinarla, y papá firma un papel. Mi madre suplica que le concedan algunos minutos más con su niña, pero el médico dice que no puede perder más tiempo. Cuando papá intenta coger a Margaret, mi madre se aparta contra la pared. Tiene un aspecto salvaje; su pelo negro y rizado está húmedo en su frente y tiene la cara totalmente sudada, los ojos muy abiertos y la cara brillante por las lágrimas; no deja de sacudir la cabeza y de gemir «Ay, no, ay, no», hasta que papá le quita suavemente a la niña de los brazos. El médico envuelve completamente a Margaret en una manta y mi madre grita:

—Ay, Jesús, la va a ahogar. Jesús, María y José, ayudadme.

El médico se marcha. Mi madre se vuelve a la pared y no se mueve ni emite un solo sonido. Los gemelos están despiertos y lloran de hambre, pero papá está de pie en el centro de la habitación, mirando fijamente al techo. Está pálido y se da golpes en los muslos con los puños. Se acerca a la cama, me pone la mano en la cabeza. Le tiembla la mano.

—Francis, voy a salir a comprar tabaco.

Mamá se queda en la cama todo el día; apenas se mueve. Malachy y yo llenamos los biberones de los gemelos de agua con azúcar. En la cocina encontramos media barra de pan duro y dos salchichas frías. No podemos tomar té porque la leche se ha cortado en la nevera, el hielo se ha fundido otra vez, y todo el mundo sabe que no se puede beber el té sin leche, a no ser que te lo dé tu padre en su propio tazón mientras te cuenta el cuento de Cuchulain.

Los gemelos tienen hambre otra vez, pero yo sé que no puedo darles agua con azúcar día y noche. Hiervo leche cortada en un cazo, machaco con la leche algo de pan duro e intento darles de comer en una taza, pan con dulce. Ellos hacen muecas y corren a la cama de mamá, llorando. Ella no aparta la cara de la pared y vuelven a correr a mi lado, llorando todavía. No quieren comer el pan con dulce hasta que yo disimulo con azúcar el sabor de la leche cortada. Ahora comen, sonríen y se frotan el dulce por la cara. Malachy quiere un poco, y si él puede comerlo, yo también puedo. Todos estamos sentados en el suelo comiendo el dulce y masticando la salchicha fría y bebiendo el agua que mi madre guarda en una botella de leche en la nevera.

Después de haber comido y bebido tenemos que ir al retrete que hay en el pasillo, pero no podemos entrar porque está dentro la señora Leibowitz, que tararea y canta.

—Esperad, niños —dice—; esperad, queridos. No tardaré ni un minuto.

Malachy da palmadas y baila, cantando:

—Esperad, niños; esperad, queridos.

La señora Leibowitz abre la puerta del retrete.

—Miradlo. Ya es todo un actorcito. Y bien, niños, ¿cómo está vuestra madre?

—Está en la cama, señora Leibowitz. El médico se ha llevado a Margaret y mi padre ha ido a comprar tabaco.

—Oh, Frankie, Frankie, ya te dije que era una niña enferma.

Malachy se la está agarrando.

—Tengo que mear. Tengo que mear.

—Pues mea ya. Mead, niños, y vamos a ver a vuestra madre.

Cuando hemos terminado de mear, la señora Leibowitz viene a ver a mamá.

—Oh, señora McCourt. *Oy vey*, querida. Mire esto. Mire estos dos gemelos. Desnudos. Señora McCourt, ¿qué le pasa? ¿Eh? ¿La niña está enferma? Hábleme. Pobre mujer. Y bien, dese la vuelta, señora. Hábleme. *Oy*, qué desorden hay aquí. Hábleme, señora McCourt.

Ayuda a mi madre a sentarse en la cama apoyada en la pared. Mamá parece más pequeña. La señora Leibowitz dice que traerá algo de sopa y me dice a mí que traiga agua para lavar la cara a mi madre. Yo mojo una toalla en agua fría y le humedezco la frente. Ella me aprieta la mano contra sus mejillas.

—Ay, Jesús, Frankie. Ay, Jesús.

No me suelta la mano y yo tengo miedo porque nunca la había visto así. Dice «Frankie» sólo porque es mi mano la que aprieta, pero está pensando en Margaret, no en mí.

—Tu hermanita preciosa está muerta, Frankie. Muerta. Y ¿dónde está tu padre?

Deja caer mi mano.

—¿Dónde está tu padre, he dicho? Bebiendo. Allí es donde está. No hay ni un centavo en casa. No encuentra trabajo, pero sí encuentra dinero para beber, dinero para beber, dinero para beber, dinero para beber.

Echa el cuerpo hacia atrás, da un cabezazo en la pared y grita:

—¿Dónde está? ¿Dónde está? ¿Dónde está mi nena? Ay, Jesús, María y José, ayudadme esta noche. Me voy a volver loca, de verdad, me voy a volver loca perdida.

La señora Leibowitz entra a toda prisa.

—Señora, señora, ¿qué pasa? La niña pequeña. ¿Dónde está?

Mi madre vuelve a gritar:

—Muerta, señora Leibowitz. Muerta.

Le cae la cabeza y se agita de un lado a otro.

—En plena noche, señora Leibowitz. En su cochecito. Debía haberla vigilado. Había pasado siete semanas en este mundo y se ha muerto en plena noche, sola, señora Leibowitz, sola en ese cochecito.

La señora Leibowitz abraza a mi madre.

—Calle, vamos, calle. Los niños recién nacidos se marchan así. Son cosas que pasan, señora. Se los lleva Dios.

—En el cochecito, señora Leibowitz. Junto a mi cama. Podía haberla cogido en brazos; y ella no tenía que morirse, ¿verdad? A Dios no le hacen falta los niños pequeños. ¿Qué va a hacer Dios con los niños pequeños?

—No lo sé, señora. No sé nada de Dios. Tómese una sopa. Buena sopa. Le dará fuerzas. Muchachos. Traed cuencos. Os daré sopa.

—¿Qué es cuencos, señora Leibowitz?

—Oh, Frankie, ¿no sabes lo que es un cuenco? Para la sopa, querido. ¿No tenéis un cuenco? Entonces, traed tazas para la sopa. Yo mezclo sopa de guisantes y sopa de lentejas. Sin jamón. A los irlandeses les gusta el jamón. Sin jamón, Frankie. Beba, señora. Bébase la sopa.

Da la sopa a mi madre a cucharadas, le limpia lo que le cae por la barbilla. Malachy y yo estamos sentados en el suelo tomando sopa en tazones. Damos la sopa a los gemelos a cucharadas. Está riquísima, caliente y sabrosa. Mi madre nunca hace sopa como ésta, y yo me pregunto si hay alguna posibilidad de que la señora Leibowitz llegue a ser mi madre. Freddie podía ocupar mi lugar y tener a mi madre y a mi padre también, y podía tener por hermanos a Malachy y a los gemelos. Ya no puede tener a Margaret porque ella es como el perro de la calle al que se llevaron. No sé por qué se llevaron a ella. Mi madre dijo que murió en su cochecito, y eso debe de ser como que lo atropelle a uno un coche, porque se te llevan.

Ojalá estuviera aquí la pequeña Margaret para tomar la sopa. Yo podría dársela con una cuchara, como se la está dando a mi madre la señora Leibowitz, y ella haría gorgoritos y se reiría como hacía con papá. Ya no lloraría, y mi madre no se quedaría día y noche en la cama y papá me contaría cuentos de Cuchulain y yo ya no querría que la señora Leibowitz fuera mi madre. La señora Leibowitz es agradable, pero yo prefiero que mi padre me cuente cuentos de Cuchulain y que Margaret gorgojee y mamá se ría cuando papá baila con lo torpe que es.

Minnie MacAdorey viene a ayudarnos.

—Madre de Dios, señora Leibowitz, estos gemelos apestan que clama al cielo.

—No sé lo qué opinará la Madre de Dios, Minnie, pero a estos gemelos hay que lavarlos. Necesitan pañales limpios. ¿Dónde están los pañales limpios, Frankie?

39

—No lo sé.

—No llevan más que trapos a modo de pañales —dice Minnie—. Voy a traer algunos de Maisie. Frankie, quítales esos trapos y tíralos.

Malachy quita el trapo a Oliver y yo forcejeo con Eugene. El imperdible está atascado, y cuando Eugene se retuerce, aquél se suelta, se le clava en la cadera y le hace llamar a mamá a gritos. Pero Minnie ha vuelto con una toalla, jabón y agua caliente. La ayudo a lavar la mierda seca y ella me deja espolvorear polvos de talco sobre la piel irritada de los gemelos. Ella dice que son unos niños buenos y que tiene una gran sorpresa para ellos. Sale al pasillo y vuelve con una cazuela de puré de patatas para todos. Las patatas tienen mucha sal y mantequilla, y yo me pregunto si hay alguna posibilidad de que Minnie llegue a ser mi madre para que yo pudiera comer siempre así. Si pudiera tener de madres a la señora Leibowitz y a Minnie al mismo tiempo, tendría toda la sopa y todo el puré de patatas que quisiera.

Minnie y la señora Leibowitz se sientan junto a la mesa. La señora Leibowitz dice que hay que hacer algo. Estos niños están descontrolados, y ¿dónde está el padre? Oigo que Minnie susurra que ha salido a beber. La señora Leibowitz dice que es terrible, terrible, cómo beben los irlandeses. Minnie dice que su Dan no bebe, que nunca toca el alcohol, y que Dan le dijo que cuando murió la niña ese pobre hombre, Malachy McCourt, iba como loco por la avenida Flatbush y por la avenida Atlantic, que lo echaron de todos los bares de la zona de la estación del ferrocarril de Long Island, que los policías lo habrían llevado a la cárcel si no fuera porque se trataba de la muerte de aquella nena encantadora.

—Aquí tiene cuatro niños encantadores —dice Minnie—, pero eso no lo consuela. Esa niña le había inspirado algo. Ni siquiera bebía desde que nació la niña, ¿sabe?, y eso era un milagro.

La señora Leibowitz quiere enterarse de dónde están las primas de mamá, aquellas mujeres grandes cuyos maridos son tan callados. Minnie las encontrará y les dirá que los niños están abandonados, descontrolados, que tienen el culo irritado y todo lo demás.

Dos días más tarde, papá regresa de su salida a comprar tabaco. Llega en plena noche, pero nos hace levantarnos de la cama a Malachy y a mí. Huele a alcohol. Nos hace ponernos firmes en la cocina. Somos soldados. Nos dice que debemos prometerle que moriremos por Irlanda.

—Sí, papá, sí.

Cantamos juntos *Kevin Barry*:

> *En Mountjoy, un lunes por la mañana,*
> *Muy alto, en el árbol de la horca,*
> *Kevin Barry entregó su vida joven*
> *Por la causa de la libertad.*
> *Era un mozo de dieciocho veranos*
> *Y nadie podrá negar*
> *Que cuando marchaba a la muerte esa mañana*
> *Iba con la cabeza bien alta.*

Llaman a la puerta: es el señor MacAdorey.

—*Och*, Malachy, por Dios, son las tres de la madrugada. Estás despertando a toda la casa con esas canciones.

—*Och*, Dan, sólo estoy enseñando a los chicos a morir por Irlanda.

—Puedes enseñarles a morir por Irlanda de día, Malachy.

—Es urgente, Dan, es urgente.

—Ya lo sé, Malachy, pero no son más que niños. Niños pequeños. Ahora vete a la cama como un hombre honrado.

—¡A la cama, Dan! ¿Qué voy a hacer en la cama? Allí está día y noche su carita, su pelo negro y rizado y sus ojos azules encantadores. Ay, Jesús, Dan, ¿qué voy a hacer? ¿La mató el hambre, Dan?

—Claro que no. Tu señora la estaba criando. Dios se la llevó. Él tiene sus razones.

—Una última canción, Dan, antes de acostarnos.

—Buenas noches, Malachy.

—Vamos, chicos. Cantad.

> *Porque amaba a la patria,*
> *Porque amaba la enseña verde,*
> *Va a morir como un mártir*
> *Con gesto orgulloso y alegre.*
> *Fiel hasta el fin, fiel hasta el fin*
> *Va por el camino que asciende;*
> *El joven Roddy McCorley va a la muerte*
> *Hoy, en el puente de Toome.*

—Moriréis por Irlanda, ¿verdad, chicos?

—Sí, papá.

—Y nos reuniremos todos en el cielo con vuestra hermanita, ¿verdad, chicos?

—Sí, papá.

Mi hermano está de pie con la cara apoyada en una pata de la mesa, y está dormido. Papá lo levanta, atraviesa la habitación tambaleándose, lo deja en la cama junto a mi madre. Yo me subo a la cama, y mi padre, que todavía está vestido, se acuesta a mi lado. Yo tengo la esperanza de que me abrace, pero él sigue cantando la canción de Roddy McCorley y hablando a Margaret, «Ay, mi amorcito de pelo rizado y de ojos azules, te habría vestido de seda y te habría llevado al lago Neagh», hasta que entra la luz del día por la ventana y yo me quedo dormido.

Aquella noche viene a verme Cuchulain. Tiene posado en el hombro un gran pájaro verde que no deja de cantar las canciones de Kevin Barry y de Roddy McCorley, y a mí no me gusta ese pájaro porque le cae sangre de la boca cuando canta. Cuchulain lleva en una mano la *gae bolga*, la lanza que es tan pesada que sólo él puede arrojarla. En la otra mano lleva un plátano, que no deja de ofrecerle al pájaro, pero éste se limita a dar graznidos y a escupirle sangre. Es extraño que Cuchulain soporte a un pájaro así. Si los gemelos me escupieran sangre cuando yo les ofreciese un plátano, creo que les daría en la cabeza con el plátano.

A la mañana siguiente mi padre está sentado junto a la mesa de la cocina y yo le cuento mi sueño. Él me dice que antiguamente no había plátanos en Irlanda, y que, aunque los hubiera habido, Cuchulain no habría ofrecido nunca uno a aquel pájaro, porque era el que vino de Inglaterra a pasar el verano y se posó en su hombro cuando se estaba muriendo, apoyado en una piedra, y cuando los hombres de Erín, que es Irlanda, querían matarlo tenían miedo hasta que vieron que el pájaro se bebía la sangre de Cuchulain, y entonces supieron que podían atacarlo sin peligro, malditos sucios cobardes.

—De manera que debes desconfiar de los pájaros, Francis, de los pájaros y de los ingleses.

Mamá pasa casi todo el día acostada mirando a la pared. Cuando bebe té o come algo lo vomita en el cubo que está debajo de la cama y yo tengo que vaciarlo y lavarlo en el retrete del pasillo. La señora Leibowitz trae su sopa y un pan muy raro que está trenzado. Mamá intenta cortarlo con un cuchillo, pero la señora Leibowitz se ríe y le dice que basta con tirar con la mano. Malachy dice que es pan de tirar, pero la señora Leibowitz dice: «No, es *challah*», y nos enseña a decirlo.

—*Oy*, irlandeses... —dice, sacudiendo la cabeza—, podréis vivir para siempre y no aprenderéis a decir *challah* como los judíos.

Minnie MacAdorey trae patatas y repollos y, a veces, un trozo de carne.

—*Och*, los tiempos son difíciles, Ángela, pero ese hombre encantador, el señor Roosevelt, encontrará puestos de trabajo para todos, y tu marido tendrá trabajo. Pobre hombre, no es culpa suya que haya una Depresión. Busca trabajo día y noche. Mi Dan tiene suerte, cuatro años trabajando para el ayuntamiento y no bebe. Se crió en Toome con tu marido. Algunos beben. Otros no. Es la maldición de los irlandeses. Ahora, come, Ángela. Recupérate de tu pérdida.

El señor MacAdorey dice a papá que hay trabajo en la WPA, y cuando consigue el trabajo hay dinero para comprar comida y mamá se levanta de la cama para limpiar a los gemelos y para darnos de comer. Cuando papá llega a casa oliendo a alcohol no hay dinero, y mamá le grita hasta que los gemelos se echan a llorar, y Malachy y yo salimos corriendo al parque infantil. Esas noches, mamá vuelve a meterse en la cama y papá canta las canciones tristes que hablan de Irlanda. ¿Por qué no la sostiene en sus brazos y le ayuda a quedarse dormida como hacía con mi hermanita que se murió? ¿Por qué no canta una canción que hable de Margaret o una canción que seque las lágrimas de mamá? Todavía nos saca de la cama a Malachy y a mí y nos hace ponernos firmes en camisa y prometer que moriremos por Irlanda. Una noche quiso incluso hacer prometer a los gemelos que morirían por Irlanda, pero ellos ni siquiera saben hablar, y mamá le gritó:

—Loco, desgraciado, ¿no puedes dejar en paz a los niños?

Él nos ofrece cinco centavos para que nos compremos un helado si le prometemos morir por Irlanda, y nosotros se lo prometemos, pero nunca nos da los cinco centavos.

La señora Leibowitz nos da sopa y Minnie MacAdorey nos da puré de patatas, y las dos nos enseñan a cuidar a los gemelos, a lavarles el trasero y a lavar los pañales cuando están llenos de mierda. La señora Leibowitz los llama pañales y Minnie los llama picos, pero no importa cómo los llamen, porque los gemelos los llenan de mierda igual. Cuando mamá se queda en la cama y papá sale a buscar trabajo nosotros podemos hacer lo que queramos todo el día. Podemos subir a los gemelos a los columpios pequeños del parque y co-

lumpiarlos hasta que tienen hambre y lloran. El italiano me llama desde la
acera de enfrente.

—Oye, Frankie, ven aquí. Ten cuidado al cruzar la calle. ¿Esos gemelos
tienen hambre otra vez?

Nos da trozos de queso y de jamón y plátanos, pero yo ya no soy capaz
de comer plátanos desde que el pájaro escupió sangre a Cuchulain.

El hombre dice que se llama señor Dimino y que aquella señora que
está detrás del mostrador es su mujer, Ángela. Yo le digo que mi madre se
llama así.

—¿En serio, chico? ¿Tu madre se llama Ángela? No sabía que los irlandeses tenían Ángelas. Oye, Ángela, su madre se llama Ángela.

Ella sonríe y dice:
—Qué bonito.

El señor Dimino me hace preguntas acerca de mamá y de papá y me pregunta quién nos prepara de comer. Yo le digo que la señora Leibowitz y
Minnie MacAdorey nos dan comida. Le hablo de los pañales y los picos y de
cómo se llenan de mierda igual, y él se ríe.

—Ángela, ¿lo oyes? Gracias a Dios que eres italiana, Ángela. Muchacho
—me dice—, tengo que hablar con la señora Leibowitz. Tienes que tener
parientes que se ocupen de vosotros. Cuando veas a Minnie MacAdorey, dile
que venga a verme. Estáis descontrolados, chicos.

Hay dos mujeres grandes en la puerta.
—¿Quién eres? —me preguntan.
—Soy Frank.
—¡Frank! ¿Cuántos años tienes?
—Tengo cuatro años para cumplir cinco.
—No eres muy grande para tu edad, ¿verdad?
—No lo sé.
—¿Está tu madre en casa?
—Está en la cama.
—¿Qué hace en la cama en pleno día, con el día que hace?
—Está durmiendo.
—Bueno, vamos a pasar. Tenemos que hablar con tu madre.
Me rozan al pasar y entran en la habitación.
—Jesús, María y José, cómo huele aquí. Y ¿quiénes son estos niños?
Malachy se acerca corriendo a las mujeres grandes con una sonrisa.

Cuando sonríe se ve lo blancos, lo rectos y lo bonitos que tiene los dientes y se ve también el azul brillante de sus ojos, el rosado de sus mejillas. Todo ello hace sonreír a las mujeres grandes, y yo me pregunto por qué no sonreían cuando hablaban conmigo.

—Yo soy Malachy —dice Malachy—, y éste es Oliver y éste es Eugene, son gemelos, y ése de allí es Frankie.

—Bueno, no tienes nada de tímido ¿verdad? —dice la mujer grande de pelo castaño—. Yo soy Philomena, prima de tu madre, y ésta es Delia, prima de tu madre. Yo soy la señora de Flynn y ella es la señora de Fortune, y así has de llamarnos.

—Cielo santo —dice Philomena—. Estos gemelos están desnudos. ¿No tenéis ropas para ellos?

—Están llenas de mierda —dice Malachy.

—¿Lo ves? —ruge Delia—. Es lo que pasa. Tiene una boca como una cloaca, y no es de extrañar, con un padre del Norte. No digas esa palabra. Es una palabra fea, una palabrota. Podrías ir al infierno por decir una palabra así.

—¿Qué es el infierno? —dice Malachy.

—Bien pronto lo sabrás —dice Delia.

Las mujeres grandes se sientan junto a la mesa con la señora Leibowitz y Minnie MacAdorey. Philomena dice que es terrible lo que pasó con la niña pequeña de Ángela. Se habían enterado, y uno se pregunta qué hicieron con el cuerpecito, ¿verdad? Usted se lo pregunta y yo me lo pregunto, pero Tommy Flynn no tenía dudas. Tommy dijo que Malachy, el del Norte, había vendido a aquella niña por dinero.

—¿Por dinero? —dice la señora Leibowitz.

—Eso es —dice Philomena—. Por dinero. Compran cadáveres de cualquier edad y hacen experimentos con ellos, y no les sobra gran cosa para devolver, ni tampoco querría uno que le devolviesen trozos de niño que no se pueden enterrar en sagrado en esas condiciones.

—Es terrible —dice la señora Leibowitz—. Ningún padre ni ninguna madre entregarían a su hijo para una cosa así.

—Sí lo entregarían cuando tienen el ansia del alcohol —dice Delia—. Cuando tienen el ansia entregarían a sus propias madres, así que ¿qué les importa una niña que, al fin y al cabo, ya está muerta?

La señora Leibowitz sacude la cabeza y se agita en su silla.

—*Oy* —dice—, *oy, oy, oy.* Pobre niña. Pobre madre. Doy gracias a Dios porque mi marido no tiene el... ¿cómo lo llaman? ¿El ansia? Eso es, el ansia. Son los irlandeses los que tienen el ansia.

—Mi marido no —dice Philomena—. Si se presentara un día en casa con el ansia le partiría la cara. Pero es verdad que Jimmy, el de Delia, tiene el ansia. Todos los viernes por la noche se le ve entrar en el bar.

—No hace falta que empieces a insultar a mi Jimmy —dice Delia—. Trabaja. Trae su sueldo a casa.

—Será mejor que no lo pierdas de vista —dice Philomena—. El ansia podría dominarlo y entonces tendrías entre manos a otro Malachy del Norte.

—Ocúpate de tus puñeteros asuntos —dice Delia—. Al menos, Jimmy es irlandés y no ha nacido en Brooklyn como tu Tommy.

Y Philomena no tiene respuesta para esto.

Minnie tiene en brazos a su niño y las mujeres grandes dicen que es un niño encantador, limpio, no como este rebaño de Ángela que corretea por aquí. Philomena dice que no sabe dónde ha adquirido Ángela esas costumbres tan sucias, porque la madre de Ángela era limpísima, tan limpia que se podían comer sopas en sus suelos.

Yo me pregunto por qué querría alguien comer sopas en los suelos habiendo mesas y sillas.

Delia dice que hay que hacer algo con Ángela y estos niños, porque son una deshonra, eso es lo que son, como para avergonzarse de ser parientes suyos. Hay que escribir una carta a la madre de Ángela. Philomena la escribirá, porque un maestro de Limerick le dijo una vez que tenía buen puño. Delia tiene que explicar a la señora Leibowitz que tener buen puño significa tener buena letra.

La señora Leibowitz va a su apartamento del fondo del pasillo a tomar prestada la pluma estilográfica de su marido, papel y un sobre. Las cuatro mujeres se sientan a la mesa y redactan una carta para enviársela a la madre de mi madre:

Querida tía Margaret:

Tomo la pluma para escribir esta carta y espero que cuando recibas la presente estés como estamos nosotros, en buena salud. Mi marido Tommy está bien, trabajando, y el marido de Delia, Jimmy, está bien, trabajando, y esperamos que al recibo de la presente estéis bien. Siento mucho decirte que Ángela no está bien, pues la niña murió, la niña recién nacida que se llamaba Margaret en recuerdo de ti, y Ángela no ha vuelto a ser la misma desde entonces y se queda acostada en la cama mirando a la pared. Lo que es más peor todavía es que creemos que está esperando otra vez, y eso ya es demasiado. En el momento que pierde uno, ya hay otro en camino. No sabemos cómo lo hace. Lleva cuatro años casada y ha tenido cinco niños y otro en camino. Eso te demuestra lo que puede pasar cuando te casas con uno del Norte, pues allí arriba no se controlan, son un montón de protestantes. Sale a buscar trabajo cada día, pero nosotros sabemos que pasa todo el tiempo en los bares y que le pagan algunos dólares por barrer el suelo y por mover barriles y se gasta el dinero en alcohol acto seguido. Es terrible, tía Margaret, y todos creemos que Ángela y los niños estarían mejor en la tierra natal de ella. Nosotros no tenemos dinero para comprar los pasajes, pues corren tiempos difíciles, pero quizás tú pudieras ver la manera. Esperamos que al recibo de la presente estéis bien, nosotros bien, gracias a Dios y a Su Santa Madre.

Queda tu querida sobrina
Philomena Flynn (de soltera MacNamara)
y, en último lugar pero no menos importante, tu sobrina
Delia Fortune (de soltera MacNamara también, ja, ja, ja).

La abuela Sheehan envió dinero a Philomena y a Delia. Ellas compraron los pasajes, encontraron un baúl de viaje en la Conferencia de San Vicente de Paúl, alquilaron una furgoneta para que nos llevara al puerto de Manhattan, nos dejaron a bordo del barco, dijeron «adiós» y «qué alivio» y se marcharon.

El barco se separó del muelle.

—Ésa es la estatua de la Libertad —dijo mamá—, y ésa es la isla de Ellis, por donde entraban todos los emigrantes.

Después se inclinó por la borda y vomitó, y el viento del Atlántico lo esparció todo por encima de nosotros y de otras personas felices que admiraban el panorama. Los pasajeros maldijeron y corrieron, llegaron gaviotas de todo el puerto y mamá se quedó colgada de la barandilla, débil y pálida.

II

————

Al cabo de una semana llegamos a Moville, en el condado de Donegal, donde tomamos un autobús a Belfast; de allí tomamos otro autobús a Toome, en el condado de Antrim. Dejamos el baúl en una tienda y nos dispusimos a caminar las dos millas de la carretera que subía hasta la casa del abuelo McCourt. En la carretera estaba oscuro; la aurora apenas asomaba por las colinas lejanas.

Papá llevaba a los gemelos en brazos, y ellos se turnaban para llorar de hambre. Mamá se detenía cada pocos minutos para sentarse a descansar en el muro de piedra del borde de la carretera. Nos sentábamos con ella y veíamos cómo el cielo se volvía rojo, y después azul. Los pájaros empezaron a piar y a cantar en los árboles, y cuando se levantó el alba vimos en los campos unas extrañas criaturas que estaban de pie, mirándonos.

—¿Qué son, papá? —dijo Malachy.

—Vacas, hijo.

—¿Qué son vacas, papá?

—Las vacas son vacas, hijo.

Seguimos caminando por la carretera que se iba iluminando y vimos otras criaturas en los campos, unas criaturas blancas y peludas.

—¿Qué son, papá? —dijo Malachy.

—Ovejas, hijo.

—¿Qué son ovejas, papá?

—¿No acabarás de hacer preguntas? —le gritó mi padre—. Las ovejas son ovejas, las vacas son vacas, y eso de allí es una cabra. Una cabra es una cabra. La cabra da leche, la oveja da lana, la vaca da de todo. ¿Qué más quieres saber, en nombre de Dios?

Y Malachy aulló de miedo, porque papá no nos hablaba nunca de ese modo, nunca nos hablaba con dureza. Podía hacernos levantar en plena noche y hacernos prometer que moriríamos por Irlanda, pero nunca gritaba de ese modo. Malachy corrió al lado de mamá, y ella le dijo:

—Ya, ya, amor, no llores. Es que tu padre está cansado de llevar a cuestas a los gemelos, y es difícil responder a tantas preguntas cuando se acarrean unos gemelos por el mundo.

Papá dejó a los gemelos en la carretera y extendió los brazos a Malachy. Entonces los gemelos empezaron a llorar y Malachy se colgó de mamá, sollozando. Las vacas mugían, las ovejas balaban, la cabra balitaba, los pájaros piaban en los árboles y el pitido de un automóvil lo atravesaba todo. Un hombre nos llamó desde el automóvil:

—¡Cielo santo! ¿Qué hacen ustedes en esta carretera a estas horas de la mañana del domingo de Resurrección?

—Buenos días, padre —dijo papá.

—¿Padre? —dije yo—. ¿Es tu padre, papá?

—No le hagas preguntas —dijo mamá.

—No, no: éste es un sacerdote —dijo papá.

—¿Qué es un...? —dijo Malachy; pero mamá le tapó la boca con la mano.

El sacerdote tenía el cabello blanco y llevaba un alzacuellos blanco.

—¿A dónde van? —preguntó.

—Por la carretera, a casa de los McCourt de Moneyglass —dijo papá; y el sacerdote nos llevó en su automóvil. Dijo que conocía a los McCourt, una familia excelente, buenos católicos, algunos de comunión diaria, y esperaba vernos a todos en misa, sobre todo a los pequeños yanquis que no sabían (Dios nos asista) lo que era un sacerdote.

Llegados a la casa, mi madre acerca la mano al cerrojo de la puerta exterior.

—No —dice mi padre—; por aquí no. Por la puerta principal no. Sólo utilizan la puerta principal para las visitas del sacerdote o para los funerales.

Rodeamos la casa hasta llegar a la puerta de la cocina. Papá empuja la puerta y allí están el abuelo McCourt tomando té en una jarra grande y la abuela McCourt friendo algo.

—*Och* —dice el abuelo—, estáis aquí.

—*Och*, aquí estamos —dice papá. Señala a mi madre.

—Ésta es Ángela.

—*Och*, debes estar agotada, Ángela —dice el abuelo.

La abuela no dice nada; vuelve a la sartén. El abuelo nos conduce a través de la cocina hasta una habitación grande con una mesa larga y sillas.

—Sentaos —dice— y tomad un té. ¿Queréis *boxty*?

—¿Qué es *boxty*? —dice Malachy. Papá se ríe.

—Son tortitas, hijo. Tortitas hechas con patatas.

—Tenemos huevos —dice el abuelo—. Hoy es domingo de Resurrección y podéis comeros todos los huevos que os entren.

Tomamos té, *boxty* y huevos cocidos, y todos nos quedamos dormidos. Me despierto acostado en una cama con Malachy y con los gemelos. Mis padres están en otra cama, junto a la ventana. ¿Dónde estoy? Está oscureciendo. Esto no es el barco. Mamá ronca, *hink*. Papá ronca, *honk*. Yo me levanto y empujo a papá con la mano.

—Tengo que mear.

—Usa el orinal —dice él.

—¿Qué?

—Debajo de la cama, hijo. El orinal. Tiene rosas y doncellas retozando en el valle. Mea en él, hijo.

Siento deseos de preguntarle de qué me está hablando, pues aunque esté a punto de reventar me parece raro mear en un orinal que tiene rosas y doncellas retozando, que no sé lo que son. No teníamos nada así en la avenida Classon, donde la señora Leibowitz cantaba en el retrete mientras nosotros nos la agarrábamos en el pasillo.

Ahora Malachy tiene que usar el orinal, pero quiere sentarse en él

—No, no puedes hacer eso, hijo —dice papá—. Tienes que ir afuera.

Cuando dice eso, a mí también me dan ganas de hacerlo sentado. Nos acompaña al piso de abajo y nos hace pasar por la habitación grande, donde el abuelo está sentado leyendo junto al fuego y la abuela dormita en su silla. Afuera está oscuro, aunque la luna alumbra lo suficiente para que veamos por dónde vamos. Papá abre la puerta de una casita que tiene un asiento con un agujero. Nos enseña a Malachy y a mí a sentarnos en el agujero y a limpiarnos con cuadrados de papel de periódico que están colgados de un clavo. Después nos dice que esperemos mientras él entra, cierra la puerta y gruñe. La luna brilla tanto que puedo ver el campo y aquellas cosas que se llaman vacas y ovejas, y me pregunto por qué no se van a su casa.

En la casa están otras personas en la habitación con mis abuelos.

—Éstas son vuestras tías —dice papá—: Emily, Nora, Maggie, Vera. Vuestra tía Eva está en Ballymena con niños como vosotros.

Mis tías no son como la señora Leibowitz ni como Minnie MacAdorey: hacen un gesto con la cabeza, pero no nos abrazan ni sonríen. Mamá entra en la habitación con los gemelos, y cuando papá dice a sus hermanas «Ésta es Ángela, y éstos son los gemelos», se limitan a hacer un nuevo gesto con la cabeza.

La abuela se marcha a la cocina y pronto tenemos pan, salchichas y té. El único que habla en la mesa es Malachy. Apunta con su cuchara a las tías y les vuelve a preguntar cómo se llaman. Cuando mamá le dice que se coma la salchicha y se calle, se le llenan los ojos de lágrimas y la tía Nora extiende la mano para consolarlo. «Ya, ya», le dice; y yo me pregunto por qué todos dicen «ya, ya» cuando Malachy llora. Me pregunto qué significa «ya, ya».

En la mesa reina el silencio hasta que papá dice:

—Las cosas están terribles en América.

—*Och*, sí, lo leo en el periódico —dice la abuela—. Pero dicen que el señor Roosevelt es un buen hombre, y si os hubieseis quedado quizás tendrías ya trabajo.

Papá sacude la cabeza, y la abuela dice:

—No sé qué vais a hacer, Malachy. Las cosas están peores aquí que en América. Aquí no hay trabajo, y bien sabe Dios que en esta casa no tenemos sitio para seis personas más.

—Pensé que podría encontrar trabajo en alguna de las granjas —dice papá—. Podríamos encontrar una casa pequeña.

—¿Dónde os alojaríais hasta entonces? —dice la abuela—. ¿Y cómo os sustentaríais tú y tu familia?

—*Och*, supongo que podría cobrar el subsidio de paro.

—No puedes desembarcar de un barco recién llegado de América y empezar a cobrar el paro —dice el abuelo—. Te hacen esperar una temporada, y ¿qué haríais mientras estuvieseis esperando?

Papá no dice nada, y mamá mira fijamente a la pared que tiene delante.

—Estaríais mejor en el Estado Libre —dice la abuela—. Dublín es grande, y seguro que hay trabajo allí o en las granjas de los alrededores.

—También tienes derecho a cobrar del IRA —dice el abuelo—. Hiciste tu parte, y han estado dando dinero a los hombres de todo el Estado Libre. Podríais ir a Dublín a solicitar ayuda. Nosotros podemos prestaros el importe de los billetes de autobús a Dublín. Los gemelos pueden ir sentados en vuestras rodillas y no tendréis que pagar billete por ellos.

Papá dice «*Och*, sí», y mamá mira fijamente a la pared con lágrimas en los ojos.

Después de comer volvimos a la cama, y a la mañana siguiente todos los mayores estaban sentados con expresión de tristeza. Pronto llegó un hombre en un automóvil y nos volvió a bajar por la carretera hasta la tienda donde nos guardaban el baúl. Subieron el baúl a la baca de un autobús y nosotros montamos en el autobús. Papá dijo que íbamos a Dublín.

—¿Qué es Dublín? —dijo Malachy; pero nadie le respondió.

Papá se puso a Eugene en las rodillas y mamá a Oliver. Papá miraba los campos y me dijo que por allí le gustaba pasearse a Cuchulain. Yo le pregunté dónde había metido Cuchulain de un golpe la pelota en la boca del perro, y él me dijo que fue algunas millas más allá.

—Mirad, mirad —dijo Malachy, y miramos. Era una gran capa plateada de agua, y papá dijo que era el lago Neagh, el lago más grande de Irlanda, el lago donde solía nadar Cuchulain después de sus grandes batallas. Cuchulain tenía tanto calor que cuando saltaba al lago Neagh éste se ponía a hervir y calentaba los campos de la comarca durante varios días. Algún día volveríamos todos e iríamos de pesca como el mismo Cuchulain. Pescaríamos anguilas y las freiríamos en una sartén, a diferencia de Cuchulain, que las arrancaba del lago y se las tragaba, serpenteantes, porque en una anguila hay mucha fuerza.

—¿Es verdad, papá?

—Lo es.

Mamá no miró el lago Neagh por la ventanilla. Tenía la mejilla apoyada en la cabeza de Oliver y miraba fijamente el piso del autobús.

Poco después, el autobús rueda por un lugar donde hay casas grandes, automóviles, caballos que tiran de carros, gente en bicicleta y cientos de personas a pie. Malachy está emocionado.

—Papá, papá, ¿dónde está el parque infantil, los columpios? Quiero ver a Freddie Leibowitz.

—*Och*, hijo, ahora estás en Dublín, lejos de la avenida Classon. Estás en Irlanda, muy lejos de Nueva York.

Cuando el autobús se detiene, bajan el baúl y lo dejan en el suelo de la estación de autobuses. Papá dice a mamá que ella se puede quedar sentada en un banco de la estación mientras él va a ver al hombre del IRA en un lugar que se llama Terenure. Dice que en la estación hay retretes para los niños, que no tardará, que tendrá dinero cuando vuelva y que todos podremos comer. Me dice que vaya con él, y mamá dice:

—No, lo necesito para que me ayude.

Pero cuando papá dice: «Necesitaré ayuda para llevar todo ese dinero», ella se ríe y dice:

—Está bien: ve con tu papi.

«Tu papi». Eso significa que ella está de buen humor. Cuando dice «tu padre» significa que está de mal humor.

Papá me coge de la mano mientras yo camino a su lado al trote. Es un andarín rápido, Terenure está lejos y yo tengo la esperanza de que se detenga y me lleve a cuestas como hizo con los gemelos en Toome. Pero él avanza a buen paso sin decir nada, salvo para preguntar a la gente dónde está Terenure. Al cabo de cierto tiempo dice que estamos en Terenure y ahora tenemos que encontrar al señor Charles Heggarty, del IRA. Un hombre que tiene una mancha rosada en un ojo nos dice que es en aquella misma calle y que Charlie Heggarty vive en el número catorce, así lo parta un rayo.

—Veo que usted es un hombre que hizo su parte —dice el hombre a papá.

—*Och*, hice mi parte —dice papá; y el hombre dice:

—Yo también hice mi parte, y ¿qué he sacado en limpio? Un ojo de menos y una pensión que no daría de comer ni a un canario.

—Pero Irlanda es libre, y ésa es una cosa grande.

—Libre, y una mierda —dice el hombre—. Creo que estábamos mejor con los ingleses. Que tenga usted suerte, en todo caso, pues creo que ya sé a lo que ha venido.

Una mujer abre la puerta en el número catorce.

—Me temo que el señor Heggarty está ocupado.

Papá le dice que acaba de venir a pie desde el centro de Dublín con su hijo pequeño, que ha dejado a su esposa y a tres hijos esperándolos en la estación de autobuses y que si el señor Heggarty está tan ocupado lo esperaremos sentados en el umbral de la puerta.

La mujer regresa al cabo de un minuto a decir que el señor Heggarty dispone de un poco de tiempo y que si tendríamos la bondad de acompañarla. El señor Heggarty está sentado ante un escritorio, cerca de un fuego vivo.

—¿Qué puedo hacer por usted? —dice.

Papá se planta ante el escritorio y dice:

—Acabo de regresar de América con mi esposa y mis cuatro hijos. No tenemos nada. Yo combatí en una Columna Volante durante la revolución y espero que pueda ayudarme ahora que lo necesito.

El señor Heggarty toma el nombre de papá y pasa las páginas de un libro grande que tiene en su escritorio. Sacude la cabeza.

—No; aquí no hay ninguna constancia de sus servicios.

Papá pronuncia un largo discurso. Cuenta al señor Heggarty cómo luchó, cuándo, dónde, cómo tuvieron que sacarlo de Irlanda clandestinamente porque habían puesto precio a su cabeza, cómo estaba educando a sus hijos en el amor a Irlanda.

El señor Heggarty dice que lo siente pero que no puede ponerse a dar dinero a cada hombre que se presenta allí y le asegura que hizo su parte. Papá me dice:

—Recuerda esto, Francis. Ésta es la nueva Irlanda. Hombrecillos en sillitas con pedacitos de papel. Ésta es la Irlanda por la que murieron los hombres.

El señor Heggarty dice que estudiará la solicitud de papá y que le informará con toda seguridad del resultado. Nos dará dinero para tomar el autobús de vuelta a la ciudad. Papá mira las monedas que tiene en la mano el señor Heggarty y dice:

—Podría darme un poco más para pagarme una pinta.

—Ah, lo que le interesa es beber, ¿no es así?

—Una pinta casi no es beber.

—Sería capaz de volver a pie todas esas millas y de hacer andar al niño por tomarse una pinta, ¿verdad?

—Nadie se ha muerto por andar.

—Quiero que salga de esta casa —dice el señor Heggarty—, o llamaré a un guardia, y tenga la seguridad de que no tendrá noticias mías. No estamos repartiendo dinero para apoyar a la familia Guinness.

Cae la noche por las calles de Dublín. Los niños ríen y juegan bajo las farolas; las madres los llaman desde las puertas de las casas; nos llegan olores de las cocinas durante todo el camino; por las ventanas vemos a la gente sentada a la mesa, comiendo. Yo estoy cansado y hambriento y quiero que papá me lleve a cuestas, pero sé que no sirve de nada pedírselo ahora, en vista de cómo tiene de tensa y de rígida la cara. Le dejo que me coja de la mano y corro para seguir su paso hasta que llegamos a la estación de autobús, donde mamá espera con mis hermanos.

Todos están dormidos en el banco, mi madre y mis tres hermanos.

Cuando papá dice a mamá que no hay dinero, ella sacude la cabeza y solloza:

—Ay, Jesús, ¿qué vamos a hacer?

Un hombre con un uniforme azul se acerca y le pregunta:

—¿Qué pasa, señora?

Papá le dice que estamos desamparados allí en la estación de autobuses, que no tenemos dinero ni dónde ir y que los niños tienen hambre. El hombre dice que va a salir de servicio, que nos llevará al cuartel de la policía, donde tenía que ir en todo caso para presentar su informe, y que allí verán lo que se puede hacer.

El hombre de uniforme nos dice que lo llamemos «guardia». Así se llama a los policías en Irlanda. Nos pregunta cómo se llama a los policías en América, y Malachy dice que «poli». El guardia le da unas palmaditas en la cabeza y le dice que es un pequeño yanqui muy listo.

En el cuartel de la policía el sargento nos dice que podemos pasar allí la noche. Dice que, sintiéndolo mucho, sólo nos puede ofrecer el suelo. Es jueves, y las celdas están llenas de hombres que se habían bebido el dinero del subsidio de paro y que no querían salir de las tabernas.

Los guardias nos dan té caliente y dulce y gruesas rebanadas de pan untadas de mantequilla y de mermelada, y nosotros nos ponemos tan contentos que corremos por el cuartel, jugando. Los guardias dicen que somos un gran grupo de pequeños yanquis y que les gustaría llevarnos a sus casas; pero yo digo que no, Malachy dice que no, los gemelos dicen que no, que no, y todos los guardias se ríen. Los hombres de las celdas extienden la mano y nos dan palmaditas en la cabeza; huelen igual que papá cuando vuelve a casa cantando canciones que dicen que Kevin Barry y Roddy McCorley van a morir. Los hombres dicen:

—Jesús, escuchad cómo hablan. Parecen estrellas de cine. ¿Os habéis caído del cielo, o qué?

Las mujeres de las celdas del otro extremo dicen a Malachy que es guapísimo y que los gemelos son muy ricos. Una mujer me dice:

—Ven aquí, cariño, ¿quieres un caramelo?

Yo asiento con la cabeza y ella dice:

—Muy bien; pon la mano.

Se saca algo pegajoso de la boca y me lo pone en la mano.

—Ahí tienes —dice—: un buen pedazo de caramelo. Mételo en la boca.

Yo no quiero metérmelo en la boca, porque está pegajoso y húmedo de su boca, pero no sé lo que hay que hacer cuando una mujer que está en una celda te ofrece un caramelo pegajoso, y estoy a punto de metérmelo en la boca cuando llega un guardia, coge el caramelo y se lo vuelve a tirar a la mujer.

—Deja en paz al niño, puta borracha —dice, y todas las mujeres se ríen.

El sargento entrega a mi madre una manta y ella se duerme tendida sobre un banco. Los demás nos echamos en el suelo. Papá se queda sentado con la espalda apoyada en la pared y con los ojos abiertos bajo la visera de su gorra, y fuma cuando los guardias le dan cigarrillos. El guardia que tiró el caramelo a la mujer dice que es de Ballymena, en el Norte, y habla con papá de la gente que conocen los dos de allí y de otras partes, como Cushendall y Toome. El guardia dice que algún día cobrará una pensión y que entonces vivirá en las orillas del lago Neagh y se pasará los días pescando.

—Anguilas —dice—, anguilas a discreción. Jesús, me encantan las anguilas fritas.

—¿Es éste Cuchulain? —pregunto a papá; y el guardia se ríe hasta que se le pone roja la cara.

—¡Ay, Madre de Dios! ¿Lo habéis oído? El chico quiere saber si yo soy Cuchulain. Es un pequeño yanqui y ha oído hablar de Cuchulain.

—No —dice papá—; no es Cuchulain, pero es un buen hombre que vivirá a orillas del lago Neagh y se pasará los días pescando.

Papá me está sacudiendo. «Arriba, Francis, arriba». En el cuartel hay ruido. Un muchacho que friega el suelo está cantando:

> *Cualquiera entenderá por qué quería yo tu beso,*
> *Tenía que ser, y la razón es ésta,*
> *¿Puede ser cierto que alguien como tú*
> *Pueda amarme a mí, amarme a mí?*

Yo le digo que ésa es la canción de mi madre y que debe dejar de cantarla, pero él se limita a dar una calada a su cigarrillo y se marcha y yo me pregunto por qué la gente tiene que cantar las canciones de los demás. Los hombres y las mujeres que salen de las celdas bostezan y gruñen. La mujer que me ofreció el caramelo se detiene y me dice:

—Había bebido, niño. Siento haberte hecho quedar mal.

Pero el guardia de Ballymena le dice:

—Sigue adelante, puta vieja, si no quieres que te vuelva a encerrar.

—Pues enciérrame —dice ella—. Entrar, salir. ¿Qué me importa, hijo de la grandísima puta?

Mamá está incorporada en el banco, envuelta en la manta. Una mujer de cabellos grises le trae una jarra de té y le dice:

—Muy buenas, soy la mujer del sargento y él ha dicho que podrían necesitar ayuda. ¿Le apetece un buen huevo pasado por agua, señora?

Mamá rehúsa con la cabeza.

—Ah, vamos, señora, seguro que un buen huevo le sentará bien en su estado.

Pero mamá rehúsa con la cabeza, y yo me pregunto cómo es capaz de rechazar un huevo pasado por agua, cuando no hay en el mundo una cosa igual.

Muy bien, señora —dice la mujer del sargento—: unas tostadas, entonces, y algo para los niños y para su pobre marido.

Vuelve a otra habitación y pronto tenemos té y pan. Papá se bebe su té pero nos entrega su pan, y mamá dice:

—Por el amor de Dios, cómete tu pan. No nos servirás de nada si te caes de hambre.

Él sacude la cabeza y pregunta a la mujer del sargento si sería posible que le dieran un cigarrillo. Ella le trae el cigarrillo y dice a mamá que los guardias del cuartel han hecho una colecta para pagarles el billete de tren a Limerick. Vendrá un automóvil a recoger nuestro baúl y a dejarnos en la estación de ferrocarril de Kingsbridge.

—Estarán en Limerick dentro de tres o cuatro horas —añade.

Mamá extiende los brazos y abraza a la mujer del sargento.

—Dios la bendiga a usted, a su marido y a todos los guardias —dice mamá—. No sé qué hubiéramos hecho sin ustedes. Bien sabe Dios lo agradable que es estar otra vez entre nuestra propia gente.

—Es lo menos que podíamos hacer —dice la mujer del sargento—. Tienen unos hijos encantadores, y yo misma soy de Cork y sé lo que es estar en Dublín sin dos peniques en el bolsillo.

Papá está sentado al otro extremo del banco, fumándose su cigarrillo, bebiéndose su té. Se queda allí hasta que llega el automóvil para llevarnos por las calles de Dublín. Papá pregunta al chófer si le importaría pasar por la central de Correos, y el chófer le dice:

—¿Quiere comprar un sello, o qué?

—No —dice papá—. He oído decir que han puesto una estatua nueva de Cuchulain en honor a los hombres que murieron en 1916, y me gustaría enseñársela a este hijo mío, que admira mucho a Cuchulain.

El chófer dice que no tiene idea de quién es ese Cuchulain, pero que no le importa en absoluto parar allí. Dice que también podrá entrar él mismo para ver la causa de todo ese alboroto, pues no ha entrado en la central de Correos desde que era niño, cuando los ingleses estuvieron a punto de derribarla con sus grandes cañones que disparaban desde el río Liffey. Dice que veremos los orificios de las balas en toda la fachada y que deberían dejarlos allí para recordar a los irlandeses la perfidia inglesa. Yo pregunto al hombre qué es la perfidia y él dice: «Pregúntaselo a tu padre», y yo voy a preguntárselo, pero nos paramos ante un edificio grande con columnas, y es la central de Correos.

Mamá se queda en el coche mientras nosotros seguimos al chófer hasta el interior de la central de Correos.

—Allí está —dice—; ése es vuestro Cuchulain.

Y yo siento que me caen las lágrimas porque lo estoy viendo por fin, a Cuchulain, allí en su pedestal en la central de Correos. Es dorado y tiene el pelo largo; le cuelga la cabeza y tiene un gran pájaro posado en el hombro.

—¿Y qué es todo esto, en nombre de Dios? —dice el chófer—. ¿Qué hace ese sujeto con el pelo largo y con el pájaro en el hombro? ¿Y tendrá usted la bondad de decirme, señor, qué tiene que ver esto con los hombres de 1916?

—Cuchulain luchó hasta la muerte como los hombres de la Semana de Pascua —dice papá—. Sus enemigos tenían miedo de acercarse a él hasta que no estuvieron seguros de que había muerto, y cuando el pájaro se posó en él y bebió su sangre lo supieron.

—Bueno —dice el chófer—, es un día triste para los hombres de Irlanda si tienen que recurrir a un pájaro para que les diga que un hombre está muerto. Creo que será mejor que nos vayamos, o perderemos ese tren de Limerick.

La mujer del sargento dijo que enviaría un telegrama a la abuela para que fuera a recogernos en Limerick, y allí estaba en el andén la abuela, con el pelo blanco, la mirada amarga, un chal negro y sin una sonrisa para mi madre ni para ninguno de nosotros, ni siquiera para mi hermano Malachy, que tenía una gran sonrisa y unos dulces dientes blancos. Mamá señaló a papá.

—Éste es Malachy —dijo, y la abuela asintió con la cabeza y apartó la vista. Llamó a dos chicos que rondaban por la estación de ferrocarril y les pagó para que llevasen el baúl. Los chicos tenían la cabeza afeitada, las narices llenas de mocos y no llevaban zapatos, y nosotros los seguimos por las calles de Limerick. Yo pregunté a mamá por qué no tenían pelo, y ella dijo que tenían la cabeza afeitada para que no hubiera ningún escondrijo para liendres.

—¿Qué es una liendres? —preguntó Malachy; y mamá dijo:

—No es una liendres. Es una liendre —dijo mamá.

—¿Queréis callaros? —dijo la abuela—. ¿Qué manera de hablar es ésa?

Los chicos silbaban, reían y correteaban como si llevaran zapatos, y la abuela les dijo:

—Dejaos de risas o se os va a caer ese baúl y lo vais a romper.

Ellos dejaron de silbar y de reír y nosotros los seguimos hasta un parque que tenía en el centro una columna alta con una estatua y una hierba tan verde que lo deslumbraba a uno.

Papá llevaba a cuestas a los gemelos. Mamá cargaba una bolsa en una mano y llevaba de la mano a Malachy con la otra. Cuando la abuela vio que se paraba cada pocos pasos para recobrar el aliento, le dijo:

—¿Todavía fumas esos pitillos? Esos pitillos serán tu muerte. Ya hay bastante tisis en Limerick sin que encima fume la gente, y es un capricho de ricos.

A lo largo del camino, al pasar por el parque, había centenares de flores de colores diferentes que entusiasmaron a los gemelos. Las señalaban y hacían ruidos chillones y todos nos reímos; todos menos la abuela, que se cubrió la cabeza con el chal. Papá se detuvo y dejó a los gemelos en el suelo para que pudieran estar más cerca de las flores. «Flores», dijo, y los gemelos corrieron de un lado a otro, señalando, intentando decir «flores». Uno de los chicos que llevaban el baúl dijo:

—Dios, ¿es que son americanos?

—Lo son —dijo mamá—. Nacieron en Nueva York. Todos los niños nacieron en Nueva York.

El chico dijo al otro chico:

—Dios, son americanos.

Dejaron el baúl en el suelo y se quedaron mirándonos fijamente, y nosotros les devolvimos las miradas hasta que la abuela dijo:

—¿Os vais a quedar todo el día contemplando las flores y mirándoos pasmados los unos a los otros?

Y todos nos pusimos en marcha otra vez, salimos del parque, bajamos por un callejón estrecho y llegamos a otro callejón donde estaba la casa de la abuela.

Hay una hilera de casas pequeñas a cada lado del callejón y la abuela vive en una de las casas pequeñas. En su cocina hay un fogón de hierro negro, limpio y reluciente, con el fuego encendido. Hay una mesa adosada a la pared, bajo la ventana, y enfrente hay un aparador con tazas, platillos y jarrones. Este aparador está siempre cerrado con llave y ella guarda la llave en su monedero, porque no se debe usar nada de lo que contiene a no ser que alguien se muera o regrese del extranjero, o que venga de visita un sacerdote.

En la pared, junto al fogón, hay una estampa en la que aparece un hombre con el pelo largo y castaño y ojos tristes. Se señala el pecho, donde tiene un corazón grande del que le salen llamas.

—Es el Sagrado Corazón de Jesús —nos dice mamá, y yo le pregunto por qué está ardiendo el corazón del hombre y por qué no le echa agua.

—¿Es que estos niños no saben nada de su religión? —pregunta la abuela, y mamá le dice que en América las cosas son diferentes. La abuela dice que el Sagrado Corazón está en todas partes y que una ignorancia así no tiene excusa.

Bajo la estampa del hombre del corazón ardiendo hay una repisa con un vaso rojo en el que hay vela de llama vacilante, y junto a ella una figurilla.

—Ése es el Niño Jesús —nos dice mamá—, el Niño Jesús de Praga, y siempre que necesitéis alguna cosa podéis rezarle.

—Mamá..., ¿puedo decirle que tengo hambre? —pregunta Malachy, y mamá lo hace callar llevándose el dedo a los labios.

La abuela gruñe trasteando en la cocina, haciendo té y diciendo a mamá que corte la barra de pan, sin hacer las rebanadas demasiado gruesas. Mamá se sienta junto a la mesa jadeando y dice que cortará el pan en seguida. Papá coge el cuchillo y se pone a rebanar el pan, y advertimos que eso no le gusta a la abuela. Le frunce el ceño, pero no dice nada, a pesar de que está cortando rebanadas gruesas.

No hay sillas para todos, de modo que yo me siento en las escaleras con mis hermanos para tomarme el pan y el té. Papá y mamá se sientan a la mesa y la abuela se sienta bajo el Sagrado Corazón con su tazón de té.

—Bien sabe Dios que no sé lo que voy a hacer con vosotros —dice—. En esta casa no hay sitio para vosotros. No hay sitio ni siquiera para uno de vosotros.

Malachy dice «vosotros, vosotros» y le da una risa tonta, y yo digo «vo-

60

sotros, vosotros», y los gemelos dicen «vosotros, vosotros», y nos reímos tanto que apenas somos capaces de comernos el pan.

La abuela nos mira fijamente.

—¿De qué os reís? En esta casa no hay nada de qué reírse. Será mejor que os comportéis antes de que ajuste cuentas con vosotros.

No deja de decir «vosotros», Malachy se cae de risa, se le cae de la boca el pan y el té, y la cara se le pone roja.

—Malachy y los demás, ya basta —dice papá.

Pero Malachy no puede parar, sigue riéndose hasta que papá le dice:

—Ven aquí.

Remanga la camisa de Malachy y alza la mano como si fuera a darle un cachete en el brazo.

—¿Te vas a portar bien?

A Malachy se le llenan los ojos de lágrimas y asiente con la cabeza, dice que sí, porque papá no había alzado la mano así nunca.

—Sé un niño bueno y ve a sentarte con tus hermanos —dice papá a Malachy, le baja las mangas y le da una palmadita en la cabeza.

Por la noche llegó a casa la hermana de mamá, la tía Aggie, a la salida de su trabajo en la fábrica de ropa. Era grande, como las hermanas MacNamara, y tenía el pelo rojo como el fuego. Metió una bicicleta grande en la habitación pequeña que estaba detrás de la cocina y salió para tomarse su cena. Estaba viviendo en casa de la abuela porque había reñido con su marido, Pa Keating, que le había dicho, después de haber bebido:

—Eres una vaca gorda; vete a casa de tu madre.

Eso fue lo que la abuela contó a mamá, y por eso no había sitio para nosotros en casa de la abuela. Allí vivían ella misma, la tía Aggie y su hijo Pat, que era mi tío y que estaba fuera, vendiendo periódicos.

La tía Aggie se quejó cuando la abuela le dijo que mamá tendría que dormir con ella aquella noche.

—Oh, cierra el pico —dijo la abuela—. Es una sola noche, y no te vas a morir por eso, y si no te gusta puedes volverte con tu marido, que al fin y al cabo es donde debes estar, en vez de venir corriendo a mi casa. Jesús, María y el santo San José, hay que ver cómo está esta casa: Pat y tú, y Ángela con su guirigay de americanos. ¿Podré tener algo de paz en mis últimos años?

Extendió abrigos y trapos por el suelo de la habitación pequeña del fondo y dormimos allí con la bicicleta. Papá se quedó en la cocina, en una silla, nos llevó al retrete del patio trasero cuando nos hizo falta y por la noche hizo callar a los gemelos cuando lloraban de frío.

A la mañana siguiente vino a recoger su bicicleta la tía Aggie y nos dijo:

—¿Queréis mirar dónde os ponéis? ¿Queréis quitaros de en medio?

Cuando se marchó, Malachy se puso a decir: «¿Queréis mirar dónde os ponéis? ¿Queréis quitaros de en medio?», y yo oía que papá se reía en la cocina, hasta que la abuela bajó por la escalera y papá tuvo que decir a Malachy que se callara.

Aquel día salieron la abuela y mamá y encontraron una habitación amueblada en la calle Windmill, donde la tía Aggie tenía un piso con su marido, Pa Keating. La abuela pagó el alquiler, diez chelines por dos semanas. Dio a mamá dinero para que comprase comida, nos prestó una tetera, una cazuela, una sartén, cuchillos y cucharas, tarros de mermelada vacíos para que sirvieran de tazones, una manta y una almohada. Dijo que era todo lo que podía permitirse, que papá tendría que mover el culo, encontrar trabajo, apuntarse al paro, acudir a la obra benéfica de la Conferencia de San Vicente de Paúl o ir a la beneficencia.

La habitación tenía una chimenea donde podríamos hervir agua para hacer té, o un huevo duro si alguna vez teníamos dinero. Había una mesa, tres sillas y una cama que era la más grande que había visto mamá en su vida, según dijo ella. Aquella noche disfrutamos de la cama, cansados como estábamos después de dormir varias noches en el suelo en Dublín y en la casa de la abuela. No importaba que estuviéramos seis en la cama: estábamos juntos, sin abuelas y sin guardias, Malachy podía decir «vosotros, vosotros, vosotros» y podíamos reírnos a gusto.

Papá y mamá se acostaron en la cabecera de la cama, Malachy y yo en los pies, los gemelos en cualquier parte donde pudieran estar cómodos. Malachy nos hizo reír otra vez, dijo «vosotros, vosotros, vosotros» y «*oy, oy, oy*», y después se quedó dormido. Mamá roncaba con ese ruidito, *hink, hink*, que nos indicaba que estaba dormida. Yo miraba el otro extremo de la cama y veía a la luz de la luna que papá estaba despierto todavía, y cuando Oliver se puso a llorar en sueños, papá lo cogió en brazos.

—Chis —le dijo—. Chis.

Entonces Eugene se incorporó, gritando, rascándose.

—Ay, ay, mami, mami.

Papá se incorporó.

—¿Qué es? ¿Qué pasa, hijo?

Eugene siguió llorando y cuando papá saltó de la cama y encendió la luz

62

de gas vimos las pulgas que daban saltos, que estaban clavadas en nuestras carnes. Les dimos palmadas, pero ellas botaban de un cuerpo a otro, botando, picando. Nos rascamos las picaduras hasta que sangraban. Saltamos de la cama; los gemelos lloraban; mamá sollozaba, «Jesús, ¿no vamos a tener un descanso?». Papá vertió agua y sal en un tarro de mermelada y nos lavó las picaduras. La sal quemaba, pero papá dijo que nos sentiríamos mejor al poco rato.

Mamá se sentó junto a la chimenea con los gemelos en el regazo. Papá se puso los pantalones y quitó el colchón de la cama y lo arrastró a la calle. Llenó de agua la tetera y la cazuela, dejó el colchón de pie apoyado en la pared, se puso a darle golpes con un zapato, me dijo que vertiera agua en el suelo para ahogar a las pulgas que caían. La luna de Limerick brillaba tanto que yo veía trozos de luna reflejados en el agua y quería coger trozos de luna, pero ¿cómo iba a hacerlo mientras las pulgas me saltaban en las piernas? Papá seguía dando golpes con el zapato y yo tuve que volver corriendo a través de la casa al grifo del patio trasero para traer más agua en la tetera y en la cazuela.

—Mira cómo estás —dijo mamá—. Tienes los zapatos empapados y vas a coger un enfriamiento de muerte, y tu padre va a coger seguramente una pulmonía, descalzo como está.

Un hombre que pasaba en bicicleta se detuvo y preguntó a papá por qué estaba dando golpes a aquel colchón.

—Madre de Dios —dijo—, no había oído nunca ese remedio contra las pulgas. ¿Sabía usted que si el hombre pudiera saltar tanto como la pulga llegaría de un salto a la mitad de la distancia de la Tierra a la Luna? Lo que tiene que hacer es esto: cuando vuelva a entrar con ese colchón, póngalo en la cama al revés, y así se harán un lío las desgraciadas. No sabrán dónde están y se pondrán a picar el colchón o a picarse las unas a las otras, que es el mejor remedio de todos. Cuando han picado al ser humano se ponen frenéticas, ¿sabe?, porque tienen otras pulgas a su alrededor que también pican al ser humano, y el olor de la sangre es demasiado para ellas y se ponen fuera de sí. Son un verdadero tormento maldito, y vaya si lo sé yo, pues para eso me he criado en Limerick, ahí abajo, en el barrio de Irishtown, y las pulgas eran tan abundantes y tan impertinentes que eran capaces de posarse en la punta de la bota de uno y de ponerse a comentar la triste historia de Irlanda. Se dice que en la antigua Irlanda no había pulgas, que las trajeron los ingleses para sacarnos de nuestros cabales por completo, y a mí no me extrañaría que los ingleses fueran capaces de una cosa así. Y ¿no es curioso que San Patricio expulsase de Irlanda a las serpientes y que los ingleses trajeran a las pulgas? Durante muchos siglos Irlanda fue un país encantador y tranquilo: las serpientes habían desaparecido, no se encontraba una sola pulga. Uno podía pasearse por los cuatro campos verdes de Irlanda sin miedo a las serpientes y luego dormir a gusto toda la noche sin que lo molestasen las pulgas. Las serpientes no hacían daño alguno, no lo molestaban a uno a no ser que las acorralase, y se alimentaban de otras criaturas que se mueven bajo los matorrales y por otros sitios así, mientras que la pulga te chupa la sangre mañana, tarde y noche, pues ésa es su naturaleza y no puede evitarlo. He oído contar como cosa cierta que en los sitios donde abundan las serpientes no hay pulgas. En Arizona, por ejemplo. Siempre se oye hablar de las serpientes de Arizona, pero ¿ha oído usted decir alguna vez que haya pulgas en Arizona? Que le vaya bien. Tengo que andarme con cuidado aquí, pues si se me sube una a la ropa es como si hubiera invitado a toda su familia a venir a mi casa. Se multiplican más deprisa que los hindúes.

—¿No tendría usted por casualidad un cigarrillo? —preguntó papá.

—¿Un cigarrillo? Ah, claro, desde luego. Tenga. Yo mismo estoy casi destrozado por los pitillos. La tos seca, ¿sabe? Es tan fuerte que casi me hace caer de la bicicleta. Siento que la tos se agita en el plexo solar y se abre camino a través de las entrañas hasta que, acto seguido, me llega a lo más alto de la cabeza.

Frotó una cerilla en una caja, encendió un cigarrillo para él y ofreció la cerilla a papá.

—Naturalmente —dijo—, es normal tener tos cuando se vive en Limerick, porque ésta es la capital del pecho débil, y el pecho débil lleva a la tisis. Si todos los que tienen la tisis en Limerick se murieran, ésta sería una ciudad fantasma, aunque yo personalmente no tengo la tisis. No, esta tos fue un regalo de los alemanes.

Hizo una pausa, dio una calada a su cigarrillo y tosió penosamente.

—Pardiez, y perdone la expresión, pero estos pitillos acabarán conmigo. Bueno, ahora lo dejo con el colchón, y recuerde lo que le he dicho: que se hagan un lío las desgraciadas.

Se marchó en su bicicleta haciendo eses, con el cigarrillo colgado de la boca, con el cuerpo sacudido por la tos.

—Los de Limerick hablan demasiado —dijo papá—. Vamos, vamos a poner este colchón en su sitio y ya veremos si podemos dormir algo esta noche.

Mamá estaba sentada junto a la chimenea con los gemelos dormidos en su regazo y Malachy estaba tendido en el suelo, hecho un ovillo, a sus pies.

—¿Con quién hablabas? —preguntó mamá—. Se parecía mucho a Pa Keating, el marido de Aggie. Lo he conocido por la tos. Tiene esa tos desde que estuvo en Francia, en la guerra, y respiró el gas.

Dormimos el resto de la noche, y a la mañana siguiente vimos los restos del banquete de las pulgas, nuestras carnes llenas de picaduras rosadas y brillantes por la sangre que nos habíamos hecho al rascarnos.

Mamá preparó té y pan frito y papá volvió a lavarnos las picaduras con agua y sal. Volvió a sacar el colchón al patio. En un día frío como era aquél, las pulgas se morirían de frío, seguro, y todos podríamos dormir a gusto.

Algunos días más tarde, cuando ya estamos asentados en la habitación, papá me saca de mis sueños sacudiéndome.

—Arriba, Francis, arriba. Ponte la ropa y corre a buscar a tu tía Aggie. Tu madre la necesita. Date prisa.

Mamá está gimiendo en la cama; tiene la cara completamente blanca. Papá saca a Malachy y a los gemelos de la cama y los hace sentarse en el suelo, junto a la chimenea apagada. Yo corro al otro lado de la calle y llamo a la puerta de la tía Aggie hasta que viene tosiendo y gruñendo el tío Pat Keating.

—¿Qué pasa?, ¿qué pasa?

—Mi madre está gimiendo en la cama. Creo que está enferma.

Entonces llega gruñendo mi tía Aggie.

—No dais más que problemas desde que llegasteis de América.

—Déjalo en paz, Aggie, no es más que un niño que hace lo que le han mandado.

Ella dice al tío Pa que vuelva a la cama, que tiene que trabajar a la mañana siguiente, no como otros del Norte a los que no quiere nombrar.

—No, no, voy —dice él—. A Ángela le pasa algo.

Papá me dice que me siente a un lado con mis hermanos. No sé qué le pasa a mamá, porque todos están susurrando, y oigo a duras penas que la tía Aggie dice al tío Pa que mamá ha perdido al niño y que corra a llamar a la ambulancia, y el tío Pa sale por la puerta, la tía Aggie dice a mamá que Limerick tendrá muchos defectos pero que la ambulancia es rápida. No habla a mi padre, no le dirige la mirada.

—Papá, ¿está enferma mamá? —dice Malachy.

—Och, no le va a pasar nada, hijo. Tiene que ver al médico.

Yo me pregunto qué niño se ha perdido, porque allí estamos todos, uno, dos, tres, los cuatro que somos, no hay ningún niño perdido, y por qué no pueden decirme qué le pasa a mi madre. El tío Pa vuelve y la ambulancia llega tras él. Entra un hombre con una camilla, y cuando se han llevado a mamá quedan gotas de sangre en el suelo, junto a la cama. Malachy se mordió la lengua y había sangre, y el perro de la calle tenía sangre y murió. Quiero preguntar a papá si mamá se marchará para siempre como mi hermana Margaret, pero él se va con mamá y es inútil preguntar nada a la tía Aggie, que es capaz de comerte la cabeza de un bocado. La tía Aggie limpia las gotas de sangre y nos dice que nos metamos en la cama y nos quedemos allí hasta que vuelva a casa papá.

Es medianoche, y los cuatro estamos calentitos en la cama y nos quedamos dormidos hasta que papá vuelve a casa y nos dice que mamá está bien y a gusto en el hospital y que volverá a casa en poco tiempo.

Más tarde, papá va a la oficina de empleo a cobrar el subsidio de paro. Un trabajador con acento de Irlanda del Norte no tiene ninguna esperanza de encontrar trabajo en Limerick.

Cuando vuelve, dice a mamá que recibiremos diecinueve chelines por semana. Ella dice que eso es suficiente para que todos nos muramos de hambre.

—¿Diecinueve chelines para los seis que somos? Son menos de cuatro dólares en dinero americano; y ¿cómo vamos a vivir con eso? ¿Qué vamos a hacer dentro de quince días, cuando tengamos que pagar el alquiler? Si pagamos por esta habitación cinco chelines de alquiler por semana, nos quedan catorce chelines para comprar comida y ropa, y carbón para hervir el agua del té.

Papá mueve la cabeza, bebe su té en un tarro de mermelada, mira fijamente por la ventana y silba *Los mozos de Wexford*. Malachy y Oliver dan palmas y bailan por la habitación, y papá no sabe si silbar o sonreír, porque no se puede hacer ambas cosas a la vez y no lo puede remediar. Tiene que parar y sonreír y da una palmadita a Oliver en la cabeza y después vuelve a silbar. Mamá también sonríe, pero es una sonrisa muy rápida, y cuando vuelve la vista a las cenizas se le nota la preocupación en las comisuras de la boca, que tiene vueltas hacia abajo.

Al día siguiente dice a papá que cuide de los gemelos y nos lleva a Malachy y a mí a la Conferencia de San Vicente de Paúl. Nos ponemos tras una cola de mujeres que llevan chales negros. Nos preguntan cómo nos llamamos y sonríen cuando nos oyen hablar.

—Dios del cielo, ¿han oído a los pequeños yanquis? —dicen, y se preguntan por qué mamá, con su abrigo americano, tiene que pedir ayuda benéfica, ya que casi no hay suficiente para los pobres de Limerick para que tengan que venir los yanquis a quitarles el pan de la boca.

Mamá les dice que una prima suya le regaló aquel abrigo en Brooklyn, que su marido no tiene trabajo, que tiene otros niños en casa, gemelos. Las mujeres suspiran y se ciñen los chales; tienen sus propios problemas. Mamá les dice que tuvo que marcharse de América porque no soportaba vivir allí después de morir su hija recién nacida. Las mujeres vuelven a suspirar, pero ahora es porque mamá está llorando. Algunas dicen que también ellas han perdido a hijos pequeños, y que no hay nada peor en el mundo: aunque vivas tantos años como la mujer de Matusalén, no llegas a superarlo. Ningún hombre sabe lo que es ser una madre que ha perdido a un hijo, aunque viviera más que dos Matusalenes.

Todas lloran a sus anchas hasta que una mujer pelirroja hace pasar una cajita. Las mujeres toman algo de la cajita con la punta de los dedos y se lo meten en las narices. Una mujer joven estornuda, y la mujer pelirroja se ríe.

—Ah, de verdad, Biddy, tú no aguantas este rapé. Venid aquí, niños yanquis, tomad un pellizco.

Nos mete la sustancia parda en las narices, y nosotros estornudamos con tanta fuerza que las mujeres dejan de llorar y se ríen hasta que tienen que limpiarse los ojos con los chales.

—Eso es bueno para vosotros —nos dice mamá—; os despejará la cabeza.

La mujer joven, Biddy, dice a mamá que somos dos niños encantadores. Señala a Malachy.

—¿No es una monada ese chico pequeño con su remolino dorado? Podía ser una estrella de cine con Shirley Temple.

Y Malachy sonríe y llena de calor la cola.

La mujer del rapé dice a mamá:

—Señora, no quiero parecer atrevida, pero creo que debería sentarse, pues hemos oído de su pérdida.

—Ay, no, eso no les gusta —dice otra mujer, preocupada.

—¿A quiénes no les gusta qué?

—Ay, de verdad, Nora Molloy, a los de la Conferencia no les gusta que nos sentemos en los escalones. Quieren que estemos de pie, junto a la pared, mostrando respeto.

—Pueden besarme el culo —dice Nora, la mujer pelirroja—. Siéntese allí, señora, en ese escalón, y yo me sentaré a su lado, y si los de la Conferencia de San Vicente de Paúl dicen una sola palabra yo les cambiaré la cara, ya lo verá. ¿Fuma usted, señora?

—Sí —dice mamá—, pero no tengo qué.

Nora saca un cigarrillo de un bolsillo de su delantal, lo parte en dos y ofrece la mitad a mamá.

—Eso tampoco les gusta —dice la mujer preocupada—. Dicen que con cada pitillo que te fumas estás quitando la comida de la boca a tu hijo. El señor Quinlivan, que está ahí dentro, está en contra con toda su alma. Dice que si tienes dinero para pitillos tienes dinero para comida.

—Quinlivan puede besarme el culo también, ese desgraciado de la sonrisita. ¿Va a negarnos una calada a un pitillo, el único consuelo que nos queda en este mundo?

Se abre una puerta al final del pasillo y aparece un hombre.

—¿Algunas de ustedes esperan recoger botas de niño?

Algunas mujeres levantan la mano. «Yo. Yo».

—Pues bien, se han acabado todas las botas. Tendrán que volver el mes que viene.

—Pero mi Mikey necesita botas para ir a la escuela.

—Se han acabado, ya se lo he dicho.

—Pero hace un tiempo helado, señor Quinlivan.

—Las botas se han acabado. No puedo hacer nada. ¿Qué es esto? ¿Quién está fumando?

—Yo —dice Nora, agitando ostentosamente su cigarrillo—, y estoy disfrutándolo hasta la última ceniza.

—Con cada bocanada de humo... —empieza a decir él.

—Ya lo sé —dice ella—: estoy quitando la comida de la boca a mis hijos.

—Es usted insolente, mujer. Aquí no recibirá ninguna ayuda benéfica.

—¿De verdad? Pues bien, señor Quinlivan, si no la recibo aquí, ya sé dónde la recibiré.

—¿De qué está hablando?

—Acudiré a los cuáqueros. Ellos me darán ayuda benéfica.

El señor Quinlivan se acerca a Nora y la señala con el dedo.

—¿Saben lo que tenemos aquí? Tenemos entre nosotros a una sopista. Ya tuvimos sopistas en la Gran Hambruna. Los protestantes iban por ahí diciendo a los buenos católicos que si renunciaban a su fe y se volvían protestantes podrían tomar sopa hasta quedar hartos; y (Dios nos asista) algunos católicos aceptaron la sopa, y desde entonces los llamaron sopistas, y perdieron sus almas inmortales, condenadas a caer en lo más hondo del infierno. Y ustedes, mujeres, si acuden a los cuáqueros, perderán su alma inmortal y las almas de sus hijos.

—Entonces, señor Quinlivan, tendrá usted que salvarnos, ¿no?

Él la mira fijamente y ella le devuelve la mirada. El vuelve los ojos a las demás mujeres. Una se tapa la mano con la boca intentando contener una risa.

—¿A qué se debe esa risita? —ruge él.

—A nada, señor Quinlivan, palabra de honor.

—Se lo digo una vez más: no hay botas.

Y se marcha cerrando la puerta de un portazo.

Hacen pasar a las mujeres a la habitación, una a una. Nora sale sonriendo y mostrando un papel.

—Botas —dice—. Me dan tres pares para mis hijos. Si amenazas a esos hombres con ir a los cuáqueros, se quitan hasta los calzoncillos para dártelos.

Cuando llaman a mamá ella nos hace pasar a Malachy y a mí con ella. Nos quedamos de pie ante una mesa donde hay tres hombres sentados que hacen preguntas. El señor Quinlivan quiere decir algo, pero el hombre del centro dice:

—Ya basta, Quinlivan. Si de usted dependiera, todos los pobres de Limerick correrían a caer en brazos de los protestantes.

Se dirige a mamá y le pregunta de dónde sacó ese abrigo rojo tan bueno. Ella le cuenta lo que contó a las mujeres que esperaban fuera y cuando llega a la muerte de Margaret tiembla y solloza. Dice a los hombres que siente mucho llorar así, pero que sólo han pasado unos meses y no lo ha superado todavía, ni siquiera sabe dónde enterraron a su niña si es que la enterraron, ni sabe tampoco si la bautizaron, porque estaba tan débil de cuidar a los cuatro niños que no tenía energía para ir a la iglesia para que la bautizaran, y le quema el corazón pensar que Margaret podría estar en el limbo para siempre, sin esperanza de vernos a los demás cuando vayamos al cielo, al infierno o al purgatorio.

El señor Quinlivan le acerca su propia silla.

—Venga, señora. Venga. ¿Quiere sentarse? Vamos.

Los otros hombres miran a la mesa, al techo. El hombre del centro dice que va a dar a mamá un vale para que recoja alimentos para una semana en la tienda de McGrath, en la calle Parnell. Recibirá té, azúcar, harina, leche, mantequilla y otro vale para recoger un saco de carbón en el almacén de carbón de Sutton, en la carretera del Muelle.

—Naturalmente, no recibirá esto todas las semanas, señora —dice el tercer hombre—. Visitaremos su casa para ver si hay verdadera necesidad. Tenemos que hacerlo así, señora, para poder comprobar su solicitud.

Mamá se limpia la cara con la manga y coge el vale.

—Que Dios los bendiga por su bondad —dice a los hombres. Ellos asienten con la cabeza y miran a la mesa, al techo, a las paredes, y le piden que haga pasar a la mujer siguiente.

Las mujeres que esperan fuera dicen a mamá:

—Cuando vaya a la tienda de McGrath, no pierda de vista a la perra vieja o la engañará en el peso. Pone las cosas en la balanza en un papel que cuelga por su lado, detrás del mostrador, donde ella cree que no lo ve una. Tira del papel de tal manera que hay que tener suerte para llevarse la mitad de lo que le corresponde a una. Y tiene la tienda llena de estampas de la Virgen María y del Sagrado Corazón de Jesús, y siempre está de rodillas en la capilla de San José, haciendo sonar las cuentas del rosario y dando suspiros como una virgen y mártir, la perra vieja.

—Yo iré con usted, señora —dice Nora—. A mí me toca la misma señora McGrath, y sabré si la está engañando.

Nos guía hasta la tienda de la calle Parnell. La mujer que está tras el mostrador trata con amabilidad a mi madre, que lleva su abrigo americano, hasta que mamá le enseña el vale de San Vicente de Paúl.

Entonces dice:

—No sé qué hace aquí a estas horas. Nunca atiendo a los de beneficencia hasta las seis de la tarde. Pero haré una excepción por ser la primera vez que viene. Y usted, ¿trae también vale? —pregunta a Nora.

—No. Soy una amiga que he venido a ayudar a esta pobre familia con su primer vale de San Vicente de Paúl.

La mujer extiende una hoja grande de papel de periódico en la balanza y vierte la harina de un saco grande. Cuando termina de verter, dice:

—Ahí tiene: una libra de harina.

—No lo creo —dice Nora—. Esa libra de harina es muy pequeña.

La mujer se sonroja y dirige a Nora una mirada feroz.

—¿Me está acusando?

—Ay, no, señora McGrath —dice Nora—. Creo que ha sucedido un pequeño accidente y que ha apretado ese papel con la cadera sin darse cuenta de que tiraba un poco del papel. No, Dios mío. Una mujer como usted, que siempre está de rodillas ante la Virgen María, es una inspiración para todos nosotros. ¿Es suyo ese dinero que está en el suelo?

La señora McGrath retrocede rápidamente y la aguja de la balanza salta y tiembla.

—¿Qué dinero? —dice, hasta que mira a Nora y cae en la cuenta. Nora sonríe.

—Debió de ser una sombra —dice, y sonríe mirando la balanza—. Había un error, en efecto, pues la balanza apenas indica media libra de harina. Esta balanza me está dando siempre la lata.

—Estoy segura de ello—dice Nora.

—Pero tengo la conciencia limpia ante Dios —dice la señora McGrath.

—Estoy segura de que la tiene, y de que la admiran todos y cada uno de los miembros de la Conferencia de San Vicente de Paúl y de la Legión de María.

—Procuro ser buena católica.

—¿Lo procura? Dios sabe que no le hace falta procurarlo mucho, pues tiene fama por su buen corazón, y me pregunto si le sobrarían un par de caramelos para estos niños.

—Bueno, no soy millonaria, pero tengan...

—Dios se lo pague, señora McGrath; y sé que es mucho pedir, pero ¿tendría la bondad de prestarme un par de cigarrillos?

—Bueno, no están en el vale. No estoy aquí para proporcionar lujos.

—Si le fuera posible, señora, yo hablaré de su bondad a los de San Vicente de Paúl.

—Está bien, está bien —dice la señora McGrath—. Tenga. Le doy los cigarrillos por primera y última vez.

—Que Dios se lo pague —dice Nora—, y siento que le dé tanto la lata esa balanza.

De vuelta a casa nos detuvimos en el Parque del Pueblo y nos sentamos en un banco mientras Malachy y yo chupábamos nuestros caramelos y mamá y Nora se fumaban sus cigarrillos. A Nora le dio la tos por fumar, y dijo a mamá que los pitillos la acabarían matando, que en su familia había casos de tisis y que nadie llegaba a viejo, aunque, ¿quién querría llegar a viejo en Limerick, una ciudad donde lo primero que se notaba al echar una ojeada era que se veían pocas personas con canas? Todos los que tenían canas estaban en el cementerio o al otro lado del Atlántico, trabajando en los ferrocarriles o paseándose con uniforme de policías.

—Tiene suerte de haber visto un poco de mundo, señora. Dios, yo daría cualquier cosa por ver Nueva York, la gente que sube y baja bailando por Broadway sin preocupaciones. No: tuve que ir y enredarme con un borrachín con encanto, Peter Molloy, campeón de beber pintas, que me dejó en estado y me llevó al altar cuando yo apenas había cumplido los diecisiete. Yo era una ignorante, señora. En Limerick nos criamos ignorantes, la verdad, no sabíamos una mierda de nada y, de repente, somos madres antes de ser mujeres. Y aquí no hay más que lluvia y viejas beatas que rezan el rosario. Daría las muelas por salir de aquí, por ir a América, o aunque fuese a la misma Inglaterra. El campeón de beber pintas siempre está en paro; algunas veces se bebe también el paro y me pone tan fuera de mí que acabo en el manicomio.

Dio una calada al cigarrillo y se atragantó, se puso a toser hasta que el cuerpo se le agitaba de un lado a otro, y entre las toses sollozaba, «Jesús, Jesús». Cuando se le calmó la tos dijo que tenía que irse a su casa a tomarse su medicina.

—La veré la semana que viene en San Vicente de Paúl, señora —dijo—. Si le falta algo, envíeme recado a Vize's Field. Pregunte a cualquiera por la mujer de Peter Molloy, el campeón de beber pintas.

Eugene duerme en la cama bajo un abrigo. Papá está sentado junto a la chimenea y tiene a Oliver en su regazo. Me pregunto por qué está contando papá a Oliver un cuento de Cuchulain. Sabe que los cuentos de Cuchulain son míos, pero cuando miro a Oliver no me importa. Tiene las mejillas de color rojo brillante, está mirando fijamente la chimenea apagada y se ve que no le interesa Cuchulain. Mamá le pone la mano en la frente.

—Creo que tiene fiebre —dice—. Ojalá tuviera una cebolla para cocerla con leche y pimienta. Eso es bueno para la fiebre. Pero, aunque la tuviera, ¿cómo calentaría la leche? Necesitamos carbón para esa chimenea.

Entrega a papá el vale para recoger el carbón en la carretera del Muelle. Papá me lleva con él, pero está oscuro y todos los almacenes de carbón están cerrados.

—¿Qué vamos a hacer ahora, papá?

—No lo sé, hijo.

Por delante de nosotros hay mujeres con chales y niños pequeños que están recogiendo carbón por la carretera.

—Mira, papá, allí hay carbón.

—*Och*, no, hijo. No vamos a recoger carbón por la carretera. No somos mendigos.

Dice a mamá que los almacenes de carbón están cerrados y que esta noche tendremos que beber leche y comer pan, pero cuando yo le digo lo de las mujeres de la carretera entrega a Eugene a mi padre.

—Si a ti se te caen los anillos por recoger carbón por la carretera, me pondré yo el abrigo y bajaré por la carretera del Muelle.

Coge una bolsa y nos lleva a Malachy y a mí con ella. Detrás de la carretera del Muelle hay algo ancho y oscuro donde se reflejan las luces. Mamá dice que es el río Shannon. Dice que el río Shannon es lo que más echaba de menos en América. El Hudson era precioso, pero el Shannon canta. Yo no oigo la canción, pero mi madre sí, y eso la hace feliz. Las otras mujeres se han marchado de la carretera del Muelle, y nosotros buscamos los trozos de carbón que han caído de los camiones. Mamá nos dice que recojamos cualquier cosa que arda, carbón, madera, cartón, papel. Dice que hay quien quema el estiércol de los caballos pero que nosotros no hemos caído tan bajo todavía. Cuando tiene casi llena la bolsa, dice:

—Ahora tenemos que encontrar una cebolla para Oliver.

Malachy dice que él encontrará una, pero ella le dice:

—No; las cebollas no se encuentran en la carretera; se compran en las tiendas.

En cuanto ve una tienda, grita: «Allí hay una tienda», y entra corriendo.

—Sebolla —dice—. Sebolla para Oliver.

Mamá entra corriendo en la tienda y dice a la mujer que está detrás del mostrador:

—Perdone.

—Señor, es un encanto —dice la mujer—. ¿Es americano acaso?

Mamá asiente. La mujer sonríe y muestra dos dientes, uno a cada lado de sus encías superiores.

—Un encanto —dice—, y hay que ver qué rizos dorados tan lindos tiene. Y ¿qué es lo que quiere?, ¿un caramelo?

—Ay, no —dice mamá—. Una cebolla.

La mujer se ríe.

—¿Una cebolla? No había oído nunca a un niño pedir una cebolla. ¿Es eso lo que les gusta en América?

—Yo acababa de decir que me hacía falta una cebolla para mi otro hijo, que está enfermo —dice mamá—. Cebolla cocida en leche, ¿sabe?

—Dice bien, señora. No hay nada mejor que una cebolla cocida en leche. Y mira, pequeño, toma un caramelo para ti y otro para el otro niño; el hermano, supongo.

73

—Ay, de verdad, no debía molestarse —dice mamá—. Dad las gracias, niños.

—Tenga, una buena cebolla para el niño enfermo, señora.

—Ay, pero no puedo pagar la cebolla, señora —dice mamá—. No llevo encima ni un penique.

—Le regalo la cebolla, señora. Que no se diga que un niño cayó enfermo en Limerick por falta de una cebolla. Y no olvide echarle un poco de pimienta. ¿Tiene pimienta, señora?

—Ay, no, pero ya conseguiré cualquier día de éstos.

—Pues tome, señora. Pimienta y un poco de sal. Le sentará de maravilla al niño.

—Que Dios se lo pague, señora —dice mamá, que tiene los ojos húmedos.

Papá se está paseando de un lado a otro con Oliver en brazos y Eugene está jugando en el suelo con una cazuela y una cuchara.

—¿Has conseguido la cebolla? —dice papá.

—Sí, y más cosas —dice mamá—. He traído carbón y con qué prenderlo.

—Lo sabía. Recé una oración a San Judas Tadeo. Es mi santo favorito, el patrono de los casos desesperados.

—He conseguido el carbón y he conseguido la cebolla sin que me ayudase San Judas Tadeo.

—No deberías recoger carbón por la carretera como un mendigo cualquiera —dice papá—. No está bien. Es un mal ejemplo para los niños.

—Entonces deberías haber enviado a San Judas Tadeo a la carretera del Muelle.

—Tengo hambre —dice Malachy; y yo también tengo hambre, pero mamá dice:

—Os esperaréis hasta que Oliver se haya tomado su cebolla cocida en leche.

Enciende el fuego, corta la cebolla en dos, la deja caer en la leche hirviendo con un poco de mantequilla y espolvorea la leche con pimienta. Toma a Oliver en su regazo e intenta darle de comer, pero él se aparta y mira al fuego.

—Ah, vamos, amor mío —dice ella—. Te sentará bien. Te pondrá grande y fuerte.

Él cierra con fuerza la boca ante la cuchara. Ella deja la cazuela, lo acuna hasta que se queda dormido, lo deja en la cama y nos dice a los demás que guardemos silencio o nos hará pedazos. Corta en rodajas la otra mitad de la cebolla y la fríe en mantequilla con rebanadas de pan. Nos deja que nos sentemos en el suelo alrededor del fuego, donde nos comemos el pan frito y bebemos el té dulce e hirviente en tarros de mermelada.

—Ese fuego da buena luz —dice—, de modo que podemos apagar esa luz de gas hasta que tengamos monedas para echar en el contador.

El fuego caldea la habitación, y con las llamas que danzan en el carbón se pueden ver caras, montañas, valles y animales que saltan. Eugene se queda dormido en el suelo y papá lo recoge y lo echa en la cama junto a Oliver. Mamá deja la cazuela de la cebolla cocida en la repisa de la chimenea para que no la alcance un ratón o una rata. Dice que está cansada después de un día tan agitado, la Conferencia de San Vicente de Paúl, la tienda de la señora McGrath, la búsqueda de carbón por la carretera del Muelle, la preocupación porque Oliver no quería la cebolla cocida, y dice que si sigue así al día siguiente, se lo lleva al médico, y que ahora se va a acostar.

Pronto estamos todos en la cama, y si hay alguna que otra pulga no me importa, porque en la cama hace calor con los seis juntos, y me encanta el resplandor del fuego y el modo en que baila en las paredes y en el techo y pone la habitación roja y negra, roja y negra, hasta que se va amortiguando y se queda blanca y negra y lo único que se oye es un leve quejido de Oliver, que se revuelve en los brazos de mi madre.

A la mañana siguiente papá está encendiendo el fuego, preparando el té, cortando el pan. Ya está vestido y dice a mamá que se dé prisa en vestirse.

—Francis —me dice—, tu hermanito Oliver está enfermo y vamos a llevarlo al hospital. Sé un niño bueno y cuida de tus dos hermanos. Nosotros volveremos pronto.

—No abuséis del azúcar cuando estemos fuera —dice mamá—. No somos millonarios.

Cuando mamá coge en brazos a Oliver y lo envuelve en un abrigo, Eugene se pone de pie en la cama.

—Quiero a Oli —dice—. Oli, jugar.

—Oli volverá pronto —dice ella—, y podrás jugar con él. Ahora puedes jugar con Malachy y con Frank.

—Oli, Oli, quiero a Oli.

Sigue a Oliver con la vista y cuando se han marchado se queda sentado en la cama mirando por la ventana.

—Geni, Geni, tenemos pan, tenemos té —dice Malachy—. Tu pan con azúcar, Geni.

Éste sacude la cabeza y rechaza el pan que le ofrece Malachy. Gatea hasta el lugar donde Oliver durmió con mamá, baja la cabeza y se asoma a la ventana.

La abuela está en la puerta.

—Me han dicho que vuestro padre y vuestra madre bajaban corriendo por la calle Henry con el niño en brazos. ¿A dónde han ido?

—Oliver está enfermo. No quiso comerse la cebolla cocida en leche.

—¿Qué tonterías estás diciendo?

—No quiso comerse la cebolla cocida y se puso enfermo.

—¿Y quién está cuidando de vosotros?

—Yo.

—¿Y qué le pasa al niño que está en la cama? ¿Cómo se llama?

—Ése es Eugene. Echa de menos a Oliver. Son gemelos.

—Ya sé que son gemelos. Ese niño tiene aspecto de tener hambre. ¿Tenéis aquí gachas?

—¿Qué es gachas? —dice Malachy.

—¡Jesús, María y el santo San José! ¡Que qué son las gachas! Las gachas son las gachas. Eso es lo que son las gachas. Sois los yanquis más ignorantes que he visto en mi vida. Vamos, poneos las ropas y vamos a casa de vuestra tía Aggie, que vive enfrente. Está allí con su marido, Pa Keating, y os dará gachas.

Coge en brazos a Eugene, lo envuelve en su chal y cruzamos la calle para ir a casa de la tía Aggie. Está viviendo otra vez con el tío Pa porque dijo que a fin de cuentas ella no era una vaca gorda.

—¿Tienes gachas? —dice la abuela a la tía Aggie.

—¿Gachas? ¿Es que tengo que dar gachas a un montón de yanquis?

—Lo siento por ti —dice la abuela—. No te vas a morir por darles unas pocas gachas.

—Y supongo que las querrán con leche y azúcar, encima, o a lo mejor llaman a mi puerta para que les dé un huevo, nada menos. No sé por qué tenemos que pagar nosotros los errores de Ángela.

—Jesús —dice la abuela—, menos mal que tú no eras la dueña del portal de Belén; si no, la Sagrada Familia seguiría vagando por el mundo y cayéndose de hambre.

La abuela entra en la casa empujando a la tía Aggie, sienta a Eugene en una silla cerca del fuego y prepara las gachas. Entra un hombre que sale de otra habitación. Tiene el pelo negro y rizado y la piel negra, y me gustan sus ojos porque son muy azules y están dispuestos a sonreír. Es el marido de la tía Aggie, el hombre que se detuvo aquella noche que estábamos atacando a las pulgas y que nos habló de las pulgas y las serpientes, el hombre que tiene una tos por haber respirado gas en la guerra.

—¿Por qué estás todo negro? —dice Malachy, y el tío Pa Keating se ríe y tose tanto que tiene que aliviarse con un cigarrillo.

—Ay, estos pequeños yanquis. No tienen nada de tímidos. Estoy negro porque trabajo en la Fábrica de Gas de Limerick, echando paletadas de carbón y de coque en las calderas. Respiré gas venenoso en Francia y volví a Limerick para trabajar en la Fábrica de Gas. Cuando seáis mayores os hará gracia.

Malachy y yo tenemos que apartarnos de la mesa para que las personas mayores puedan sentarse y tomar té. Se toman su té, pero el tío Pa Keating, que es tío mío porque está casado con la tía Aggie, levanta a Eugene y lo sienta en su regazo.

—Este muchachito está triste —dice, y hace muecas graciosas y ruidos tontos. Malachy y yo nos reímos, pero Eugene no hace más que extender la mano para tocar la negrura de la piel de Pa Keating, y cuando Pa finge que va a morder su manita, Eugene se ríe y todos los que estamos en la habitación nos reímos. Malachy se dirige a Eugene e intenta hacerle reír todavía más, pero Eugene se aparta de él y oculta el rostro en la camisa de Pa Keating—. Creo que le caigo bien —dice Pa, y en ese momento la tía Aggie deja la taza de té y rompe a llorar, buaa, buaa, buaa, y le caen grandes lagrimones por la cara roja y gorda.

—Ay, Jesús —dice la abuela—, ya está otra vez. ¿Qué te pasa ahora?

Y la tía Aggie balbucea:

—Ver a Pa allí con un niño en el regazo y yo sin esperanzas de tener uno mío.

—Deja de hablar así delante de los niños —dice la abuela con voz cortante—. ¿Es que no tienes vergüenza? Cuando Dios lo considere oportuno te enviará familia.

—Ángela ha tenido cinco —solloza la tía Aggie—, y acaba de perder uno, y ella es una inútil que no sabe fregar un suelo, y yo no tengo ninguno y sé fregar y limpiar como la que más y guisar cualquier cosa, estofado o fritura.

—Creo que me quedaré con este muchachito —dice Pa Keating, riéndose.

—No, no, no. Ése es mi hermano, ése es Eugene —dice Malachy, corriendo a su lado. Y yo digo:

—No, no, no, ése es nuestro hermano.

La tía Aggie se limpia las lágrimas de las mejillas.

—No quiero nada de Ángela —dice—. No quiero nada que sea mitad de Limerick y mitad de Irlanda del Norte, claro que no, de modo que podéis llevároslo a su casa. Tendré hijos propios algún día aunque tenga que hacer cien novenas a la Virgen María y a su santa madre Santa Ana, o aunque tenga que arrastrarme de rodillas de aquí a Lourdes.

—Basta —dice la abuela—. Os habéis comido vuestras gachas y es hora de volver a casa y de ver si vuestro padre y vuestra madre han vuelto del hospital.

Se pone el chal y va a tomar en brazos a Eugene, pero éste se agarra con tanta fuerza a la camisa de Pa Keating que ella tiene que arrancarlo a la fuerza, y él no deja de mirar a Pa hasta que salimos por la puerta.

Volvimos a nuestra habitación siguiendo a la abuela. Ella acostó a Eugene en la cama y le dio agua. Le dijo que fuera un niño bueno y que se durmiese, que su hermanito Oliver regresaría pronto a casa y volverían a jugar juntos en el suelo.

Pero él no dejaba de mirar por la ventana.

La abuela nos dijo a Malachy y a mí que podíamos sentarnos en el suelo y jugar, pero que no hiciésemos ruido, porque ella iba a rezar. Malachy se acercó a la cama y se sentó junto a Eugene y yo me senté en una silla junto a la mesa intentando leer palabras en el periódico que nos servía de mantel. En la habitación sólo se oían los susurros de Malachy, que intentaba animar a Eugene, y el murmullo de la abuela acompañado del chasquido de las cuentas de su rosario. Había tanto silencio que yo apoyé la cabeza en la mesa y me quedé dormido.

Papá me toca en el hombro.

—Vamos, Francis, tienes que ocuparte de tus hermanos pequeños.

Mamá está tendida en el borde de la cama y emite unos leves quejidos, como un pájaro. La abuela se está ciñendo el chal.

—Bajaré donde Thompson, el de la funeraria —dice—, a encargar el ataúd y el coche. Bien sabe Dios que la Conferencia de San Vicente de Paúl lo pagará, seguro que sí.

Sale por la puerta. Papá se queda de pie mirando a la pared, sobre la chimenea, golpeándose los muslos con los puños, suspirando, *och, och, och.*

Papá me da miedo con su *och, och, och,* y mamá me da miedo con sus ruidos de pajarillo, y no sé qué debo hacer, aunque me pregunto si alguien encenderá el fuego en la chimenea para que podamos tomar té con pan, pues ya ha pasado mucho tiempo desde que comimos las gachas. Si papá se apartase de la chimenea yo mismo podría encender el fuego. No hace falta más que papel, unos trozos de carbón o de turba y una cerilla. No se aparta, de modo que yo intento pasar alrededor de sus piernas mientras se golpea los muslos, pero él lo nota y me pregunta por qué quiero encender el fuego. Le digo que todos tenemos hambre y él suelta una risa de loco.

—¿Hambre? —dice—. *Och,* Francis, tu hermanito Oliver ha muerto. Tu hermanita ha muerto y tu hermanito ha muerto.

Me toma en brazos y me abraza con tanta fuerza que me hace gritar. Entonces llora Malachy, llora mi madre, llora papá, lloro yo, pero Eugene se queda callado. Después, papá se sorbe las lágrimas y dice:

—Nos daremos un banquete. Vamos, Francis.

Dice a mi madre que volveremos enseguida, pero ella tiene a Malachy y a Eugene en su regazo en la cama y no levanta la vista. Me lleva por las calles de Limerick y vamos de tienda en tienda; él pide en las tiendas comida o lo que puedan dar a una familia que ha perdido a dos hijos en un año, uno en América y el otro en Limerick, y que corre peligro de perder a otros tres por falta de comida y de bebida. Casi todos los tenderos sacuden la cabeza.

—Lo acompaño en el sentimiento, pero puede dirigirse a la Conferencia de San Vicente de Paúl o a la beneficencia pública.

Papá dice que se alegra de ver que el espíritu de Cristo está vivo en Limerick y ellos le dicen que no les hace falta que vaya a hablarles de Cristo un sujeto como él, con su acento del Norte, y que debería darle vergüenza ir así con un niño a cuestas, como un vulgar mendigo, como un gitano, como un trapero.

Algunos tenderos le dan pan, patatas, latas de judías, y papá dice:

—Ahora volveremos a casa y vosotros podréis comer algo.

Pero nos encontramos con el tío Pa Keating, que dice a papá que lo acompaña en el sentimiento y le pregunta si quiere tomarse una pinta con él en la taberna de al lado.

En la taberna hay muchos hombres sentados que tienen delante grandes vasos de un líquido negro. El tío Pa Keating y papá tienen también el líqui-

79

do negro. Levantan cuidadosamente los vasos y beben despacio. Les queda en los labios una sustancia blanca y cremosa, que ellos se limpian con la punta de la lengua mientras dan leves suspiros. El tío Pa pide una botella de gaseosa para mí y papá me da un trozo de pan, y ya no tengo hambre. Pero no dejo de preguntarme cuánto tiempo pasaremos allí sentados mientras Malachy y Eugene pasan hambre en casa, ahora que ya han pasado varias horas desde las gachas, que Eugene no comió siquiera.

Papá y el tío Pa se beben sus vasos de líquido negro y piden otros. El tío Pa dice:

—Frankie, esto es la pinta. Es el sostén de la vida. Es lo mejor para las madres que crían y para los que llevan destetados mucho tiempo.

Se ríe y papá sonríe y yo me río porque creo que es lo que se espera de uno cuando el tío Pa dice algo. No se ríe cuando cuenta a los otros hombres la muerte de Oliver. Los otros hombres saludan a papá levantándose las gorras.

—Lo acompaño en el sentimiento, señor, y seguro que aceptará una pinta.

Papá acepta las pintas y al poco tiempo está cantando *Roddy McCorley* y *Kevin Barry* y canciones y más canciones que yo no había oído nunca y llorando por su nena encantadora, Margaret, que murió en América, y por su chico, Oliver, que estaba muerto allá cerca, en el Hospital del Asilo Municipal. Me da miedo su modo de gritar y de cantar y pienso que me gustaría estar en casa con mis tres hermanos, no, con mis dos hermanos y con mi madre.

El hombre que está tras la barra dice a papá:

—Señor, creo que ya ha bebido bastante. Lo acompañamos en el sentimiento, pero tiene que llevar a ese niño a su casa, con su madre, que debe de estar sentada desconsolada junto al fuego.

—Una, una pinta más, sólo una, ¿eh? —dice papá.

Pero el hombre dice que no.

—Yo hice mi parte por Irlanda —dice papá mostrando el puño, y cuando el hombre sale y agarra a papá del brazo, papá intenta quitárselo de encima de un empujón.

—Vamos, Malachy —dice el tío Pa—, deja de hacer el bruto. Tienes que volver a tu casa, con Ángela. Tienes que ir a un entierro mañana, y te esperan tus hijos encantadores.

Pero papá forcejea hasta que algunos hombres lo echan a empujones al exterior oscuro. El tío Pa sale tambaleándose con la bolsa de comida.

—Vamos —dice—. Volveremos a tu habitación.

Papá quiere ir a otro sitio a tomarse una pinta, pero el tío Pa dice que no le queda dinero. Papá dice que contará sus penas a todos y que le invitarán a tomar pintas. El tío Pa dice que hacer eso es una deshonra, y papá llora en su hombro.

—Eres un buen amigo —dice al tío Pa, y vuelve a llorar hasta que el tío Pa le da palmaditas en la espalda.

—Es terrible, terrible... —dice el tío Pa—, pero lo superarás con el tiempo.

Papá se yergue y le mira a la cara.

—Jamás —dice—. Jamás.

Al día siguiente fuimos al hospital en un coche con un caballo. Metieron a Oliver en una caja blanca que pusieron en el coche y lo llevamos al cementerio. Pusieron la caja blanca en un agujero en el suelo y la cubrieron de tierra. Mi madre y la tía Aggie lloraban; la abuela tenía cara de enfado; papá, el tío Pa Keating y el tío Pat Sheenan tenían aspecto triste pero no lloraban, y yo pensé que cuando uno es un hombre no puede llorar a no ser que se tome el líquido negro al que llaman pinta.

No me gustaban las chovas que estaban posadas en los árboles y en las lápidas y no quería dejar a Oliver con ellas. Tiré una piedra a una chova que se acercó a la tumba de Oliver, contoneándose. Papá dijo que no debía tirar piedras a las chovas, que podían ser el alma de alguien. Yo no sabía lo que era un alma, pero no se lo pregunté porque me daba igual. Oliver había muerto y yo odiaba a las chovas. Algún día sería hombre y volvería con un saco de piedras y dejaría el cementerio sembrado de chovas muertas.

La mañana siguiente al entierro de Oliver, papá fue a la oficina de empleo para firmar y para cobrar el paro de la semana, diecinueve chelines y seis peniques. Dijo que volvería a casa a mediodía, que traería carbón para encender el fuego, que comeríamos lonchas de tocino con huevos y té en recuerdo de Oliver, que incluso podría traernos uno o dos caramelos.

No había llegado a casa a mediodía, ni a la una, ni a las dos, y nosotros cocimos y comimos las pocas patatas que nos habían dado los tenderos el día anterior. No había llegado a casa cuando se puso el sol aquel día de mayo. No tuvimos noticias suyas hasta que lo oímos venir mucho más tarde de la hora de cierre de las tabernas; venía por la calle Windmill haciendo eses y cantando.

> *Cuando todos velan,*
> *El Oeste duerme, el Oeste duerme.*
> *Ay, y bien puede llorar Erín*
> *Cuando Connacht está sumido en el sueño.*
> *Sus lagos y llanuras sonríen, libres y hermosos,*
> *Entre rocas la caballería que los guarda.*
> *Cantemos «Que aprenda libertad el hombre*
> *Del viento que ruge y el mar que azota».*

Entró en la habitación a tropezones, apoyándose en la pared. Le caía de la nariz un moco, y él se lo limpió con el dorso de la mano. Intentó hablar.

—Eshtos niñosh tenían que eshtar en la cama. Eshcuchadme. Niñosh, a la cama.

Mamá le plantó cara.

—Estos niños tienen hambre. ¿Dónde está el dinero del paro? Compraremos pescado frito y patatas fritas para que no se acuesten con la tripa vacía.

Intentó meterle las manos en los bolsillos, pero él la apartó.

—Ten resfeto —dijo—. Rezpeto delante de los niñosh.

Ella forcejeó con él para registrarle los bolsillos.

—¿Dónde está el dinero? Los niños tienen hambre. Loco desgraciado, ¿te has bebido todo el dinero otra vez? Lo mismo que hacías en Brooklyn.

Él se puso a gimotear.

—*Och*, pobre Ángela. Y pobrecita Margaret, y pobrecito Oliver.

Se acercó a mí tambaleándose, me abrazó y yo noté el olor a alcohol que solía notar en América. Yo tenía la cara mojada de sus lágrimas, sus babas y sus mocos, y tenía hambre, y no sabía qué decir mientras él lloraba sobre mi cabeza.

Después me soltó y abrazó a Malachy, hablando todavía de la hermanita y del hermanito que estaban fríos y bajo tierra, y de que todos teníamos que rezar y ser buenos, de que teníamos que ser obedientes y hacer lo que nos mandaba nuestra madre. Dijo que teníamos nuestros problemas pero que había llegado el momento de que Malachy y yo empezásemos a ir a la escuela, porque no hay nada como los estudios, os servirán de algo al final, y tenéis que prepararos para hacer vuestra parte por Irlanda.

Mamá dice que no puede pasar un minuto más en aquella habitación de la calle Windmill. No puede dormir con el recuerdo de Oliver en aquella habitación, Oliver en la cama, Oliver jugando en el suelo, Oliver sentado en el regazo de papá junto a la chimenea. Dice que no es bueno que Eugene esté allí, que un hermano gemelo sufre por la muerte de su hermano más todavía de lo que puede entender una madre. En la calle Hartstonge alquilan una habitación con dos camas, en lugar de la única que tenemos aquí para los seis, no, para los cinco. Vamos a alquilar esa habitación, y para asegurarse va a ir con papá el jueves a la oficina de empleo para ponerse a la cola y quedarse con el dinero del paro en cuanto se lo den a papá. Papá dice que no puede hacer eso, que sería una deshonra para él delante de los demás hombres. La oficina de empleo es un sitio para hombres, no para que las mujeres les quiten el dinero de delante de las narices.

—Lo siento por ti —dice ella—. Si no derrochases el dinero en las tabernas, yo no tendría que seguirte como hacía en Brooklyn.

Él dice que no podrá superar jamás la vergüenza. Ella dice que no le importa. Quiere esa habitación de la calle Hartstonge, una habitación bonita, caliente y cómoda, con un retrete al fondo del pasillo como el que había en Brooklyn, una habitación sin pulgas y sin esa humedad que mata. Quiere esa habitación porque está en la misma calle que la Escuela Nacional Leamy, y Malachy y yo podremos venir a casa al mediodía, que es la hora de la comida, para tomarnos una taza de té y una rebanada de pan frito.

El jueves, mamá sigue a papá a la oficina de empleo. Entra decidida tras él, y cuando el empleado pone el dinero delante de papá, ella se lo guarda. Los demás hombres que esperan cobrar el paro intercambian codazos y sonrisas, y papá queda deshonrado porque una mujer no debe entremeterse nunca con el dinero del paro de un hombre. Tal vez éste quiera apostar seis peniques a un caballo o tomarse una pinta, y si todas las mujeres empiezan a obrar como mamá, los caballos dejarán de correr y la Guinness quebrará. Pero ella ya tiene el dinero, y nos mudamos a la calle Hartstonge. Después coge a Eugene en brazos y subimos por la calle hasta la Escuela Nacional Leamy. El señor Scallan, el director, dice que debemos volver el lunes con un cuaderno de redacciones, un lápiz y una pluma con buena plumilla. No debemos presentarnos en la escuela con tiña ni con piojos y debemos sonarnos siempre la nariz, no en el suelo, con lo que se transmite la tisis, ni en la manga, sino con un pañuelo o con un paño limpio. Nos pregunta si somos niños buenos, y cuando le decimos que sí, dice:

—Santo cielo, ¿qué es esto? ¿Es que son yanquis acaso?

Mamá le cuenta lo de Margaret y lo de Oliver y él dice:

—Dios del cielo, Dios del cielo, hay mucho sufrimiento en el mundo. En todo caso, pondremos al pequeño, Malachy, en la clase de los párvulos y a su hermano en el primer curso. Estarán en una misma sala con un mismo maestro. Hasta el lunes por la mañana, pues, a las nueve en punto.

Los niños de la Escuela Leamy nos preguntan por qué hablamos así.

—¿Es que sois yanquis acaso?

Y cuando les decimos que hemos venido de América, nos preguntan:

—¿Sois gángsteres o vaqueros?

Un chico mayor se encara conmigo.

—Te estoy haciendo una pregunta —dice—. ¿Sois gángsteres o vaqueros?

Le digo que no lo sé, y cuando él me empuja el pecho con el dedo, Malachy dice:

—Yo soy gángster, Frank es vaquero.

El chico mayor dice:

—Tu hermano pequeño es listo y tú eres un yanqui estúpido.

Los niños que lo rodean están excitados. «Pelea», gritan, «pelea», y él me empuja con tanta fuerza que me caigo. Quiero llorar, pero se me vuelve oscuro todo dentro de la cabeza como me pasó con Freddie Leibowitz y caigo sobre él dándole patadas y puñetazos. Lo derribo e intento agarrarlo del pelo para darle golpes con la cabeza en el suelo, pero siento un vivo escozor en la parte posterior de mis piernas y alguien me aparta de él a la fuerza.

El señor Benson, el maestro, me ha agarrado de la oreja y me está dando golpes de vara en las piernas.

—Pequeño gamberro —dice—. ¿Así has aprendido a comportarte en América? Pues por Dios te digo que te portarás bien antes de que yo haya acabado contigo.

Me dice que extienda primero una mano y después la otra y me pega con la vara una vez en cada mano.

—Ahora vete a tu casa —dice— y dile a tu madre lo malo que has sido. Eres un yanqui malo. Dilo conmigo: «Soy un niño malo».

—Soy un niño malo.

—Ahora di: «Soy un yanqui malo».

—Soy un yanqui malo.

—No es un niño malo —dice Malachy—. Ha sido ese niño mayor. Ha dicho que éramos vaqueros y gángsteres.

—¿Has dicho eso, Heffernan?

—Sólo era una broma, señor.

—Basta de bromas, Heffernan. Si son yanquis, no es culpa suya.

—No, señor.

—Y tú, Heffernan, deberías ponerte de rodillas cada noche y dar gracias a Dios de no ser yanqui, porque si lo fueras, Heffernan, serías el gángster más grande de las dos orillas del Atlántico. Al Capone vendría a verte para que le dieses lecciones. No has de molestar más a estos dos yanquis, Hefferman.

—No lo haré, señor.

—Y si lo haces, Heffernan, colgaré tu pellejo de la pared. Ahora marchaos todos a vuestras casas.

En la Escuela Nacional Leamy hay siete maestros, y todos tienen correas de cuero, varas, bastones de endrino. Te pegan con los bastones en los hombros, en la espalda, en las piernas y, sobre todo, en las manos. Cuando te pegan en las manos se llama «palmetazo». Te pegan si llegas tarde, si tu plumilla echa borrones, si te ríes, si hablas y si no sabes las cosas.

Te pegan si no sabes por qué hizo Dios el mundo, si no sabes quién es el santo patrono de Limerick, si no te sabes el Credo, si no sabes cuántas son diecinueve y cuarenta y siete, si no sabes cuántas son cuarenta y siete menos diecinueve, si no te sabes las ciudades y los productos principales de los treinta y dos condados de Irlanda, si no encuentras a Bulgaria en el mapamundi de la pared, que está manchado de escupitajos, mocos y borrones de tinta arrojados por alumnos iracundos que fueron expulsados para siempre.

Te pegan si no sabes decir tu nombre en irlandés, si no sabes rezar el Avemaría en irlandés, si no sabes pedir permiso para ir al retrete en irlandés.

Es útil escuchar lo que dicen los chicos mayores, de los cursos superiores. Ellos te pueden informar acerca del maestro que tienes ahora, de sus gustos y de sus odios.

Uno de los maestros te pega si no sabes que Eamon de Valera es el hombre más grande que ha existido jamás. Otro maestro te pega si no sabes que Michael Collins fue el hombre más grande que existió jamás.

El señor Benson odia a América, y tienes que acordarte de odiar a América, o te pegará.

El señor O'Dea odia a Inglaterra, y tienes que acordarte de odiar a Inglaterra, o te pegará.

Todos te pegan si dices alguna vez algo bueno de Oliver Cromwell.

Aunque te den seis palmetazos en cada mano con la palmeta de fresno o con el bastón de endrino con nudos, no debes llorar. Serías un mariquita. Algunos niños se pueden meter contigo y burlarse de ti en la calle, pero también ellos deben andarse con cuidado, porque llegará el día en que el maestro les pegue y les dé palmetazos, y entonces serán ellos los que tendrán que aguantarse las lágrimas o quedarán deshonrados para siempre. Algunos niños dicen que es mejor llorar, porque eso agrada a los maestros. Si no lloras, los maestros te odian porque los has hecho parecer débiles ante la clase, y se prometen a sí mismos que la próxima vez que te peguen te harán derramar lágrimas, o sangre, o las dos cosas.

Los chicos mayores del quinto curso nos cuentan que al señor O'Dea le gusta hacerte salir ante la clase para poderse poner a tu espalda, pellizcarte las patillas, que se llaman *cossicks,* tirar de ellas hacia arriba. «Arriba, arriba», dice, hasta que estás de puntillas y se te llenan los ojos de lágrimas. No quieres que los chicos de la clase te vean llorar, pero cuando te tiran de los *cossicks* se te saltan las lágrimas quieras que no, y eso le gusta al maestro. El señor O'Dea es el único maestro que siempre es capaz de sacarte las lágrimas y la vergüenza.

Es mejor no llorar, porque tienes que hacer causa común con los chicos de la escuela y nunca debes dar gusto a los maestros.

Si el maestro te pega, no sirve de nada que te quejes a tu padre o a tu madre. Siempre te dicen:

—Te lo mereces. No seas crío.

Yo sé que Oliver ha muerto y Malachy sabe que Oliver ha muerto, pero Eugene es demasiado pequeño para saber nada. Cuando se despierta por la mañana dice: «Oli, Oli», y gatea por la habitación buscando debajo de las camas, o se sube a la cama que está junto a la ventana y señala a los niños de la calle, sobre todo a los niños que tienen el pelo rubio como Oliver y como él. «Oli, Oli», dice, y mamá lo coge en brazos, solloza, lo abraza. Él forcejea por bajarse, porque no quiere que lo cojan en brazos ni que lo abracen. Lo que quiere es encontrar a Oliver.

Papá y mamá le dicen que Oliver está en el cielo jugando con los angelitos y que todos lo volveremos a ver algún día, pero él no lo entiende porque sólo tiene dos años y no conoce las palabras, y no hay cosa peor que ésa en todo el mundo.

Malachy y yo jugamos con él. Intentamos hacerle reír. Hacemos muecas. Nos ponemos cazos en la cabeza y fingimos que se nos caen. Corremos por la habitación y fingimos que nos caemos. Lo llevamos al Parque del Pueblo para que vea las hermosas flores, para que juegue con los perros, para que se revuelque en la hierba.

Ve a niños pequeños con pelo rubio, como Oliver. Ya no dice «Oli». Sólo señala.

Papá dice que Eugene es afortunado por tener hermanos como Malachy y yo, porque le ayudamos a olvidar y pronto, con la ayuda de Dios, ya no se acordará de Oliver.

Pero de todos modos se murió.

Seis meses después de la muerte de Oliver, al despertarnos en una desapacible mañana de noviembre, Eugene estaba frío en la cama a nuestro lado. El doctor Troy vino y dijo que aquel niño había muerto de pulmonía, y preguntó por qué no estaba en el hospital hacía mucho tiempo. Papá dijo que no lo sabía y mamá dijo que no lo sabía, y el doctor Troy dijo que por eso se mueren los niños. Porque la gente no sabe. Dijo que si Malachy o yo dábamos la menor muestra de tener tos o el más leve carraspeo debían llevarnos inmediatamente a que él nos viese, a cualquier hora del día o de la noche. Debíamos estar secos siempre, pues parecía que en nuestra familia había algo de debilidad del pecho. Dijo a mamá que la acompañaba en el sentimiento y que le daría una receta para que tomase unas pastillas que le aliviarían el dolor de los días venideros. Dijo que Dios estaba pidiendo demasiado, demasiado, maldita sea.

La abuela vino a nuestra habitación con la tía Aggie. Lavó a Eugene, y la tía Aggie fue a una tienda a comprar un vestidito blanco y un rosario. Lo vistieron con el vestido blanco y lo tendieron en la cama, junto a la ventana por la que solía buscar a Oliver. Le pusieron las manos en el pecho, una mano encima de la otra, atadas con el pequeño rosario de cuentas blancas. La abuela le cepilló el pelo que le caía en los ojos y en la frente y dijo:

—¡Qué pelo tan precioso tiene, suave como la seda!

Mamá se acercó a la cama y le puso una manta sobre las piernas para que no cogiera frío. La abuela y la tía Aggie se miraron y no dijeron nada. Papá estaba plantado a los pies de la cama, dándose golpes en los muslos con los puños, hablando a Eugene, diciéndole:

—*Och*, ha sido el río Shannon el que te ha hecho daño; ha sido la humedad de ese río la que ha venido y se os ha llevado a Oliver y a ti.

—¿Quieres dejar eso? —dijo la abuela—. Estás poniendo nerviosa a toda la casa.

La abuela tomó la receta del doctor Troy y me mandó que fuera corriendo a la farmacia de O'Connor a recoger las pastillas; me dijo que no me cobrarían gracias a la bondad del doctor Troy. Papá dijo que vendría conmigo, que iríamos a la iglesia de los jesuitas a rezar por Margaret, por Oliver y por Eugene, que estarían todos felices en el cielo. El farmacéutico nos dio las pastillas, nos pasamos por la iglesia a rezar, y cuando volvimos a la habitación, la abuela dio dinero a papá para que se trajera de la taberna unas botellas de cerveza negra. Mamá dijo «No, no», pero la abuela dijo:

—Él no tiene el alivio de las pastillas, Dios nos asista, y una botella de cerveza negra será un pequeño consuelo.

Después le dijo que tendría que ir al día siguiente a la funeraria para traerse el ataúd en un coche. A mí me dijo que acompañase a mi padre y que me ocupase de que no se quedara toda la noche en la taberna bebiéndose todo el dinero.

—*Och*, Frankie no debería entrar en las tabernas —dijo papá, y la abuela dijo:

—Entonces, no te quedes tú allí.

Papá se puso la gorra y fuimos a la taberna de South, y me dijo en la puerta que ya podía irme a casa, que él volvería después de tomarse una pinta. Yo dije que no, y él me dijo:

—No seas desobediente. Vuélvete a casa con tu pobre madre.

Yo dije que no, y él me dijo que era un niño malo y que Dios se iba a disgustar. Yo le dije que no volvería a casa sin él, y él dijo:

—*Och*, ¿dónde va a parar el mundo?

Se tomó deprisa una pinta de cerveza negra y nos marchamos a casa con las botellas de cerveza negra. Pa Keating estaba en nuestra habitación con una botella pequeña de whiskey y botellas de cerveza negra, y el tío Pat Sheehan había traído otras dos botellas de cerveza negra para él. El tío Pat estaba sentado en el suelo rodeando las cervezas con los brazos y no dejaba de decir: «Son mías, son mías», por miedo a que se las quitaran. Las personas que se cayeron de cabeza de niños siempre temen que alguien les quite su cerveza negra.

—Está bien, Pat —dijo la abuela—, bébete tu cerveza tú solo. Nadie te molestará.

La tía Aggie y ella se sentaron en la cama junto a Eugene. Pa Keating estaba sentado junto a la mesa de la cocina, bebiéndose su cerveza negra y ofreciendo a todos un trago de su whiskey. Mamá se tomó sus pastillas y se sentó junto a la chimenea con Malachy en su regazo. No dejaba de decir que Malachy tenía el pelo como Eugene, y la tía Aggie decía que no, hasta que la abuela dio un codazo a la tía Aggie en el pecho y le dijo que se callase. Papá estaba de pie apoyado en la pared, bebiéndose su cerveza negra, entre la chimenea y la cama donde estaba Eugene. Pa Keating contaba cuentos divertidos y los mayores se reían, a pesar de que no querían reírse o de que no debían reírse delante de un niño muerto. Dijo que cuando estaba en el ejército inglés en Francia los alemanes habían arrojado gases que lo habían puesto tan enfermo que tuvieron que mandarlo al hospital. Lo tuvieron en el hospital algún tiempo y después lo enviaron de nuevo a las trincheras. A los soldados ingleses los mandaban a sus casas, pero les importaba un pedo de violinista que los soldados irlandeses se salvasen o se muriesen. En vez de morirse, Pa ganó una gran fortuna. Dijo que había resuelto uno de los grandes problemas de la guerra de trincheras. En las trincheras estaba todo tan mojado y tan lleno de barro que no tenían manera de hervir el agua para hacer el té. Se dijo: «Jesús, yo tengo el organismo lleno de gas, y es una lástima derrocharlo». De modo que se metió un tubo por el culo, le aplicó una cerilla y en seguida obtuvo una buena llama para hervir agua en cualquier marmita. Cuando los soldados ingleses conocieron la noticia, llegaban corriendo de todas las trincheras de los alrededores y le daban el dinero que pidiera para que les dejara hervir agua. Ganó tanto dinero que pudo sobornar a los generales para que lo licenciasen del ejército y se marchó a París, donde lo pasó bien bebiendo vino con los artistas y las modelos. Se corrió tales juergas que se gastó todo el dinero, y cuando regresó a Limerick el único trabajo que encontró fue el de alimentar las calderas de carbón en la Fábrica de Gas. Dijo que ahora tenía tanto gas en el organismo que podía iluminar una ciudad pequeña durante un año entero. La tía Aggie sollozó y dijo que aquél no era un cuento decente para contarlo delante de un niño muerto, y la abuela dijo que era mejor escuchar un cuento así que estar sentados con las caras largas. El tío Pat Sheehan, que estaba sentado en el suelo con su cerveza negra, dijo que iba a cantar una canción.

—¡Bien hecho! —dijo Pa Keating, y el tío Pat cantó *El camino de Rasheen*. Decía «Rasheen, Rasheen, mavurnin min», y la canción no tenía sentido porque su padre lo había dejado caer de cabeza hacía mucho tiempo y cada vez que cantaba aquella canción le cambiaba la letra. La abuela dijo que era una bonita canción, y Pa Keating dijo que Caruso podía andarse con cuidado. Papá se acercó a la cama del rincón donde dormía con mamá. Se sentó en el borde de la cama, dejó su botella en el suelo, se cubrió la cara con las manos y lloró. «Frank, Frank, ven aquí», dijo, y yo tuve que ir a su lado para que pudiera abrazarme del mismo modo que mamá estaba abrazando a Malachy. La abuela dijo:

—Será mejor que nos vayamos y que durmamos un poco antes del entierro de mañana.

Todos se arrodillaron junto a la cama, rezaron una oración y besaron la frente a Eugene. Papá me dejó en el suelo, se puso de pie y los fue despidiendo con un gesto de la cabeza. Cuando se marcharon, se llevó a la boca todas y cada una de las botellas de cerveza negra y las apuró una a una. Frotó con el dedo el interior de la botella de whiskey y se chupó después el dedo. Bajó la llama de la lámpara de queroseno en la mesa y dijo que ya era hora de que Malachy y yo nos acostásemos. Tendríamos que dormir con mamá y con él aquella noche, pues el pequeño Eugene necesitaría toda la cama para él. La habitación se había quedado a oscuras; sólo se veía un rayo de luz de la farola de la calle que caía en el pelo tan precioso de Eugene, suave como la seda.

A la mañana siguiente papá enciende el fuego, hace el té, tuesta el pan en el fuego. Ofrece té y tostadas a mamá, pero ella los rechaza con un gesto y se vuelve hacia la pared. Hace que Malachy y yo nos arrodillemos al lado de Eugene y recemos una oración. Dice que las oraciones de un niño como nosotros valen más en el cielo que las oraciones de diez cardenales y de cuarenta obispos. Nos enseña a santiguarnos: «En el nombre del Padre, y del Hijo, y del Espíritu Santo, amén», y dice:

—Dios mío, esto es lo que quieres, ¿no? Quieres a mi hijo Eugene. Te llevaste a su hermano Oliver. Te llevaste a su hermana Margaret. No debo discutirlo, ¿verdad? Dios del cielo, no sé por qué tienen que morir los niños, pero es Tu voluntad. Mandaste al río que matase y el Shannon mató. ¿Podrías tener misericordia por fin? ¿Podrías dejarnos a los niños que nos quedan? No pedimos más. Amén.

Nos ayuda a Malachy y a mí a lavarnos la cabeza y los pies para que vayamos limpios al entierro de Eugene. Tenemos que estar muy callados, aun cuando nos hace daño al limpiarnos los oídos con la punta de la toalla que trajimos de América. Tenemos que estar callados porque Eugene está delante con los ojos cerrados y no queremos que se despierte y se asome a la ventana para buscar a Oliver.

Llega la abuela y dice a mamá que tiene que levantarse. Dice que, aunque haya niños muertos, también hay niños vivos que necesitan a su madre. Lleva a mamá un poco de té en un tazón para ayudarle a pasar las pastillas que alivian el dolor. Papá dice a la abuela que es jueves y que tiene que ir a la oficina de empleo a cobrar el paro y después tiene que ir a la funeraria a traer el coche fúnebre y el ataúd. La abuela le dice que me lleve con él, pero él dice que es mejor que yo me quede con Malachy para que rece por mi hermanito que está muerto en la cama.

—¿Es que quieres tomarme el pelo? —dice la abuela—. ¿Rezar por un niño pequeño que apenas tiene dos años y que ya estará en el cielo jugando con su hermanito? Te llevarás a tu hijo, que te recordará que hoy no es día de ir a las tabernas.

Ella lo mira, él la mira a ella y se pone la gorra.

En la oficina de empleo nos ponemos al final de la cola hasta que sale un hombre de detrás del mostrador y dice a papá que lo acompaña en el sentimiento y que puede pasar por delante de todos en este día doloroso. Los hombres se tocan la gorra y dicen que lo acompañan en el sentimiento, y algunos me dan palmaditas en la cabeza y me dan peniques, veinticuatro peniques en total, dos chelines. Papá me dice que ahora soy rico y que debo comprarme un dulce mientras él entra un momento en este sitio. Yo sé que este sitio es una taberna y sé que quiere tomarse el líquido negro al que llaman pinta, pero no digo nada porque quiero ir a la tienda de al lado para comprarme un trozo de *toffee*. Mastico el *toffee* hasta que se funde y me deja la boca dulce y pegajosa. Papá sigue en la taberna y yo me pregunto si debería comprarme otro trozo de *toffee* mientras él sigue allí dentro con la pinta. Estoy a punto de dar el dinero a la mujer de la tienda cuando alguien me lo impide dándome una palmada en la mano, y allí está la tía Aggie, furiosa.

—¿Es esto lo que haces el día del entierro de tu hermano? Atracarte de dulces. ¿Y dónde está ese sujeto que tienes por padre?

—Está, está en la taberna.

—Claro que está en la taberna. Tú aquí fuera atiborrándote de dulces y él allí dentro bebiendo hasta no tenerse en pie el día en que a tu pobre hermanito lo llevan al cementerio. Es igual que su padre —dice a la mujer de la tienda—: el mismo aire raro, la misma boca de los del Norte.

Me dice que entre en aquella taberna y diga a mi padre que deje de beber y que traiga el ataúd y el coche. Ella no quiere poner el pie dentro de la taberna porque la bebida es la maldición de este pobre país dejado de la mano de Dios.

Papá está sentado al fondo de la taberna con un hombre que tiene la cara sucia y al que le salen pelos de la nariz. No hablan, tienen la mirada fija al frente y sus pintas negras están encima de un pequeño ataúd blanco que está en el asiento, entre los dos. Sé que es el ataúd de Eugene porque Oliver tuvo otro igual, y cuando veo las pintas negras encima me dan ganas de llorar. Ahora me arrepiento de haberme comido ese *toffee* y quisiera poderlo sacar del estómago y devolverlo a la mujer de la tienda porque no está bien comer *toffee* mientras Eugene está muerto en la cama, y me asustan las dos pintas negras que están sobre su ataúd blanco. El hombre que está con papá dice:

—No, señor, ya no se puede dejar un ataúd de niño en un coche. Yo lo hice una vez: entré a tomarme una pinta y robaron el ataúd del mismísimo coche. ¿No le parece increíble? Estaba vacío, gracias a Dios, pero ya ve usted. Vivimos una época desesperada, desesperada.

El hombre que está con papá levanta su pinta y da un largo trago, y cuando deja el vaso se produce un sonido hueco en el ataúd. Papá me dirige una inclinación de cabeza.

—Nos vamos dentro de un momento, hijo —dice, pero cuando va a poner el vaso sobre el ataúd después del largo trago yo lo aparto de un empujón.

—Ése es el ataúd de Eugene. Contaré a mamá que has puesto el vaso en el ataúd de Eugene.

—Vamos, hijo. Vamos, hijo.

—Papá, ése es el ataúd de Eugene.

—¿Tomamos otra pinta, señor? —dice el otro hombre.

—Espera fuera otro rato, Francis —me dice papá.

—No.

—No seas un niño malo.

—No.

—Jesús —dice el otro hombre—, si ese niño fuera hijo mío, yo le daría una patada en el culo que lo mandaría de aquí al condado de Kerry. No tiene derecho a hablar así a su padre en un día de dolor. Si un hombre no puede tomarse una pinta el día de un entierro, ¿de qué sirve vivir?, ¿de qué?

—Está bien —dice papá—. Nos vamos.

Se terminan sus pintas y limpian con las mangas las manchas pardas y húmedas del ataúd. El hombre se sube al pescante del coche y papá y yo vamos dentro. Papá lleva el ataúd en el regazo y lo aprieta contra el pecho. Cuando llegamos a casa, nuestra habitación está llena de gente mayor, mamá, la abuela, la tía Aggie, su marido, Pa Keating, el tío Pat Sheehan, el tío Tom Sheehan, que es el hermano mayor de mamá y que nunca se había acercado a nosotros porque odiaba a la gente de Irlanda del Norte. El tío Tom está acompañado de su mujer, Jane. Ella es de Galway, y la gente dice que tiene aspecto de española, y por eso nadie de la familia le dirige la palabra.

El hombre toma el ataúd de manos de papá y cuando lo lleva a la habitación mamá gime: «Ay, no, ay, Dios, no». El hombre dice a la abuela que volverá al cabo de un rato para llevarnos al cementerio. La abuela le dice que más le vale no volver a esa casa en estado de embriaguez, porque este niño que va al cementerio sufrió mucho y se merece un poco de dignidad, y ella no va a admitir a un cochero que está borracho y que se puede caer del pescante.

—Señora —dice el hombre—, he llevado niños a docenas al cementerio y nunca me he caído del pescante ni de ninguna parte.

Los hombres vuelven a beber botellas de cerveza negra y las mujeres beben jerez en tarros de mermelada. El tío Pat Sheehan dice a todos: «Ésta es mi cerveza, ésta es mi cerveza», y la abuela dice:

—Está bien, Pat. Nadie te quitará tu cerveza.

Después dice que quiere cantar *El camino de Rasheen*, hasta que Pa Keating dice:

—No, Pat, no se puede cantar el día de un entierro. Se puede cantar la noche anterior.

Pero el tío Pat no deja de decir «Ésta es mi cerveza» y «Quiero cantar *El camino de Rasheen*», y todos saben que habla así porque se cayó de cabeza. Se pone a cantar su canción, pero se calla cuando la abuela levanta la tapa del ataúd y mamá solloza:

—Ay, Jesús, Jesús, ¿no acabará esto nunca? ¿Me quedará un solo hijo?

Mamá está sentada en una silla a la cabecera de la cama. Está acariciando el pelo, la cara y las manos de Eugene. Le dice que era el niño más dulce, más delicado y más cariñoso del mundo. Le dice que es terrible perderlo pero que ahora está en el cielo con su hermano y con su hermana y que eso nos consuela a todos, pues sabemos que Oliver ya no echa de menos a su hermano gemelo. A pesar de todo, hunde la cabeza junto a Eugene y llora con tanta fuerza que todas las mujeres presentes en la habitación lloran con ella. Llora hasta que Pa Keating le dice que tenemos que ponernos en marcha antes de que oscurezca, pues no podemos estar en un cementerio a oscuras.

—¿Quién va a meter al niño en el ataúd? —susurra la abuela a la tía Aggie, y la tía Aggie susurra:

—Yo no. Ésa es tarea de la madre.

El tío Pat las oye y dice:

—Yo meteré al niño en el ataúd.

Se acerca a la cama cojeando y rodea con los brazos los hombros de mamá. Ella levanta la vista hacia él; tiene la cara empapada.

—Yo meteré al niño en el ataúd, Ángela —dice él.

—Ay, Pat —dice ella—. Pat.

—Puedo hacerlo —dice—. Es verdad que sólo es un niño pequeño, y yo no he levantado nunca a un niño pequeño. Nunca he tenido a un niño pequeño en mis brazos. No lo dejaré caer, Ángela, no. Palabra de honor que no.

—Ya sé que no, Pat. Ya sé que no.

—Lo cogeré y no cantaré *El camino de Rasheen*.

—Ya sé que no, Pat —dice mamá.

Pat retira la manta que puso mamá para que Eugene no cogiera frío. Eugene tiene los pies blancos y brillantes, con venitas azules. Pat se inclina, levanta a Eugene y lo aprieta contra su pecho. Besa la frente a Eugene, y a continuación todos los presentes besamos a Eugene. Deposita a Eugene en el ataúd y se aparta. Todos nos reunimos alrededor del ataúd, contemplando a Eugene por última vez.

—Ya lo ves, Ángela, no lo he dejado caer —dice el tío Pat, y ella le hace una caricia en el rostro.

La tía Aggie va a la taberna a recoger al cochero. Éste pone la tapa al ataúd y la atornilla.

—¿Quién viene en el coche? —pregunta, y se lleva el ataúd al coche. Sólo hay sitio para mamá y papá, Malachy y yo. La abuela dice:

—Salid vosotros para el cementerio y os esperaremos allí.

No sé por qué no podemos quedarnos con Eugene. No sé por qué tiene que llevárselo ese hombre que deja su pinta sobre el ataúd blanco. No sé por qué tuvieron que llevarse a Margaret y a Oliver. Meter a mi hermana y a mis hermanos en una caja es una cosa mala, y me gustaría poder decir algo a alguien.

El caballo recorrió las calles de Limerick haciendo clop, clop.

—¿Vamos a ver a Oliver? —preguntó Malachy, y papá dijo:

—No, Oliver está en el cielo, y no me preguntes qué es el cielo porque no lo sé.

—El cielo es un sitio donde están Oliver y Eugene y Margaret contentos y calentitos —dijo mamá—, y allí los veremos algún día.

—El caballo se ha hecho caca en la calle —dijo Malachy, y olía mal, y mamá y papá tuvieron que sonreír.

En el cementerio, el cochero desmonta y abre la puerta del coche.

—Denme ese ataúd —dice—, yo lo llevaré a la tumba.

Tira del ataúd y se tropieza. Mamá dice:

—Usted no va a llevar a mi hijo en ese estado. Llévalo tú —dice, dirigiéndose a papá.

—Hagan lo que quieran. Hagan lo que les dé la gana —dice el cochero, y se sube al pescante.

Está oscureciendo y el ataúd parece más blanco que nunca en los brazos de papá. Mamá nos coge de la mano y seguimos a papá por entre las tumbas. Las chovas están calladas en los árboles porque ya casi ha terminado su jornada y tienen que descansar para madrugar al día siguiente para dar de comer a sus hijos pequeños.

Dos hombres con sendas palas nos esperan junto a una pequeña tumba abierta.

—Llegan muy tarde —dice uno—. Menos mal que es poca tarea; si no, nos habríamos marchado.

Se mete en la tumba.

—Démelo —dice, y papá le entrega el ataúd.

El hombre esparce algo de paja y de hierba sobre el ataúd, y cuando sale del hoyo el otro hombre echa paletadas de tierra. Mamá suelta un largo quejido, «Ay, Jesús, Jesús», y una chova grazna en un árbol. Me gustaría tener una piedra para tirársela a esa chova. Cuando los hombres terminan de echar la tierra a paletadas se secan la frente y se quedan esperando. Uno dice:

—Bueno, ahora suele darse alguna cosilla para la sed.

—Ah, sí, sí —dice papá, y les da dinero. Ellos dicen que nos acompañan en el sentimiento y se marchan.

Volvemos hacia el coche que estaba en la puerta del cementerio, pero el coche se ha marchado. Papá lo busca entre la oscuridad y vuelve sacudiendo la cabeza.

—Ese cochero no es más que un sucio borracho —dice mamá—; que Dios me perdone.

La vuelta del cementerio a nuestra habitación es una larga caminata. Mamá dice a papá:

—Estos niños necesitan algo de alimento, y a ti te queda dinero del paro que has cobrado esta mañana. Si estás pensando en irte a las tabernas esta noche, olvídate. Los vamos a llevar a la tienda de Naughton, y podrán comer pescado frito con patatas fritas y gaseosa, pues no se entierra a un hermano todos los días.

El pescado frito y las patatas fritas están deliciosos con vinagre y sal, y la gaseosa nos pica la garganta.

Cuando llegamos a casa, la habitación está vacía. Hay botellas de cerveza negra vacías en la mesa y la lumbre se ha apagado. Papá enciende la lámpara de queroseno y se puede ver la huella que dejó en la almohada la cabeza de Eugene. Parece que se le va a oír y que se le va a ver gateando por la habitación y subiéndose a la cama para mirar por la ventana buscando a Oliver.

Papá dice a mamá que va a dar un paseo. Mamá dice que no. Ya sabe lo que pretende, sabe que le falta tiempo para gastarse en las tabernas los pocos chelines que le quedan.

—Está bien —dice. Enciende la lumbre y mamá prepara té, y pronto estamos acostados.

Malachy y yo volvemos a dormir en la cama donde murió Eugene. Espero que no pase frío en aquel ataúd blanco, en el cementerio, aunque sé que ya no está allí, porque los ángeles vienen al cementerio y abren el ataúd y él está lejos de la humedad del Shannon que mata, está en lo alto, en el cielo, con Oliver y Margaret, donde tienen mucho pescado frito con patatas fritas y *toffee* y no hay tías que lo molesten a uno, donde todos los padres traen a casa el dinero de la oficina de empleo y no hay que recorrer las tabernas para encontrarlos.

III

Mamá dice que no aguanta un minuto más en esa habitación de la calle Hartstonge. Ve a Eugene mañana, tarde y noche. Lo ve subirse a la cama para asomarse a la calle buscando a Oliver, y a veces ve a Oliver fuera y a Eugene dentro, charlando el uno con el otro. Se alegra de que estén charlando así, pero no quiere seguir viéndolos y oyéndolos el resto de su vida. Es una pena que nos mudemos viviendo tan cerca de la Escuela Nacional Leamy, pero si no se muda pronto, perderá la razón y acabará en el manicomio.

Nos mudamos al callejón Roden, en lo alto de una zona llamada la colina del Cuartel. En un lado del callejón hay seis casas y en el otro hay una. Las casas son de las que llaman «dos arriba, dos abajo», lo que quiere decir que tienen dos habitaciones en el piso alto y dos en la planta baja. Nuestra casa está al final del callejón, es la última de las seis. Junto a nuestra puerta hay un pequeño cobertizo que es un retrete, y junto a éste hay un establo.

Mamá va a la Conferencia de San Vicente de Paúl a preguntar si existe alguna posibilidad de que nos den muebles. El hombre dice que nos dará un vale para recoger una mesa, dos sillas y dos camas. Dice que tendremos que ir a una tienda de muebles de segunda mano que está en el barrio de Irishtown y que tendremos que llevarnos los muebles a casa nosotros mismos. Mamá dice que podemos usar el cochecito que tenía para los gemelos, y cuando dice esto llora. Se seca los ojos en las mangas y pregunta al hombre si las camas que nos darán son de segunda mano. El hombre dice que sí lo

97

son, por supuesto, y mamá dice que le preocupa mucho dormir en camas donde puede haber muerto alguien, sobre todo si tenía la tisis. El hombre dice:

—Lo siento mucho, pero el que pide no escoge.

Tardamos todo el día en transportar los muebles de un extremo a otro de Limerick en el cochecito. El cochecito tiene cuatro ruedas, pero una está combada, quiere ir en otra dirección. Tenemos dos camas, un aparador con espejo, una mesa y dos sillas. Podemos pasar de una habitación a otra y subir y bajar las escaleras. Estamos contentos con la casa. Podemos deambular de una habitación a otra y subir y bajar las escaleras. Uno se siente muy rico cuando puede subir y bajar las escaleras todo el día tantas veces como se le antoje. Papá enciende el fuego y mamá prepara el té. Él se sienta a la mesa en una silla, ella se sienta en la otra y Malachy y yo nos sentamos en el baúl que trajimos de América. Mientras nos estamos tomando el té pasa por nuestra puerta un viejo que lleva un cubo en la mano. Vacía el cubo en el retrete, tira de la cadena y de nuestra cocina empieza a salir una peste terrible. Mamá sale a la puerta y dice:

—¿Por qué vacía usted su cubo en nuestro retrete?

El viejo la saluda levantándose la gorra.

—¿Su retrete, señora? Ah, no. Está cometiendo un pequeño error. ¡Ja, ja! Éste no es su retrete. Es el retrete de todo el callejón. Verá pasar por su puerta los cubos de once familias, y le digo que esto se pone muy fuerte cuando hace calor, muy fuerte, verdaderamente. Ahora estamos en diciembre, a Dios gracias, el aire está helado y la Navidad está a la vuelta de la esquina, y el retrete no huele tan mal, pero llegará el día en que pida a gritos una máscara antigás. De manera que, buenas noches, señora, y espero que sean felices en su casa.

—Espere un momento, señor —dice mamá—. ¿Podría decirme quién limpia este retrete?

—¿Que quién lo limpia? Jesús, ésta sí que es buena. ¿Que quién lo limpia, dice? ¿Está de broma? Estas casas se construyeron en tiempos de la misísima reina Victoria, y si alguien ha limpiado alguna vez este retrete debió de hacerlo en plena noche cuando no miraba nadie.

Y se marcha arrastrando los pies por el callejón y riéndose solo.

Mamá vuelve a su silla y a su té.

—No podemos quedarnos aquí —dice—. Ese retrete nos va a matar con enfermedades de todas clases.

—No podemos volver a mudarnos —dice papá—. ¿Dónde encontraríamos una casa por seis chelines a la semana? Limpiaremos nosotros mismos el retrete. Herviremos cubos de agua y los tiraremos por el retrete.

—¿Ah, sí? —dice mamá—. ¿Y de dónde sacaremos el carbón o la turba o los tacos de madera para hervir el agua?

Papá no dice nada. Apura su té y busca un clavo para colgar nuestro único cuadro. El hombre del cuadro tiene el rostro delgado. Lleva un solideo amarillo y una vestidura negra con una cruz en el pecho. Papá dice que fue un Papa, León XIII, gran amigo del obrero. Dice que se trajo este cuadro desde América, donde lo encontró tirado por alguien al que no le importaba el obrero. Mamá dice que está diciendo un montón de puñeteras tonterías, y papá le dice que no debe decir «puñeteras» delante de los niños. Papá encuentra un clavo, pero no sabe cómo va a clavarlo en la pared sin martillo.

Mamá dice que puede ir a la casa de al lado y pedir prestado uno, pero él dice que no se piden prestadas cosas a la gente que no se conoce. Deja apoyado el cuadro en la pared y clava el clavo con el culo de un tarro de mermelada. El tarro de mermelada se rompe y le corta la mano, y cae un goterón de sangre en la cara del Papa. Se envuelve la mano en el trapo de secar los platos y dice a mamá:

—Deprisa, deprisa, limpia al Papa de sangre antes de que se seque.

Ella intenta limpiar la sangre con la manga, pero es de lana y extiende la sangre hasta que el Papa tiene manchado todo un lado de la cara.

—Dios del cielo, Ángela, has estropeado al Papa del todo —dice papá, y mamá responde:

—*Arrah*, déjate de lamentaciones, algún día compraremos algo de pintura y le repasaremos la cara.

—Es el único Papa que fue amigo del obrero —dice papá—, y ¿qué vamos a decir si entra alguien de la Conferencia de San Vicente de Paúl y lo ve lleno de sangre?

—No lo sé —dice mamá—. La sangre es tuya, y es una pena que un hombre ni siquiera sepa clavar un clavo. Esto demuestra lo inútil que eres. Más te valía dedicarte a cavar en el campo, y, en todo caso, a mí me da igual. Me duele la espalda y me voy a acostar.

—*Och*, ¿qué voy a hacer? —dice papá.

—Llévate al Papa y escóndelo en la carbonera, bajo las escaleras. Allí no lo verán y no le pasará nada.

—No puedo —dice papá—. Traería mala suerte. Una carbonera no es lugar para un Papa. Si se va a exponer al Papa, se le expone.

—Haz lo que quieras —dice mamá.

—Eso haré —dice papá.

Éstas son nuestras primeras Navidades en Limerick, y las niñas están en el callejón saltando a la comba y cantando:

> Viene la Navidad
> Y el ganso engorda.
> Deje un penique
> En el sombrero del viejo.
> Si no tiene un penique
> Con medio bastará
> Y si no tiene medio
> Que Dios lo ampare.

Los niños hacen burla a las niñas gritando:

> Que tu madre tenga un accidente
> Cuando salga al retrete.

Mamá dice que le gustaría preparar una buena comida de Navidad, pero ¿qué se puede hacer ahora que la oficina de empleo ha reducido el subsidio de paro a dieciséis chelines tras la muerte de Oliver y de Eugene? Se pagan seis chelines de alquiler y quedan diez chelines, y ¿qué es eso para cuatro personas?

Papá no encuentra trabajo. Los días de entre semana se levanta temprano, enciende el fuego, hierve el agua para el té y para afeitarse. Se pone una camisa y le añade un cuello de botones. Se pone la corbata y la gorra y va a la oficina de empleo a firmar el paro. Nunca sale de la casa sin cuello y corbata. Un hombre que no lleva cuello y corbata es un hombre que no se respeta a sí mismo. Nunca se sabe cuándo va a decir el empleado de la oficina de empleo que se ofrece un puesto de trabajo en la Fábrica de Harina de Rank o en la Compañía de Cementos de Limerick, y aunque sea un trabajo manual, ¿qué pensarían si lo ven aparecer sin cuello ni corbata?

Los jefes y los capataces siempre lo reciben con respeto y dicen que están dispuestos a contratarlo, pero cuando él abre la boca y le oyen el acento de Irlanda del Norte contratan en su lugar a un hombre de Limerick. Eso es lo que cuenta a mamá, sentados junto a la chimenea, y cuando ella le pregunta por qué no se viste como un buen obrero, él dice que no cejará ni un centímetro, que jamás les permitirá que lo sepan, y cuando ella le pregunta por qué no intenta hablar como los de Limerick, él dice que jamás caerá tan bajo y que el mayor dolor de su vida es que sus hijos llevan ya la lacra del acento de Limerick.

—Te acompaño en el sentimiento, y que no sea nada más grave —dice ella, y él dice que, con la ayuda de Dios, algún día nos marcharemos de Limerick y nos iremos lejos del Shannon que mata.

Yo pregunto a papá qué significa llevar una lacra, y él me dice:

—Tener enfermedades, hijo, y las cosas que no encajan.

Cuando papá no está buscando trabajo sale a dar largos paseos, se adentra en el campo millas enteras. Pregunta a los granjeros si necesitan un trabajador, les dice que se crió en una granja y que sabe hacer de todo. Si lo contratan, se pone a trabajar inmediatamente, con la gorra puesta, con el cuello y la corbata. Trabaja con tanto vigor y tanto tiempo que los granjeros tienen que pedirle que lo deje. Se preguntan cómo es capaz un hombre de pasar trabajando un día entero, un día largo y caluroso, sin pensar siquiera en comer ni en beber. Papá sonríe. Nunca trae a casa el dinero que gana en las granjas. Ese dinero le parece diferente del del paro, que ha de llevarse a casa. Se lleva el dinero de las granjas a la taberna y se lo bebe. Si no ha vuelto a casa cuando tocan al Ángelus a las seis de la tarde, mamá sabe que ha tenido un día de trabajo. Mamá espera que se acuerde de su familia y que cuando llegue a la taberna pase de largo aunque sólo sea una vez, pero él no lo hace nunca. Mamá espera que traiga a casa algo de la granja, patatas, repollo, nabos, zanahorias, pero él no trae nunca nada porque nunca caería tan bajo como para pedir nada a un granjero. Mamá dice que ella puede pedir en la Conferencia de San Vicente de Paúl un vale de comida de limosna pero que él no es capaz de meterse unas patatas en el bolsillo. Él dice que la situación de un hombre es diferente. Tiene que mantener la dignidad. Tiene que llevar su cuello y su corbata, mantener las apariencias y no pedir nunca nada.

—Espero que te vaya bien así —dice mamá.

Cuando se le acaba el dinero de las granjas viene a casa tambaleándose, cantando y llorando por Irlanda y por sus hijos muertos, sobre todo por Irlanda. Cuando canta *Roddy McCorley* significa que sólo ha ganado para pagarse una pinta o dos. Cuando canta *Kevin Barry* significa que ha tenido un buen día, que ya está cayéndose de borracho y que llega dispuesto a sacarnos de la cama, a ponernos en fila y a hacernos prometer que moriremos por Irlanda, a no ser que mamá le diga que si no nos deja en paz le salta los sesos con el atizador de la lumbre.

—No serías capaz, Ángela.

—Sería capaz de eso y de mucho más. Será mejor que te dejes de tonterías y te vayas a la cama.

—A la cama, a la cama, a la cama. ¿De qué sirve ir a la cama? Si me voy a la cama tendré que volverme a levantar, y no puedo dormir en un sitio donde hay un río que nos envía veneno en forma de bruma y de niebla.

Se mete en la cama, da golpes en la pared con el puño, canta una canción triste, se queda dormido. Se levanta al salir el día, porque opina que nadie debe dormir después del alba. Nos despierta a Malachy y a mí, que estamos cansados porque no nos ha dejado dormir por la noche, con su hablar y cantar. Nosotros nos quejamos y decimos que estamos enfermos, que estamos cansados, pero él nos retira los abrigos que nos cubren y nos saca de la cama a la fuerza. Estamos en diciembre y hace un tiempo helado y nuestro aliento se condensa. Meamos en el cubo que está junto a la puerta del dormitorio y corremos a la planta baja para calentarnos con la lumbre que ya ha encendido papá. Nos lavamos las caras y las manos en un barreño que está bajo el grifo del agua, junto a la puerta. La cañería que llega hasta el grifo está sujeta a la pared con un trozo de cordel atado a un clavo. Todo lo que rodea al grifo está húmedo, el suelo, la pared, la silla sobre la que está el barreño. El agua del grifo está helada y nos deja insensibles los dedos. Papá dice que eso es bueno para nosotros, que nos volverá hombres. Se echa agua helada en la cara, en el cuello y en el pecho para demostrarnos que no hay nada que temer. Nosotros acercamos las manos a la lumbre para calentárnoslas, pero no podemos quedarnos así mucho tiempo porque tenemos que tomarnos el té, comernos el pan e ir a la escuela. Papá nos hace bendecir la mesa antes y después de las comidas y nos dice que seamos niños buenos en la escuela porque Dios vigila cada uno de nuestros movimientos, y la más mínima desobediencia nos hará ir al infierno, y allí no tendremos que volver a preocuparnos del frío.

Y sonríe.

Dos semanas antes de Navidad, Malachy y yo volvemos de la escuela a casa un día de lluvia fuerte y cuando entramos por la puerta nos encontramos la cocina vacía. La mesa, las sillas y el baúl han desaparecido y el fuego de la chimenea está apagado. El Papa sigue allí, lo que quiere decir que no hemos vuelto a mudarnos. Papá no se mudaría sin llevarse al Papa. El suelo de la cocina está mojado, hay pequeños charcos de agua por todas partes, y las paredes brillan con la humedad. En el piso superior se oye un ruido, y cuando subimos nos encontramos a papá, a mamá y los muebles que faltan. Allí arriba se está bien y hace calor; hay lumbre en la chimenea, mamá está sentada en la cama y papá está leyendo *The Irish Press* y se fuma un cigarrillo junto al fuego. Mamá nos cuenta que hubo una inundación terrible, que el agua de lluvia bajó por el callejón y entró como un torrente por debajo de nuestra puerta. Intentaron detenerla con trapos, pero éstos se empapaban y dejaban pasar el agua de lluvia. La gente que vaciaba sus cubos empeoraba la situación, y en la cocina había una peste repugnante. Cree que debemos quedarnos en el piso de arriba mientras haya lluvia. Estaremos calientes durante los meses del invierno, y ya bajaremos al piso inferior en la primavera si hay señales de sequedad en las paredes o en el suelo. Papá dice que es como si nos hubiésemos marchado de vacaciones a un país extranjero cálido, como Italia. Así llamaremos desde ahora al piso de arriba: Italia. Malachy dice que el Papa sigue colgado en la pared del piso de abajo y que va a pasar frío, y pregunta si podemos subirlo, pero mamá dice:

— No, se queda donde está porque no quiero tenerlo aquí en la pared mirándome fijamente cuando estoy en la cama. ¿No basta con haberlo traído a cuestas desde Brooklyn hasta Limerick pasando por Belfast y por Dublín? Lo único que necesito ahora es un poco de paz, de tranquilidad y de comodidad.

Mamá nos lleva a Malachy y a mí a la Conferencia de San Vicente de Paúl para que nos pongamos en la cola con el fin de ver si existe alguna posibilidad de recibir algo para la comida de Navidad, un ganso o un jamón, pero el hombre dice que en Limerick todos están en una situación desesperada aquella Navidad. Le entrega un vale para recoger provisiones en la tienda de McGrath y otro para el carnicero.

—Nada de ganso —dice el carnicero—, nada de jamón. Nada de artículos de lujo cuando se viene con el vale de San Vicente de Paul. Lo que le puedo dar, señora, es morcilla y callos, o una cabeza de cordero, o una buena cabeza de cerdo. La cabeza de cerdo no tiene nada de malo, señora, tiene mucha carne y a los niños les encanta; corte la carrillada en lonchas, úntela con mostaza y estará en la gloria, aunque supongo que eso no será costumbre en América, donde se vuelven locos por los bistecs y por las aves de todo tipo, las que vuelan, las que andan y las que van por el agua.

Dice a mamá que tampoco puede darle tocino cocido ni salchichas, y que si sabe lo que le conviene se llevará la cabeza de cerdo antes de que se acaben, pues todos los pobres de Limerick las están pidiendo a gritos.

Mamá dice que no está bien comer cabeza de cerdo en Navidad, y él dice que es mucho más de lo que tenía la Sagrada Familia en aquel frío portal de Belén hace mucho tiempo. Ellos no se habrían quejado si alguien les hubiera ofrecido una buena cabeza de cerdo.

—No, no se habrían quejado —dice mamá—, pero tampoco se habrían comido de ningún modo la cabeza de cerdo. Eran judíos.

—¿Y qué tiene eso que ver? Una cabeza de cerdo es una cabeza de cerdo.

—Y un judío es un judío, y eso va en contra de su religión, y yo no los culpo.

—¿Entiende usted mucho de judíos y de cerdos, señora? —dice el carnicero.

—No —dice mamá—, pero en Nueva York conocíamos a una mujer judía, la señora Liebowitz, y no sé qué habríamos hecho sin ella.

El carnicero toma la cabeza de cerdo de un estante y cuando Malachy dice: «Huy, mirad, un perro muerto», el carnicero y mamá se echan a reír. Envuelve la cabeza en un papel de periódico, se la entrega a mamá y le dice: «Feliz Navidad». Después envuelve unas salchichas y le dice:

—Llévese estas salchichas para el desayuno del día de Navidad.

—Ay, no puedo permitirme las salchichas —dice mamá, y el carnicero le contesta:

—¿Le he pedido dinero? ¿Se lo he pedido, acaso? Llévese estas salchichas. Quizás compensen en parte la falta de un ganso o de un jamón.

—La verdad, no tiene por qué hacer esto —dice mamá.

—Ya lo sé, señora. Si tuviera que hacerlo, no lo haría.

Mamá dice que le duele la espalda y que yo tendré que llevar la cabeza de cerdo. La sujeto contra el pecho, pero está húmeda, y cuando empieza a caerse el periódico todos pueden ver la cabeza.

—Me muero de vergüenza de que todo el mundo sepa que vamos a comer cabeza de cerdo en Navidad —dice mamá.

Algunos niños que van a la Escuela Nacional Leamy me ven, me señalan y se ríen.

—Ay, Dios, mirad a Frankie McCourt con su morro de cerdo. ¿Es eso lo que comen los yanquis el día de Navidad, Frankie?

—Oye, Christy —grita uno a otro—, ¿sabes cómo se come una cabeza de cerdo?

—No, no lo sé, Paddy.

—Lo agarras por las orejas y le comes la cara a bocados.

Y Christy dice:

—Oye, Paddy, ¿sabes cuál es la única parte del cerdo que no se comen los McCourt?

—No, no lo sé, Christy.

—La única parte que no se comen es el gruñido.

Después de recorrer algunas manzanas, el papel de periódico se ha caído por completo y todos pueden ver la cabeza de cerdo. El morro está aplastado contra mi pecho y me apunta a la barbilla, y a mí me da pena porque está muerto y todo el mundo se ríe de él. Mi hermana y mis dos hermanos también están muertos, pero yo tiraría una piedra al que se riese de ellos.

Ojalá viniese papá a ayudarnos, porque cada pocos pasos mamá tiene que pararse y apoyarse en una pared. Se toca la espalda y dice que no será capaz de subir a la colina del Cuartel. Aunque viniera papá no serviría de mucho, porque nunca lleva nada en las manos, ni paquetes ni bolsas ni bultos. Si llevas en las manos cosas así, pierdes la dignidad. Eso dice él. Llevaba a cuestas a los gemelos cuando estaban cansados, y llevaba al Papa, pero eso no es lo mismo que llevar cosas corrientes como una cabeza de cerdo. Nos dice a Malachy y a mí que cuando uno se hace mayor tiene que llevar cuello y corbata y nunca debe permitir que la gente lo vea a uno llevando cosas en las manos.

Está en el piso de arriba sentado junto al fuego, fumándose un cigarrillo, leyendo *The Irish Press*, que le encanta porque es el periódico de De Valera y él cree que De Valera es el hombre más grande del mundo. Me mira y mira la cabeza de cerdo y dice a mamá que es una deshonra que un niño lleve un objeto así por las calles de Limerick. Ella se quita el abrigo, se mete en la cama y le dice que en las Navidades siguientes puede encargarse él de buscar la comida. Ella está agotada y el cuerpo le pide a voces una taza de té, de modo que él puede dejar sus aires de grandeza, hervir el agua para hacer el té y freír algo de pan antes de que sus dos hijos pequeños se mueran de hambre.

La mañana de Navidad papá enciende el fuego temprano para que podamos comer salchichas y pan con té. Mamá me envía a casa de la abuela para pedirle prestada una olla para cocer la cabeza de cerdo.

—¿Qué vais a comer? —pregunta la abuela—. ¡Una cabeza de cerdo! Jesús, María y José, esto es el colmo de los colmos. ¿No ha sido capaz tu padre de salir y de conseguir un jamón, o al menos un ganso? ¿Qué clase de hombre es, al fin y al cabo?

Mamá mete la cabeza de cerdo en la olla y la cubre de agua, y mientras el cerdo se cuece papá nos lleva a Malachy y a mí a misa a la iglesia de los redentoristas. En la iglesia hace calor y hay un olor dulce a flores, incienso y velas. Nos lleva a que veamos al Niño Jesús en la cuna. Es un niño grande y gordo con rizos rubios como los de Malachy. Papá nos dice que esta que está aquí con el vestido azul es María, la madre de Jesús, y que aquel viejo con barba es su padre, San José. Dice que están tristes porque saben que Jesús se hará mayor y lo matarán para que todos podamos ir al cielo. Yo le pregunto por qué tiene que morir el Niño Jesús, y papá dice que esas cosas no se pueden preguntar.

—¿Por qué? —pregunta Malachy, y papá le manda callar.

Cuando volvemos a casa, mamá se encuentra en un estado de nervios terrible. No hay carbón suficiente para cocer la comida, el agua ya no hierve y dice que está loca de preocupación. Tendremos que volver a bajar por la carretera del Muelle para ver si queda algo de carbón o de turba que haya caído de los camiones. Sin duda, encontraremos algo en la carretera en este día tan especial. Ni los más pobres salen a recoger carbón de la carretera el día de Navidad. No sirve de nada pedírselo a papá, porque él no caerá nunca tan bajo, y aunque cayera tampoco quiere llevar cargas por la calle. Es una norma suya. Mamá no puede ir porque le duele la espalda.

—Tendrás que ir tú, Frank —dice—, y llévate también a Malachy.

La carretera del Muelle está muy lejos, pero no nos importa porque tenemos la tripa llena de salchichas y de pan y no llueve. Llevamos un saco de lona que mamá pidió prestado a la señora Hannon, la vecina de al lado, y mamá tiene razón: en la carretera del Muelle no hay nadie. Todos los pobres están en sus casas comiendo cabeza de cerdo, o quizás un ganso, y tenemos la carretera del Muelle para nosotros solos. Encontramos trozos de carbón y de turba en las grietas de la carretera y en las paredes de los almacenes de carbón. Encontramos trozos de papel y de cartón que servirán para volver a encender el fuego. Mientras estamos vagando de un lado a otro intentando llenar el saco aparece Pa Keating. Debe de haberse lavado para celebrar la Navidad, porque no está tan negro como el día en que murió Eugene. Nos pregunta qué hacemos con ese saco, y cuando Malachy se lo cuenta, él dice:

—¡Jesús, María y el santo San José! Hoy es Navidad, y no tenéis lumbre para vuestra cabeza de cerdo. Es una puñetera vergüenza.

Nos lleva a la taberna de South, que no debería estar abierta, pero él es cliente fijo y hay una puerta trasera para los hombres que quieren tomarse su pinta para celebrar el nacimiento del Niño Jesús que está en el cielo en su cuna. Pide su pinta y gaseosa para nosotros, y pregunta al hombre si sería posible que nos diera unos trozos de carbón. El hombre dice que lleva veintisiete años sirviendo bebidas y nadie le había pedido carbón hasta entonces.

Pa dice que se lo pide como favor, y el hombre dice que si Pa le pidiera la luna él volaría a cogerla y se la traería. El hombre nos lleva hasta la carbonera, bajo las escaleras, y nos dice que cojamos lo que podamos llevar a cuestas. Es carbón de verdad, no son los fragmentos que se encuentran en la carretera del Muelle, y si no podemos llevarlo a cuestas podremos arrastrarlo por el suelo.

Tardamos mucho tiempo en llegar a la colina del Cuartel desde la taberna de South porque el saco tiene un agujero. Yo tiro del saco y Malachy se encarga de recoger los trozos que caen por el agujero y de volver a meterlos en el saco. Después se pone a llover y no podemos quedarnos en un portal hasta que escampe porque llevamos el carbón, que deja un rastro negro por la acera y Malachy se está poniendo negro de recoger los trozos, de volver a meterlos en la bolsa y de quitarse el agua de lluvia de la cara con las manos negras y mojadas. Yo le digo que está negro, él me dice que yo estoy negro, y una mujer de una tienda nos dice que nos apartemos de esa puerta, que es Navidad y no quiere ver África.

Tenemos que seguir arrastrando el saco; de lo contrario, no llegaremos a celebrar nuestra comida de Navidad. Tardaremos siglos enteros en encender el fuego y más siglos en poder comer, porque el agua tiene que hervir antes de que mamá añada el repollo y las patatas para que hagan compañía al cerdo en la olla. Arrastramos la bolsa por la avenida O'Connell y vemos a las personas sentadas a la mesa en sus casas, con adornos de todas clases y luces brillantes. En una de las casas abren la ventana y los niños nos señalan y se ríen y nos gritan:

—Mirad, los zulúes. ¿Dónde habéis dejado las lanzas?

Malachy les hace gestos con la cara y quiere tirarles carbón, pero yo le digo que si tira el carbón tendremos menos para el cerdo y no comeremos nunca.

El piso de abajo de nuestra casa vuelve a ser un lago por el agua de lluvia que entra como un torrente por debajo de la puerta, pero no nos importa porque ya estamos empapados de todas formas y podemos vadear el agua. Papá baja, y sube a rastras el saco hasta Italia. Dice que somos unos buenos chicos por haber traído tanto carbón, que la carretera del Muelle debía de estar cubierta de carbón. Cuando mamá nos ve se echa a reír y después llora. Se ríe por lo negros que estamos y llora porque estamos empapados de agua. Nos dice que nos quitemos toda la ropa y nos lava el carbón de la cara y de las manos. Dice a papá que la cabeza de cerdo puede esperar un rato para que nosotros nos tomemos un tarro de té caliente.

Fuera llueve, y en nuestra cocina del piso de abajo hay un lago, pero allí arriba, en Italia, el fuego está encendido otra vez y la habitación está tan caldeada y tan seca que cuando Malachy y yo terminamos de tomarnos el té nos quedamos dormidos en la cama y no nos despertamos hasta que papá nos dice que la comida está preparada. Nuestras ropas están mojadas todavía, de manera que Malachy se sienta en el baúl arropado con el abrigo americano rojo de mamá y yo estoy arropado con un abrigo viejo que dejó el padre de mamá cuando se marchó a Australia.

En la habitación hay olores deliciosos, repollo, patatas y la cabeza de cerdo, pero cuando papá saca la cabeza de la olla y la pone en un plato, Malachy dice:

—Ay, pobrecito cerdo. No quiero comerme al pobrecito cerdo.

—Si tuvieras hambre te lo comerías —dice mamá—. Ahora, déjate de tonterías y cómete tu comida.

—Espera un momento —dice papá.

Corta lonchas de las dos carrilladas y las unta de mostaza. Coge el plato donde está la cabeza de cerdo y lo deja en el suelo, bajo la mesa.

—Mira, eso es jamón —dice a Malachy, y Malachy se lo come porque ya no ve de dónde ha salido y ya no es cabeza de cerdo. El repollo está blando y caliente y hay muchas patatas con mantequilla y sal. Mamá nos pela las patatas, pero papá se las come con piel y todo. Dice que todo el alimento de la patata está en la piel, y mamá dice que menos mal que no come huevos, pues se los comería con cáscara y todo.

Él dice que así lo haría, y que es una vergüenza que los irlandeses tiren a la basura millones de pieles de patata todos los días, y que por eso mueren de tisis a miles, y que seguro que la cáscara del huevo tiene alimento, pues el derroche es el octavo pecado capital. Si de él dependiera...

—Pero no depende de ti —dice mamá—. Come.

Papá se come media patata con la piel y vuelve a dejar la otra media en la olla. Come una pequeña loncha de carrillada de cerdo y una hoja de repollo y se deja el resto en el plato para Malachy y para mí. Prepara más té y nos lo tomamos con pan y mermelada, para que nadie pueda decir que no hemos comido un dulce el día de Navidad.

Ya se ha hecho de noche y sigue lloviendo fuera, y el carbón brilla en la chimenea, donde están sentados mamá y papá fumándose sus cigarrillos. Cuando se tienen las ropas mojadas no se puede hacer nada más que volver a la cama, donde se está a gusto y tu padre te puede contar el cuento de cómo se hizo católico Cuchulain, y te quedas dormido y sueñas con el cerdo que está en la cuna en la iglesia de los redentoristas porque el Niño Jesús y Cuchulain y él tenían que hacerse mayores y tenían que morir todos.

El ángel que trajo a Margaret y a los gemelos vuelve a venir y nos trae a otro hermano, Michael. Papá dice que encontró a Michael en el séptimo peldaño de la escalera que sube a Italia. Dice que eso es lo que hay que esperar cuando se pide un niño nuevo, que hay que esperar al Ángel del Séptimo Peldaño.

Malachy pregunta cómo se puede recibir un hermanito nuevo del Ángel del Séptimo Peldaño cuando se vive en una casa sin escaleras, y papá le dice que hacer demasiadas preguntas es una lacra.

Malachy pregunta qué es una lacra.

Una lacra. A mí me gustaría saber qué significa esa palabra. Una lacra. Pero papá dice:

—*Och*, hijo, el mundo es una lacra, y todo lo que hay en él también.

Y se pone la gorra y se marcha al hospital Bedford Row para ver a mamá y a Michael. Ella está en el hospital con su dolor de espalda, y tiene al niño consigo para asegurarse de que estaba sano cuando lo dejaron en el séptimo peldaño. Yo no lo comprendo, porque estoy seguro de que los ángeles no dejarían nunca en el séptimo peldaño a un niño enfermo. Es inútil preguntárselo a papá o a mamá. Te dicen:

—Te estás volviendo tan preguntón como tu hermano. Vete a jugar.

Sé que a las personas mayores no les gusta que los niños les hagan preguntas. Ellos pueden hacerte todas las preguntas que quieran: «¿Cómo te va en la escuela?», «¿Eres un niño bueno?», «¿Has rezado tus oraciones?», pero si tú les preguntas si han rezado sus oraciones, pueden pegarte un capón.

Papá trae a casa a mamá con el niño nuevo y ella tiene que quedarse en la cama varios días por el dolor de espalda. Mamá dice que este niño es el vivo retrato de nuestra hermanita que se murió, con el pelo negro y ondulado, los ojos azules encantadores y las cejas preciosas. Eso es lo que dice mamá.

Yo pregunto si el niño es un retrato. También pregunto cuál es el séptimo peldaño, porque la escalera tiene nueve peldaños y quisiera saber si se empieza a contar por abajo o por arriba. A papá no le importa responder a esta pregunta. Dice que los ángeles vienen de arriba, que no suben de cocinas como la nuestra, que son lagos de octubre a abril.

De modo que localizo el séptimo peldaño contando desde arriba.

El niño recién nacido, Michael, tiene un catarro. Tiene la cabeza congestionada y apenas puede respirar. Mamá está preocupada porque es domingo y el dispensario de los pobres está cerrado. Si vas a casa del médico y la doncella ve que eres de clase baja te dice que vayas al dispensario, que es tu sitio. Si le dices que el niño se está muriendo en tus brazos, ella te dirá que el médico está en el campo montando a caballo.

Mamá llora porque el niño está intentando penosamente aspirar por la boca. Intenta despejarle la nariz con un trozo de papel enrollado, pero tiene miedo de meterlo demasiado hondo.

—Eso no hace falta —dice papá—. No hay que meter cosas a los niños por la nariz.

Parece que va a besar al niño. Pero le pone la boca en la naricita y aspira, aspira las cosas malas que tiene Michael dentro de la cabeza. Las escupe en el fuego, Michael da un grito prolongado y se le ve respirar, dar patadas al aire y reír. Mamá mira a papá como si acabara de bajar del cielo, y papá dice:

—Esto es lo que hacíamos en Antrim mucho antes de que hubiera médicos que montasen a caballo.

La llegada de Michael nos da derecho a recibir unos chelines más de subsidio de paro, pero mamá dice que no es suficiente y tiene que ir a pedir comida a la Conferencia de San Vicente de Paúl. Una noche llaman a la puerta y mamá me hace bajar a ver quién es. Son dos hombres de San Vicente de Paúl y quieren ver a mi madre y a mi padre. Yo les digo que mis padres están en Italia, en el piso de arriba.

—¿Cómo dices? –dicen.

—En el piso de arriba, donde está seco. Les avisaré.

Entonces me preguntan qué es el pequeño cobertizo que está junto a nuestra puerta principal. Les digo que es el retrete. Me preguntan por qué no está en la parte trasera de la casa, y yo les digo que es el retrete de todo el callejón y que menos mal que no está en la parte trasera de la casa, porque entonces la gente tendría que estar yendo y viniendo por nuestra cocina con unos cubos que dan asco.

—¿Estás seguro de que hay un solo retrete para toda la calle? —dicen.

—Sí.

—Madre de Dios —dicen ellos.

—¿Quién está allí abajo? —dice mamá en voz alta desde Italia.

—Los hombres.

—¿Qué hombres?

—De San Vicente de Paúl.

Pisan con cuidado al atravesar el lago de la cocina y emiten chasquidos de lengua y ruidos de desaprobación y se dicen el uno al otro: «¿No es una vergüenza?», hasta que llegan a Italia, en el piso de arriba. Dicen a mamá y a papá que lamentan molestarles pero que la Conferencia tiene que asegurarse de que está ayudando a los casos que lo merecen. Mamá les ofrece una taza de té, pero ellos echan una ojeada a su alrededor y dicen que no, gracias. Preguntan por qué vivimos en el piso de arriba. Preguntan acerca del retrete. Hacen preguntas porque las personas mayores pueden hacer todas las preguntas que quieran y anotar las respuestas en libretas, sobre todo cuando llevan cuello, corbata y traje. Preguntan qué edad tiene Michael, cuánto cobra papá de subsidio de paro, cuándo tuvo su último trabajo y por qué no tiene trabajo ahora, y qué tipo de acento es ese que tiene.

Papá les dice que el retrete podría matarnos con enfermedades de todo tipo, que la cocina se inunda en el invierno y que tenemos que mudarnos al piso superior para estar secos. Dice que el río Shannon es el culpable de toda la humedad del mundo y que nos está matando uno a uno.

Malachy les dice que estamos viviendo en Italia, y ellos sonríen.

Mamá les pregunta si sería posible recibir botas para Malachy y para mí, y ellos dicen que tendrá que ir al edificio Ozanam y presentar una solicitud. Ella dice que no se siente bien desde que vino el niño y que no sería capaz de pasar mucho tiempo de pie en una cola, pero ellos dicen que deben tratar a todos por igual, hasta a una mujer del barrio de Irishtown que tuvo trillizos, y «muchas gracias, presentaremos nuestro informe a la Conferencia».

Cuando se marchan, Malachy quiere enseñarles dónde dejó el ángel a Michael, en el séptimo peldaño, pero papá le dice: «Ahora no, ahora no». Malachy llora y uno de los hombres se saca del bolsillo un trozo de *toffee* y se lo da, y yo deseo tener algo por lo que llorar para que también me den un trozo.

Tengo que volver a bajar al piso inferior para enseñar a los hombres dónde tienen que poner los pies para no mojarse. Ellos no dejan de sacudir la cabeza y de decir «Dios Todopoderoso» y «Madre de Dios, esto es desesperado. Lo que tienen arriba no es Italia, es Calcuta».

Arriba, en Italia, papá dice a mamá que nunca debe pedir limosna de esa manera.

—¿Que he pedido limosna? ¿De qué estás hablando?

—¿Es que no tienes orgullo? ¿Cómo pides botas de limosna de esa manera?

—¿Y qué quieres que haga, señor Aires de Grandeza? ¿Quieres que vayan descalzos?

—Prefiero arreglarles los zapatos que tienen.

—Los zapatos que tienen se están cayendo a pedazos.

—Yo los puedo arreglar —dice él.

—Tú no sabes arreglar nada —dice ella—. Eres un inútil.

Al día siguiente vuelve a casa con un neumático de bicicleta viejo. Me envía a la casa de al lado para que pida prestados al señor Hannon una horma y un martillo. Coge el cuchillo afilado de mamá y corta el neumático hasta que consigue varios trozos para ponerlos en las suelas y en los tacones de nuestros zapatos. Mamá le dice que va a destrozar los zapatos del todo, pero él se pone a dar martillazos y a clavar los clavos en los zapatos a través de los trozos de goma.

—Dios del cielo —dice mamá—, si dejaras los zapatos en paz durarían hasta la Pascua de Resurrección, por lo menos, y podríamos recibir las botas de San Vicente de Paúl.

Pero él no lo deja hasta que las suelas y los tacones están cubiertos de cuadrados de goma de neumático que sobresalen por los lados de los zapatos y que aletean por delante y por detrás. Nos hace ponernos los zapatos y nos dice que tendremos los pies bien calientes, pero nosotros ya no queremos ponérnoslos porque los trozos de neumático tienen tantos bultos que nos tropezamos cuando andamos por Italia. Me envía a devolver la horma y el martillo al señor Hannon, y la señora Hannon dice:

—Dios del cielo, ¿qué tienes en los zapatos?

Se ríe, y el señor Hannon sacude la cabeza y a mí me da vergüenza. Al día siguiente no quiero ir a la escuela y finjo estar enfermo, pero papá nos hace levantarnos y nos da nuestro pan frito y nuestro té y nos dice que debemos dar gracias de tener zapatos siquiera, que en la Escuela Nacional Leamy hay niños que van a la escuela descalzos los días de helada. Cuando vamos a la escuela, los niños de la Escuela Leamy se ríen de nosotros porque los trozos de neumático son tan gruesos que nos hacen parecer varias pulgadas más altos y los niños dicen: «¿Qué tal aire hace por ahí arriba?». En mi clase hay seis o siete niños descalzos que no dicen nada, y yo me pregunto qué es mejor: tener zapatos con gomas de neumático que te hacen tropezar y caerte, o ir descalzo. Si no tienes zapatos de ninguna clase tienes de tu parte a todos los niños descalzos. Si tienes zapatos con gomas de neumático, estás solo con tu hermano y tienes que defenderte por tu cuenta. Me siento en un banco en el cobertizo del patio de la escuela y me quito los zapatos y los calcetines, pero cuando entro en la clase el maestro me pregunta dónde están mis zapatos. Sabe que yo no soy uno de los niños descalzos, y me hace volver al patio, traer los zapatos y ponérmelos. Después, dice a la clase:

—Aquí hay mofas. Aquí hay befas por las desventuras de los demás. ¿Hay en esta clase alguien que se crea perfecto? Que levante la mano.

Nadie levanta la mano.

—¿Hay en esta clase alguien que pertenezca a una familia rica a la que le sobre el dinero para comprar zapatos? Que levante la mano.

Nadie levanta la mano.

—Aquí hay niños que tienen que remendarse los zapatos como pueden —dice—. Aquí hay niños que ni siquiera tienen zapatos. No es culpa suya, y no es una vergüenza. Nuestro Señor no tenía zapatos. Murió sin zapatos. ¿Veis que luzca unos zapatos clavado en la cruz? ¿Lo veis, niños?

—No, señor.

—¿Qué es lo que no véis?

—Que Nuestro Señor luzca unos zapatos clavado en la cruz, señor.

—Ahora bien, si oigo decir que un niño de esta clase se mofa y se befa de McCourt o de su hermano por sus zapatos, saldrá a relucir la vara. ¿Qué saldrá a relucir, niños?

—La vara, señor.

—La vara escocerá, niños. La palmeta de fresno silbará por el aire, caerá en el trasero del niño que se mofa, del niño que se befa. ¿Dónde caerá, niños?

—En el niño que se mofa, señor.

—¿Y...?

—En el niño que se befa, señor.

Los niños no nos molestan más y llevamos los zapatos con las gomas de neumático durante varias semanas, hasta que llega la Pascua de Resurrección y la Conferencia de San Vicente de Paúl nos regala unas botas.

Cuando tengo que levantarme en plena noche para mear en el cubo voy a lo alto de la escalera y miro hacia abajo para ver si está el ángel en el séptimo peldaño. A veces estoy seguro de que veo allí una luz, y si todos duermen me siento en el peldaño por si el ángel trae a otro niño o por si viene sólo de visita. Pregunto a mamá si el ángel se limita a traer a los niños y se olvida de ellos después.

—Claro que no —dice—: el ángel no se olvida nunca de los niños y vuelve para asegurarse de que el niño es feliz.

Yo podría hacer al ángel preguntas de todo tipo, y estoy seguro de que me respondería, a no ser que fuera una angelita. Pero estoy seguro de que las angelitas también responderían a las preguntas. Nunca he oído decir a nadie lo contrario.

Paso mucho tiempo sentado en el séptimo peldaño, y estoy seguro de que el ángel está allí. Le cuento todas las cosas que uno no puede contar a su madre ni a su padre por miedo a que le den un capón o a que lo manden a jugar. Le cuento todo lo de la escuela, y el miedo que tengo al maestro y a su vara cuando nos da voces en irlandés y yo todavía no sé de qué habla, porque cuando yo vine de América los demás niños ya llevaban un año aprendiendo irlandés.

Me quedo en el séptimo peldaño hasta que hace demasiado frío o hasta que papá se levanta y me dice que vuelva a la cama. Al fin y al cabo, fue él quien me dijo que el ángel viene al séptimo peldaño, y debería saber por qué estoy allí sentado. Una noche le dije que estaba esperando al ángel, y él dijo:

—*Och*, vamos, Francis, eres un poco soñador.

Vuelvo a la cama, pero oigo que susurra a mi madre:

—El pobre muchachito estaba sentado en las escaleras charlando con un ángel.

Se ríe, y mi madre se ríe, y yo pienso que es curioso cómo se ríen los mayores del ángel que les ha traído a un niño nuevo.

Antes de la Pascua de Resurrección volvemos a mudarnos al piso bajo, a Irlanda. La Pascua de Resurrección es mejor que la Navidad porque el aire está más templado, las paredes no gotean humedad y la cocina ya no es un lago, y si nos levantamos temprano podemos ver un rayo de sol oblicuo que entra durante un momento por la ventana de la cocina.

Con el buen tiempo los hombres se sientan en la calle fumando cigarrillos si los tienen, contemplando el mundo y viéndonos jugar. Las mujeres se quedan de pie con los brazos cruzados, charlando. No se sientan, porque lo único que tienen que hacer es quedarse en casa, cuidar a los niños, limpiar la casa y cocinar un poco, y los hombres necesitan las sillas. Los hombres se sientan porque están cansados de ir a pie a la oficina de empleo cada mañana a firmar el paro, de discutir los problemas del mundo y de preguntarse qué pueden hacer con el resto del día. Algunos se pasan por el corredor de apuestas para estudiar las probabilidades y apuestan un chelín o dos a algo seguro. Algunos se pasan horas enteras en la biblioteca Carnegie leyendo periódicos ingleses e irlandeses. Un hombre en paro tiene que estar enterado de las cosas, porque todos los demás hombres que están en paro son expertos en lo que pasa por el mundo. El hombre que está en paro tiene que estar preparado por si otro hombre en paro saca a la conversación el tema de Hitler, de Mussolini o de la situación terrible de millones de los chinos. El hombre en paro vuelve a casa después de pasar un día con el corredor de apuestas o con el periódico y su mujer no le negará unos minutos de tranquilidad y de paz con su cigarrillo y su té y un rato para quedarse sentado en su silla y para pensar en el mundo.

La Pascua de Resurrección es mejor que la Navidad porque papá nos lleva a la iglesia de los redentoristas, donde todos los sacerdotes van de blanco y cantan. Están contentos porque Nuestro Señor está en el cielo. Yo pregunto a papá si el niño de la cuna está muerto y él me dice que no, que tenía treinta y tres años cuando murió y que está allí, clavado en la cruz. Yo no entiendo cómo ha crecido tan aprisa para estar allí clavado, con un sombrero hecho de espinos y lleno de sangre que le cae de la cabeza, de las manos, de los pies y de un agujero grande que tiene cerca del vientre.

Papá dice que lo entenderé cuando sea mayor. Ahora me dice eso constantemente, y yo quiero ser mayor como él para poder entenderlo todo. Debe de ser precioso despertarse por la mañana y entenderlo todo. Y me gustaría ser como las personas mayores que están en la iglesia, que se ponen de pie y de rodillas y rezan y lo entienden todo.

En la misa la gente se acerca al altar y el sacerdote les pone algo en la boca. Vuelven a sus sitios con la cabeza baja y moviendo la boca. Malachy dice que tiene hambre y que él también quiere que le den algo. Papá dice:

—Calla; es la comunión; es el cuerpo y la sangre de Nuestro Señor.

—Pero, papá...

—Calla. Es un misterio.

Es inútil hacer más preguntas. Si haces una pregunta te dicen que es un misterio, que lo entenderás cuando seas mayor, que seas un niño bueno, que se lo preguntes a tu madre, que se lo preguntes a tu padre, que me dejes en paz, por amor de Dios, que te vayas a jugar.

Papá consigue su primer trabajo en Limerick en la Fábrica de Cemento, y mamá está contenta. No tendrá que ponerse en la cola de la Conferencia de San Vicente de Paúl para pedir ropa y botas para Malachy y para mí. Ella dice que eso no es pedir limosna, que es una ayuda benéfica, pero papá dice que es pedir limosna y que es vergonzoso. Mamá dice que ahora podrá pagar la cuenta de varias libras que debe en la tienda de Kathleen O'Connell y que podrá devolver lo que debe a su propia madre. No le gusta nada deber nada a nadie, y menos a su propia madre.

La Fábrica de Cemento está a varias millas de Limerick y eso significa que papá tiene que salir de casa a las seis de la mañana. No le importa, porque está acostumbrado a las caminatas largas. La noche anterior mamá le prepara un termo de té, un bocadillo, un huevo duro. Le da lástima que tenga que caminar tres millas de ida y tres de vuelta. Una bicicleta le vendría bien, pero tendría que trabajar un año entero para comprársela.

El viernes es día de cobro, y mamá se levanta temprano, limpia la casa y canta:

> *Cualquiera entenderá por qué quería yo tu beso,*
> *Tenía que ser, y la razón es ésta...*

En la casa no hay mucho que limpiar. Barre el suelo de la cocina y el suelo de Italia, en el piso de arriba. Lava los cuatro tarros de mermelada que nos sirven de tazones. Dice que si a papá le dura el trabajo compraremos tazas como Dios manda, y quizás también platillos, y algún día, con la ayuda de Dios y de Su Santa Madre, tendremos sábanas en la cama y, si ahorramos mucho tiempo, una o dos mantas, en vez de estos abrigos viejos que debieron quedar del tiempo de la Gran Hambruna. Hierve agua y lava los trapos que sirven para que Michael no se cague en el cochecito y por toda la casa.

—Oh —dice—, nos tomaremos una buena merienda cuando vuestro papi traiga a casa el sueldo esta noche.

Papi. Está de buen humor.

Suenan sirenas y silbatos por toda la ciudad cuando los hombres terminan el trabajo a las cinco y media. Malachy y yo estamos emocionados porque sabemos que cuando el padre de uno trabaja y trae a casa el sueldo le da a uno el Penique del Viernes. Lo sabemos por otros niños cuyos padres trabajan, y sabemos que después de merendar puedes ir a la tienda de Kathleen O'Connell a comprar caramelos. Si tu madre está de buen humor hasta puede que te dé dos peniques para que vayas al cine Lyric al día siguiente a ver una película de James Cagney.

Los hombres que trabajan en las fábricas y en las tiendas de la ciudad están llegando a los callejones para cenar, lavarse e irse a la taberna. Las mujeres van al Coliseum o al cine Lyric a ver películas. Compran dulces y cigarrillos Wild Woodbine, y si sus maridos llevan trabajando mucho tiempo se permiten el lujo de comerse cajas de bombones Magia Negra. Les encantan las películas de amor y lo pasan muy bien llorando a moco tendido cuando hay un final triste o cuando un amante atractivo se marcha para que lo maten los hindúes y otros acatólicos.

Tenemos que esperar mucho tiempo a que papá recorra a pie el camino de vuelta de varias millas desde la Fábrica de Cemento. No podemos cenar hasta que ha vuelto a casa, y eso es duro, porque se huele la comida que preparan otras familias del callejón. Mamá dice que es una suerte que el día de cobro sea el viernes, cuando no se puede comer carne, porque el olor del tocino o de las salchichas en las demás casas le haría perder el juicio. Todavía podemos comer pan con queso y un buen tarro de té con abundante leche y azúcar: ¿qué más se puede desear?

Las mujeres se han ido a los cines, los hombres están en las tabernas, y papá no ha vuelto a casa aún. Mamá dice que aunque papá es buen andarín, la Fábrica de Cemento está lejos. Eso dice, pero tiene los ojos húmedos y ha dejado de cantar. Está sentada junto a la chimenea fumándose un Wild Woodbine que le dejó fiado Kathleen O'Connell. El pitillo es el único lujo del que disfruta, y nunca olvidará la bondad de Kathleen. No sabe cuánto tiempo puede seguir haciendo hervir el agua en esta tetera. No sirve de nada hacer el té antes de que papá llegue a casa, porque estará recocido, recalentado y hervido y no se podrá beber. Malachy dice que tiene hambre y ella le da un trozo de pan con queso para que vaya tirando.

—Este trabajo podría ser nuestra salvación —dice—. Bastante le cuesta encontrar trabajo con su acento del Norte, y si pierde éste no sé qué vamos a hacer.

El callejón está oscuro y tenemos que encender una vela. Mamá tiene que darnos nuestro té y nuestro pan con queso, porque tenemos tanta hambre que no podemos esperar un minuto más. Ella se sienta a la mesa, come un poco de pan con queso, se fuma su Wild Woodbine. Sale a la puerta para ver si viene papá por el callejón y habla de los días de cobro en que lo buscábamos por todo Brooklyn.

—Algún día volveremos todos a América —dice— y tendremos un sitio agradable y cálido para vivir y un retrete en el pasillo como el de la avenida Classon, y no esta porquería que tenemos al lado de la puerta.

Las mujeres vuelven a casa de los cines riendo, y los hombres vienen de las tabernas cantando. Mamá dice que es inútil esperar más. Si papá se queda en las tabernas hasta la hora de cierre no le quedará nada de su sueldo, y bien podemos irnos a la cama. Se acuesta en su cama con Michael en sus brazos. El callejón está en silencio y yo la oigo llorar a pesar de que se cubre la cara con un abrigo viejo, y oigo a lo lejos a mi padre.

Sé que es mi padre porque es el único hombre de Limerick que canta esa canción del Norte, la de Roddy McCorley, que va a la muerte hoy en el puente de Toome. Dobla la esquina en la parte alta del callejón y empieza con la canción de Kevin Barry. Algunas personas se asoman a las ventanas y a las puertas y dicen:

—Por Dios, que le metan un calcetín en la boca. Algunos tenemos que madrugar para ir al trabajo. Vete a tu casa y canta allí tus jodidas canciones patrióticas.

Él se planta en medio del callejón y reta a todo el mundo a que salga, él está preparado para luchar, preparado para luchar y para morir por Irlanda, cosa que no pueden decir los hombres de Limerick, conocidos por todo lo largo y ancho del mundo por haber colaborado con el pérfido sajón.

Está abriendo nuestra puerta y canta:

> *Y si cuando todos velan*
> *El Oeste duerme, el Oeste duerme,*
> *¡Ay!, bien puede llorar mi Erín*
> *Porque Connacht yace en el sueño.*
> *Pero ¡escuchad! Una voz de trueno dijo:*
> *¡El Oeste despierta!, ¡el Oeste despierta!*
> *Cantad, ¡hurra!, ¡tiemble Inglaterra!*
> *¡Velaremos hasta la muerte por Erín!*

Grita desde abajo de las escaleras:

—Ángela, Ángela, ¿hay alguna gota de té en esta casa?

Ella no responde y él vuelve a gritar:

—Francis, Malachy, bajad aquí, muchachos. Os voy a dar el Penique del Viernes.

Yo quiero bajar para que me dé el Penique del Viernes, pero mamá está sollozando tapándose la boca con el abrigo y Malachy dice:

—No quiero su asqueroso Penique del Viernes. Que se lo quede.

Papá sube las escaleras a tropezones, pronunciando un discurso sobre cómo debemos morir todos por Irlanda. Prende una cerilla y enciende con ella la vela que está junto a la cama de mamá. Levanta la vela sobre su cabeza y desfila por la habitación, cantando:

Mirad quiénes vienen entre los brezos de flores rojas,
Con banderas verdes que ondean al aire puro montañés,
La cabeza erguida, ojos al frente, marcando el paso orgullosos,
Sin duda la libertad tiene allí un trono en cada espíritu altivo.

Michael se despierta y grita con fuerza, los Hannon están dando golpes en la pared medianera, mamá dice a papá que es una vergüenza y que por qué no se larga de la casa de una vez.

Él está en el centro de la habitación sujetando la vela sobre su cabeza. Se saca un penique del bolsillo y nos lo muestra a Malachy y a mí.

—Vuestro Penique del Viernes, muchachos —dice—. Quiero que saltéis de esa cama, que forméis aquí como dos soldados y que prometáis morir por Irlanda, y yo os daré el Penique del Viernes.

Malachy se incorpora en la cama.

—No lo quiero —dice.

Y yo le digo que yo tampoco lo quiero.

Papá se queda de pie un momento, vacilante, y vuelve a guardarse el penique en el bolsillo. Se vuelve a mamá, y ella le dice:

—Esta noche no vas a dormir en esta cama.

Él baja al piso inferior con la vela, duerme en una silla, falta al trabajo a la mañana siguiente y pierde el empleo en la Fábrica de Cemento, y volvemos a vivir del subsidio de paro.

IV

El maestro dice que ha llegado el momento de que nos preparemos para la Primera Confesión y para la Primera Comunión, de que nos aprendamos y recordemos todas las preguntas y todas las respuestas del catecismo, de que nos convirtamos en buenos católicos, de que sepamos distinguir el bien del mal, de que muramos por la Fe si hace falta.

El maestro dice que morir por la Fe es una cosa gloriosa, y papá dice que morir por Irlanda es una cosa gloriosa, y yo me pregunto si hay en el mundo alguien que quiera que vivamos. Mis hermanos han muerto y mi hermana ha muerto, y yo pregunto si murieron por Irlanda o por la Fe. Papá dice que eran demasiado pequeños para morir por algo. Mamá dice que murieron de enfermedades y de hambre y de que él nunca tiene trabajo. Papá dice: «*Och*, Ángela», se pone la gorra y sale a dar un largo paseo.

El maestro dice que debemos llevar tres peniques cada uno para comprar el catecismo de la Primera Comunión, de tapas verdes. El catecismo contiene todas las preguntas y todas las respuestas que debemos sabernos de memoria para poder recibir la Primera Comunión. Los chicos mayores del quinto curso tienen el catecismo de la Confirmación, más gordo, con tapas rojas, que cuesta seis peniques.

A mí me encantaría ser mayor e importante y pasearme con el catecismo rojo de la Confirmación, pero no creo que llegue a vivir tanto tiempo, en vista de que todos esperan que muera por esto o aquello. Me gustaría preguntar por qué hay tantas personas mayores que no han muerto por Irlanda ni por la Fe, pero sé que si haces una pregunta así te dan un capón o te mandan a jugar.

Me viene muy bien vivir a la vuelta de la esquina de la casa de Mikey Molloy. Tiene once años, sufre ataques y cuando no está delante lo llamamos Molloy «el Ataques». La gente del callejón dicen que el ataque es una lacra, y ahora ya sé lo que significa lacra. Mickey lo sabe todo, porque ve visiones cuando tiene los ataques y porque lee libros. Es el experto del callejón en el tema de los Cuerpos de las Chicas y de las Cochinadas en General, y me promete:

—Te lo contaré todo, Frankie, cuando tengas once años como yo y no seas tan estúpido ni tan ignorante.

Me alegro de que diga «Frankie», porque así sé que me está hablando a mí, pues es bizco y nunca se sabe a quién está mirando. Si está hablando a Malachy y yo creo que me está hablando a mí, puede ponerse furioso y puede sufrir un ataque que lo deje sin sentido. Dice que ser bizco es un don, porque eres como un dios que mira en dos sentidos a la vez, y que en tiempos de la antigua Roma el que era bizco no tenía problemas para encontrar un buen trabajo. Si miras los retratos de los emperadores romanos, verás que siempre tienen bastante aire de bizcos. Cuando no tiene el ataque se sienta en el suelo, en lo alto del callejón, a leer los libros de la biblioteca Carnegie que lleva a casa su padre.

—Libros, libros, libros —dice su madre—, se está estropeando los ojos de tanto leer, tiene que operarse para enderezarlos, pero ¿quién va a pagar la operación?

Le dice que si sigue forzándose los ojos se le acabarán juntando hasta que sólo tenga un ojo en el centro de la cara. Desde entonces, su padre lo llama Cíclope, que es un personaje de un cuento griego.

Nora Molloy conoce a mi madre de las colas de la Conferencia de San Vicente de Paúl. Dice a mamá que Mikey tiene más sentido común que doce hombres bebiendo pintas en una taberna. Se sabe los nombres de todos los Papas desde San Pedro hasta Pío XI. Sólo tiene once años pero es un hombre, vaya si lo es. Muchas semanas salva a la familia del hambre pura. Pide prestada una carretilla a Aidan Farrell y llama a las puertas de todo Limerick preguntando si alguien quiere que le sirvan carbón o turba, y baja por la carretera del Muelle para volver con grandes sacos de cincuenta kilos o más. Hace recados a los viejos impedidos, y si no tienen un penique que darle, se contenta con una oración.

Cuando gana un poco de dinero se lo da a su madre, que quiere mucho a su Mikey. Él es su todo, la sangre de sus venas, su corazón, y si le pasara algo bien podían meterla en el manicomio y tirar la llave.

El padre de Mikey, Peter, es un gran campeón. Gana apuestas en las tabernas bebiéndose más pintas que nadie. Lo único que tiene que hacer es salir al retrete, meterse el dedo en la garganta y devolverlo todo para volver a empezar otra ronda. Peter es un campeón de tal categoría que es capaz de vomitar en el retrete sin usar el dedo. Es un campeón de tal categoría que aunque le cortasen los dedos él seguiría tan tranquilo. Gana dinero, pero no lo lleva a su casa. A veces hace como mi padre y se bebe también el dinero del paro, y por eso suelen tener que llevarse a Nora Molloy al manicomio, enloquecida de tanto preocuparse por su familia desnutrida y hambrienta. Sabe que mientras estás en el manicomio estás protegida del mundo y de sus padecimientos, no puedes hacer nada, estás protegida y no sirve de nada que te preocupes. Es bien sabido que a los locos hay que llevarlos al manicomio a la fuerza, pero ella es la única a la que tienen que sacar a la fuerza del manicomio para hacerla volver con sus cinco hijos y con el campeón de todos los bebedores de pintas.

Se sabe que Nora Molloy está a punto de ir al manicomio cuando se ve a sus hijos corretear por ahí blancos de harina de la cabeza a los pies. Eso sucede cuando Peter se bebe el dinero del paro y la deja desesperada y ella sabe que vendrán los hombres del manicomio a llevársela. Se sabe que está dentro de su casa haciendo pan frenéticamente. Quiere estar segura de que los niños no se morirán de hambre mientras ella no esté, y recorre todo Limerick pidiendo harina. Acude a los sacerdotes, a las monjas, a los protestantes, a los cuáqueros. Va a la Fábrica de Harina Rank y pide que le den las barreduras del suelo. Hace pan día y noche. Peter le suplica que lo deje pero ella le grita: «¡Esto es lo que pasa por beberte el paro!». Él le dice que el pan se pondrá duro. Es inútil hablar con ella. Hacer pan, hacer pan, hacer pan. Si tuviera dinero suficiente convertiría en pan toda la harina de Limerick y de las comarcas próximas. Si no vinieran los hombres del manicomio para llevársela, seguiría haciendo pan hasta caerse redonda.

Los niños se atiborran tanto de pan que los vecinos del callejón dicen que parecen hogazas. Pero el pan se pone duro, y a Mikey lo fastidia tanto esa pérdida que habla con una mujer rica que tiene un libro de cocina y ella le dice que prepare pudin de pan. Cuece el pan duro con agua y leche cortada y le añade una taza de azúcar, y a sus hermanos les encanta, aunque no coman otra cosa en los quince días que pasa su madre en el manicomio.

—¿Se la llevan porque se ha vuelto loca de tanto hacer pan, o se vuelve loca de tanto hacer pan porque se la llevan? —pregunta mi padre.

Nora vuelve a casa tan tranquila como si viniera de la playa. Siempre pregunta:

—¿Dónde está Mikey? ¿Está vivo?

Se preocupa por Mikey porque es un católico incompleto, y si tuviera un ataque y se muriera, ¿quién sabe adónde iría a parar en la otra vida? Es un católico incompleto porque no pudo recibir la Primera Comunión por miedo a ponerle en la lengua algo que pudiese provocarle un ataque y ahogarlo. El maestro lo intentó una y otra vez con pedazos del *Limerick Leader*, pero Mikey los escupía siempre, hasta que el maestro se puso furioso y lo envió al sacerdote, quien escribió al obispo, quien dijo: «No me molesten, ocúpense ustedes». El maestro envió a casa de Mikey una nota en la que decía que éste debía recibir la Comunión con su padre o con su madre, pero ni siquiera éstos fueron capaces de hacerle tragar un trozo del *Limerick Leader* en forma de hostia. Lo intentaron incluso con un trozo de pan en forma de hostia con mermelada, y fue inútil. El sacerdote dice a la señora Molloy que no se preocupe. Dios obra por caminos misteriosos para hacer Sus maravillas, y sin duda tiene un propósito especial para Mikey, aun con sus ataques y todo.

—¿No es extraordinario que sea capaz de tragarse dulces y bollos de todas clases, pero que le dé un ataque si tiene que tragarse el cuerpo de Nuestro Señor? ¿No es extraordinario? —dice su madre.

Le preocupa que a Mikey le dé el ataque y se muera y se vaya al infierno si tiene en el alma algún tipo de pecado, aunque todo el mundo sabe que es un ángel del cielo. Mikey le dice que Dios no te va a enviar la lacra de los ataques para encima mandarte después al infierno de una patada. ¿Qué Dios sería el que hiciera una cosa así?

—¿Estás seguro, Mikey?

—Sí. Lo he leído en un libro.

Se sienta bajo la farola de lo más alto del callejón y se ríe recordando el día de su Primera Comunión, que fue un camelo. Él no podía tragarse la hostia, pero ¿acaso impidió eso que su madre lo paseara por Limerick con su trajecito negro para que hiciera la Colecta? Dijo a Mikey:

—Bueno, yo no miento, claro que no. Lo único que digo a los vecinos es: «Aquí está Mikey con su traje de Primera Comunión». No digo otra cosa, cuidado. «Aquí está Mikey». Si ellos se creen que tú te has tragado la Primera Comunión, ¿quién soy yo para llevarles la contraria y para quitarles la ilusión?

El padre de Mikey dijo:

—No te preocupes, Cíclope. Tienes un montón de tiempo por delante. Jesús no fue un católico incompleto hasta que tomó el pan y el vino en la Última Cena, y Él tenía treinta y tres años.

—¿Quieres dejar de llamarlo Cíclope? —dijo Nora Molloy—. Tiene dos ojos en la cara y no es griego.

Pero el padre de Mikey, campeón de los bebedores de pintas, es como mi tío Pa Keating: le importa un pedo de violinista lo que diga el mundo, y así me gustaría ser a mí.

Mikey me explica que lo mejor de la Primera Comunión es la Colecta. Tu madre te tiene que conseguir de algún modo un traje nuevo para poder exhibirte ante los vecinos y los parientes, y éstos te dan dulces y dinero y puedes ir al cine Lyric a ver a Charlie Chaplin.

—¿Y por qué no a James Cagney?

—Déjate de James Cagney. Bobadas. Como Charlie Chaplin no hay ninguno. Pero tienes que ir a la Colecta con tu madre. Las personas mayores de Limerick no están dispuestas a dar dinero a cualquier fulano que se presente vestido de Primera Comunión sin su madre.

Mikey recogió más de cinco chelines el día de su Primera Comunión, y se comió tantos dulces y bollos que vomitó en el cine Lyric y Frank Goggin, el acomodador, lo echó a la calle. Dice que no le importó, porque le quedaba dinero y fue el mismo día al cine Savoy a ver una película de piratas y comió chocolate Cadbury y bebió gaseosa hasta que tenía un kilómetro de tripa. Está impaciente por que le llegue el día de la Confirmación, porque entonces eres mayor, haces otra Colecta y te dan más dinero que en la Primera Comunión. Irá al cine el resto de su vida, se sentará junto a las chicas de los callejones y hará cochinadas como un experto. Quiere a su madre, pero no se casará nunca por miedo a tener una mujer a la que estén ingresando en el manicomio cada poco tiempo. ¿De qué sirve casarse cuando te puedes sentar en el cine y hacer cochinadas con chicas de los callejones a las que no les importa lo que hacen porque ya lo hicieron con sus hermanos? Si no te casas, no tendrás en tu casa niños que te piden a gritos té y pan y que jadean cuando tienen un ataque y que tienen ojos que apuntan a todas partes. Cuando sea mayor irá a la taberna como su padre, beberá pintas a discreción, se meterá el dedo en la garganta para devolverlo todo, se beberá más pintas, ganará las apuestas y llevará el dinero a su madre para que no se vuelva loca. Dice que es un católico incompleto, lo que significa que está condenado, de modo que puede hacer lo que le dé la puñetera gana.

—Ya te contaré más cosas cuando te hagas mayor, Frankie —dice—.
Ahora eres demasiado pequeño y no sabes nada de nada.

El maestro, el señor Benson, es muy viejo. Nos da voces y nos llena de saliva continuamente. Los chicos que se sientan en la primera fila confían en que no tenga enfermedades, pues las enfermedades se transmiten todas por la saliva, y puede estar esparciendo la tisis a diestro y siniestro. Nos dice que tenemos que sabernos el catecismo del derecho, del revés y de lado. Tenemos que sabernos los Diez Mandamientos, las Siete Virtudes, las teologales y las morales, los Siete Sacramentos, los Siete Pecados Capitales. Tenemos que sabernos de memoria todas las oraciones: el Avemaría, el Padrenuestro, el Yo Pecador, el Credo, el Acto de Contrición, la Letanía de la Virgen María. Tenemos que sabérnoslas en irlandés y en inglés, y si se nos olvida una palabra irlandesa y la decimos en inglés, el maestro se pone furioso y nos pega con la vara. Si de él dependiera, aprenderíamos nuestra religión en latín, la lengua de los santos, que vivían en comunión íntima con Dios y con Su Santa Madre, la lengua de los primeros cristianos, que se refugiaban en las catacumbas y que salían para morir en el potro y por la espada, que expiraban en las fauces babeantes del león hambriento. El irlandés está bien para los patriotas; el inglés, para los traidores y para los delatores, pero es el latín el que nos franquea la entrada del mismísimo cielo. En latín rezaban los mártires cuando los bárbaros les arrancaban las uñas y los despellejaban a tiras. Dice que somos una deshonra para Irlanda y su larga y triste historia, que estaríamos mejor en el África rezando a un arbusto o a un árbol. Nos dice que somos un caso perdido, la peor clase de preparación para la Primera Comunión que ha tenido en su vida, pero que, como hay Dios, él nos convertirá en católicos, nos quitará a golpes la pereza y nos meterá a golpes la Gracia Santificante.

Brendan Quigley levanta la mano. Lo llamamos «Quigley el Preguntas», porque siempre está haciendo preguntas. No se puede contener.

—Señor, ¿qué es la Gracia Santificante? —pregunta.

El maestro levanta los ojos al cielo. Va a matar a Quigley. En vez de ello, le ladra:

—No te preocupes de lo que es la Gracia Santificante, Quigley. A ti no te importa. Estás aquí para aprenderte el catecismo y para hacer lo que te mandan. No estás aquí para hacer preguntas. Hay demasiada gente que va por el mundo haciendo preguntas, y por eso estamos como estamos, y si algún niño de esta clase hace preguntas no respondo de mis actos. ¿Me has oído, Quigley?

—Sí.

—Sí, ¿y qué más?

—Sí, señor.

Sigue con su discurso.

—En esta clase hay niños que no conocerán nunca la Gracia Santificante. ¿Por qué? Por la codicia. Los he oído hablar fuera, en el patio del colegio, del día de la Primera Comunión, del día más feliz de vuestras vidas. ¿Y hablaban de que iban a recibir el cuerpo y la sangre de Nuestro Señor? No. Esos pequeños sinvergüenzas llenos de codicia hablan del dinero que les darán, de la Colecta. Irán de casa en casa con sus trajecitos haciendo la Colecta como mendigos. ¿Y apartarán algo de ese dinero para enviárselo a los negritos del África? ¿Se acordarán de esos paganitos condenados para siempre por no haber recibido el bautismo y el conocimiento de la Fe verdadera? ¿De esos negritos que no han podido conocer el Cuerpo Místico de Cristo? El limbo está abarrotado de negritos que vuelan de un lado a otro y lloran llamando a sus madres porque nunca serán recibidos en la presencia inefable de Nuestro Señor y en la compañía gloriosa de los santos, los mártires, las vírgenes. Oh, no. Donde corren nuestros niños tras su Primera Comunión es a los cines, para revolcarse en el fango que vomitan por todo el mundo los esbirros del diablo desde Hollywood. ¿Verdad, McCourt?

—Sí, señor.

«Quigley el Preguntas» vuelve a levantar la mano. Los demás nos intercambiamos miradas y nos preguntamos si es que quiere suicidarse.

—¿Qué son los esbirros, señor?

Al maestro se le pone la cara blanca primero, roja después. La boca se le contrae, se le abre y le vuela la saliva a todas partes. Se acerca al «Preguntas» y lo arranca de su asiento. Resopla, tartamudea y la saliva le vuela por toda el aula. Pega al «Preguntas» con la vara en los hombros, en el trasero, en las piernas. Lo agarra del cuello y lo arrastra hasta el frente del aula.

—Mirad a este ejemplar —ruge.

«El Preguntas» está temblando y llorando.

—Lo siento, señor.

—Lo siento, señor —dice el maestro, burlándose de él—. ¿Qué es lo que sientes?

—Siento haberle preguntado. No volveré a hacerle ninguna pregunta, señor.

—El día que la hagas, Quigley, será el día en que desearás que Dios te acoja en Su seno. ¿Qué desearás, Quigley?

—Que Dios me acoja en Su seno, señor.

—Vuelve a tu asiento, *omadhaun*, poltrón, criatura del fondo oscuro de un pantano.

Se sienta dejando la vara ante sí, sobre la mesa. Dice al «Preguntas» que deje de lloriquear y que sea hombre. Si vuelve a oír a un solo niño de la clase hacer preguntas necias o hablar de la Colecta, azotará a ese niño hasta que corra la sangre.

—¿Qué haré, niños?

—Azotar al niño, señor.

—¿Hasta...?

—Hasta que corra la sangre, señor.

—Y bien, Clohessy, ¿cuál es el sexto mandamiento?

—No cometerás adulterios.

—No cometerás adulterios, ¿y qué más?

—No cometerás adulterios, señor.

—Y ¿qué quiere decir adulterios, Clohessy?

—Pensamientos impuros, palabras impuras, actos impuros, señor.

—Bien, Clohessy. Eres un buen muchacho. Puede que seas algo lento y olvidadizo a la hora de decir «señor» y puede que no tengas zapatos, pero dominas el sexto mandamiento, y así te mantendrás puro.

Paddy Clohessy no lleva zapatos, su madre le afeita la cabeza para que no tenga piojos, tiene los ojos rojos y la nariz llena siempre de mocos. Las llagas que tiene en las rodillas no se le curan nunca porque se levanta las costras y se las mete en la boca. Sus ropas son trapos que tiene que compartir con sus seis hermanos y con una hermana, y cuando llega a la escuela con la nariz llena de sangre o con un ojo morado se sabe que se ha peleado por la ropa esa mañana. Odia la escuela. Tiene siete años para cumplir ocho, es el mayor de la clase en tamaño y en edad, y espera con impaciencia crecer y tener catorce años para escaparse de casa, decir que tiene diecisiete años y alistarse en el ejército inglés e ir a la India, donde se está a gusto y hace calor, y vivirá en una tienda de campaña con una chica de piel oscura que tendrá un punto rojo en la frente, y él estará allí acostado comiendo higos, eso es lo que comen en la India, higos, y ella guisará el *curry* día y noche y tocará el ukelele, y cuando tenga dinero suficiente hará venir a toda su familia y todos vivirán en la tienda de campaña, sobre todo su pobre padre, que está en su casa echando grandes esputos de sangre cuando tose, por la tisis. Cuando mi madre ve a Paddy por la calle, dice:

—*Wisha*, mirad ese pobre niño. Es un esqueleto con trapos, y si hicieran una película sobre el hambre, seguro que lo sacaban en primera fila.

Creo que Paddy me aprecia por lo de la pasa, y yo me siento un poco culpable porque no fui demasiado generoso en un primer momento. El señor Benson, el maestro, dijo que el gobierno iba a darnos almuerzos gratuitos para que no tuviésemos que volver a casa con el tiempo helado. Nos hizo bajar a una sala fría en las mazmorras de la Escuela Leamy, donde la asistenta, Nellie Ahearn, repartía media pinta de leche y un bollo de pasas a cada uno. La leche estaba helada en las botellas y teníamos que descongelarla metiéndonosla entre las piernas. Los niños hacían bromas y decían que se nos iban a helar las pililas y se nos iban a caer, y el maestro rugió:

—Como vuelva a oír hablar así a alguno, voy a calentaros las botellas en el cogote.

Todos buscamos las pasas en nuestros bollos, pero Nellie dijo que se habían debido de olvidar de meterlas y que se lo preguntaría al hombre que los traía. Volvíamos a buscarlas cada día, hasta que al fin yo encontré una pasa en mi bollo y la mostré a todos. Los otros chicos empezaron a quejarse y a decir que querían una pasa, y Nellie dijo que no era culpa suya y que volvería a preguntarle al hombre. Los otros chicos empezaron a pedirme la pasa y a ofrecerme cualquier cosa por ella, un trago de su leche, un lápiz, un tebeo. Toby Mackey me ofreció a su hermana, y el señor Benson lo oyó, lo sacó al pasillo y le dio golpes hasta que lo hizo chillar. Yo quería quedarme la pasa, pero vi a Paddy Clohessy que estaba en un rincón sin zapatos, la sala estaba helada y él temblaba como un perro al que han dado patadas, y a mí siempre me habían dado pena los perros a los que han dado patadas, de modo que me acerqué a Paddy y le di la pasa, porque no sabía qué otra cosa podía hacer, y todos los demás chicos gritaron que yo era un tonto y un jodido idiota y que me arrepentiría de ese día, y después de haberle dado la pasa a Paddy yo la eché de menos, pero ya era tarde porque él se la llevó a la boca y se la tragó y me miró y no dijo nada, y yo me dije a mí mismo que qué idiota era por andar regalando mi pasa.

El señor Benson me echó una mirada y no dijo nada, y Nellie Ahearn dijo:

—Eres un gran yanqui, Frankie.

El sacerdote vendrá pronto para examinarnos del catecismo y de todo lo demás. El propio maestro nos tiene que enseñar el modo de recibir la Santa Comunión. Nos manda que formemos un círculo a su alrededor. Llena su sombrero de trozos pequeños de papel del *Limerick Leader*. Entrega a Paddy Clohessy el sombrero, se arrodilla en el suelo, dice a Paddy que tome un trozo de papel y que se lo ponga en la lengua. Nos enseña el modo de sacar la lengua, de recibir el trozo de papel, de mantenerlo un momento, de meter la lengua, de unir las manos en oración, de mirar al cielo, de cerrar los ojos en un acto de adoración, de esperar a que el papel se nos disuelva en la boca, de tragarlo y de dar gracias a Dios por el don, la Gracia Santificante que llega a bocanadas en olor de santidad. Cuando saca la lengua tenemos que contener la risa, porque nunca habíamos visto una lengua tan grande y tan morada. Abre los ojos para localizar a los niños que se ríen por lo bajo, pero no puede decir nada porque todavía tiene a Dios en la boca y es un momento sagrado. Se pone de pie y nos manda que nos arrodillemos por el aula para recibir la Comunión. Recorre el aula poniéndonos trocitos de papel en la lengua y murmurando en latín. Algunos niños se ríen por lo bajo y él les ruge que si no se dejan de risitas no recibirán la Comunión sino los Santos Óleos, y ¿cómo se llama ese sacramento, McCourt?

—Extremaunción, señor.

—Bien, McCourt. No está mal para un yanqui de las costas pecaminosas de América.

Nos dice que tenemos que poner cuidado de sacar la lengua lo suficiente para que la hostia consagrada no caiga al suelo. Es lo peor que le puede pasar a un sacerdote, dice. Si la hostia se te cae de la lengua, el pobre sacerdote tiene que ponerse de rodillas, recogerla con la lengua y lamer todo el suelo por si ha ido botando de un sitio a otro. Al sacerdote se le puede clavar una astilla que le deje la lengua hinchada como un nabo, y eso es suficiente para ahogar a una persona y para matarla del todo.

Nos dice que, después de una reliquia de la Vera Cruz, la hostia consagrada es la cosa más sagrada del mundo, y que nuestra Primera Comunión es el momento más sagrado de nuestras vidas. El maestro se emociona mucho cuando habla de la Primera Comunión. Se pasea por el aula, blande la vara, nos dice que no debemos olvidar nunca que en el momento en que nos ponen en la lengua la Santa Comunión nos convertimos en miembros de la Iglesia, que es Una, Santa, Católica, Apostólica y Romana; que hace dos mil años que mueren hombres, mujeres y niños por la Fe, que los irlandeses hemos dado mártires como los que más. ¿No hemos ofrecido mártires en abundancia? ¿No hemos presentado el cuello al hacha protestante? ¿No hemos subido al cadalso cantando, como quien se va de jira? ¿No es así, niños?

—Sí, señor.

—¿Qué hemos hecho, niños?

—Presentar el cuello al hacha protestante, señor.

—¿Y qué más?

—Subir al cadalso cantando, señor.

—¿Cómo?

—Como quien se va de jira, señor.

Dice que es posible que en nuestra clase haya un futuro sacerdote o un futuro mártir de la Fe, aunque lo duda mucho, porque somos la pandilla de ignorantes más perezosos a los que ha tenido la desgracia de enseñar.

—Pero tiene que haber de todo —dice—, y sin duda Dios tenía algún propósito cuando infestó la tierra con sujetos como vosotros. Sin duda, Dios tenía un propósito cuando envió entre nosotros a Clohessy descalzo, a Quigley con sus malditas preguntas y a McCourt venido de América lleno de pecado. Y recordad esto, niños: Dios no envió a Su único Hijo a ser crucificado para que vosotros podáis pasearos el día de vuestra Primera Comunión recogiendo en vuestras zarpas la Colecta. Nuestro Señor murió para redimiros. Es suficiente con recibir el don de la Fe. ¿Me estáis escuchando?

—Sí, señor.

—Y ¿qué es suficiente?

—El don de la Fe, señor.

—Bien. Marchaos a casa.

Por la noche nos sentamos tres a leer bajo la farola de lo alto del callejón, Mikey, Malachy y yo. Los Molloy son como nosotros, su padre se bebe el dinero del paro o su sueldo y no deja dinero para comprar velas ni queroseno para la lámpara. Mikey lee libros y los demás leemos tebeos. Su padre, Peter, trae libros de la biblioteca Carnegie para tener algo que hacer cuando no está bebiendo pintas o cuando está cuidando de la familia en las ocasiones en que la señora Molloy está ingresada en el manicomio. Deja leer a Mikey el libro que quiera, y ahora Mikey está leyendo un libro que habla de Cuchulain y habla como si lo supiese todo de él. Yo quiero decirle que ya me sabía todos los cuentos de Cuchulain cuando tenía tres años para cumplir cuatro, que vi a Cuchulain en Dublín, que Cuchulain se deja caer por mis sueños como cosa corriente. Quiero decirle que deje de hablar de Cuchulain, que es mío, que ya era mío hace años cuando yo era pequeño, pero no puedo, porque Mikey nos lee un cuento que yo no había oído nunca, un cuento cochino que trata de Cuchulain y que yo no podré contar nunca a mi padre ni a mi madre, el cuento de cómo Cuchulain tomó por esposa a Emer.

Cuchulain ya era un viejo de veintiún años. Se sentía solo y quería casarse, lo cual lo debilitó, dice Mikey, y por eso lo mataron al final. Todas las mujeres de Irlanda estaban locas por Cuchulain y querían casarse con él. Él dijo que eso sería maravilloso, que no le importaba casarse con todas las mujeres de Irlanda. Si era capaz de luchar contra todos los hombres de Irlanda, ¿por qué no iba a poder casarse con todas las mujeres? Pero el rey, Conor MacNessa, dijo: «Eso te parecerá bien a ti, Cu, pero los hombres de Irlanda no quieren estar solos en lo más oscuro de la noche». El rey decidió que tendría que celebrarse un concurso para decidir quién se casaba con Cuchulain, y que sería un concurso de mear. Todas las mujeres de Irlanda se reunieron en las llanuras de Muirthemne para ver cuál meaba más tiempo, y ganó Emer. Era la campeona de mear de Irlanda, y se casó con Cuchulain, y por eso se le llama hasta hoy Emer Vejiga Grande.

Mikey y Malachy se ríen con este cuento, aunque no creo que Malachy lo entienda. Es pequeño y le falta mucho para hacer la Primera Comunión y sólo se ríe de la palabra «mear». Después, Mikey me dice que he cometido un pecado por haber escuchado un cuento en el que salía esa palabra, y que cuando haga mi Primera Confesión tendré que decírselo al cura.

—Eso es —dice Malachy—. «Mear» es una palabra mala, y tienes que decírselo al cura, porque es un pecado.

No sé que hacer. ¿Cómo voy a contarle al cura esta cosa terrible en mi Primera Confesión? Todos los niños saben los pecados que van a contar para poder recibir la Primera Comunión y hacer la Colecta e ir a ver a James Cagney y comer dulces y bollos en el cine Lyric. El maestro nos ayudó a pensar los pecados y todos tenemos los mismos. He pegado a mi hermano. He dicho una mentira. He robado un penique del monedero de mi madre. He desobedecido a mis padres. Me he comido una salchicha en viernes.

Pero ahora yo tengo un pecado que no tiene nadie, y el cura se va a indignar y me sacará a rastras del confesionario y me echará a la calle, donde todos sabrán que he escuchado un cuento que decía que la esposa de Cuchulain era la campeona de mear de toda Irlanda. No podré hacer la Primera Comunión y las madres levantarán a sus niños pequeños para que me vean y me señalarán diciendo:

—Miradlo. Es como Mikey Molloy, no ha hecho la Primera Comunión, va por ahí en pecado, no ha hecho la Colecta, no ha visto a James Cagney.

Siento haber oído hablar siquiera de la Primera Comunión y de la Colecta. Tengo náuseas y no quiero té ni pan ni nada. Mamá dice a papá que es raro que un niño no quiera tomarse su pan y su té, y papá dice:

—*Och*, es que está nervioso por su Primera Comunión.

Quiero acercarme a él y sentarme en su regazo y decirle lo que me ha hecho Mikey Molloy, pero soy demasiado mayor para sentarme en el regazo de nadie y, si lo hiciera, Malachy saldría al callejón y diría a todos que yo era un nene grande. Me gustaría contar mis problemas al Ángel del Séptimo Peldaño, pero está ocupado trayendo niños a las madres de todo el mundo. En todo caso, se lo preguntaré a papá.

—Papá, ¿hace otras cosas el Ángel del Séptimo Peldaño aparte de traer niños?

—Sí, las hace.

—¿Te diría el Ángel del Séptimo Peldaño lo que debes hacer si no sabes lo que debes hacer?

—*Och*, sí te lo diría, hijo, sí te lo diría. Ésa es la tarea de los ángeles, hasta el del séptimo peldaño.

Papá sale a dar un largo paseo, mamá se va a ver a la abuela con Michael, Malachy juega en el callejón y yo tengo toda la casa a mi disposición, de modo que puedo sentarme en el séptimo peldaño y hablar con el ángel. Sé que está allí porque el séptimo peldaño parece más caliente que los demás y porque tengo una luz dentro de la cabeza. Le cuento mis problemas y oigo una voz.

—Nada temas —dice la voz.

Está hablando al revés, y yo le digo que no sé de qué me habla.

—No temas nada —dice la voz—. Cuenta al sacerdote tu pecado y serás perdonado.

A la mañana siguiente me levanto temprano y tomo té con papá y le hablo del Ángel del Séptimo Peldaño. Me pone la mano en la frente para ver si estoy bien. Me pregunta si estoy seguro de que tenía una luz dentro de la cabeza y de haber oído una voz, y qué dijo la voz.

Yo le digo que la voz dijo «nada temas» y que eso significa «no temas nada».

Papá me dice que el ángel tiene razón, que no debo temer nada, y yo le cuento lo que me hizo Mikey Molloy. Le cuento lo de Emer Vejiga Grande e incluso digo «mear», porque el ángel dijo «nada temas». Papá deja su tarro de té y me da palmaditas en la nuca. Dice «*Och, och, och*», y yo me pregunto si se está volviendo loco como la señora Molloy, a la que ingresan en el manicomio cada poco tiempo, pero dice:

—¿Era eso lo que te preocupaba anoche?

Le digo que sí, y él me dice que no es pecado y que no hace falta que se lo cuente al cura.

—Pero el Ángel del Séptimo Peldaño dijo que debía contárselo.

—Está bien. Cuéntaselo al cura si quieres, pero si el Ángel del Séptimo Peldaño lo dijo fue sólo porque no me lo contaste primero a mí. ¿No es mejor poder contar tus problemas a tu padre que a un ángel que no es más que una luz y una voz que tienes dentro de la cabeza?

—Sí, papá.

El día antes de la Primera Comunión el maestro nos lleva a la iglesia de San José para que hagamos nuestra Primera Confesión. Marchamos en fila de a dos, y si movemos un solo labio por las calles de Limerick nos matará allí mismo y nos enviará al infierno hinchados de pecados. Eso no nos impide presumir de los pecados grandes que tenemos. Willie Harold susurra su gran pecado, que miró a su hermana desnuda. Paddy Hartigan dice que robó diez chelines del monedero de su tía y comió helados y patatas fritas hasta ponerse malo. «Quigley el Preguntas» dice que se escapó de su casa y pasó media noche en una zanja con cuatro cabras. Yo intento contarles lo de Cuchulain y Emer, pero el maestro me pilla hablando y me da un golpe en la cabeza.

Nos arrodillamos en los bancos contiguos al confesonario y yo me pregunto si mi pecado, el de Emer, es tan malo como mirar a tu hermana desnuda, porque ya sé que en el mundo hay algunas cosas peores que otras. Por eso existen pecados diferentes: el sacrilegio, el pecado mortal, el pecado venial. Además de éstos, los maestros y las personas mayores en general hablan del pecado imperdonable, que es un gran misterio. Nadie sabe lo que es, y uno se pregunta cómo puede saber uno si lo ha cometido si no sabe lo que es. Si cuento a un cura lo de Emer Vejiga Grande y el concurso de mear, puede decirme que ése es el pecado imperdonable y echarme a patadas del confesonario, y yo quedaré deshonrado ante todo Limerick y me condenaré al infierno, donde me atormentarán para siempre los demonios, que no tienen nada más que hacer que pincharme con tridentes al rojo vivo hasta despedazarme.

Cuando entra Willie yo intento escuchar su confesión, pero no oigo más que un siseo del sacerdote, y Willie sale llorando.

Me toca a mí. El confesonario está a oscuras y hay un gran crucifijo suspendido sobre mi cabeza. Oigo que un niño murmura su confesión al otro lado. Me pregunto si sirve de algo intentar hablar con el Ángel del Séptimo Peldaño. Sé que no debe andar por los confesonarios, pero siento la luz dentro de mi cabeza y la voz me dice: «Nada temas».

La tabla que tengo delante se retira y el cura dice:

—¿Sí, hijo mío?

—Ave María Purísima. Ésta es mi Primera Confesión.

—Sí, hijo mío, y ¿qué pecados has cometido?

—He dicho una mentira. He pegado a mi hermano. He robado un penique del monedero de mi madre. He dicho una palabrota.

—Sí hijo mío. ¿Alguna cosa más?

—He... he escuchado un cuento de Cuchulain y Emer.

—Pero seguro que eso no es pecado, hijo mío. Al fin y al cabo, ciertos autores nos aseguran que Cuchulain se convirtió al catolicismo en sus últimos momentos, lo mismo que su rey, Conor MacNessa.

—Era de Emer, Padre, y de cómo se casó con él.

—¿Y cómo fue, hijo mío?

—Lo ganó en un concurso de mear.

Se oyen unos jadeos. El cura se tapa la boca con la mano y emite unos sonidos como si se ahogara, y habla solo: «Madre de Dios».

—¿Quién, quién te ha contado ese cuento, hijo mío?

—Mikey Molloy, Padre.

—¿Y dónde lo oyó contar él?

—Lo leyó en un libro, Padre.

—Ah, en un libro. Los libros pueden ser peligrosos para los niños, hijo mío. Aparta tu mente de esos cuentos estúpidos y piensa en las vidas de los santos. Piensa en San José, en la Florecilla, en el delicado y dulce San Francisco de Asís, que amaba a los pájaros del cielo y a las bestias del campo. ¿Lo harás, hijo mío?

—Sí, Padre.

—¿Tienes más pecados, hijo mío?

—No, Padre.

—En penitencia reza tres Avemarías y tres Padrenuestros, y reza una oración especial por mí.

—Así lo haré. Padre, ¿era ése el peor pecado?

—¿Qué quieres decir?

—¿Soy el peor de todos los niños, Padre?

—No, hijo mío, te falta mucho para eso. Ahora reza el Acto de Contrición y recuerda que Nuestro Señor te ve en todo momento. Que Dios te bendiga, hijo mío.

El día de la Primera Comunión es el día más feliz de la vida de uno por la Colecta y por James Cagney en el cine Lyric. La noche anterior yo estaba tan emocionado que no pude dormirme hasta el alba. Todavía estaría dormido si mi abuela no hubiera venido a dar golpes a la puerta:

—¡Arriba! ¡Arriba! Sacad a ese niño de la cama. Es el día más feliz de su vida, y él roncando allí arriba, metido en la cama.

Fui corriendo a la cocina.

—Quítate esa camisa —me dijo. Yo me quité la camisa y ella me metió a la fuerza en un barreño de estaño lleno de agua helada. Mi madre me frotaba, mi abuela me frotaba. Yo estaba rojo, en carne viva.

Me secaron. Me pusieron mi traje de Primera Comunión de terciopelo negro con la camisa blanca con chorreras, los pantalones cortos, los calcetines blancos, los zapatos negros de charol. Me ataron al brazo un lazo de satén blanco y me pusieron en la solapa el Sagrado Corazón de Jesús, una insignia del Sagrado Corazón del que caían gotas de sangre, con llamas a su alrededor y con una corona de espinos de aspecto feo encima.

—Ven aquí a que te peine —dijo la abuela—. Mira qué greñas: no se alisan. Este pelo no lo has heredado de mi familia. Es pelo de Irlanda del Norte que has heredado de tu padre. Es el pelo que tienen los presbiterianos. Si tu madre se hubiera casado con un hombre decente de Limerick no tendrías este pelo de punta presbiteriano de Irlanda del Norte.

Me escupió dos veces en la cabeza.

—Abuela, deja de escupirme en la cabeza, por favor.

—Si tienes algo que decir, te lo callas. Un poco de saliva no te va a matar. Vámonos, que llegamos tarde a la misa.

Fuimos corriendo a la iglesia. Mi madre nos seguía sin aliento llevando a Michael en brazos. Llegamos a la iglesia justo a tiempo de ver al último niño apartarse de la barandilla del altar, donde estaba el sacerdote con el cáliz y la hostia mirándome fijamente, furibundo. Después me puso en la lengua la hostia, el cuerpo y la sangre de Jesús. Al fin, al fin.

La tengo en la lengua. La retiro.

Se pegó.

Tenía a Dios pegado en el paladar. Me sonaban en los oídos las palabras del maestro: «No toquéis la hostia con los dientes, porque si partís a Dios en dos de un mordisco arderéis en el infierno para toda la eternidad».

Intenté despegar a Dios con la lengua, pero el sacerdote me susurró:

—Deja de hacer ruidos con la lengua y vuelve a tu asiento.

Dios fue misericordioso. Se disolvió, yo Lo tragué y por fin era miembro de la Iglesia Verdadera, era pecador oficial.

Cuando terminó la misa me esperaban a la puerta de la iglesia mi madre con Michael en brazos y mi abuela. Ambas me abrazaron oprimiéndome contra sus pechos. Ambas me dijeron que era el día más feliz de mi vida. Ambas me lloraron en la cabeza, y después de la aportación de mi abuela de esa mañana yo tenía la cabeza hecha un pantano.

—Mamá, ¿puedo ir ya a hacer la Colecta?

—Cuando hayas desayunado algo —dijo ella.

—No —dijo la abuela—. Nada de Colecta hasta que hayas hecho un buen desayuno de Primera Comunión en mi casa. Vamos.

La seguimos. Empezó a trastear y a meter ruido con cazos y sartenes y a quejarse de que todo el mundo esperaba de ella que estuviese a su servicio. Yo me comí el huevo, me comí la salchicha, y cuando quise echarme más azúcar en el té ella me apartó la mano de una palmada.

—Ten moderación con el azúcar. ¿Es que te crees que soy millonaria?, ¿que soy americana? ¿Te crees que estoy cargada de joyas relucientes?, ¿que voy vestida de ricas pieles?

La comida se me revolvió en el estómago. Me atraganté. Salí corriendo al patio trasero de mi abuela y lo vomité todo. Ella salió.

—Mirad lo que ha hecho. Ha devuelto el desayuno de su Primera Comunión. Ha devuelto el cuerpo y la sangre de Jesús. Tengo a Dios en el patio. ¿Qué voy a hacer? Voy a llevarlo a los jesuitas, que conocen los pecados del mismo Papa.

Me llevó a rastras por las calles de Limerick. Iba contando a los vecinos y a los viandantes desconocidos lo de que tenía a Dios en su patio. Me metió en el confesonario a empujones.

—En el nombre del Padre, del Hijo y del Espíritu Santo. Ave María Purísima. Padre, hace un día de mi última confesión.

—¿Un día? ¿Y qué pecados has cometido en un día, hijo mío?

—Me quedé dormido. Casi llegué tarde a mi Primera Comunión. Mi abuela dice que tengo el pelo de punta presbiteriano de Irlanda del Norte. Vomité el desayuno de mi Primera Comunión. Ahora mi abuela dice que tiene a Dios en su patio y que qué debe hacer.

El cura es como el de mi Primera Confesión. Jadea y emite unos sonidos como si se ahogara.

—Esto... esto..., di a tu abuela que lave a Dios con un poco de agua y como penitencia reza un Avemaría y un Padrenuestro. Reza una oración por mí y que Dios te bendiga, hijo mío.

La abuela y mamá me estaban esperando cerca del confesonario. La abuela me dijo:

—¿Es que estabas contando chistes a ese sacerdote en el confesonario? Como yo me entere de que te dedicas a contar chistes a los jesuitas, te arranco los riñones. ¿Qué te ha dicho que hay que hacer con Dios en mi patio?

—Me ha dicho que lo laves con un poco de agua, abuela.

—¿Con agua corriente o con agua bendita?

—No lo ha dicho, abuela.

—Pues vuelve a preguntárselo.

—Pero, abuela...

Volvió a meterme en el confesonario a empujones.

—Ave María Purísima. Padre, hace un minuto de mi última confesión.

—¡Un minuto! ¿Eres el niño que acaba de pasar por aquí?

—Sí, Padre.

—¿Y qué pasa ahora?

—Mi abuela dice que si ha de lavarlo con agua corriente o con agua bendita.

—Con agua corriente, y di a tu abuela que deje de molestarme.

Yo dije a mi abuela:

—Con agua corriente, abuela, y dice que dejemos de molestarlo.

—Que dejemos de molestarlo. El muy patán ignorante.

—¿Puedo ir ya a hacer la Colecta? —pregunté a mamá—. Quiero ver a James Cagney.

—Olvídate de la Colecta y de James Cagney —dijo la abuela—, porque eres un católico incompleto, después de haber dejado a Dios en el suelo como lo has dejado. Vamos, a casa.

—Espera un momento —dijo mamá—. Éste es mi hijo. Es mi hijo y es el día de su Primera Comunión. Va a ir a ver a James Cagney.

—No va a ir.

—Sí va a ir.

—Llévatelo a ver a James Cagney, pues —dijo la abuela—, a ver si así se salva su alma americana y presbiteriana de Irlanda del Norte. Adelante.

Se ciñó el chal y se marchó.

—Dios mío —dijo mamá—, ya es muy tarde para hacer la Colecta, y te vas a perder a James Cagney. Iremos al cine Lyric y veremos si te dejan entrar gratis por ir vestido de Primera Comunión.

En la calle Barrington nos encontramos con Mikey Molloy. Me preguntó si iba al Lyric y yo le respondí que lo iba a intentar.

—¿Que lo vas a intentar? —preguntó—. ¿Es que no tienes dinero?

A mí me daba vergüenza decir que no, pero tuve que decirlo, y él dijo:

—No pasa nada. Yo te haré entrar. Organizaré una distracción.

—¿Qué es una distracción?

—Yo tengo dinero para la entrada, y cuando entre fingiré que me da el ataque y el acomodador se preocupará mucho, y tú te podrás colar cuando yo suelte el grito fuerte. Estaré vigilando la puerta, y cuando vea que has entrado me recuperaré milagrosamente. Eso es una distracción. Lo hago muchas veces para colar a mis hermanos.

—Ay, no sé qué decirte, Mikey —dijo mamá—. ¿No sería pecado? No querrás que Frank cometa un pecado el día de su Primera Comunión.

Mikey dijo que si era pecado que cayera sobre su alma, y que al fin y al cabo él era un católico incompleto, de modo que no importaba. Soltó su grito y yo me colé y me senté junto a «Quigley el Preguntas», y el acomodador, Frank Goggin, estaba tan preocupado por Mikey que no se dio cuenta. La película era emocionante, pero acababa mal, porque James Cagney era un enemigo público y cuando lo mataban a tiros lo envolvían en vendas, abrían la puerta de su casa y lo tiraban dentro, asustando a su pobre y anciana madre irlandesa, y así terminó el día de mi Primera Comunión.

V

La abuela ya no quiere hablarse con mamá por lo que hice con Dios en su patio trasero. Mamá no se habla con su hermana la tía Aggie ni con su hermano el tío Tom. Papá no se habla con nadie de la familia de mamá, y éstos no se hablan con él porque es del Norte y tiene un aire raro. Nadie se habla con la mujer del tío Tom, Jane, porque es de Galway y tiene aspecto de española. Todos se hablan con el hermano de mamá, el tío Pat, porque lo dejaron caer de cabeza, porque es un inocente y porque se dedica a vender periódicos. Todos lo llaman «el Abad» o Ab Sheehan, y nadie sabe por qué. Todos se hablan con el tío Pa Keating porque respiró gases venenosos en la guerra y porque se casó con la tía Aggie, y si no se hablaran con él a él tampoco le importaría más que un pedo de violinista, y por eso los parroquianos de la taberna de South dicen que es un gaseoso.

Eso me gustaría ser a mí, un gaseoso, sin que las cosas me importasen más que un pedo de violinista, y así se lo digo al Ángel del Séptimo Peldaño, aunque a veces pienso que no se debe decir «pedo» delante de un ángel.

El tío Tom y Jane la de Galway tienen hijos, pero nosotros no debemos hablarnos con ellos porque nuestros padres no se hablan. Tienen un hijo y una hija, Gerry y Peggy, y mamá nos gritará por hablarnos con ellos, pero nosotros no sabemos cómo no hablarnos con nuestros primos.

Los miembros de las familias que viven en los callejones de Limerick tienen maneras propias de no hablarse y hacen falta años de práctica para dominarlas. Hay personas que no se hablan porque sus padres militaron en bandos opuestos en la Guerra Civil de 1922. Si un hombre se va y se alista en el ejército inglés, más vale que su familia se mude a otro barrio de Limerick donde haya familias con hombres en el ejército inglés. Si alguien de tu familia tuvo el más mínimo rasgo de simpatía con los ingleses de ochocientos años a esta parte, te lo restriegan por la cara, y más vale que te vayas a vivir a Dublín, donde nadie se preocupa de estas cosas. Hay familias que viven avergonzadas porque sus antepasados abjuraron de su religión por un cuenco de sopa de los protestantes en la época del hambre, y aquellas familias recibieron para siempre el nombre de sopistas. Es terrible ser sopista, porque estás condenado eternamente al infierno de los sopistas. Es peor todavía ser delator. En la escuela, el maestro nos dijo que siempre que los irlandeses estaban a punto de derrotar a los ingleses en un combate leal intervenía un asqueroso delator que los traicionaba. El hombre del que se descubre que ha sido delator se merece que lo ahorquen o, lo que es peor, que nadie se hable con él, pues si nadie se habla contigo, más vale que estés colgado de una soga.

En todos los callejones hay siempre alguien que no se habla con alguien, o bien hay alguien con quien no se habla nadie o alguien que no se habla con nadie. Siempre se advierte cuándo dos personas no se hablan por el modo en que se cruzan. Las mujeres levantan las narices, fruncen los labios y desvían la mirada. Si la mujer lleva chal, toma una esquina de éste y se la echa por el hombro, como diciendo: «Como me dirijas una palabra o una mirada, cara de perra, te vuelvo la cara del revés».

Cuando la abuela no nos habla lo pasamos mal, porque no podemos recurrir a ella cuando nos hace falta azúcar, té o leche. No sirve de nada pedírselos a la tía Aggie. Ésta le arranca a uno la cabeza de un bocado.

—Lárgate a tu casa —dice—, y di a tu padre que mueva el culo norteño y que se busque un trabajo como hacen los hombres honrados de Limerick.

Dicen que siempre está enfadada porque es pelirroja, o que es pelirroja porque siempre está enfadada.

Mamá se lleva bien con Bridey Hannon, que vive en la casa de al lado con su madre y con su padre. Mamá y Bridey pasan todo el rato charlando. Cuando mi padre sale a dar su paseo largo entra Bridey, y mamá y ella se sientan junto al fuego, toman té y fuman cigarrillos. Cuando mamá no tiene nada en casa, Bridey trae té, azúcar y leche. Algunas veces usan las mismas hojas de té una y otra vez, y mamá dice que el té está recocido, recalentado y hervido.

Mamá y Bridey se sientan tan cerca del fuego que las espinillas se les ponen rojas, moradas y azules. Pasan horas enteras charlando, y susurran y se ríen de sus cosas. Como nosotros no debemos escuchar sus cosas, nos dicen que salgamos a jugar. Yo suelo sentarme en el séptimo peldaño a escucharlas sin que ellas se enteren. Aunque llueva a cántaros, mamá nos dice:

—Llueva o no llueva, a la calle.

También nos dice:

—Si veis que viene vuestro padre, entrad corriendo a avisarme.

Mamá dice a Bridey:

—¿Has oído alguna vez esa poesía que alguien debió de escribir pensando en mí y en él?

—¿Qué poesía, Ángela?

—Se titula *El hombre del Norte.* Esta poesía me la enseñó Minnie MacAdorey en América.

—No he oído nunca esa poesía. Recítamela.

Mamá recita la poesía, pero riéndose sin parar, y no sé por qué:

> *Era del Norte, por eso hablaba poco,*
> *Pero tenía voz dulce y corazón recto.*
> *Y vi en sus ojos que no tenía malicia,*
> *Y me casé con mi hombre del Norte.*

> *Puede que Garryowen sea más alegre*
> *Que este hombre callado del lago Neagh,*
> *Y sé que el sol brilla suavemente*
> *Sobre el río que pasa por mi ciudad natal.*

> *Pero digo con alegría y con orgullo*
> *Que no hay hombre mejor en todo el Munster*
> *Y que no hay hogar más alegre en Limerick*
> *Que el mío con mi hombre del Norte.*

> *Ojalá supieran las gentes de Limerick*
> *Lo amables que han sido mis vecinos.*
> *Se olvidaría para siempre el odio y el rencor*
> *Entre las tierras del Sur y las del Norte.*

Mamá repite siempre la tercera estrofa y se ríe con tantas ganas que llora, y no sé por qué. Le da una risa histérica cuando recita:

Y que no hay hogar más alegre en Limerick
Que el mío con mi hombre del Norte.

Cuando el hombre del Norte vuelve temprano y se encuentra a Bridey en la cocina, dice: «Cotillas, cotillas, cotillas», y se queda allí con la gorra puesta hasta que Bridey se marcha.

La madre de Bridey y otros vecinos de nuestro callejón y de otros callejones próximos acuden a nuestra puerta a pedir a papá que les escriba cartas que quieren enviar a instituciones públicas o a parientes que viven en lugares remotos. Papá se sienta a la mesa con pluma y tintero y cuando las personas le dictan lo que quieren que escriba, él dice: «*Och*, no, eso no es lo que le interesa decir», y escribe lo que le parece a él. Las personas le dicen que aquello era lo que querían decir en realidad, que maneja muy bien la lengua inglesa y que tiene buen puño. Le ofrecen seis peniques por el trabajo, pero él los rechaza y se los dan a mamá, porque él tiene demasiado orgullo como para aceptar seis peniques. Cuando las personas se marchan, él echa mano de los seis peniques y me envía a comprar cigarrillos a la tienda de Kathleen O'Connell.

La abuela duerme en una cama grande en el piso de arriba, con una estampa del Sagrado Corazón de Jesús sobre la cabecera y con una estatua del Sagrado Corazón en la repisa de la chimenea. Quiere instalar algún día en su casa luz eléctrica en lugar de la luz de gas, para poder tener una lucecita roja encendida para siempre a los pies de la estatua. Su devoción al Sagrado Corazón es célebre en todo el callejón y en los callejones de los alrededores.

El tío Pat duerme en una cama pequeña en un rincón de la misma habitación, para que la abuela pueda asegurarse de que llega a casa a una hora prudencial y de que reza de rodillas junto a su cama. Por mucho que lo dejaran caer de cabeza en el suelo, por mucho que no sepa leer ni escribir, por mucho que se beba una pinta de más, no tiene excusa para no rezar antes de acostarse.

El tío Pat dice a la abuela que ha conocido a un hombre que busca alojamiento, un sitio donde se pueda lavar por la mañana y por la noche y donde le den dos comidas al día, comida y cena. Se llama Bill Galvin y tiene un buen trabajo en el horno de cal. Está cubierto siempre de polvo blanco de cal, pero peor sería el polvo de carbón.

La abuela tendrá que renunciar a su cama y trasladarse a la habitación pequeña. Se llevará la estampa del Sagrado Corazón y dejará la estatua para que vele por los dos hombres. En todo caso, en la pequeña habitación de ella no hay sitio para la estatua.

Bill Galvin viene a ver la casa después del trabajo. Es pequeño, está todo blanco y resuella como un perro. Pregunta a la abuela si le importaría retirar esa estatua, pues él es protestante y no podría dormir. La abuela riñe a voces al tío Pat por no haberle dicho que estaba metiendo en su casa a un protestante.

—Jesús —le dice—, la gente lo comentará en todo el callejón y por todo el barrio.

El tío Pat dice que no sabía que Bill Galvin fuera protestante. No se le nota a simple vista, teniendo en cuenta sobre todo que está cubierto de cal. Parecía un católico corriente, y a nadie se le habría ocurrido que un protestante se dedicaría a echar paletadas de cal.

Bill Galvin dice que su pobre esposa, que acaba de fallecer, era católica y que tenía las paredes llenas de estampas del Sagrado Corazón y de la Virgen María enseñando los corazones. Él no tiene nada en particular contra del Sagrado Corazón; lo único que pasa es que cuando vea la estatua se acordará de su pobre esposa y le dará congoja.

—Ah, Dios nos asista —dice la abuela—, ¿por qué no me lo dijo antes? Yo puedo poner la estatua en el alféizar de la ventana de mi cuarto para que su corazón no sufra al verla.

La abuela prepara la comida de Bill todas las mañanas y se la lleva al horno de cal. Mamá le pregunta por qué no se la puede llevar él mismo por la mañana, y la abuela dice:

—¿Esperas que me levante al alba para cocer el repollo y las manitas de cerdo para que su señoría se las lleve en la tartera?

—Dentro de una semana empiezan las vacaciones en la escuela —dice mamá—, y si das a Frank seis peniques por semana él le llevará la comida a Bill Galvin con mucho gusto.

Yo no quiero ir todos los días a casa de la abuela. No quiero bajar hasta el final de la carretera del Muelle para llevar la comida a Bill Galvin. Pero mamá dice que esos seis peniques nos vendrían bien y que si no lo hago no me dejará ir a ninguna otra parte.

—Te quedarás en casa y no irás a jugar con tus amigos —dice.

La abuela me advierte que debo llevar la tartera directamente, sin dar rodeos, sin mirar aquí y allá, sin dar patadas a las latas echando a perder la puntera de mis zapatos. La comida está caliente, y así es como la quiere Bill Galvin.

De la tartera sale un olor delicioso: tocino cocido, repollo y dos patatas grandes, blancas y harinosas. Si pruebo media patata, seguro que no se dará cuenta. No se quejará a la abuela, porque no suele hablar, sólo resuella alguna que otra vez.

Será mejor que me coma la otra mitad de la patata para que no pregunte por qué ha recibido sólo media. También podría probar el tocino y el repollo, y si me como la otra patata seguro que piensa que la abuela no le ha puesto ninguna.

La segunda patata se me funde en la boca y tendré que probar otro pedazo de repollo, otro bocado de tocino. Ya no queda gran cosa y él sospechará mucho, de modo que más vale que me lo termine todo.

¿Qué voy a hacer ahora? La abuela me hará polvo, mamá me tendrá castigado sin salir de casa un año entero. Bill Galvin me enterrará en cal. Le diré que me atacó un perro en la carretera del Muelle y que se comió toda la comida, y que tuve suerte de escaparme sin que se me comiera a mí también.

—¿Ah, sí? —dice Bill Galvin—. ¿Y ese pedazo de repollo que llevas en el jersey? ¿Es que te ha lamido el perro con la boca llena de repollo? Vuelve a casa y di a tu abuela que te has comido toda mi comida y que me estoy cayendo de hambre en este horno de cal.

—Me matará.

—Dile que no te mate hasta que me haya mandado una comida de alguna clase, y si no vas a su casa ahora mismo y me traes una comida, te mato y te tiro a la cal, para que no queden restos de ti junto a los que pueda llorar tu madre.

La abuela dice:

—¿Por qué vuelves con esa tartera? Podía traerla él mismo.

—Quiere más comida.

—¿Cómo que quiere más comida? Jesús bendito, ¿dónde lo mete?

—Se está cayendo de hambre en el horno de cal.

—¿Es que me estás tomando el pelo?

—Dice que le mandes una comida de cualquier clase.

—No se la mando. Ya le he mandado su comida.

—No la ha recibido.

—¿Que no? ¿Por qué no?

—Me la comí yo.

—¿Qué?

—Tenía hambre, la probé y no pude parar.

—Jesús, María y el santo San José.

Me da un coscorrón en la cabeza que me hace saltar las lágrimas. Me grita hecha una furia y da saltos por la cocina y me amenaza con llevarme a rastras ante el cura, ante el obispo, ante el propio Papa si viviera a la vuelta de la esquina. Corta rebanadas de pan, me amenaza con el cuchillo y prepara bocadillos de chicharrones con patatas frías.

—Lleva estos bocadillos a Bill Galvin, y si los miras aunque sea con el rabillo del ojo, te desuello.

Corre a decírselo a mamá, naturalmente, y ambas acuerdan que lo único que puedo hacer para expiar mi terrible pecado es llevar la comida a Bill Galvin sin sueldo durante quince días. Tengo que volver a llevarme la tartera a casa cada día, lo que me obliga a esperar a que termine, contemplando cómo se atiborra de comida, y él no es persona que te pregunte nunca si gustas.

Cada vez que voy a devolver la tartera, la abuela me hace arrodillarme ante la estatua del Sagrado Corazón y decirle que estoy arrepentido. Y todo esto por Bill Galvin, por un protestante.

—Soy una mártir de los pitillos —dice mamá—, y vuestro padre también.

En la casa puede faltar el té o el pan, pero mamá y papá siempre consiguen hacerse con los pitillos, con los Wild Woodbines. Tienen que fumarse los Woodbines por la mañana y siempre que toman té. Nos dicen todos los días que no debemos fumar nunca, que es malo para los pulmones, que es malo para el pecho, que nos impide crecer, pero ellos se sientan junto al fuego a echar humo.

—Como os vea algún día con un pitillo en la boca, os parto la cara —dice mamá.

Nos dicen que los cigarrillos pudren los dientes, y bien se echa de ver que no mienten. Los dientes se les ponen marrones y negros y se les caen uno a uno. Papá dice que tiene unos agujeros tan grandes en las muelas que un gorrión podría criar en ellos a su familia. Le quedan algunos dientes, pero se los hace sacar en el dispensario y pide una dentadura postiza. Cuando llega a casa con la dentadura nueva nos muestra su nueva gran sonrisa blanca que lo hace parecer un americano, y siempre que nos cuenta un cuento de miedo junto al fuego se saca la dentadura inferior hasta la nariz y nos da un susto de muerte. Mamá tiene tan mal los dientes que tiene que ir al hospital Barrington para que se los saquen todos de una vez, y vuelve a casa sujetándose en la boca un trapo lleno de sangre brillante. Tiene que pasar toda la noche sentada junto al fuego, porque cuando a uno le está manando sangre a borbotones de las encías uno no se puede acostar, porque se ahogará dormido. Dice que dejará de fumar para siempre cuando deje de sangrar, pero que ahora mismo necesita dar una calada a un pitillo para desahogarse. Dice a Malachy que vaya a la tienda de Kathleen O'Connell y le pregunte si puede darle cinco Woodbines fiados hasta que papá cobre el paro el jueves. Malachy es único para sacar pitillos fiados a Kathleen. Mamá dice que tiene encanto, y a mí me dice:

—No sirve de nada mandarte a ti con tu cara larga y con el aire raro de tu padre.

Cuando mamá deja de sangrar y se le curan las encías, vuelve al dispensario a recoger su dentadura postiza. Dice que dejará de fumar cuando se acostumbre a la dentadura nueva, pero no llega a dejarlo nunca. La dentadura nueva le roza las encías y se las irrita, y el humo de los Woodbines la alivia. Papá y ella se sientan junto al fuego, cuando lo hay, y se fuman sus cigarrillos, y cuando hablan les castañetean los dientes. Intentan contener el castañeteo moviendo la mandíbula hacia adelante y hacia atrás, pero sólo consiguen empeorarlo, y maldicen a los dentistas y a los que fabricaron las dentaduras en Dublín, y mientras los maldicen les castañetean los dientes. Papá asegura que esas dentaduras se fabricaron para los ricos de Dublín, pero que no encajaban bien, así que se las enviaron a los pobres de Limerick, a los que no les importa, porque cuando se es pobre tampoco se tiene gran cosa que masticar y hay que dar gracias de tener dientes en la boca, del tipo que sean. Cuando pasan mucho tiempo hablando se les irritan las encías y tienen que quitarse las dentaduras. Después, siguen hablando junto al fuego con las caras hundidas. Dejan todas las noches las dentaduras en la cocina, en tarros de mermelada llenos de agua. Malachy pregunta por qué, y papá le dice que así se limpian.

—No —dice mamá—, no se puede dormir con una dentadura postiza puesta, porque se te moverá, te ahogará y te quedarás muerto del todo.

Las dentaduras hacen que Malachy tenga que ir al hospital Barrington y que a mí me tengan que operar. Malachy me susurra en plena noche:

—¿Quieres que bajemos y nos probemos las dentaduras?

Las dentaduras son tan grandes que nos cuesta trabajo metérnoslas en la boca, pero Malachy no ceja. Se mete a la fuerza en la boca la dentadura superior de papá, y no puede volver a sacársela. Tiene los labios contraídos y la dentadura forma una gran sonrisa. Parece un monstruo de película y me hace reír, pero él se tira de la dentadura y gruñe, «uk, uk», y se le saltan las lágrimas. Cuanto más hace «uk, uk», más me río yo, hasta que papá grita desde el piso de arriba:

—¿Qué hacéis, niños?

Malachy se aparta de mí, sube corriendo las escaleras y yo oigo que papá y mamá se ríen a su vez hasta que se dan cuenta de que se puede ahogar con la dentadura. Los dos le meten los dedos en la boca para sacársela, pero Malachy se asusta y hace «uk, uk» con desesperación.

—Tendremos que llevarlo al hospital —dice mamá, y papá dice que él lo llevará.

Me manda ir con ellos por si el médico hace preguntas, pues yo soy mayor que Malachy y eso significa que debo haber sido el causante de todo. Papá corre por las calles con Malachy en brazos y yo intento seguir su paso. Me da pena ver a Malachy allí arriba, sobre el hombro de papá, mirándome, con lágrimas en las mejillas y con la dentadura de papá atascada en la boca. El médico del hospital Barrington dice: «No pasa nada». Vierte aceite en la boca de Malachy y le saca la dentadura en un momento. Después me mira a mí y dice a papá:

—¿Por qué está ese niño con la boca abierta?

—Es una costumbre suya —dice papá—, suele estar con la boca abierta.

—Ven aquí —dice el médico. Me mira dentro de la nariz, los oídos, la garganta, y me palpa el cuello.

—Las amígdalas —dice—. Las adenoides. Hay que extirpárselas. Cuanto antes mejor, pues si no cuando sea mayor parecerá idiota con esa boca abierta como una bota.

Al día siguiente, a Malachy le dan un trozo grande de *toffee* como premio por haberse metido en la boca una dentadura que no se pudo sacar, y yo tengo que ir al hospital para que me sometan a una operación que me hará cerrar la boca.

Un sábado por la mañana, mamá se termina el té y dice:

—Vas a bailar.

—¿A bailar? ¿Por qué?

—Tienes siete años, has hecho la Primera Comunión y ya es hora de que bailes. Te voy a llevar a las clases de danza irlandesa de la señora O'Connor, en la calle Catherine. Irás allí todos los sábados por la mañana, y así no estarás por las calles. Así no vagarás por todo Limerick con gamberros.

Me dice que me lave la cara sin olvidarme de las orejas y el cuello, que me peine, que me suene la nariz, que me quite ese aire de la cara (—¿Qué aire? —No importa, tú quítatelo), que me ponga los calcetines y mis zapatos de la Primera Comunión, que están destrozados, dice ella, porque yo no soy capaz de ver una lata o una piedra sin darles una patada. Ella está agotada de esperar en la cola de la Conferencia de San Vicente de Paúl para pedir botas de limosna para Malachy y para mí, y nosotros nos dedicamos a desgastar las punteras dando patadas.

—Tu padre dice que ninguna edad es demasiado temprana para que aprendáis las canciones y las danzas de vuestros antepasados.

—¿Qué es antepasados?

—No importa —dice—; vas a bailar.

Yo le pregunto cómo puedo morir por Irlanda si, además, tengo que cantar y bailar por Irlanda. Le pregunto por qué no dice nunca nadie: «Puedes comer dulces y faltar a la escuela e ir a bañarte por Irlanda».

—No te pases de listo o te caliento las orejas —dice mamá—. Cyril Benson baila —añade—. Está cubierto de medallas desde los hombros hasta las rodillas. Gana concursos por toda Irlanda, y está guapísimo vestido con su *kilt* de color azafrán. Es el orgullo de su madre, y lo sacan en el periódico cada dos por tres, y no cabe duda de que lleva a casa alguna que otra libra. No se le ve vagando por las calles y dando patadas a todo lo que ve hasta que se le salen de las botas los dedos de los pies: claro que no. Es un niño bueno que baila para su pobre madre.

Mamá moja una toalla vieja y me frota la cara hasta que me escuece, se envuelve el dedo con la toalla y me lo mete en los oídos y asegura que allí hay cera suficiente para cultivar patatas, me moja el pelo para que se alise, me dice que no sea quejica, que esas clases de baile le costarán seis peniques cada sábado, un dinero que yo podía haberme ganado llevando la comida a Bill Galvin y que bien sabía Dios que ella apenas se lo puede permitir.

—Ay, mamá —intento decirle—, no hace falta que me envíes a la academia de baile cuando podrías estarte fumando un buen Woodbine y tomándote una taza de té.

Pero ella dice:

—¡Qué listo eres! Vas a bailar aunque yo tenga que renunciar a los pitillos para siempre.

Si mis amigos me ven ir por la calle arrastrado por mi madre a una clase de danza irlandesa quedaré deshonrado para siempre. Opinan que está bien bailar fingiendo que uno es Fred Astaire, porque se puede saltar por toda la pantalla acompañado de Ginger Rogers. En la danza irlandesa no hay Ginger Rogers y no se pueden dar saltos de un lado a otro. Se pone uno firme con los brazos pegados al cuerpo y se dan patadas con las piernas para arriba y para los lados y no se sonríe nunca. Mi tío Pa Keating dice que a los bailarines irlandeses parece que les han metido una barra de acero por el culo, pero eso no se lo puedo decir a mamá: me mataría.

En casa de la señora O'Connor hay un gramófono que toca una jiga irlandesa o un *reel*, y hay niños y niñas que bailan dando patadas con las piernas y con los brazos pegados al cuerpo. La señora O'Connor es una mujer
gorda y grande, y cuando quita el disco para enseñar los pasos le tiembla toda
la grasa desde la barbilla hasta los tobillos, y yo me pregunto cómo puede enseñar a bailar. Se acerca a mi madre y dice:

—¿De manera que éste es el pequeño Frankie? Creo que aquí hay un
bailarín en ciernes. Niños, niñas, ¿no hay aquí un bailarín en ciernes?

—Sí, señora O'Connor.

—He traído los seis peniques, señora O'Connor —dice mamá.

—Ah, sí, señora McCourt, espere un momento.

Va contoneándose hasta una mesa y vuelve con la cabeza de un negrito que
tiene el pelo ensortijado, los ojos grandes, los labios rojos y enormes y la boca
abierta. Me dice que meta la moneda de seis peniques en la boca y que saque la
mano antes de que me muerda el negrito. Todos los niños y las niñas me miran
con sonrisitas. Dejo caer los seis peniques y aparto la mano antes de que se cierre la boca de golpe. Todos se ríen, y sé que querían verme con la mano atrapa-
da por la boca. La señora O'Connor jadea, se ríe y dice a mi madre:

—¿No es para troncharse de risa?

Mi madre dice que sí, que es para troncharse de risa. Me dice que me
porte bien y que vuelva a casa sabiendo bailar.

Yo no quiero quedarme en este sitio donde la señora O'Connor no es
capaz de tomar ella misma los seis peniques en vez de ponerme en peligro de
perder la mano en la boca del negrito. No quiero quedarme en ese sitio donde hay que ponerse en fila con los niños y las niñas, erguid la espalda, pegad
las manos a los costados, mirad al frente, no miréis abajo, moved los pies, moved los pies, mirad a Cyril, mirad a Cyril, y allí está Cyril, que lleva su *kilt* de
color azafrán y todas sus medallas que tintinean, medallas por esto y medallas
por lo otro, y todas las niñas quieren a Cyril y la señora O'Connor quiere a
Cyril, pues ¿acaso no fue él quien la llevó a la fama, y no fue ella quien le enseñó hasta el último paso que sabe?, vamos, baila, Cyril, baila, ay, Jesús, flota
por la habitación, es un ángel del cielo, y deja de fruncir el ceño, Frankie Mc-
Court, o se te va a quedar la cara como una libra de callos, baila, Frankie, baila, levanta los pies, por el amor de Dios, undostrescuatrocincoseissiete undostrés y undostrés, Maura, ¿quieres ayudar a ese Frankie McCourt antes de
que se le enreden los dos pies con la cabeza? Ayúdale, Maura.

Maura es una niña mayor, de unos diez años. Se acerca a mí bailando,
con sus dientes blancos y su vestido de bailarina lleno de figuras doradas,

amarillas y verdes que supuestamente se remontan a la antigüedad, y me dice «dame la mano, pequeño», y me hace girar por la habitación hasta que estoy mareado y quedando por idiota, sonrojándome y sintiéndome tonto hasta que me dan ganas de llorar, pero me salvo cuando acaba el disco y el gramófono hace «jus, jus».

—Ay, gracias, Maura —dice la señora O'Connor—, y la semana que viene, Cyril, puedes enseñar a Frankie algunos de los pasos que te han dado fama. Hasta la semana que viene, niños, y no olvidéis los seis peniques para el negrito.

Los niños y las niñas se marchan juntos. Yo bajo las escaleras solo y salgo solo por la puerta con la esperanza de que mis amigos no me vean acompañado de niños que llevan *kilts* y de niñas que tienen los dientes blancos y que llevan vestidos adornados de los viejos tiempos.

Mamá está tomando el té con Bridey Hannon, su amiga de la casa de al lado.

—¿Qué has aprendido? —dice mamá, y me hace bailar por la cocina, undostrescuatrocincoseissiete undostrés y undostrés. Se ríe a gusto con Bridey.

—No está mal para ser la primera clase. Dentro de un mes serás todo un Cyril Benson.

—Yo no quiero ser Cyril Benson. Quiero ser Fred Astaire.

Les da una risa histérica; con las carcajadas se les sale a chorros el té de la boca.

—Válgame Dios —dice Bridey—. Qué buen concepto tiene de sí mismo. Fred Astaire, ¿qué te parece?

Mamá dice que Fred Astaire iba a sus clases todos los sábados y que no se dedicaba a desgastar a patadas las punteras de sus botas, y que si quería ser como él tendría que ir a casa de la señora O'Connor todas las semanas.

El cuarto sábado por la mañana llama a nuestra puerta Billy Campbell.

—Señora McCourt, ¿puede salir Frankie a jugar con nosotros?

—No, Billy —le dice mamá—. Frankie va a su clase de baile.

Me espera al pie de la colina del Cuartel. Me pregunta por qué voy a bailar, me dice que todo el mundo sabe que bailar es cosa de mariquitas y que acabaré como Cyril Benson, con un *kilt* y lleno de medallas y bailando con niñas por todas partes. Me dice que antes de que me dé cuenta estaré sentado en la cocina haciendo calceta. Me dice que el baile me dejará inútil y que no podré practicar ningún deporte de balón, ni el fútbol, ni el rugby ni el mismísimo fútbol irlandés, porque el baile te enseña a correr como un mariquita y todos se reirán.

Le digo que he terminado con el baile, que llevo encima seis peniques que eran para meterlos en la boca del negrito de la señora O'Connor pero que en lugar de ello voy a ir al cine Lyric. Con seis peniques podremos entrar los dos y nos quedarán dos peniques para dos tabletas de *toffee* Cleeves, y lo pasamos en grande viendo *Jinetes de la pradera*.

Papá está sentado junto al fuego con mamá y me preguntan qué pasos he aprendido hoy y cómo se llaman. Ya les he enseñado *El asedio de Ennis* y *Las murallas de Limerick*, que son danzas de verdad. Ahora tengo que inventarme danzas y sus nombres. Mamá dice que no había oído hablar nunca de una danza que se llamase *El asedio de Dingle,* pero que si era eso lo que me habían enseñado, adelante, que lo bailase, y yo bailo por la cocina con los brazos pegados al costado inventándome la música, didli ay di ay di ay didli ay du yu du yu, mientras papá y mamá marcan el compás de mis pasos dando palmadas.

—*Och* —dice papá—, es una buena danza, y tú serás un gran bailarín irlandés, digno sucesor de los hombres que murieron por su patria.

—No ha sido gran cosa por seis peniques —dice mamá.

A la semana siguiente la película es de George Raft, y a la otra es una de vaqueros de George O'Brien. Después ponen una de James Cagney y no puedo invitar a Billy porque quiero comerme una tableta de chocolate con el *toffee* Cleeves, y cuando lo estoy pasando en grande siento de pronto un dolor terrible en la mandíbula y es que se me ha caído un diente de la encía porque se ha quedado pegado al *toffee*, y el dolor me está matando. Pero no puedo derrochar el *toffee*, de modo que aparto el diente, me lo meto en el bolsillo y mastico el *toffee* con el otro lado de la boca, con sangre y todo. Tengo dolor por un lado y *toffee* delicioso por el otro, y recuerdo lo que diría mi tío Pa Keating: «Hay veces en que uno no sabe si cagar o quedarse ciego».

Ahora tengo que volver a casa y que preocuparme, porque no se puede ir por el mundo con un diente de menos sin que se entere la madre de uno. Las madres lo saben todo, y ella siempre nos está mirando la boca para ver si tenemos algún tipo de enfermedad. Está allí, junto al fuego, y también está papá, y me hacen las preguntas de siempre, me preguntan qué danza he aprendido y cómo se llama. Yo les digo que he aprendido *Las murallas de Cork* y bailo por la cocina intentando tararear una melodía inventada y muriéndome del dolor del diente.

—*Las murallas de Cork*, y un cuerno, esa danza no existe —dice mamá, y papá me dice:

—Ven aquí. Ponte aquí, delante de mí. Dinos la verdad: ¿has ido hoy a la clase de baile?

Ya no puedo seguir diciendo mentiras porque el dolor de la encía me está matando y tengo sangre en la boca. Por otra parte, sé que lo saben todo, y ellos me lo están diciendo. Algún chico chivato de la academia de baile me vio entrar en el cine Lyric y lo contó, y la señora O'Connor envió una nota en la que decía que llevaba mucho tiempo sin verme y preguntaba si estaba enfermo, porque yo prometía mucho y podía seguir los pasos del gran Cyril Benson.

A papá no le importa lo de mi diente ni ninguna otra consideración. Dice que voy a confesarme y me lleva a rastras a la iglesia de los redentoristas, porque es sábado y confiesan durante todo el día. Me dice que soy un niño malo, que se avergüenza de mí por haber ido al cine en vez de aprender las danzas nacionales de Irlanda, la jiga, el *reel*, las danzas por las que lucharon y murieron los hombres y las mujeres durante todos esos siglos tristes. Dice que hubo muchos jóvenes que murieron ahorcados y que ahora yacen disueltos en un pozo de cal, a los que les gustaría levantarse y bailar la danza irlandesa.

El cura es viejo y yo tengo que decirle mis pecados a voces, y él me dice que soy un gamberro por haberme ido al cine en vez de ir a mis clases de baile, aunque él particularmente opina que el baile es peligroso, casi tan malo como el cine, que inspira pensamientos pecaminosos por sí mismos, pero dice que aunque el baile sea una abominación yo pequé por haberme quedado con los seis peniques de mi madre y por haber mentido, y que en el infierno hay un rincón ardiente para los que son como yo, reza un misterio del Rosario y pide perdón a Dios, porque estás bailando en las puertas del mismo infierno, niño.

Tengo siete años, ocho, nueve para cumplir diez, y papá sigue sin tener trabajo. Se toma el té por la mañana, firma el paro en la oficina de empleo, lee los periódicos en la biblioteca Carnegie, sale a darse sus largos paseos por el campo. Cuando encuentra trabajo en la Compañía de Cementos de Limerick o en la Fábrica de Harinas de Rank, lo pierde en la tercera semana. Lo pierde porque se va a las tabernas el tercer viernes del trabajo, se bebe todo el sueldo y falta a la media jornada de trabajo de la mañana del sábado.

—¿Por qué no puede ser como los otros hombres de los callejones de Limerick? —se pregunta mi madre—. Vuelven a casa antes de que toquen al Ángelus a las seis, entregan su sueldo, se cambian de camisa, se toman el té, piden unos cuantos chelines a su mujer y se marchan a la taberna a tomarse una pinta o dos.

Mamá dice a Bridey Hannon que papá no puede ser así y que no será así. Dice que es un puñetero imbécil total, que se dedica a ir a las tabernas y a invitar a otros hombres a tomar pintas, mientras sus propios hijos están en casa con la tripa pegada al espinazo por no haber comido como Dios manda. Presume ante todo el mundo de que hizo su parte por Irlanda cuando no era popular ni ventajoso hacerlo, de que morirá con gusto por Irlanda cuando llegue el momento, dice que lamenta tener sólo una vida que dar por este pobre país desventurado, y que si alguien no está de acuerdo puede salir a la calle con él para dejar resuelta la cuestión de una vez por todas.

—Ah, no —dice mamá—, todos están de acuerdo con él y nadie quiere salir a la calle de entre esa pandilla de gitanos, de traperos y de resentidos que andan por las tabernas. Le dicen que es una gran persona aunque sea del Norte, y que sería un honor para ellos aceptar una pinta de un patriota como él. Sabe Dios que no sé qué voy a hacer —sigue diciendo mamá a Bridey—. El paro son diecinueve chelines y seis peniques por semana, el alquiler son seis chelines y seis peniques, y después de pagarlo nos quedan trece chelines para dar de comer y de vestir a cinco personas y para calentarnos en el invierno.

Bridey da una calada a su Woodbine, se bebe el té y declara que Dios es bueno. Mamá dice que está segura de que Dios es bueno para alguien en alguna parte, pero que no se ha dejado caer últimamente por los callejones de Limerick.

—Ay, Ángela, puedes ir al infierno por decir una cosa así —dice Bridey, riéndose, y mamá responde:

—¿Es que no estoy ya en él, Bridey?

Y se ríen y se beben su té y se fuman sus Woodbines y se dicen la una a la otra que el pitillo es el único consuelo que tienen.

Lo es.

«Quigley el Preguntas» me dice que tengo que ir a la iglesia de los redentoristas el viernes a afiliarme a la división infantil de la Archicofradía. Hay que afiliarse. Uno no se puede negar. Todos los niños de los callejones y de las callejas cuyo padre está en paro o trabaja de obrero manual tienen que afiliarse.

—Tu padre es un forastero del Norte —dice «el Preguntas»—, y él no cuenta, pero tú tienes que afiliarte.

Todo el mundo sabe que Limerick es la ciudad más santa de Irlanda porque tiene la Archicofradía de la Sagrada Familia, que es la hermandad religiosa más grande del mundo. Cualquier ciudad puede tener una Cofradía, pero sólo la de Limerick es «archi».

Nuestra Cofradía llena la iglesia de los redentoristas cinco noches cada semana: tres noches para los hombres, una para las mujeres y una para los niños. Hay una Exposición y se entonan cánticos en inglés, en irlandés y en latín, y después viene lo mejor de todo, el sermón largo e intenso que hace célebres a los sacerdotes redentoristas. Es el sermón que salva a millones de chinos y otros paganos de acabar en el infierno con los protestantes.

«El Preguntas» dice que hay que afiliarse a la Cofradía para que la madre de uno pueda decirlo en la Conferencia de San Vicente de Paúl y sepan allí que eres un buen católico. Dice que su padre es un miembro leal y que así fue como consiguió un buen trabajo, con derecho a pensión, de limpiador de retretes en la estación de ferrocarril, y que cuando él sea mayor también conseguirá un buen trabajo, a no ser que se escape de su casa y se aliste en la Policía Montada del Canadá para poder cantar «Te llamaré, uh, uh, uh», como cantaba Nelson Eddy a Jeannette MacDonald mientras ésta expiraba de tisis en el sofá. Si me lleva a la Cofradía, el hombre de la oficina anotará su nombre en un gran libro, y algún día podrán ascenderlo a prefecto de una sección, que es lo que más desea en la vida después de llevar el uniforme de la Policía Montada.

Un prefecto es el jefe de una sección compuesta por treinta niños que viven en calles y en callejones próximos entre sí. Cada sección lleva el nombre de un santo, cuya imagen aparece pintada en un escudo que está en lo alto de una vara que se pone junto al asiento del prefecto. El prefecto y su ayudante observan las faltas de asistencia y nos vigilan para poder darnos un capón si nos reímos durante la Exposición o si cometemos cualquier otro sacrilegio. Si faltas una noche, el hombre de la oficina te pregunta por qué, te pregunta si te estás distanciando de la Cofradía, o puede decir al otro hombre de la oficina: «Creo que este amiguito nuestro ha aceptado la sopa». Esto es lo peor que se puede decir a cualquier católico de Limerick o de cualquier parte de Irlanda, por lo que pasó en la Gran Hambre. Si faltas dos veces, el hombre de la oficina te envía un papel amarillo, que es una citación para que te presentes y te expliques, y si faltas tres veces envía a la Patrulla, que son cinco o seis niños mayores de tu misma sección, que recorren las calles para asegurarse de que no te estás divirtiendo cuando deberías estar de rodillas en la Cofradía rezando por los chinos y por otras almas perdidas. La Patrulla va a tu casa y dice a tu madre que tu alma inmortal está en peligro. Algunas madres se preocupan, pero otras les dicen: «Largaos de esta puerta o salgo y os doy una buena coz a cada uno en el ojo del culo». Éstas no son buenas madres de cofrades, y el director dirá que debemos rezar por ellas para que comprendan lo equivocadas que están.

Lo peor de todo es recibir la visita del director de la Cofradía en persona, el padre Gorey. Se pone en lo más alto del callejón y ruge, con la voz que convirtió a millones de chinos:

—¿Dónde está la casa de Frank McCourt?

Ruge así aunque lleve tu dirección en el bolsillo y sepa muy bien dónde vives. Ruge porque quiere que todo el mundo sepa que te estás distanciando de la Cofradía y que estás poniendo en peligro tu alma inmortal. Las madres se quedan aterrorizadas y los padres susurran: «Di que no estoy, di que no estoy», y se aseguran de que vuelves a asistir a la Cofradía desde ese momento para que ellos no queden deshonrados y avergonzados por completo ante los vecinos, que murmurarán tapándose la boca con las manos.

«El Preguntas» me lleva a la sección de San Finbar, y el prefecto me dice:

—Siéntate allí y cállate.

Se llama Declan Collopy, tiene catorce años y tiene en la frente unos bultos que parecen cuernos. Tiene las cejas gruesas y pelirrojas, unidas en el centro y que le cuelgan sobre los ojos, y los brazos le llegan hasta las rodillas. Me dice que quiere conseguir que ésta sea la mejor sección de la Cofradía, y que si falto alguna vez, me partirá el culo y enviará los pedazos a mi madre. La falta no tiene excusa, porque hubo en otra sección un niño que se estaba muriendo, pero aun así lo trajeron en camilla.

—Si faltas alguna vez, más te vale que sea por defunción —dice—; no por defunción de un pariente, sino por la tuya. ¿Entendido?

—Sí, Declan.

Los niños de mi sección me dicen que los prefectos reciben recompensas cuando no tienen ninguna falta de asistencia. Declan quiere dejar la escuela en cuanto pueda y conseguir un trabajo de vendedor de linóleo en los almacenes Cannock de la calle Patrick. Su tío Foncey trabajó allí varios años vendiendo linóleo y ganó el dinero suficiente para abrir su propia tienda en Dublín, donde tiene a sus tres hijos de vendedores de linóleo. El padre Gorey, el director, puede conseguir con facilidad para Declan la recompensa de un empleo en los almacenes Cannock si él es un buen prefecto y no tiene ninguna falta de asistencia en su sección, y por eso Declan nos destrozará si faltamos.

—Nadie se interpondrá entre el linóleo y yo —nos dice.

Declan aprecia a «Quigley el Preguntas» y le permite faltar algún viernes por la noche porque «el Preguntas» le dijo:

—Declan, cuando sea mayor y me case voy a poner linóleo en toda mi casa y te lo compraré todo a ti.

Otros niños de la sección intentan este truco con Declan, pero él les dice:

—Que os den por culo; podréis daros por contentos de tener un orinal para mear, mucho menos metros de linóleo.

Papá dice que cuando tenía mi edad en Toome ayudó a misa durante varios años, y que ya es hora de que yo sea monaguillo.

—¿Cómo va a serlo? El niño no tiene ropa adecuada para ir a la escuela, cuánto menos para ayudar a misa —dice mamá, pero papá dice que la vestimenta de monaguillo me tapará la ropa, y ella dice que tampoco tenemos dinero para la vestimenta y para lavarla, pues hay que lavarla cada semana.

Él dice que Dios proveerá, y me hace arrodillarme en el suelo de la cocina. Él hace el papel del sacerdote, pues se sabe toda la misa de memoria, y yo tengo que aprenderme las respuestas. El dice *Introibo ad altare Dei* y yo tengo que decir *Ad Deum qui laetificat juventutem meam*.

Todas las noches, después de tomar el té, me arrodillo para practicar el latín y él no me deja moverme hasta que lo digo perfectamente. Mamá dice que podría dejarme que me sentara, al menos, pero él dice que el latín es sagrado y que debe aprenderse y recitarse de rodillas. Nadie verá al Papa sentado y tomándose un té mientras recita el latín.

El latín es difícil y yo tengo las rodillas irritadas y llenas de costras y me gustaría salir al callejón a jugar, aunque también me gustaría ser monaguillo y ayudar al sacerdote a vestirse en la sacristía, salir al altar ataviado con mi vestimenta roja y blanca como mi amigo Jimmy Clark, responder al sacerdote en latín, pasar el libro grande de un lado del tabernáculo al otro, verter agua y vino en el cáliz, verter agua en las manos del sacerdote, tocar la campanilla en la Consagración, arrodillarme, inclinarme, balancear el incensario en la Exposición, sentarme a un lado con las palmas de las manos en las rodillas, muy serio, mientras él pronuncia el sermón, y que todos los fieles de San José me miren y admiren mi manera de actuar.

Al cabo de quince días ya me sé de memoria la misa y ha llegado el momento de ir a San José a hablar con el sacristán, Stephen Carey, que se encarga de los monaguillos. Papá me limpia las botas, mamá me remienda los calcetines y echa al fuego otro trozo de carbón para calentar la plancha y plancharme la camisa. Hierve agua para restregarme la cabeza, el cuello, las manos, las rodillas y hasta el último centímetro cuadrado visible de mi piel. Me restriega hasta que me arde la piel, y dice a papá que no querría que el mundo pudiera decir que su hijo subió sucio al altar. Se lamenta de que yo tenga las rodillas llenas de costras porque estoy siempre corriendo, dando patadas a las latas y cayéndome, imaginándome que soy el mejor futbolista del mundo. Se lamenta de no tener en casa ni una gota de brillantina, pero dice que la saliva y el agua me alisarán el pelo e impedirán que se ponga de punta como la paja negra de un jergón. Me advierte que hable fuerte cuando esté en San José y que no murmure entre dientes, ni en inglés ni en latín.

—Es una gran pena que se te quedara pequeño el traje de Primera Comunión —dice—, pero no tienes nada de qué avergonzarte, vienes de buena casta, de los McCourt, de los Sheehan, o de la familia de mi madre, los Guilfoyle, que tenían muchos acres de tierra en el condado de Limerick hasta que los ingleses se los quitaron y se los dieron a bandoleros de Londres.

Papá me lleva de la mano por las calles y la gente se vuelve para mirarnos porque vamos intercambiando frases en latín. Llama a la puerta de la sacristía y dice a Stephen Carey:

—Éste es mi hijo Frank, que se sabe el latín y que está preparado para ser monaguillo.

Stephen Carey le dirige una mirada y después me mira a mí.

—No tenemos sitio para él —dice, y cierra la puerta.

Papá sigue llevándome de la mano, y me la aprieta hasta que me duele y me dan ganas de gritar. Por el camino de vuelta a casa no dice nada. Se quita la gorra, se sienta junto al fuego y enciende un Woodbine. Mamá también está fumando.

—¿Qué hay? —pregunta ella— ¿Va a ser monaguillo?

—No hay sitio para él.

—Ah —dice ella, y da una calada a su Woodbine—. Te diré lo que pasa. Es la diferencia de clases. No quieren que suban al altar niños de los callejones. No quieren a los que tienen las rodillas llenas de costras y el pelo de punta. Ah, no, quieren a los niños bonitos que llevan brillantina y zapatos nuevos, cuyos padres llevan traje y corbata y tienen trabajo fijo. Eso es lo que pasa, y es difícil seguir fieles a la Fe con tanto clasismo como tienen dentro.

—*Och*, sí.

—Oh, *och*, sí, y una mierda. Nunca dices otra cosa. Puedes ir a hablar con el cura y a decirle que tienes un hijo con la cabeza llena de latín y que por qué no puede ser monaguillo, y que qué va a hacer con todo ese latín.

—*Och*, puede llegar a sacerdote de mayor.

Yo pregunto a papá si puedo salir a jugar.

—Sí —dice—, sal a jugar.

—Ya da lo mismo —dice mamá.

VI

El señor O'Neill es el maestro del cuarto curso de la escuela. Lo llamamos
«Puntito» porque es pequeño como un punto. Nos da clase en la única aula
donde hay tarima, porque así puede estar más alto que nosotros, amenazar-
nos con su palmeta de fresno y pelar su manzana a la vista de todos. El primer día del curso, en septiembre, escribe en la pizarra tres palabras que ha-
brán de seguir allí el resto del curso: Euclides, geometría, idiota. Dice que si
pilla a algún niño tocando esas palabras, ese niño pasará el resto de su vida
con una mano sola. Dice que cualquiera que no entienda los teoremas de
Euclides es idiota. «Bien, repetid: Cualquiera que no entienda los teoremas
de Euclides, es idiota». Naturalmente, todos sabemos lo que es un idiota, pues
los maestros nos dicen constantemente que lo somos.

Brendan Quigley levanta la mano.

—Señor, ¿qué es un teorema y qué es un Euclides?

Esperamos que «Puntito» fustigue a Brendan como hacen todos los maestros cuando se les hace una pregunta, pero él mira a Brendan con una sonrisita.

—Y bien, he aquí un niño que no tiene una sola pregunta, sino dos.
¿Cómo te llamas, niño?

—Brendan Quigley, señor.

—Éste es un niño que llegará lejos. ¿Dónde llegará, niños?

—Lejos, señor.

—Desde luego que sí. El niño que quiere saber algo de la gracia, de la elegancia y de la belleza de Euclides no puede menos de subir en la vida. ¿Qué hará en la vida este niño sin falta, niños?

—Subir, señor.

—Sin Euclides, niños, las matemáticas serían una cosa mezquina e insegura. Sin Euclides no seríamos capaces de ir de aquí a allí. Sin Euclides, la bicicleta no tendría ruedas. Sin Euclides, San José no podría haber sido carpintero, pues la carpintería es geometría y la geometría es carpintería. Sin Euclides, esta escuela misma no podría haber sido construida.

—Jodido Euclides —murmura detrás de mí Paddy Clohessy.

«Puntito» le dice con voz cortante:

—Tú, niño: ¿cómo te llamas?

—Clohessy, señor.

—Ah, el niño vuela con un ala. ¿Cuál es tu nombre de pila?

—Paddy.

—Paddy, ¿y qué más?

—Paddy, señor.

—Y ¿qué decías a McCourt, Paddy?

—Le decía que debíamos ponernos de rodillas y dar gracias a Dios de que haya existido Euclides.

—Ya lo creo, Clohessy. Veo la mentira podrida en tus labios. ¿Qué veo, niños?

—La mentira, señor.

—¿Y cómo está la mentira, niños?

—Podrida, señor.

—¿Dónde, niños, dónde?

—En sus labios, señor.

—Euclides era griego, niños. ¿Qué es un griego, Clohessy?

—Una especie de extranjero, señor.

—Clohessy, eres retrasado mental. Y bien, Brendan, sin duda tú debes de saber lo que es un griego, ¿no?

—Sí, señor. Euclides era griego.

«Puntito» le dirige la sonrisita. Dice a Clohessy que debe imitar el modelo de Quigley, que sabe lo que es un griego. Traza dos líneas, una junto a otra, y nos dice que son líneas paralelas, y que lo mágico y lo misterioso es que no se encuentran nunca, aunque se prolonguen hasta el infinito, aunque se prolonguen hasta los hombros de Dios, y eso, niños, está muy lejos, aunque ahora hay un judío alemán que está poniendo todo el mundo patas arriba con sus ideas sobre las líneas paralelas.

Escuchamos a «Puntito» y nos preguntamos qué tiene que ver todo esto con el estado del mundo, con que los alemanes lo invadan todo y bombardeen todo lo que se tiene en pie. No podemos preguntárselo nosotros, pero podemos hacer que Brendan Quigley se lo pregunte. Está claro que Brendan es el ojito derecho del maestro, y eso significa que puede hacerle las preguntas que quiera. A la salida de la escuela decimos a Brendan que tiene que hacerle al día siguiente esta pregunta: ¿De qué sirven Euclides y todas esas líneas que siguen hasta el infinito cuando los alemanes lo están bombardeando todo? Brendan dice que no quiere ser el ojito derecho del maestro, que no quiso serlo, y que no quiere hacerle la pregunta. Tiene miedo de que «Puntito» le pegue si le hace esa pregunta. Nosotros le decimos que si no se la hace seremos nosotros quienes le pegaremos.

Al día siguiente, Brendan levanta la mano. «Puntito» le dirige la sonrisita.

Señor, ¿de qué sirven Euclides y todas las líneas cuando los alemanes están bombardeando todo lo que se tiene en pie?

La sonrisita ha desaparecido.

—Ay, Brendan. Ay, Quigley. Ay, niños, ay, niños.

Deja la vara en la mesa y se pone de pie en la tarima con los ojos cerrados.

—¿De qué sirve Euclides...? —dice—. ¿De qué sirve? Sin Euclides, el Messerschmitt jamás se habría podido remontar en el cielo. Sin Euclides, el Spitfire no podría volar de nube en nube. Euclides nos aporta gracia, belleza y elegancia. ¿Qué nos aporta, niños?

—Gracia, señor.

—¿Y...?

—Belleza, señor.

—¿Y...?

—Elegancia, señor.

Euclides es completo en sí mismo y divino en su aplicación. ¿Lo entendéis, niños?

—Sí, señor.

—Lo dudo, niños, lo dudo. Amar a Euclides significa estar solo en este mundo.

Abre los ojos, da un suspiro, y se nota que tiene los ojos un poco húmedos.

Aquel día, cuando Paddy Clohessy sale de la escuela lo detiene el señor O'Dea, maestro del quinto curso. El señor O'Dea le dice:

—Tú, ¿cómo te llamas?

—Clohessy, señor.

—¿En qué curso estás?

—En cuarto curso, señor.

—Y dime, Clohessy, ese maestro que tenéis ¿os está hablando de Euclides?

—Sí, señor.

—¿Y qué os dice?

—Dice que es griego.

—Claro que lo es, pedazo de *omadhaun*. ¿Qué más dice?

—Dice que sin Euclides no habría escuela.

—Ah. ¿Y dibuja algo en la pizarra?

—Dibuja unas líneas, una al lado de otra, que no se encontrarán nunca aunque caigan en los hombros de Dios.

—Madre de Dios.

—No, señor. En los hombros de Dios.

—Ya lo sé, idiota. Vete a casa.

Al día siguiente se oye un ruido fuerte en la puerta de nuestra aula, y es el señor O'Dea, que está gritando:

—¡Sal aquí, O'Neill, farsante, poltrón!

Lo oímos todo porque el cristal del montante de la puerta está roto.

El nuevo director, el señor O'Halloran, dice:

—Vamos, vamos, señor O'Dea. Contrólese. No discutamos delante de nuestros alumnos.

—Entonces, señor O'Halloran, dígale que deje de enseñar geometría. La geometría es para el quinto curso, no para el cuarto. La geometría es mía. Dígale que les enseñe la división de varios guarismos y que me deje a Euclides a mí. La división de varios guarismos ya lo llevará al límite de su capacidad mental, bien lo sabe Dios. No quiero que las mentes de estos niños queden destruidas por ese farsante subido a la tarima, que reparte pieles de manzana y provoca diarreas a diestro y siniestro. Dígale que Euclides es mío, señor O'Halloran, o tendré que pararle yo los pies.

El señor O'Halloran dice al señor O'Dea que vuelva a su aula y pide al señor O'Neill que salga al pasillo.

—Y bien, señor O'Neill —dice el señor O'Halloran—, ya le he pedido antes que dejase en paz a Euclides.

—Me lo ha pedido, señor O'Halloran, pero es como si me pidiese que dejase de comerme mi manzana de todos los días.

—Tengo que insistirle, señor O'Neill. Basta de Euclides.

El señor O'Neill vuelve a la sala y tiene los ojos húmedos de nuevo. Dice que las cosas han cambiado poco desde los tiempos de los griegos, pues los bárbaros están dentro de las puertas y sus nombres son legión. ¿Qué es lo que ha cambiado desde los tiempos de los griegos, niños?

Es un tormento ver al señor O'Neill pelar la manzana todos los días, ver lo larga que es la peladura, roja o verde, y si estás cerca de él captar con la nariz su frescura. Si eres el niño bueno de ese día y respondes a las preguntas te la da y te la deja comer allí mismo, sentado en tu pupitre, para que te la puedas comer en paz sin que nadie te moleste, como te molestarían si te la llevaras al patio. En ese caso te atormentarían: «Dame un trozo, dame un trozo», y tendrías suerte de quedarte con dos dedos de peladura para ti.

Hay días en que las preguntas son demasiado difíciles, y él nos atormenta dejando caer la peladura de la manzana en la papelera. Después, pide a un niño de otra clase que se lleve la papelera al horno, para quemar los papeles y la peladura, o la deja para que la asistenta, Nellie Ahearn, se la lleve en su gran saco de lona. Nos gustaría pedir a Nellie que nos guardase la piel antes de que se la comieran las ratas, pero está cansada de limpiar toda la escuela ella sola y nos contesta con voz cortante:

—Tengo otras cosas que hacer con mi vida que aguantar a un montón de niños llenos de costras que escarban en la basura por una piel de manzana. Largaos.

El señor O'Neill pela la manzana despacio. Recorre la habitación con la vista mientras exhibe su sonrisita. Nos hace sufrir:

—¿Creéis, niños, que debo dar esto a las palomas que están en el alféizar?

—No, señor —decimos nosotros—, las palomas no comen manzanas.

—Les dará diarrea, señor —dice Paddy Clohessy en voz alta—, y nos cagarán en la cabeza en el patio.

—Clohessy, eres un *omadhaun*. ¿Sabes lo que es un *omadhaun*?

—No, señor.

—Es irlandés, Clohessy, la lengua de tu patria, Clohessy. Un *omadhaun* es un necio, Clohessy. Eres un *omadhaun*. ¿Qué es, niños?

—Un *omadhaun*, señor.

—Eso fue lo que me llamó el señor O'Dea, señor, pedazo de *omadhaun*.

Mientras pela la manzana hace pausas para formularnos preguntas sobre todo tipo de cosas, y el que le responde mejor es el que gana.

—Levantad la mano —dice—. ¿Cómo se llama el Presidente de los Estados Unidos de América?

Todas las manos de la clase se levantan y a todos nos fastidia que haya hecho una pregunta que sabría cualquier *omadhaun*. Respondemos a coro: «Roosevelt». Él dice después:

—Tú, Mulcahy, ¿quién estaba al pie de la cruz cuando fue crucificado Nuestro Señor?

Mulcahy tarda en contestar.

—Los doce apóstoles, señor.

—Mulcahy, ¿cómo se dice necio en irlandés?

—*Omadhaun*, señor.

—¿Y qué eres tú, Mulcahy?

—Un *omadhaun*, señor.

Fintan Slattery levanta la mano.

—Yo sé quién estaba al pie de la cruz, señor.

Claro que Fintan sabe quién estaba al pie de la cruz. ¿Cómo no va a saberlo? Siempre está yendo a misa con su madre, que es célebre por su santidad. Es tan santa que su marido se marchó al Canadá a cortar árboles, contento de haberse marchado sin que se volvieran a tener noticias suyas. Fintan y ella rezan todas las noches el rosario de rodillas en la cocina y leen revistas religiosas de todo tipo: *El Pequeño Mensajero del Sagrado Corazón, La Linterna, El Lejano Oriente*, así como todos los libritos que publica la Sociedad de la Verdad Católica. Van a misa y a comulgar aunque llueva a mares, y se confiesan todos los sábados con los jesuitas, que tienen fama de interesarse por los pecados inteligentes, no por los pecados corrientes que cuenta la gente que vive en los callejones, que tienen fama de emborracharse y a veces comer carne los viernes para que no se ponga mala, y encima blasfemar. Fintan y su madre viven en la calle Catherine, y los vecinos de la señora Slattery la llaman «la señora Ofrécelo», porque pase lo que pase, que se rompa una pierna, que se le derrame una taza de té, que su marido desaparezca, dice:

—Bueno, se lo ofreceré a Dios y así tendré muchísimas indulgencias para subir al cielo.

Fintan es igual. Si le pegas un empujón en el patio o lo insultas, te sonríe y te dice que rezará por ti y que se lo ofrecerá a Dios por su alma y por la tuya. Los niños de la Escuela Leamy no quieren que Fintan rece por ellos, y le amenazan con darle un buen puntapié en el culo si lo pillan rezando por ellos. Él dice que de mayor quiere ser santo, lo que es ridículo, porque nadie puede ser santo hasta después de muerto. Dice que nuestros nietos rezarán a su imagen. Un chico mayor dice que sus nietos se mearán en su imagen, y Fintan se limita a sonreír. Su hermana huyó a Inglaterra cuando tenía diecisiete años, y todo el mundo sabe que él se pone la blusa de ella en casa y que se riza el pelo con tenacillas calientes los sábados por la noche para estar monísimo en la misa del domingo. Si te lo encuentras cuando va a misa, te dice:

—¿A que tengo el pelo monísimo, Frankie?

Le encanta esa palabra, monísimo, y ningún otro niño la quiere pronunciar nunca.

Claro que sabe quién estaba al pie de la cruz. Seguramente sabe también qué ropa llevaban y qué habían desayunado, y ahora está diciendo a «Puntito» O'Neill que fueron las Tres Marías.

«Puntito» dice:

Ven aquí, Fintan, y recoge tu recompensa.

Tarda bastante tiempo en subir a la tarima, y no damos crédito a nuestros ojos cuando saca una navajita para cortar la peladura de manzana en trocitos para poder comérselos uno a uno y no meterse todo en la boca de una vez como hacemos los demás cuando ganamos. Levanta la mano.

—Señor, quisiera regalar parte de mi manzana.

—¿De tu manzana, Fintan? No, claro que no. No tienes la manzana, Fintan. Tienes la peladura, nada más que la piel. No has alcanzado ni alcanzarás nunca una altura tan vertiginosa como para gozar de la manzana propiamente dicha. De mi manzana no, Fintan. Y bien, ¿te he oído decir que quieres regalar parte de tu recompensa?

—Sí, señor. Quisiera darles tres trozos a Quigley, a Clohessy y a McCourt.

—¿Por qué, Fintan?

—Son amigos míos, señor.

Todos los niños del aula se están burlando y se dan codazos, y a mí me da vergüenza porque me dirán que me rizo el pelo y me atormentarán en el patio. ¿Y por qué creerá éste que soy amigo suyo? Si me dicen que me pongo la blusa de mi hermana, no servirá de nada que les diga que no tengo hermana, porque me dirán que si la tuviera me pondría su blusa. En el patio es inútil decir nada, porque siempre salta alguno con una salida, y no se puede hacer nada más que darle un puñetazo en la nariz, y si tuvieras que dar puñetazos a todos los que tienen una salida tendrías que estar dando puñetazos mañana, tarde y noche.

Quigley recibe el trozo de piel de Fintan.

—Gracias, Fintan.

Toda la clase mira a Clohessy porque es el más grande y el más duro, y si él da las gracias yo daré las gracias también.

—Muchas gracias, Fintan —dice, y se sonroja, y yo digo:

—Muchas gracias, Fintan.

Intento no sonrojarme, pero no lo consigo, y todos los niños se burlan de nuevo y a mí me dan ganas de pegarme con ellos.

Después de clase, los niños dicen a Fintan a gritos:

—Oye, Fintan, ¿te vas a tu casa a rizarte ese pelo tan monísimo?

Fintan se sonríe y sube los escalones del patio de la escuela. Un chico mayor del séptimo curso dice a Paddy Clohessy:

—Supongo que tú te rizarías el pelo también si no fueras un pelón con la cabeza afeitada.

—Cállate —dice Paddy, y el chico dice:

—¿Ah, sí? ¿Y quién va a hacerme callar?

Paddy intenta darle un puñetazo, pero el chico mayor le pega en la nariz y lo derriba, y le sale sangre. Yo intento pegar al chico mayor, pero él me agarra por la garganta y me golpea la cabeza contra la pared hasta que veo luces y puntos negros. Paddy se aleja sujetándose la nariz y llorando, y el chico grande me empuja hacia él. Fintan está en la calle y nos dice:

—Ay, Francis, Francis; ay, Patrick, Patrick, ¿qué os pasa? ¿Por qué lloras, Patrick?

Y Paddy dice:

—Tengo hambre. No puedo pegarme con nadie porque estoy enclenque de hambre y me caigo, y me da vergüenza.

—Ven conmigo, Patrick. Mi madre nos dará algo —dice Fintan, y Paddy dice:

—Ay, no, me sangra la nariz.

—No te preocupes. Ella te pondrá algo en la nariz o una llave en la nuca. Ven tú también, Francis. Siempre tienes cara de hambre.

—Ay, no, Fintan.

—Ay, por favor, Francis.

—Está bien, Fintan.

El piso de Fintan es como una capilla. Hay dos cuadros, uno del Sagrado Corazón de Jesús y otro del Inmaculado Corazón de María. Jesús nos muestra Su corazón con la corona de espinas, el fuego, la sangre. Tiene la cabeza inclinada a la izquierda para mostrar Su gran dolor. La Virgen María muestra su corazón, que sería un corazón agradable si no tuviese esa corona de espinas. Tiene la cabeza inclinada a la derecha para mostrar su dolor, pues sabe que su Hijo acabará mal.

En otra pared hay otro cuadro que representa a un hombre que lleva una túnica parda y que está cubierto de pájaros.

—¿Sabes quién es ése, Francis? —dice Fintan—. ¿No? Es tu santo patrono, San Francisco de Asís, ¿y sabes qué día es hoy?

—Cuatro de octubre.

—Eso es, y es el día de San Francisco de Asís, un día especial para ti porque puedes pedir a San Francisco lo que quieras y no cabe duda de que te lo concederá. Por eso he querido que vinieses hoy. Siéntate, Patrick, siéntate, Francis.

La señora Slattery entra con el rosario en la mano. Se alegra mucho de conocer a los nuevos amigos de Fintan y nos pregunta si queremos un emparedado de queso. «Y cómo tienes la nariz, Patrick». Le toca la nariz con la cruz de su rosario y reza una breve oración. Nos dice que este rosario fue bendecido por el Papa en persona y que podría secar un río si hiciera falta, cuánto más la sangre de la nariz del pobre Patrick.

Fintan dice que él no se tomará un emparedado porque está ayunando y rezando por el chico que nos pegó a Paddy y a mí. La señora Slattery le da un beso en la cabeza y le dice que es un santo del cielo, y nos pregunta si queremos mostaza en los emparedados, y yo le digo que no había visto nunca poner mostaza en el queso y que me encantaría.

—Yo no lo sé, no me he comido un emparedado en la vida —dice Paddy, y todos nos reímos y yo me pregunto cómo se pueden vivir diez años como Paddy sin haberse comido nunca un emparedado. Paddy también se ríe y se le ven los dientes, que son blancos, negros y verdes.

Nos comemos el emparedado y tomamos té, y Paddy pregunta dónde está el retrete. Fintan lo lleva a través del dormitorio hasta el patio trasero, y cuando vuelven Paddy dice:

—Tengo que irme a casa. Mi madre me va a matar. Te espero fuera, Frankie.

Ahora soy yo el que tengo que ir al retrete, y Fintan me acompaña al patio trasero.

—Yo también tengo ganas —dice, y cuando me desabrocho la bragueta no soy capaz de mear porque él me está mirando, y me dice—: Estabas de broma. No tienes ganas para nada. Me gusta mirarte, Francis, eso es todo. No quiero cometer ningún pecado ahora que vamos a hacer la Confirmación el año que viene.

Paddy y yo nos marchamos juntos. Yo estoy a punto de reventar y me escondo detrás de un garaje para mear. Paddy me espera, y mientras caminamos por la calle Hartstonge me dice:

—Ha sido un emparedado muy fuerte, Frankie, y su madre y él son muy santos, pero no quisiera volver más al piso de Fintan, porque él es muy raro, ¿verdad, Frankie?

—Sí que lo es, Paddy.

—Esa manera que tiene de mirártela cuando te la sacas, es rara, ¿verdad, Frankie?

—Lo es, Paddy.

Algunos días más tarde Paddy me susurra:

—Fintan Slattery ha dicho que podíamos ir a su piso a la hora de la comida. Su madre no estará, y le deja preparada la comida. Puede que nos dé algo, y tiene una leche muy rica. ¿Vamos?

Fintan se sienta a dos filas de nosotros. Sabe lo que me está diciendo Paddy y sube y baja las cejas como diciendo: «¿Vendréis?». Contesto que sí a Paddy en un susurro, y él asiente con la cabeza a Fintan, y el maestro nos dice a voces que dejemos de sacudir las cejas y los labios, o la palmeta de fresno cantará en nuestros traseros.

Los niños del patio nos ven marcharnos y hacen comentarios:

—Ay, Dios, mirad a Fintan con sus secuaces rinconeros.

—¿Qué es un secuaz rinconero, Fintan? —dice Paddy, y Fintan le dice que no es más que un niño de épocas antiguas que se sentaba en un rincón, eso es todo. Nos invita a sentarnos junto a la mesa de su cocina y nos deja leer sus historietas si queremos, el *Film Fun*, el *Beano*, el *Dandy*, o las revistas religiosas, o las revistas de historias de amor de su madre, el *Miracle* y el *Oracle*, que siempre traen historias de muchachas que trabajan en fábricas, que son pobres pero hermosas, y que se enamoran de hijos de condes y ellos de ellas, y la muchacha que trabaja en la fábrica acaba tirándose al Támesis, desesperada, pero entonces la rescata un carpintero que pasa por allí, que es pobre pero honrado y que amará a la muchacha que trabaja en la fábrica por su propia persona humilde, aunque luego resulta que el carpintero que pasaba por allí es en realidad hijo de un duque, que es mucho más que conde, de manera que la muchacha pobre de la fábrica se convierte en duquesa y puede mirar por encima del hombro al conde que la despreció, porque ella es feliz cuidando sus rosas en su finca de doce mil acres en Shropshire y colmando de atenciones a su pobre y anciana madre, que se niega a dejar su humilde casita de campo por todo el dinero del mundo.

—No quiero leer nada —dice Paddy—; todos esos cuentos son un camelo.

Fintan quita el paño que cubre su emparedado y su vaso de leche. La leche tiene un aspecto cremoso, fresco y delicioso, y el pan del emparedado es casi tan blanco como la leche.

—¿Es un emparedado de jamón? —pregunta Paddy, y Fintan dice que sí.

—Ese emparedado tiene muy buena cara —dice Paddy—, ¿tiene mostaza?

Fintan asiente con la cabeza y parte el emparedado en dos. Le sale la mostaza. Se chupa los dedos y se bebe un buen trago de leche. Vuelve a cortar el emparedado en cuartos, en octavos, en dieciseisavos, toma *El Pequeño Mensajero del Corazón de Jesús* del montón de revistas y lee mientras se come los trozos de emparedado y se bebe la leche, y Paddy y yo lo miramos, y sé que Paddy se está preguntando qué demonios hacemos aquí, porque eso mismo es lo que me estoy preguntando yo, mientras espero que Fintan nos ofrezca el plato, pero no lo hace, se termina la leche, deja trozos de emparedado en el plato, lo cubre con el paño y se limpia los labios con sus modales delicados, baja la cabeza, se santigua y bendice la mesa después de la comida y, «Dios, llegamos tarde a la escuela», y vuelve a santiguarse a la salida con agua bendita de la pequeña pila de porcelana que está colgada junto a la puerta con la pequeña imagen de la Virgen María que muestra su corazón y lo señala con dos dedos como si no fuésemos capaces de encontrarlo nosotros solos.

Es demasiado tarde para que Paddy y yo lleguemos corriendo y que Nellie Ahearn nos dé el bollo y la leche, y ahora no sé cómo voy a aguantar desde ahora hasta que pueda volver corriendo a casa después de clase y comerme un trozo de pan. Paddy se detiene ante la puerta de la escuela.

—No puedo entrar aquí cayéndome de hambre. Me quedaría dormido, y «Puntito» me mataría —dice.

Fintan está nervioso.

—Vamos, vamos, que llegamos tarde. Vamos, Francis, date prisa.

—No voy a entrar, Fintan. Tú has comido. Nosotros no.

Paddy explota:

—Eres un jodido farsante, Fintan. Eso es lo que eres, y un jodido resentido, con tu jodido emparedado y tu jodido Sagrado Corazón de Jesús colgado en la pared y tu jodida agua bendita. Me puedes besar el culo, Fintan.

—Ay, Patrick.

—Ay, Patrick, y una mierda jodida, Fintan. Vámonos, Frankie.

Fintan entra corriendo en la escuela y Paddy y yo vamos hasta un huerto de frutales en Ballinacurra. Escalamos un muro y nos ataca un perro fiero hasta que Paddy le habla y le dice que es un perro bueno y que tenemos hambre y que se vaya a casa con su madre. El perro lame la cara a Paddy y se marcha trotando y meneando la cola, y Paddy se queda muy satisfecho de sí mismo. Nos llenamos las camisas de manzanas hasta que apenas podemos volver a escalar el muro, atravesamos corriendo un prado largo y nos sentamos junto a un seto a comernos las manzanas hasta que ya no podemos tragar un bocado más, y metemos las caras en un arroyo para beber el agua fresca y deliciosa. Después vamos corriendo a lados opuestos de una zanja para cagar y nos limpiamos con hierba y con hojas anchas. Paddy está agachado y dice:

—No hay nada en el mundo como darse un atracón de manzanas, beberse un buen trago de agua y cagar a gusto. Es mejor que cualquier emparedado de queso con mostaza, y «Puntito» O'Neill puede meterse su manzana por el culo.

En un prado hay tres vacas que asoman la cabeza por encima de un muro de piedra y nos mugen.

—Jesús, es la hora del ordeño —dice Paddy, y salta la pared y se tumba bajo una vaca, con las grandes ubres colgando sobre su cara. Tira de una ubre y se echa un chorro de leche en la boca. Deja de echar leche y dice:

—Vamos, Frankie, leche fresca. Está riquísima. Métete debajo de esa otra vaca, todas están listas para ordeñarlas.

Me meto bajo la vaca y tiro de una ubre, pero ella tira coces y se mueve, y estoy seguro de que va a matarme. Paddy se acerca y me enseña a hacerlo, hay que tirar con fuerza y recto y la leche sale en un fuerte chorro. Los dos nos tendemos bajo una misma vaca y lo estamos pasando en grande llenándonos de leche, pero entonces se oye un rugido y hay un hombre con un palo que viene corriendo hacia nosotros por el prado. Saltamos el muro rápidamente y él no puede seguirnos porque lleva botas de goma. Se queda en la pared y nos amenaza blandiendo el palo y grita que como nos coja alguna vez nos va a meter toda la bota por el culo, y nosotros nos reímos porque estamos fuera de peligro y yo me pregunto por qué tiene que pasar nadie hambre en un mundo lleno de leche y de manzanas.

Aunque Paddy diga que «Puntito» se puede meter la manzana por el culo, yo no quiero pasarme toda la vida robando fruta y ordeñando vacas, y siempre intentaré ganarme la peladura de manzana de «Puntito» para poder ir a casa y decir a papá que respondí a las preguntas difíciles.

Volvemos atravesando Ballinacurra a pie. Llueve y caen rayos, y corremos, pero a mí me resulta difícil correr con el aleteo de la suela de mi zapato que amenaza con hacerme tropezar. Paddy es capaz de correr cuanto quiera con sus largos pies descalzos, y se les oye azotar la calzada. Tengo empapados los zapatos y los calcetines, que hacen un ruido particular, chis, chis. Paddy lo advierte y componemos una canción con los ruidos de los dos, plas, plas, chis, chis, plas chis, chis plas. Nos reímos tanto con nuestra canción que tenemos que sujetarnos el uno al otro. La lluvia arrecia y sabemos que no podemos meternos bajo un árbol o nos podemos quedar fritos del todo, de modo que nos refugiamos en un portal, y al cabo de un momento abre la puerta una criada grande y gorda que lleva un sombrerito blanco y un vestido negro con un delantalito blanco y nos dice que nos larguemos de esa puerta y que somos una vergüenza. Nos vamos corriendo del portal y Paddy le grita: «Vaquilla de Mullingar, carne de pies a cabeza», y se ríe hasta que se atraganta y tiene que apoyarse en una pared por lo débil que está. Ya es inútil que nos resguardemos de la lluvia, estamos empapados, de modo que bajamos sin prisas por la avenida O'Connell. Paddy dice que aprendió aquello de la vaquilla de Mullingar de su tío Peter, el que estuvo en la India en el ejército inglés, y que tienen una foto suya con un grupo de soldados con sus cascos, sus fusiles y sus cananas en bandolera, y salen también unos hombres oscuros de uniforme que son hindúes leales al rey. El tío Peter lo pasó muy bien en un sitio que se llama Cachemira, que es más bonito que ese Killarney del que siempre están presumiendo y cantando canciones. Paddy vuelve a hablar de que quiere escaparse y acabar en la India, en una tienda de seda con la chica del punto rojo, con el *curry* y los higos, y me está dando hambre a pesar de que estoy lleno de manzanas y de leche.

La lluvia escampa y pasan sobre nuestras cabezas aves que graznan. Paddy dice que son patos o gansos, o algo así, que van al África, donde se está a gusto y hace calor. Las aves tienen más sentido común que los irlandeses. Vienen al Shannon de vacaciones y después vuelven a los sitios cálidos, quizás incluso a la India. Dice que me escribirá una carta cuando esté allí y que yo podré ir a la India y tener mi propia chica con un punto rojo.

—¿Para qué es el punto, Paddy?

—Quiere decir que son de primera, de categoría.

—Pero, Paddy, ¿se hablaría contigo la gente de categoría de la India si supieran que vienes de un callejón de Limerick y que no tenías zapatos?

—Claro que sí, pero los ingleses de categoría no. Los ingleses de categoría no te darían ni el vapor que echan al mear.

—¿Ni el vapor que echan al mear? Por Dios, Paddy, ¿se te ha ocurrido eso a ti?

—No, no, eso es lo que dice mi padre allí abajo, en la cama, cuando está tosiendo y escupiendo y echando la culpa de todo a los ingleses.

Y yo pienso «ni el vapor que echan al mear», esto me lo guardo. Iré por Limerick diciendo «ni el vapor que echan al mear, ni el vapor que echan al mear», y cuando llegue a América algún día seré el único que lo sepa decir.

«Quigley el Preguntas» llega hacia nosotros haciendo eses en una bicicleta grande de mujer y me grita:

—Oye, Frankie McCourt, te van a matar. «Puntito» O'Neill ha enviado a tu casa una nota diciendo que no volviste a la escuela después de comer, que hiciste novillos con Paddy Clohessy. Tu madre te va a matar. Tu padre ha salido a buscarte, y también él te va a matar.

Ay, Dios, me siento frío y vacío y pienso que ojalá estuviera en la India, donde se está a gusto y hace calor y no hay escuela, y mi padre no podría encontrarme nunca para matarme.

—No ha hecho novillos, y yo tampoco —dice Paddy «el Preguntas»—. Fintan Slattery nos mató de hambre y llegamos tarde al bollo y la leche.

Después, Paddy me dice:

—No te preocupes por ellos, Frankie, todo es un camelo. Siempre están enviando notas a nuestra casa, y nosotros nos limpiamos el culo con ellas.

Mi madre y mi padre no se limpiarían nunca el culo con una nota del maestro, y ahora me da miedo volver a casa. «El Preguntas» se marcha en la bicicleta, riéndose, y yo no sé por qué, porque él se escapó de casa una vez y durmió en una zanja con cuatro cabras, y eso es peor que hacer novillos medio día, se mire como se mire.

Yo podría subir ahora por la colina del Cuartel y volver a casa y pedir perdón a mis padres por haber hecho novillos y decirles que lo hice por hambre, pero Paddy me dice:

—Vamos a bajar por la carretera del Muelle y a tirar piedras al Shannon.

Tiramos piedras al río y nos columpiamos en las cadenas de hierro que hay a lo largo de la ribera. Se hace oscuro y no sé dónde voy a dormir. Quizás tenga que quedarme allí, junto al Shannon, o que buscar un portal, o quizás tenga que volver a salir al campo y buscar una zanja como hizo Brendan Quigley, con cuatro cabras. Paddy me dice que puedo ir a su casa, que allí podré dormir en el suelo y secarme.

Paddy vive en una de las casas altas del muelle Arthur, que dan al río. En

Limerick todo el mundo sabe que estas casas son viejas y que se pueden caer en cualquier momento. Mamá suele decirnos:

—No quiero que bajéis ninguno al muelle Arthur, y como os encuentre allí os parto la cara. Los que viven allí son unos salvajes y os pueden robar y matar.

Vuelve a llover y hay niños pequeños que juegan en el pasillo y por las escaleras.

—Mira dónde pisas —dice Paddy—, porque faltan algunos escalones y en los que están hay mierda.

Dice que es porque sólo hay un retrete, que está en el patio trasero, y que los niños que bajan por la escalera no llegan a tiempo de poner el culito en la taza, Dios nos asista.

En el cuarto rellano está sentada una mujer con chal que se está fumando un cigarrillo.

—¿Eres tú, Paddy? —dice.

—Sí, mamá.

—Estoy agotada, Paddy. Estos escalones me están matando. ¿Te has tomado el té?

—No.

—Bueno, no sé si quedará algo de pan. Sube a ver.

La familia de Paddy vive en una habitación grande con el techo alto y con una chimenea pequeña. Hay dos ventanas altas y se ve hasta el Shannon. Su padre está en una cama en el rincón, gruñendo y escupiendo en un cubo. Los hermanos y las hermanas de Paddy están en colchones por el suelo, dormidos, hablando, mirando al techo. Hay un niño de pecho sin ropas que gatea hacia el cubo del padre de Paddy, y Paddy lo aparta. Su madre entra jadeando por haber subido las escaleras.

—Jesús, estoy muerta —dice.

Encuentra algo de pan y prepara té flojo para Paddy y para mí. Yo no sé qué debo hacer. No dicen nada. No me preguntan qué hago allí ni me dicen que me vaya a mi casa ni nada, hasta que el señor Clohessy pregunta: «¿Quién es ése», y Paddy le dice:

—Es Frankie McCourt.

—¿McCourt? —dice el señor Clohessy—. ¿Qué nombre es ése?

—Mi padre es del Norte, señor Clohessy.

—Y ¿cómo se llama tu madre?

—Ángela, señor Clohessy.

—Ay, Jesús, ¿no será Ángela Sheehan, verdad?

—Sí lo es, señor Clohessy.

—Ay, Jesús —dice, y le da un ataque de tos que le arranca de dentro cosas de todo tipo y lo obliga a inclinarse sobre el cubo.

Cuando se le pasa la tos, se recuesta sobre la almohada.

—Ay, Frankie, conocí bien a tu madre. Yo bailaba con ella. Madre de Cristo, me estoy muriendo por dentro. Yo bailaba con ella, sí, señor, en la sala Wembley, y ella era toda una campeona de baile.

Vuelve a inclinarse sobre el cubo. Jadea por falta de aire y extiende los brazos para respirar mejor. Está sufriendo, pero no deja de hablar.

—Era toda una campeona de baile, Frankie. No era una delgaducha, no creas, pero era como una pluma en mis brazos, y muchos hombres la echaron de menos cuando se marchó de Limerick. ¿Tú sabes bailar, Frankie?

—Pues no, señor Clohessy.

—Sí sabe, papá —dice Paddy—. Fue a las clases de la señora O'Connor y de Cyril Benson.

—Pues baila, Frankie. Por la casa, y ten cuidado con el tocador, Frankie. Levanta los pies, muchacho.

—No puedo, señor Clohessy. No sirvo para esto.

—¿Que no sirves, siendo hijo de Ángela Sheehan? Baila, Frankie, o me levanto de esta cama y te hago dar vueltas yo por la casa.

—Tengo roto el zapato, señor Clohessy.

—Frankie, Frankie, estás haciendo que tosa. ¿Quieres bailar, por el amor de Dios, para que yo recuerde mi juventud con tu madre en la sala Wembley? Quítate el jodido zapato, Frankie, y baila.

Tengo que inventarme danzas y melodías para acompañarlas, como hacía hace mucho tiempo cuando era pequeño. Bailo por la habitación con un solo zapato, porque se me olvidó quitámelo. Intento inventarme letras. «Las murallas de Limerick se caen, se caen, se caen, las murallas de Limerick se caen y el río Shannon nos mata».

El señor Clohessy se ríe en la cama.

—Ay, Jesús, no había oído nada igual ni por tierra ni por mar. Tienes buenas piernas para bailar, Frankie. Ay, Jesús.

Tose y le salen hilos de sustancia verde y amarilla. Me pone enfermo verlo, y me pregunto si debo volver a mi casa y alejarme de toda esta enfermedad y de este cubo, y que mis padres me maten si quieren.

Paddy se acuesta en un colchón junto a la ventana y yo me acuesto a su lado. Me acuesto vestido, como todos los demás, y hasta se me olvida quitarme el otro zapato, que está mojado y hace ruido al andar y apesta. Paddy se queda dormido inmediatamente, y yo miro a su madre que está sentada junto al rescoldo del fuego fumándose otro cigarrillo. El padre de Paddy gruñe y tose y escupe en el cubo.

—Sangre jodida —dice, y ella añade:

—Tendrás que ir al sanatorio tarde o temprano.

—No quiero. Cuando te meten allí, estás acabado.

—Podrías estar contagiando la tisis a los niños. Yo podría hacer que los guardias te llevaran, porque eres un peligro para los niños.

—Si la fueran a coger, ya la tendrían.

El rescoldo se apaga y la señora Clohessy se mete en la cama pasando por encima de él. Al cabo de un minuto ya está roncando, aunque él sigue tosiendo y riéndose al recordar los días de su juventud, cuando bailaba en la sala Wembley con Ángela Sheehan, que era ligera como una pluma.

En la habitación hace frío y yo estoy temblando con la ropa mojada. Paddy también tiembla, pero está dormido y no sabe que tiene frío. No sé si debo quedarme aquí o levantarme y marcharme a mi casa, pero ¿quién se atreve a andar por la calle cuando un guardia le puede preguntar a uno qué hace fuera a esas horas? Es la primera vez que estoy lejos de mi familia, y sé que preferiría estar en mi casa, con el retrete maloliente y el establo de al lado. Se está mal en nuestra casa cuando la cocina es un lago y tenemos que subir a Italia, pero se está peor en casa de los Clohessy cuando hay que bajar cuatro pisos para ir al retrete, resbalándose en la mierda todo el camino. Estaría mejor en una zanja con cuatro cabras.

Duermo a ratos, pero tengo que despertarme del todo cuando la señora Clohessy despierta a empujones a los miembros de su familia. Todos se acostaron vestidos, de modo que no tienen que volver a vestirse y no hay peleas. Gruñen y salen corriendo por la puerta para bajar al retrete del patio. Yo también tengo ganas y bajo corriendo con Paddy, pero su hermana Peggy está sentada en la taza y nosotros tenemos que mear contra una pared.

—Se lo contaré a mamá —dice ella.

—Cállate —dice Paddy—, o te hundo en ese jodido retrete.

Ella salta del retrete, se sube las bragas y echa a correr escaleras arriba, gritando: «Se lo voy a contar, se lo voy a contar», y cuando volvemos a la habitación la señora Clohessy da a Paddy un coscorrón en la cabeza por lo que hizo a su pobre hermanita. Paddy no dice nada porque la señora Clohessy está sirviendo cucharadas de gachas en tazones, en tarros de mermelada y en un cuenco y nos dice que comamos y nos vayamos a la escuela. Ella se sienta a la mesa a comerse sus gachas. Tiene el pelo gris oscuro, y sucio. Le cae hasta el cuenco y recoge con él fragmentos de gachas y gotas de leche. Los niños hacen ruido al tomarse las gachas y se quejan de que no han comido bastante, de que se caen de hambre. Tienen las narices llenas de mocos, los ojos irritados y costras en las rodillas. El señor Clohessy tose y se revuelve en la cama y echa grandes esputos de sangre, y yo salgo corriendo de la habitación y vomito en las escaleras, donde falta un escalón, y cae una lluvia de gachas y de trozos de manzana al piso inferior, donde hay personas que van y vienen del retrete del patio. Paddy baja y dice:

—No importa. Todo el mundo devuelve y se caga en las escaleras, y toda la casa se está cayendo, de todas maneras.

No sé qué debo hacer ahora. Si vuelvo a la escuela me matan, y ¿para qué voy a volver a la escuela o a casa para que me maten cuando puedo echarme a la carretera y vivir de leche y de manzanas el resto de mi vida, hasta que me vaya a América?

—Vamos —dice Paddy—. La escuela es un camelo, al fin y al cabo, y todos los maestros están locos.

Alguien llama a la puerta de los Clohessy y es mamá que lleva de la mano a mi hermanito pequeño, Michael, y el guardia Dennehy, que se encarga de la asistencia a la escuela. Mamá me ve y me dice:

—¿Qué haces con un zapato puesto?

Y el guardia Dennehy dice:

—Vamos, señora, creo que sería más importante preguntarle qué hace con un zapato quitado, ¡ja, ja!

Michael viene corriendo a mi lado.

—Mamá estaba llorando. Mamá estaba llorando por ti, Frankie.

—¿Dónde has estado toda la noche? —dice ella.

—Aquí.

—Me tenías loca. Tu padre ha recorrido todas las calles de Limerick buscándote.

—¿Quién está en la puerta? —dice el señor Clohessy.

—Es mi madre, señor Clohessy.

—Dios del cielo, ¿es Ángela?

—Sí, señor Clohessy.

Se incorpora difícilmente sobre los codos.

—Bueno, por el amor de Dios, ¿quieres entrar, Ángela? ¿No me conoces?

Mamá está desconcertada. La habitación está a oscuras, e intenta reconocer a la persona que está en la cama.

—Soy yo —dice él—, Dennis Clohessy, Ángela.

—Ay, no.

—Lo soy, Ángela.

—Ay, no.

—Ya lo sé, Ángela. Estoy cambiado. La tos me está matando. Pero recuerdo las noches en la sala Wembley. Jesús, qué gran bailarina eras. Aquellas noches en la sala Wembley, Ángela, y el pescado frito con patatas fritas que nos comíamos después. Chicos, chicos, es Ángela.

A mi madre le caen lágrimas por la cara.

—Tú también eras un gran bailarín, Dennis Clohessy —dice.

—Podíamos haber ganado concursos, Ángela. Fred y Ginger hubieran tenido que preocuparse seriamente, pero tú tuviste que largarte a América. Ay, Jesús.

Le da otro ataque de tos y tenemos que contemplar cómo se inclina de nuevo sobre el cubo y cómo se saca el veneno de dentro. El guardia Dennehy dice:

—Creo que ya hemos encontrado al chico, señora, y yo me voy. Si vuelves a hacer novillos, chico, te metemos en la cárcel —me dice—. ¿Me escuchas, chico?

—Sí, señor guardia.

—No atormentes a tu madre, chico. Es una cosa que no toleramos los guardias, que se atormente a las madres.

—No, señor guardia. No la atormentaré.

Se marcha, y mamá se acerca a la cama para coger la mano del señor Clohessy. Éste tiene la cara hundida alrededor de los ojos y tiene el pelo negro y reluciente por el sudor que le cae de lo alto de la cabeza. Sus hijos rodean la cama mirándolo y mirando a mamá. La señora Clohessy se sienta junto a la chimenea, rasca la reja del fogón con el atizador y aparta del fuego al niño de pecho.

—Es culpa suya, por no haber ido al hospital, vaya si lo es —dice.

—Estaría bien si pudiera vivir en un sitio seco —dice jadeando el señor Clohessy—. ¿Es seca América, Ángela?

—Lo es, Dennis.

—El médico me dijo que me marchase a Arizona. Qué gracia tenía ese médico. A Arizona, ¿qué te parece? No tengo dinero ni para ir a tomarme una pinta a la vuelta de la esquina.

—Saldrás adelante, Dennis —dice mamá—. Pondré una vela por ti.

—Ahórrate el dinero, Ángela. Yo ya no vuelvo a bailar.

—Tengo que marcharme, Dennis. Mi hijo tiene que ir a la escuela.

—¿Quieres hacer una cosa por mí antes de que te vayas, Ángela?

—Lo haré si está en mi mano, Dennis.

—¿Podrías cantarme una estrofa de aquella canción que cantaste la noche antes de embarcarte para América?

—Es una canción difícil, Dennis. No voy a tener fuelle.

—Ay, vamos, Ángela. Ya no oigo nunca canciones. En esta casa no hay canciones. La mujer no sabe cantar ni una nota ni sabe bailar ni un paso.

—Bueno —dice mamá—, lo intentaré.

Oh, las noches de los bailes de Kerry, oh, la música del gaitero,
Oh, esas horas alegres, perdidas demasiado pronto, ay, como nuestra juventud.
Cuando los mozos se reunían en el valle las noches de verano,
Y la música del gaitero de Kerry nos llenaba de placer desenfrenado.

Se interrumpe y se lleva la mano al pecho.

—Ay, Dios, me quedo sin fuelle. Ayúdame con la canción, Frank.

Y yo canto con ella:

Oh, recordarlo, oh, soñarlo, me llena el corazón de lágrimas.
Oh, las noches de los bailes de Kerry, oh, la música del gaitero,
Oh, esas horas alegres, perdidas demasiado pronto, ay, como nuestra juventud.

El señor Clohessy intenta cantar con nosotros, «perdidas demasiado pronto, ay, como nuestra juventud», pero le da la tos. Sacude la cabeza y exclama:

—No dudaba que la cantarías, Ángela. Esto me trae recuerdos. Que Dios te bendiga.

—Que Dios te bendiga a ti también, Dennis, y gracias, señora Clohessy, por haberse ocupado de Frankie para que no estuviera por la calle.

—No tiene importancia, señora McCourt. Es muy callado.

—Muy callado —dice el señor Clohessy—, pero no es tan buen bailarín como lo fue su madre.

—Es difícil bailar con un solo zapato, Dennis —dice mamá.

—Ya lo sé, Ángela, pero te preguntarías: ¿por qué no se lo quitó? ¿Es un poco raro el chico?

—Ah, a veces tiene un aire raro como su padre.

—Ah, sí. El padre es del Norte, Ángela, y así se explica. Allí en el Norte no tiene nada de raro bailar con un solo zapato.

Paddy Clohessy, mamá, Michael y yo subimos la calle Patrick y la calle O'Connell, y mamá va sollozando todo el camino. Michael dice:

—No llores, mamá. Frankie no volverá a escaparse.

Ella lo levanta y lo abraza.

—No, Michael, no lloro por Frankie. Es por Dennis Clohessy y las noches de baile en la sala Wembley y el pescado frito con patatas fritas que nos comíamos después.

Entra en la escuela con nosotros. El señor O'Neill parece enfadado y nos dice que nos sentemos, que se ocupará de nosotros dentro de un momento. Pasa mucho tiempo hablando en la puerta con mi madre, y cuando ella se marcha él se acerca entre las filas de asientos y da una palmadita en la cabeza a Paddy Clohessy.

Siento mucho lo mal que lo pasan los Clohessy, pero creo que me salvaron del castigo de mi madre.

VII

Algunos jueves, cuando papá cobra el dinero del paro en la oficina de empleo, algún hombre le dice: «¿Vamos a tomarnos una pinta, Malachy?», y papá dice: «Una, sólo una», y el hombre dice: «Por Dios, claro que sí, sólo una», y antes de que termine la noche ha desaparecido todo el dinero y papá llega a casa cantando y haciéndonos levantar de la cama para que formemos en fila y prometamos morir por Irlanda cuando llegue el momento. Hasta hace levantar a Michael, que sólo tiene tres años pero que se pone a cantar y promete morir por Irlanda a la primera oportunidad. Es lo que dice papá: a la primera oportunidad. Yo tengo nueve años, Malachy tiene ocho, y ya nos sabemos todas las canciones. Cantamos todas las estrofas de la canción de Kevin Barry y de la de Roddy McCorley, y *El Oeste duerme, O'Donnell Abu, Los mozos de Wexford*. Cantamos y prometemos morir, porque nunca se sabe cuándo le puede quedar a papá un penique o dos después de beber, y si nos lo da podemos ir corriendo al día siguiente a la tienda de Kathleen O'Connell a comprar *toffees*. Algunas noches dice que Michael es el que canta mejor de todos y le da a él el penique. Malachy y yo nos preguntamos de qué sirve tener ocho y nueve años y saberse todas las canciones y estar dispuestos a morir si es Michael el que se queda el penique para poder ir a la tienda al día siguiente y llenarse la boca de *toffee* a discreción. Nadie puede pedirle que muera por Irlanda a los tres años, ni siquiera Padraig Pearse, al que fusilaron los ingleses en Dublín en 1916 y que esperaba que todo el mundo muriese con él. Por otra parte, el padre de Mikey Molloy dice que cualquiera que quiera morir por Irlanda es un asno. Han muerto hombres por Irlanda desde los tiempos más remotos, y hay que ver cómo está el país.

Ya es bastante malo que papá pierda los trabajos a la tercera semana, pero ahora se está bebiendo todo el dinero del paro una vez al mes. Mamá se desespera, y a la mañana siguiente tiene la cara agria y no quiere hablar con él. Él se toma el té y se marcha temprano de casa para darse un paseo largo por el campo. Cuando regresa por la tarde ella sigue sin querer hablar con él y no le quiere hacer el té. Si el fuego está apagado por falta de carbón o de turba y no hay manera de hervir el agua para hacer el té, él dice: «*Och*, sí», y bebe agua en un tarro de mermelada, y chasquea los labios como lo haría con una pinta de cerveza negra. Dice que lo único que necesita un hombre es buen agua y mamá suelta un resoplido. Cuando no se habla con él, hay un ambiente abrumador y frío en la casa, y sabemos que nosotros tampoco debemos hablar con él, so pena de que ella nos dirija una mirada agria. Sabemos que papá ha hecho la cosa mala y sabemos que se puede hacer sufrir a cualquiera a base de no hablarle. Hasta el pequeño Michael sabe que cuando papá hace la cosa mala no se le habla desde el viernes hasta el lunes, y que cuando él intenta sentarte en su regazo hay que correr al lado de mamá.

Tengo nueve años y tengo un amigo, Mickey Spellacy, cuyos parientes están cayendo uno a uno por la tisis galopante. Mickey me da envidia, pues siempre que se muere alguien en su familia le dan una semana de permiso en la escuela y su madre le cose un rombo negro en la manga para que pueda ir de callejón en callejón y de calle en calle y la gente sepa que está de luto y le den palmaditas en la cabeza y dinero y dulces para consolarlo en su dolor.

Pero este verano Mickey está preocupado. Su hermana Brenda se está consumiendo de tisis, y sólo estamos en agosto, y si se muere antes de septiembre no le darán una semana de permiso en la escuela porque a uno no le pueden dar una semana de permiso en la escuela durante las vacaciones. Viene a vernos a Billy Campbell y a mí y nos pide que vayamos a la iglesia de San José, que está a la vuelta de la esquina, a rezar pidiendo que Brenda aguante hasta septiembre.

—¿Qué ganamos nosotros con ir a rezar a la vuelta de la esquina, Mickey?

—Bueno, si Brenda aguanta y a mí me dan la semana de permiso podréis venir al velatorio y habrá jamón, y queso, y bollos, y jerez, y gaseosa, y de todo, y podréis escuchar las canciones y los cuentos toda la noche.

¿Quién podría rechazar eso? Nada como un velatorio para pasar un buen rato. Nos llegamos de una carrera a la iglesia, donde hay imágenes del propio San José y también del Sagrado Corazón de Jesús, de la Virgen María y de Santa Teresita del Niño Jesús, la Florecilla. Yo rezo a la Florecilla, porque también ella murió de tisis y lo entenderá.

Una de nuestras oraciones debió de tener fuerza, porque Brenda sigue viva y no se muere hasta el segundo día de clase. Decimos a Mickey que lo acompañamos en el sentimiento, pero él está encantado con su semana de permiso y le ponen el rombo negro que le hará ganar dinero y dulces.

A mí se me hace la boca agua pensando en el banquete que nos daremos en el velatorio de Brenda. Billy llama a la puerta y sale a abrir la tía de Mickey.

—¿Qué queréis?

—Hemos venido a rezar por Brenda, y Mickey nos ha invitado a venir al velatorio.

—¡Mickey! —grita ella.

—¿Qué?

—Ven aquí. ¿Has invitado tú a esta pandilla al velatorio de tu hermana?

—No.

—Pero, Mickey, nos lo prometiste...

Ella nos cierra la puerta en las narices. Nos quedamos sin saber qué hacer, hasta que Billy Campbell dice:

—Vamos a volver a San José y rezaremos pidiendo que a partir de ahora todos los de la familia de Mickey Spellacy se mueran en pleno verano y a él no le den ni un día de permiso en la escuela durante el resto de su vida.

Una de nuestras oraciones tuvo fuerza, sin duda, porque en el verano siguiente la tisis galopante se lleva al propio Mickey, y no le dan ni un día de permiso en la escuela, y así seguro que aprende.

> *Protestante desgraciado toca la campana,*
> *La del cielo no, la del infierno.*

Los domingos por la mañana en Limerick veo ir a la iglesia a los protestantes y siento lástima por ellos, sobre todo por las chicas, que son preciosas y que tienen los dientes blancos y bonitos. Me dan pena las chicas protestantes bonitas porque están condenadas. Eso nos dicen los curas. Fuera de la Iglesia Católica no hay salvación. Fuera de la Iglesia Católica no hay más que condenación. Y yo quiero salvarlas. Chica protestante, ven conmigo a la

Iglesia Verdadera. Te salvarás y no caerás en la condenación. Después de la misa del domingo voy con mi amigo Billy Campbell a verlas jugar al croquet en el prado tan hermoso que está junto a la iglesia de ellos, en la calle Barrington. El croquet es un juego protestante. Dan a la pelota con el mazo, poc y poc, y se ríen. Me pregunto cómo pueden reírse, ¿o es que ni siquiera saben que están condenadas? Me dan lástima.

—Billy, ¿de qué sirve jugar al croquet cuando se está condenado?

—Frankie, ¿de qué sirve no jugar al croquet cuando se está condenado? —me responde él.

—Tu hermano Pat, con su pierna mala, ya vendía periódicos por todo Limerick cuando tenía ocho años —dice la abuela a mamá—, y tu Frank ya es bastante mayor y bastante feo para trabajar.

—Pero si sólo tiene nueve años y todavía va a la escuela.

—La escuela. Es la escuela la que lo ha vuelto tan respondón y la que le ha dejado esa cara tan agria y ese aire tan raro como el de su padre. Ya podría salir a ayudar al pobre Pat los viernes por la noche, que es cuando el *Limerick Leader* pesa una tonelada. Podría recorrerse de una carrera los caminos largos de los jardines de la gente de categoría y dar un descanso a las pobres piernas de Pat, y ganarse además unos peniques.

—Los viernes por la noche tiene que ir a la Cofradía.

—Olvídate de la Cofradía. El catecismo no dice nada de Cofradías.

Me reúno con el tío Pat en las oficinas del *Limerick Leader* a las cinco de la tarde del viernes. El hombre que reparte los periódicos dice que tengo los brazos tan delgados que con suerte podría llevar dos sellos de correos, pero el tío Pat me mete ocho periódicos bajo cada brazo.

—Como los dejes caer te mato —me dice, pues afuera está lloviendo, está diluviando a mares. Me dice que vaya pegado a las paredes cuando subimos por la calle O'Connell, para que no se mojen los periódicos. Tengo que entrar corriendo en las casas donde hay que hacer una entrega, subir corriendo los escalones exteriores, entrar por el portal, subir por las escaleras, gritar «El periódico», recoger el dinero que le deben por la semana, bajar las escaleras, darle el dinero y seguir hasta la parada siguiente. Los clientes le dan propinas por su trabajo, y él se las queda.

Recorremos la avenida O'Connell, salimos por Ballinacurra, volvemos por la carretera de circunvalación del Sur, bajamos por la calle Henry y volvemos a las oficinas a recoger más periódicos. El tío Pat lleva una gorra y algo parecido a un poncho de vaquero para que no se le mojen los periódicos, pero se queja de que los pies lo están matando, y hacemos una parada en una taberna para que se tome una pinta para sus pobres pies. Allí está el tío Pa Keating, cubierto todo de negro, tomándose una pinta, y dice al tío Pat:

—Ab, ¿vas a dejar al niño con la lengua fuera por no invitarle a una gaseosa?

—¿Qué? —dice el tío Pat, y el tío Pa Keating se impacienta.

—Cristo, está arrastrando tus jodidos periódicos por todo Limerick y tú no eres capaz...; bueno, no importa. Timmy, ponle una gaseosa al chico. Frankie, ¿no tienes un impermeable en casa?

—No, tío Pa.

—No debes salir con este tiempo. Estás empapado del todo. ¿Quién te ha mandado salir con estos lodos?

—La abuela dijo que tenía que ayudar al tío Pat porque tiene la pierna mala.

—Claro que lo diría, la vieja perra, pero no les cuentes lo que he dicho.

El tío Pat se levanta con dificultad de su asiento y recoge sus periódicos.

—Vámonos, se está haciendo de noche.

Recorre las calles cojeando y gritando: «Ana miente dulces miente», que no se parece en nada a «*Limerick Leader*», pero no importa, porque todo el mundo sabe que es Ab Sheehan, al que dejaron caer de cabeza.

—Toma, Ab, dame un *Leader*, ¿cómo tienes la pobre pierna? Quédate el cambio para un pitillo, hace una noche fatal y jodida para ir vendiendo los jodidos periódicos.

—Gracias —dice mi tío Ab—. Gracias, gracias, gracias.

Es difícil seguir su paso por las calles, a pesar de que tiene mal la pierna.

—¿Cuántos *Leaders* tienes bajo la chaqueta? —me pregunta.

—Uno, tío Pat.

—Lleva ese *Leader* al señor Timoney. Ya me debe los periódicos de quince días. Trae el dinero y la propina. Da buenas propinas, y no te la guardes en el bolsillo como hacía tu primo Gerry. Se las guardaba en el bolsillo, el muy mariconcete.

Llamo a la puerta con la aldaba y se oye el aullido de un perro, tan fuerte que hace temblar la puerta. Una voz de hombre dice:

—Deja de escandalizar, Macushla, o te doy un buen puntapié en el culo.

El escándalo cesa, se abre la puerta y aparece el hombre, que tiene el pelo blanco y lleva gafas gruesas, un suéter blanco y un bastón en la mano.

—¿Quién es? —dice—. ¿A quién tenemos aquí?

—El periódico, señor Timoney.

—No es Ab Sheehan, ¿verdad?

—Soy su sobrino, señor.

—¿Es Gerry Sheehan a quien tenemos aquí?

—No, señor. Soy Frank McCourt.

—¿Otro sobrino? ¿Es que los fabrica? ¿Tiene una pequeña fábrica de sobrinos en el patio de su casa? Toma el dinero de la quincena y dame el periódico, o quédatelo. ¿De qué me sirve a mí? Ya no puedo leer, y la señora Minihan, que debe leerme, no ha venido. El jerez la ha dejado sin piernas, eso es lo que le pasa. ¿Cómo te llamas?

—Frank, señor.

—¿Sabes leer?

—Sí, señor.

—¿Quieres ganarte seis peniques?

—Sí, señor.

—Ven aquí mañana. Te llamas Francis, ¿no?

—Frank, señor.

—Te llamas Francis. No ha habido ningún San Frank. Ese nombre es para gángsteres y políticos. Ven aquí mañana a las once para leerme.

—Sí, señor.

—¿Seguro que sabes leer?

—Sí, señor.

—Puedes llamarme «señor Timoney».

—Sí, señor Timoney.

El tío Pat está mascullando ante la verja, frotándose la pierna.

—¿Dónde está mi dinero? No debes ponerte a charlar con los clientes mientras yo estoy aquí con la pierna destrozada por la lluvia.

Tiene que hacer una parada en la taberna en Punch's Cross para tomarse una pinta para la pierna que tiene destrozada. Después de tomarse la pinta dice que no puede andar ni un centímetro más y tomamos un autobús. El cobrador dice:

—Billetes, por favor, billetes.

Pero el tío Pat le dice:

—Déjame en paz y no me fastidies, ¿no ves cómo tengo la pierna?

—Está bien, Ab, está bien.

El autobús se detiene en el monumento a O'Connell, y el tío Pat se dirige al café y freiduría de pescado y patatas del Monumento, de donde salen unos olores tan deliciosos que a mí me palpita de hambre el estómago. Pide un chelín de pescado frito y patatas fritas y a mí se me hace la boca agua, pero cuando llegamos a la puerta de casa de la abuela me da una moneda de tres peniques y me dice que nos veremos el viernes próximo y que ahora me vaya a casa con mi madre.

La perra Macushla está tendida ante la puerta del señor Timoney, y cuando abro la pequeña verja para entrar en el camino del jardín corre hacia mí y me derriba de espaldas en el empedrado, y me habría comido la cara si el señor Timoney no hubiera salido y se hubiera puesto a darle golpes con el bastón gritando:

—Déjalo en paz, puta, perra caníbal gigante. ¿Es que no has desayunado, so puta? ¿Estás bien, Francis? Pasa. Esa perra es hindú pura, y allí fue donde encontré a su madre, vagando por Bangalore. Si alguna vez te haces con un perro, Francis, procura que sea budista. Los perros budistas tienen buen carácter. No tengas nunca, jamás, un perro mahometano. Te comerán vivo mientras duermes. Ni tampoco un perro católico. Te comerán cualquier día, hasta los viernes. Siéntate y léeme.

—¿El *Limerick Leader*, señor Timoney?

—No, no me leas el maldito *Limerick Leader*. El *Limerick Leader* no me sirve ni para limpiarme el culo. Allí hay un libro en la mesa, *Los viajes de Gulliver*. No, no es eso lo que quiero que me leas. Busca al final del libro otra cosa, *Una humilde propuesta*. Léemelo. Empieza así: «Es triste objeto para los que andan...». ¿Lo has encontrado? Yo me lo sé de memoria, pero aun así quiero que me lo leas.

Cuando llevo leídas dos o tres páginas me interrumpe:

—Lees bien. Y ¿qué te parece, Francis, eso de que un niño joven y sano bien criado es un alimento de lo más delicioso, nutritivo y sano, ya sea cocido, asado, al horno o hervido? ¿Eh? A Macushla le encantaría cenarse a un buen niño de pecho irlandés bien gordito, ¿verdad, vieja puta?

Me da seis peniques y me dice que vuelva el sábado siguiente.

Mamá está encantada de que me haya ganado seis peniques leyendo al señor Timoney y me pregunta si quería que le leyese el *Limerick Leader* o alguna otra cosa. Yo le digo que me hizo leer *Una humilde propuesta*, del final de *Los viajes de Gulliver*.

—Eso está bien —me dice ella—, no es más que un libro para niños. Era de esperar que pidiera alguna cosa rara, pues está un poco ido después de los años que pasó al sol en el ejército inglés en la India, y dicen que se casó con una mujer hindú de ésas y que a ella la mató accidentalmente un soldado en unos disturbios o algo por el estilo. Una cosa así llevaría a cualquiera a leer libros para niños.

Mi madre dice que conoce a una tal señora Minihan que vive puerta con puerta con el señor Timoney y que le limpiaba la casa, pero que ya no aguantaba cómo se burlaba de la Iglesia Católica y lo que decía de que lo que para unos era pecado era una juerga para otros. A la señora Minihan no le importaba tomarse un trago de jerez los sábados por la mañana, pero luego él intentó convertirla al budismo, pues él decía que era budista, y decía que a los irlandeses les iría mucho mejor en general si se sentasen bajo un árbol y viesen flotar los diez mandamientos y los siete pecados capitales por el Shannon y perderse a lo lejos en el mar.

El viernes siguiente, Declan Collopy, el de la Cofradía, me ve repartir periódicos por la calle con mi tío Pat Sheehan.

—Oye, Frankie McCourt, ¿qué haces con Pat Shehan?

—Es mi tío.

—Deberías estar en la Cofradía.

—Estoy trabajando, Declan.

—No deberías estar trabajando. Ni siquiera has cumplido los diez años, y estás destrozando la asistencia de nuestra sección, que no tenía ninguna falta. Si no vas el viernes que viene, te daré un buen puñetazo en los morros, ¿entendido?

—Vete, vete —dice el tío Pat—, o te piso.

—Ah, cállese, señor Tonto que se cayó de cabeza.

Empuja al tío Pat en el hombro y lo tira de espaldas contra la pared. Yo dejo caer los periódicos y corro hacia él, pero él se aparta y me pega un puñetazo en la nuca y me doy con la frente en la pared, y me da tanta rabia que ya no lo veo. Lo ataco con brazos y piernas, y si pudiera arrancarle la cara con los dientes lo haría, pero él tiene los brazos largos como un gorila y no hace más que apartarme para que yo no lo pueda tocar.

—Jodido idiota, loco. Te voy a destrozar en la Cofradía —dice, y huye corriendo.

—No deberías pelearte así, y has dejado caer todos mis periódicos y algunos se han mojado, ¿y cómo voy a vender periódicos mojados? —dice el tío Pat, y a mí me dieron ganas de saltar sobre él también y de pegarle por hablar de los periódicos después de que yo lo defendiera de Declan Collopy.

Al final del trabajo de la noche me da tres patatas fritas de su bolsa y seis peniques en lugar de tres. Se queja de que es demasiado dinero y de que todo es por culpa de mi madre, porque fue a quejarse a la abuela de que me pagaba poco.

Mamá está encantada de que esté ganando seis peniques los viernes con el tío Pat y seis peniques los sábados con el señor Timoney. Un chelín a la semana se nota mucho, y ella me da dos peniques para que vaya a ver a la Pandilla en el Lyric cuando termine de leer.

A la mañana siguiente, el señor Timoney dice:

—Ya verás cuando lleguemos al *Gulliver*, Francis. Verás que Jonathan Swift fue el mejor escritor irlandés de la historia; más aún, fue el hombre más grande que ha tomado jamás la pluma. Un gigante, Francis.

No deja de reírse mientras leo *Una humilde propuesta*, y quién sabe de qué se ríe, pues el libro habla de guisar a los niños de pecho irlandeses.

—A ti también te hará gracia cuando seas mayor, Francis —dice.

A los mayores no les gustan los niños respondones, pero el señor Timoney es distinto y no le importa que yo le diga:

—Señor Timoney, las personas mayores siempre nos dicen eso: «Te hará gracia cuando seas mayor». «Lo entenderás cuando seas mayor». «Todo llegará cuando seas mayor».

Se ríe con tanta fuerza que temo que vaya a caerse.

—Ay, Madre de Dios, Francis. Eres un tesoro. ¿Qué te pasa? ¿Tienes una abeja en el culo? Dime qué te pasa.

—Nada, señor Timoney.

—Creo que tienes la cara larga, Francis, y me gustaría poder vértela. Acércate al espejo de la pared, Blancanieves, y dime si tienes la cara larga. Déjalo. Sólo dime qué te pasa.

—Declan Collopy se metió conmigo anoche y nos pegamos.

Me hace que le hable de la Cofradía, de Declan y de mi tío Pat Sheehan, que se cayó de cabeza, y después me dice que conoce a mi tío Pa Keating, que respiró gases en la guerra y que trabaja en la Fábrica de Gas.

—Pa Keating es una joya de hombre —dice—. Y te diré lo que voy a hacer, Francis. Voy a hablar con Pa Keating e iremos a hablar con los matones de la Cofradía. Yo soy budista y no soy partidario de las peleas, pero tampoco he perdido el coraje. No se van a meter con mi lectorcito, por Dios que no.

El señor Timoney es viejo, pero habla como un amigo y yo puedo decir delante de él lo que siento. Papá no hablaría nunca conmigo como el señor Timoney. Él diría: «*Och*, sí» y se iría a dar un largo paseo.

El tío Pat Sheehan dice a la abuela que ya no quiere que yo le ayude con los periódicos, que puede buscarse otro chico mucho más barato y que cree, además, que yo debería darle una parte de los seis peniques del sábado por la mañana, porque si encontré el trabajo de lector fue gracias a él.

Una mujer que vive en la casa contigua a la del señor Timoney me dice que no pierda el tiempo llamando a la puerta, porque Macushla mordió al cartero, al lechero y a una monja que pasaba por la calle en un solo día, y el señor Timoney no pudo dejar de reírse, aunque lloró cuando se llevaron a la perra para sacrificarla. Se puede morder a los carteros y a los lecheros todo lo que se quiera, pero el caso de la monja que pasaba por la calle llega a oídos del obispo y éste toma medidas, sobre todo si el propietario de la perra es un budista declarado y un peligro para los buenos católicos que lo rodean. Dijeron todo esto al señor Timoney y él lloraba y se reía con tanta fuerza que vino el médico y dijo que era irrecuperable, de modo que se lo llevaron al Asilo Municipal, donde meten a los viejos que están desvalidos o dementes.

Así se acabaron mis seis peniques de los sábados, pero yo leeré para el señor Timoney cobrando o sin cobrar. Espero en la calle a que la mujer de la casa de al lado vuelva a entrar, entro por la ventana del señor Timoney, recojo *Los viajes de Gulliver* y me doy una caminata de varias millas hasta el Asilo Municipal para que él no eche en falta su lectura. El portero me dice:

—¿Cómo? ¿Que quieres leer para un viejo? ¿Es que me estás tomando el pelo? Lárgate de aquí o llamo a un guardia.

—¿Puedo dejar el libro para que alguien se lo lea al señor Timoney?

—Déjalo. Déjalo, por Dios, y no me molestes más. Se lo haré subir.

Y se ríe.

—¿Qué te pasa? —me pregunta mamá—. ¿Por qué estás tan deprimido?

Y yo le cuento que el tío Pat ya no quiere que trabaje con él y que han metido al señor Timoney en el Asilo Municipal sólo por reírse de que Macushla hubiera mordido al cartero, al lechero y a una monja que pasaba por la calle. Ella se ríe también, y yo ya no dudo de que el mundo se ha vuelto loco. Después dice:

—Ay, lo siento, y es una pena que hayas perdido dos trabajos. Más vale que vuelvas a la Cofradía para que no venga la Patrulla y, lo que sería peor, el director, el padre Gorey.

Declan hace que me siente ante él y me dice que si cometo la menor pillería me parte el jodido cuello, pues me va a tener la vista encima mientras él sea prefecto, y un mierdecilla como yo no le va a impedir que pase una vida entera dedicada al linóleo.

Mamá dice que le cuesta trabajo subir las escaleras y traslada su cama a la cocina.

—Volveré a Sorrento cuando las paredes estén húmedas y entre la lluvia por debajo de la puerta —dice riéndose. Tenemos vacaciones en la escuela y ella puede quedarse en cama en la cocina todo el tiempo que quiera, pues no tiene que levantarse para levantarnos a nosotros. Papá enciende el fuego, prepara el té, corta el pan, comprueba que nos lavamos la cara y nos dice que salgamos a jugar. Nos deja quedarnos en la cama si queremos, pero a uno no le apetece nunca quedarse en la cama cuando no hay clase. Estamos dispuestos a salir corriendo y a jugar en el callejón desde el momento en que nos despertamos.

Un día de julio nos dice que no podemos bajar. Tenemos que quedarnos a jugar en el piso de arriba.

—¿Por qué, papá?

—No importa. Juega aquí con Malachy y con Michael y podrás bajar más tarde, cuando yo te lo diga.

Se queda en la puerta por si nos pasa por la cabeza la idea de bajar por las escaleras. Nosotros levantamos la manta con los pies y jugamos a que estamos en una tienda de campaña, Robin Hood y sus alegres hombres. Cazamos pulgas y las aplastamos entre las uñas de los pulgares.

De pronto se oye el llanto de un niño, y Malachy pregunta:

—Papá, ¿ha recibido mamá un niño nuevo?

—*Och*, sí, hijo mío.

Como yo soy mayor, tengo que explicar a Malachy que la cama está en la cocina para que pueda bajar volando el ángel a dejar al niño en el séptimo peldaño, pero Malachy no lo entiende porque sólo tiene ocho años para cumplir nueve, y yo voy a cumplir los diez el mes que viene.

Mamá está en la cama con el niño nuevo. El niño tiene la cara grande y gorda y está todo rojo. En la cocina hay una mujer con uniforme de enfermera y nosotros sabemos que viene para lavar a los niños nuevos, que siempre llegan sucios del largo viaje con el ángel. Queremos hacer cosquillas al niño, pero la enfermera dice:

—No, no, podéis mirarlo, pero no le pongáis un solo dedo encima.

«No le pongáis un solo dedo encima». Así hablan las enfermeras.

Nos sentamos a la mesa con nuestro té y con nuestro pan mirando a nuestro nuevo hermano, pero él no abre siquiera los ojos para devolvernos la mirada, de modo que salimos a jugar.

Al cabo de pocos días, mamá sale de la cama y se sienta junto al fuego con el niño en su regazo. El niño tiene los ojos abiertos y cuando le hacemos cosquillas hace gorgoritos, se le mueve la tripa y eso nos hace reír. Papá le hace cosquillas y canta una canción escocesa:

> Oh, oh, basta de cosquillas, Jock,
> Basta de cosquillas, Jock.
> Basta de cosquillas,
> Cosqui cosqui quillas.
> Basta de cosquillas, Jock.

Papá tiene trabajo, de modo que Bridey Hannon puede visitar a mamá y al niño cuando quiera, y por una vez mamá no nos manda que salgamos a jugar a la calle para que ellas puedan hablar de cosas secretas. Se sientan junto al fuego fumando y hablando de nombres. Mamá dice que le gustan los nombres Kevin y Sean, pero Bridey dice:

—Ay, no, hay demasiados en Limerick. Jesús, Ángela, si te asomaras a la puerta y gritaras «Kevin» o «Sean, ven a tomarte el té», vendría medio Limerick corriendo a tu puerta.

Bridey dice que si tuviera un hijo, que lo tendrá algún día si Dios quiere, lo llamará Ronald, porque está loca por Ronald Colman, que sale en las películas del cine Coliseum. O Errol, que es otro nombre precioso, Errol Flynn.

—Déjate de eso, Bridey —dice mamá—. Yo no sería capaz de asomarme a la puerta y decir: «Errol, Errol, ven a tomarte el té». El pobre niño sería el hazmerreír de todos.

—Ronald —dice Bridey—, Ronald. Es una preciosidad.

—No —dice mamá—, tiene que ser irlandés. ¿Para qué hemos luchado, si no, todos estos años? ¿De qué sirve luchar contra los ingleses durante siglos si vamos a llamar Ronald a nuestros hijos?

—Jesús, Ángela, empiezas a hablar como él, los irlandeses por aquí, los ingleses por allá.

—Con todo, tiene razón, Bridey.

De pronto, Bridey exclama:

—Jesús, Ángela, a ese niño le pasa algo.

Mamá salta de la silla, abraza al niño, solloza:

—Ay, Jesús, Bridey, se está ahogando.

—Voy a buscar corriendo a mi madre —dice Bridey, y vuelve al cabo de un momento con la señora Hannon.

—Aceite de ricino —dice la señora Hannon—. ¿Lo tiene? Cualquier aceite. ¿Aceite de hígado de bacalao? Ése servirá.

Vierte el aceite en la boca del niño, lo pone boca abajo, le presiona la espalda, lo pone boca arriba, le mete una cuchara por la garganta y saca una bola blanca.

—Esto es —dice—. La leche. Se junta y se les queda dura en la pequeña garganta, y hay que ablandarla con aceite de cualquier clase.

—Jesús —dice mamá, llorando—, casi lo he perdido. Me moriría, claro que me moriría.

Está abrazando al niño y llorando e intenta dar las gracias a la señora Hannon.

—Caramba, no tiene importancia, señora. Coja al niño y vuelva a meterse en esa cama, pues los dos se han llevado un susto grande.

Mientras Bridey y la señora Hannon están ayudando a mamá a meterse en la cama yo advierto que hay gotas de sangre en la silla de ella. ¿Se está desangrando mi madre? ¿Se puede decir «mirad, hay sangre en la silla de mamá»? No, no se puede decir nada, porque ellos siempre tienen secretos. Sé que si dices algo los mayores te dicen:

—No importa, siempre estás curioseando..., no es asunto tuyo, vete a jugar.

Tengo que guardármelo dentro o puedo hablar con el ángel. La señora Hannon y Bridey se marchan y yo me siento en el séptimo peldaño. Intento decir al ángel que mamá se está desangrando. Quiero que me diga «nada temas», pero el peldaño está frío y no hay ninguna luz, ninguna voz. Me convenzo de que se ha marchado para siempre, y me pregunto si eso sucede cuando uno pasa de los nueve años a los diez.

Mamá no se desangra. Se levanta de la cama al día siguiente y prepara al niño para bautizarlo. Dice a Bridey que no se habría perdonado jamás a sí misma si el niño hubiera muerto y hubiera ido al limbo, que es el sitio donde van los niños no bautizados, donde puede que se esté a gusto y haga calor, pero, aun así se está siempre a oscuras y no hay esperanza de salir de allí, ni siquiera después del Juicio Final.

La abuela, que ha venido a ayudar, dice:

—Es verdad, el niño que no está bautizado no tiene esperanza de subir al cielo.

Bridey dice que un Dios que hiciera algo así sería muy severo.

—Tiene que ser severo —dice la abuela—; de lo contrario, aparecerían niños de todas clases pidiendo a voces entrar en el cielo, protestantes y de

todo, ¿y por qué van a entrar después de lo que nos hicieron durante ochocientos años?

—Los niños no nos hicieron nada —dice Bridey—. Son demasiado pequeños.

—Nos lo harían si pudieran —dice la abuela—. Están enseñados a hacerlo.

Visten al niño con el vestido de encajes de Limerick con el que nos bautizaron a todos. Mamá dice que podemos ir todos a San José y nos ilusiona-
mos porque después tomaremos gaseosa y bollos.

—¿Cómo se llama el niño, mamá? —pregunta Malachy.

—Alphonsus Joseph.

Se me escapan las palabras de la boca:

—Es un nombre tonto. Ni siquiera es irlandés.

La abuela me mira fijamente con sus ojos viejos y enrojecidos.

—A este chico le hace falta un buen cachete en la boca —dice.

Mamá me da una bofetada en la cara que me envía al otro lado de la cocina. El corazón me palpita violentamente y tengo ganas de llorar, pero no
puedo porque papá no está y yo soy el hombre de la casa. Mamá dice:

—Puedes subir al piso de arriba con tu bocaza y no te muevas de esa habitación.

Yo me detengo en el séptimo peldaño, pero sigue frío, no está la luz, no
está la voz.

La casa se queda en silencio cuando todos se han marchado a la capilla.
Yo espero sentado arriba, quitándome las pulgas de los brazos y de las piernas, deseando que estuviera papá, pensando en mi hermanito y en su nombre extranjero, Alphonsus, un nombre que es una lacra.

Al cabo de un rato se oyen voces en el piso de abajo y se habla de tomar
té, jerez, gaseosa, bollos, y de que «este niño es la criatura más encantadora
del mundo», «el pequeño Alphie», «es un nombre extranjero, pero aun así,
aun así», «no ha abierto la boca en todo el rato», «qué buen carácter tiene»,
«que Dios lo bendiga, seguro que no morirá nunca, con esa dulzura suya», «es
un pequeño encanto», «el vivo retrato de su madre, de su padre, de su abuela, de sus hermanitos que están muertos».

Mamá dice en voz alta desde abajo de las escaleras:

—Frankie, baja y tómate una gaseosa y un bollo.

—No los quiero. Quedáoslos.

—He dicho que bajes ahora mismo, porque si tengo que subir estas escaleras te caliento el trasero y te vas a enterar de lo que vale un peine.

—¿Un peine? ¿Cuánto vale un peine?

—No te preocupes de cuánto vale un peine. Baja ahora mismo.

Tiene la voz cortante, y lo del peine parece peligroso. Bajaré.

En la cocina, la abuela dice:

—Mira qué cara más larga tiene. Debería estar contento por su hermanito; claro que un niño que pasa de los nueve a los diez años siempre es totalmente inaguantable, y vaya si lo sé yo, para eso he tenido dos.

La gaseosa y el bollo están deliciosos, y Alphie, el niño nuevo, está gorjeando y disfrutando del día de su bautizo, tan inocente que no sabe que su nombre es una lacra.

El abuelo del Norte envía un giro telegráfico de cinco libras para Alphie, el niño recién nacido. Mamá quiere ir a cobrarlo, pero no puede apartarse mucho de la cama. Papá dice que irá a cobrarlo él a la oficina de correos. Mamá nos dice a Malachy y a mí que vayamos con él. Él lo cobra y nos dice:

—Bueno, chicos, volved a casa y decid a vuestra madre que yo volveré dentro de un rato.

—Papá —dice Malachy—, no debes ir a la taberna. Mamá dijo que debías traer el dinero a casa. No debes beberte la pinta.

—Vamos, vamos, hijos. Volved a casa con vuestra madre.

—Danos el dinero, papá. Ese dinero es para el niño.

—Vamos, Francis, no seas un niño malo. Haced lo que os dice vuestro padre.

Se aparta de nosotros y entra en la taberna de South.

Mamá está sentada junto a la chimenea con Alphie en brazos. Sacude la cabeza.

—Se ha ido a la taberna, ¿verdad?

—Sí.

—Quiero que volváis a esa taberna y que lo hagáis salir cantándole las verdades. Quiero que os pongáis en medio de la taberna y que digáis a todos los presentes que vuestro padre se está bebiendo el dinero del niño. Vais a decir a todo el mundo que no hay en toda la casa un bocado que comer, ni un trozo de carbón para encender el fuego, ni una gota de leche para el biberón del niño.

Malachy ensaya el discurso en voz alta mientras vamos andando por la calle:

—Papá, papá, esas cinco libras son para el niño nuevo. No son para beber. El niño está arriba, en la cama, pidiendo leche a gritos y a voces, y tú, bebiéndote la pinta.

Se ha marchado de la taberna de South. Malachy quiere ponerse en medio de la taberna y pronunciar el discurso de todos modos, pero yo le digo que tenemos que darnos prisa y buscar en otras tabernas antes de que papá se beba las cinco libras. Tampoco lo encontramos en otras tabernas. Sabe que mamá vendría a buscarlo o que nos enviaría, y en este extremo de Limerick y en las afueras hay tantas tabernas que podríamos pasarnos un mes entero buscándolo. Tenemos que decir a mamá que no hay rastro de él, y ella nos dice que somos unos inútiles totales.

—Ay, Jesús, si yo estuviera fuerte registraría todas las tabernas de Limerick. Le arrancaría la boca de la cara, vaya si lo haría. Volved, volved y buscad en todas las tabernas de la zona de la estación y buscad también en la freiduría de pescado y patatas de Naughton.

Tengo que ir yo solo, porque Malachy tiene diarrea y no puede apartarse demasiado del cubo. Registro todas las tabernas de la calle Parnell y de los alrededores. Busco en los reservados donde beben las mujeres y en todos los retretes para hombres. Tengo hambre, pero me da miedo volver a casa sin haber encontrado a mi padre. No está en la freiduría de Naughton, pero en una mesa del rincón hay un borracho dormido y se le ha caído al suelo su pescado con patatas fritas envuelto en páginas del *Limerick Leader*, y si no me lo llevo yo se lo llevará el gato, de modo que me lo meto bajo el jersey y salgo por la puerta y subo la calle para sentarme en los escalones de la estación del ferrocarril a comerme el pescado frito con patatas fritas, a ver pasar a los soldados borrachos con las chicas que se ríen, a dar las gracias mentalmente al borracho por haber inundado de vinagre el pescado y las patatas fritas y por haberlos rebozado de sal, y entonces pienso que si me muero esta noche estoy en pecado por haber robado y que podría ir de cabeza al infierno lleno de pescado y patatas fritas, pero hoy es sábado y si los curas siguen en los confesonarios puedo limpiar mi alma después de haber comido.

La iglesia de los dominicos está cerca, subiendo la calle Glentworth.

—Ave María Purísima; Padre, hace quince días de mi última confesión.

Le cuento los pecados habituales, y después le digo que he robado pescado frito con patatas fritas a un borracho.

—¿Por qué, hijo mío?

—Tenía hambre, Padre.

—¿Y por qué tenías hambre?

—Porque tenía la tripa vacía, Padre.

No dice nada, y aunque está a oscuras yo sé que está sacudiendo la cabeza.

—Hijo mío, ¿por qué no pudiste ir a tu casa y pedir a tu madre que te diese algo?

—Porque ella me envió a buscar a mi padre en las tabernas, Padre, y yo no lo encontraba, y no tiene ni un bocado en casa, porque él se está bebiendo las cinco libras que envió el abuelo del Norte para el niño nuevo, y ella está rabiando junto al fuego porque yo no encuentro a mi padre.

Me pregunto si este cura está dormido, porque se queda muy callado hasta que dice:

—Hijo mío, yo me siento aquí. Escucho los pecados de los pobres. Les impongo la penitencia. Les doy la absolución. Debería estar de rodillas lavándoles los pies. ¿Me entiendes, hijo mío?

Yo le digo que sí, aunque no lo entiendo.

—Vete a tu casa, hijo. Reza por mí.

—¿No me pone penitencia, Padre?

—No, hijo mío.

—Pero he robado el pescado y las patatas fritas. Estoy condenado.

—Estás perdonado. Vete. Reza por mí.

Me echa la bendición en latín, habla solo en inglés y yo me pregunto qué le he hecho.

Deseo encontrar a mi padre para poder decir a mamá: «Aquí está, y le quedan tres libras en el bolsillo». Ya no tengo hambre, y puedo subir por una acera de la calle O'Connell y bajar por la otra y registrar también las tabernas de las bocacalles, y lo encuentro en la taberna de Gleeson; es inconfundible por su manera de cantar:

> *Es cosa mía si la sorpresa más grande*
> *Brillara para mí en los ojos de alguien.*
> *Es asunto mío lo que yo sentiría*
> *Cuando los verdes valles de Antrim me dieran la bienvenida.*

El corazón me palpita con fuerza en el pecho y no sé qué hacer, porque sé que estoy ardiendo de rabia dentro de mí como mi madre que está sentada junto al fuego, y lo único que se me ocurre es entrar y darle una buena patada en la pierna y volver a salir corriendo, pero no lo hago porque tenemos las mañanas junto al fuego cuando me habla de Cuchulain y de De Valera y de Roosevelt, y si ahora está allí borracho tomándose pintas con el dinero del niño también tiene en los ojos esa mirada que tenía Eugene cuando buscaba a Oliver, y más vale que vuelva a casa y diga a mi madre una mentira, que no lo he visto y no he podido encontrarlo.

Mamá está en la cama con el niño. Malachy y Michael están arriba, en Italia, dormidos. Sé que no tengo que decir nada a mamá, que falta poco para que cierren las tabernas y entonces llegará él a casa cantando y ofreciéndonos un penique por morir por Irlanda, y ahora será diferente, porque beberse el paro o el sueldo ya es malo de por sí, pero el hombre que se bebe el dinero que era para un niño nuevo es el colmo de los colmos, como diría mi madre.

VIII

Ya tengo diez años y voy a ir a la iglesia de San José para recibir la Confirmación. Nos prepara en la escuela el maestro, el señor O'Dea. Tenemos que saber bien lo que es la Gracia Santificante, una perla de alto precio que Jesús compró para nosotros con Su muerte. Al señor O'Dea se le ponen los ojos en blanco cuando nos dice que con la Confirmación pasaremos a formar parte de la Divinidad. Tendremos los dones del Espíritu Santo: sabiduría, entendimiento, buen consejo, fortaleza, conocimiento, piedad, temor de Dios. Los curas y los maestros nos dicen que con la Confirmación ya eres un verdadero soldado de la Iglesia, y que eso te da derecho a morir y a ser mártir si nos invaden los protestantes, los mahometanos u otros paganos cualesquiera. Otra vez me hablan de morir: me dan ganas de decirles que yo no podré morir por la Fe porque ya estoy comprometido para morir por Irlanda.

Mikey Molloy me dice:

—¿Es que estás de broma? Eso de morir por la Fe es un camelo. No es más que un cuento que se han inventado para meterte miedo. Lo de Irlanda también. Ya no muere nadie por nada. Ya han muerto todos los que tenían que morir. Yo no pienso morir por Irlanda ni por la Fe. Quizás estuviese dispuesto a morir por mi madre, pero nada más.

Mikey lo sabe todo. Va a cumplir catorce años. Le dan ataques. Ve visiones.

Los mayores nos dicen que morir por la Fe es una cosa gloriosa, pero nosotros no estamos preparados todavía para ello, porque el día de la Confir-

198

mación es como el día de la Primera Comunión, uno recorre los callejones y las callejas y le dan bollos y dulces y dinero, la Colecta.

Y aquí interviene el pobre Peter Dooley. Nosotros lo llamamos «Cuasimodo», porque tiene una joroba como el jorobado de Notre Dame, aunque sabemos bien que éste se llamaba en realidad Charles Laughton.

«Cuasimodo» tiene nueve hermanas, y se dice que su madre no lo quería, pero el ángel se lo trajo y es pecado quejarse de lo que te mandan. «Cuasimodo» es mayor, tiene quince años. El pelo pelirrojo se le pone de punta en todas direcciones. Tiene los ojos verdes, y uno se le mueve tanto que siempre se está dando golpecitos en las sienes para volverlo a su sitio. Tiene la pierna derecha corta y retorcida, y cuando anda va dando pasitos de baile y se cae cuando uno menos se lo espera. Y entonces es cuando el observador se queda sorprendido. Maldice de su pierna, maldice del mundo, pero maldice con un hermoso acento inglés que aprendió de la radio, de la BBC. Cuando va a salir de su casa asoma siempre la cabeza por la puerta y anuncia a todo el callejón: «Aquí viene mi cabeza, pronto llegará mi culo». Cuando «Cuasimodo» tenía doce años, llegó a la conclusión de que, en vista de su aspecto y de la forma en que el mundo lo miraba, lo mejor que podía hacer era prepararse para realizar un trabajo donde el público lo oyera pero no lo viera, y ¿qué mejor que sentarse delante de un micrófono en la BBC de Londres a leer las noticias?

Pero para irse a Londres hace falta dinero, y por eso acude cojeando a nosotros aquel viernes, la víspera de la Confirmación. Tiene una propuesta para Billy y para mí. Sabe que al día siguiente nos darán dinero por la Confirmación, y dice que si le prometemos pagarle un chelín cada uno nos dejará subir esa misma noche por el canalón que hay en la parte trasera de su casa para que miremos por la ventana y veamos a sus hermanas desnudas mientras se dan su baño semanal. Yo me apunto inmediatamente. Billy dice:

—Yo tengo mi propia hermana. ¿Por qué voy a pagarte para ver a tus hermanas desnudas?

«Cuasimodo» dice que mirar el cuerpo desnudo de tu propia hermana es el pecado mayor que existe y que no sabe si habrá en todo el mundo un cura capaz de perdonarte si lo cometes, que quizás tengas que acudir al obispo, que, como todo el mundo sabe, es un coco.

Billy se apunta.

El viernes por la noche saltamos el muro del patio trasero de «Cuasimodo». Hace una noche preciosa; la luna de junio está suspendida en lo alto sobre Limerick y se siente una brisa cálida que sube del río Shannon. Cuando «Cuasimodo» está a punto de dejar a Billy subirse por el canalón, aparece encima del muro el mismísimo Mikey Molloy «el Ataques», que susurra a «Cuasimodo»:

—Toma el chelín, «Cuasimodo». Déjame subir por el canalón.

Mikey ya tiene catorce años, es mayor que cualquiera de nosotros y está fuerte por su trabajo de repartidor de carbón. Está negro de carbón como el tío Pa Keating, y sólo se le ve el blanco de los ojos y la espuma blanca que tiene en el labio inferior, que indica que le puede dar el ataque en cualquier momento.

—Espera, Mikey —dice «Cuasimodo»—. Éstos están primero.

—¿Que espere? Y una mierda —dice Mikey, y se sube por el canalón. Billy protesta, pero «Cuasimodo» sacude la cabeza.

—No puedo evitarlo —dice—. Viene todas las semanas con el chelín. Yo tengo que dejarle subir por el canalón. Si no, me pegará y se lo contará a mi madre, y a continuación mi madre me meterá en la carbonera todo el día con las ratas.

Mikey «el Ataques» está en lo alto, agarrado al canalón con una mano. Tiene la otra mano en el bolsillo y la mueve, la mueve, y cuando el canalón empieza a moverse también y a crujir, «Cuasimodo» susurra:

—Molloy, nada de pajas subido al canalón.

Da saltos por el patio mientras protesta. Ha perdido el acento de la BBC y ahora habla como un natural de Limerick por los cuatro costados:

—Jesús, Molloy, bájate de ese canalón o se lo cuento a mi madre.

La mano de Mikey se mueve más aprisa en el bolsillo, tan aprisa que el canalón da una sacudida y se desploma y Mikey queda tendido en el suelo gritando:

—Estoy muerto, estoy destrozado. Dios mío.

Se le ve la espuma de los labios y la sangre que le sale por haberse mordido la lengua.

La madre de «Cuasimodo» sale por la puerta gritando: «¡Jesús! ¿Qué es esto?», y el patio se inunda de la luz de la cocina. Las hermanas chillan asomadas a la ventana de arriba. Billy intenta huir y ella lo arranca de la pared. Le dice que vaya corriendo a la farmacia de O'Connor, que está a la vuelta de la esquina, para que llamen por teléfono a una ambulancia o a un médico o a lo que sea para Mikey. Nos manda a voces que entremos en la cocina. Mete a «Cuasimodo» a patadas en el pasillo. Él está a cuatro patas, y ella lo arrastra hasta la carbonera que hay bajo la escalera y lo encierra dentro con llave.

—Quédate allí hasta que recobres el juicio.

Él llora y la llama a voces, con puro acento de Limerick:

—Ay, mamá, mamá, déjame salir. Aquí hay ratas. Sólo quería ir a la BBC, mamá. Ay, Jesús; mamá, Jesús. No volveré a dejar subir a nadie por el canalón. Te mandaré dinero desde Londres. ¡Mamá! ¡Mamá!

Mikey sigue tendido en el suelo, con convulsiones y retorciéndose por el patio. La ambulancia se lo lleva al hospital con una clavícula rota y con la lengua hecha trizas.

Nuestras madres aparecen al poco rato.

—Estoy deshonrada —dice la señora Dooley—, eso es lo que estoy, deshonrada. Mis hijas no se pueden bañar los viernes por la noche sin que todo el mundo fisgonee por la ventana, y estos chicos están en pecado y deben presentarse al cura antes de que les den la Confirmación mañana.

Pero mamá dice:

—No sé lo que harán los demás, pero yo me he pasado ahorrando un año entero para el traje de Confirmación de Frank y no voy a presentarme al cura a decirle que mi hijo no está preparado para la Confirmación y tener que esperar al año que viene, cuando ya se le haya quedado pequeño este traje, sólo porque se haya subido a un canalón para echar una mirada inocente al culo esmirriado de Mona Dooley.

Me lleva a casa a rastras de la oreja y me hace arrodillarme ante el Papa.

—Júralo —dice—, jura al Papa que no has mirado a Mona Dooley en cueros.

—Lo juro.

—Si mientes, no estarás en gracia de Dios cuando recibas la Confirmación mañana, y ése es el peor de los sacrilegios.

—Lo juro.

—Sólo el obispo podría perdonar un sacrilegio como ése.

—Lo juro.

—Está bien. Vete a la cama, y a partir de hoy no vuelvas a acercarte a ese desgraciado de «Cuasimodo» Dooley.

Al día siguiente nos confirman a todos. El obispo me hace una pregunta del catecismo: «¿Cuál es el cuarto mandamiento?», y yo le respondo: «Honrarás a tu padre y a tu madre». Me da una palmadita en la mejilla y con eso me convierte en soldado de la Iglesia Verdadera. Me arrodillo en el banco y pienso en «Cuasimodo», encerrado en la carbonera bajo las escaleras, y me pregunto si debería darle a pesar de todo el chelín como ayuda para su carrera profesional en la BBC.

Pero me olvido de «Cuasimodo» porque me empieza a sangrar la nariz y me encuentro mareado. Los chicos y las chicas que han recibido la Confirmación están en la calle con sus padres, delante de la iglesia de San José, y hay abrazos y besos bajo el sol brillante, y a mí me da igual. Mi padre está trabajando y a mí me da igual. Mi madre me besa y a mí me da igual. Los chicos hablan de la Colecta y a mí me da igual. La nariz no me deja de sangrar y mamá teme que vaya a estropear el traje. Entra corriendo en la iglesia a pedir un trapo a Stephen Carey, el sacristán, y éste le da un pedazo de lienzo que me irrita la nariz.

—¿No quieres hacer la Colecta? —me dice, y yo le digo que me da igual.

—Sí, sí, Frankie —dice Malachy, que está triste porque yo le había prometido que lo llevaría al cine Lyric a ver la película y a atiborrarnos de dulces. Yo tengo ganas de acostarme. Me dan ganas de acostarme allí mismo, en la escalinata de San José y de dormirme para siempre.

—La abuela está preparando un buen desayuno —dice mamá, y con sólo oír hablar de la comida me dan tantas náuseas que corro al borde de la acera y vomito, y todo el mundo me mira y a mí me da igual. Mamá dice que más vale que me lleve a casa y me meta en la cama, y a mis amigos les sorprende que alguien pueda meterse en la cama cuando puede salir a hacer una Colecta.

Me ayuda a quitarme el traje de Confirmación y me mete en la cama. Toma un trapo húmedo y me lo pone en la nuca, y al cabo de un rato dejo de sangrar. Me trae té, pero sólo con verlo me dan náuseas y tengo que vomitar en el cubo. Llega la señora Hannon de la casa de al lado y le oigo decir que este niño está muy enfermo y que debería verlo un médico. Mamá dice que es sábado, que el dispensario está cerrado y que dónde va a encontrar un médico.

Papá vuelve a casa de su trabajo en la Fábrica de Harina de Rank y dice a mamá que estoy pasando una etapa, los dolores del crecimiento. Viene la abuela y dice lo mismo. Dice que cuando los niños pasan de la edad de una cifra, que es el nueve, a la edad de dos cifras, que es el diez, están cambiando y suelen sangrar por la nariz. Dice que, en todo caso, es posible que yo tenga demasiada sangre y que una buena limpieza no me vendrá nada mal.

Pasa el día y duermo a ratos. Malachy y Michael se meten en la cama por la noche y oigo que Malachy dice:

—Frankie está muy caliente.

—Me está sangrando en la pierna —dice Michael.

Mamá me pone el trapo húmedo y una llave en la nuca, pero con eso no dejo de sangrar. El domingo por la mañana tengo sangre en el pecho y a mi alrededor. Mamá dice a papá que estoy sangrando por el trasero y él dice que quizás tenga una descomposición de vientre, que es corriente cuando se tienen los dolores del crecimiento.

Nuestro médico es el doctor Troy, pero está de vacaciones, y al que viene a verme el lunes le huele el aliento a whiskey. Me reconoce y dice a mi madre que tengo un catarro fuerte y que guarde cama. Pasan los días y yo duermo y sangro. Mamá me prepara té y caldo de carne y yo no los quiero tomar. Hasta me trae helado, y sólo con verlo me dan náuseas. Vuelve a venir la señora Hannon y dice que ese médico no sabe lo que se dice y que vayamos a ver si ha regresado el doctor Troy.

Mamá vuelve con el doctor Troy. Éste me toca la frente, me levanta los párpados, me da la vuelta para verme la espalda, me coge en brazos y echa a correr hacia su automóvil. Mamá corre tras él y él le dice que tengo fiebres tifoideas.

—Ay, Dios, ay, Dios —exclama mamá—, ¿es que voy a perder a toda la familia? ¿Acabará esto alguna vez?

Ella se sube al coche, me sujeta en su regazo y pasa gimiendo todo el camino hasta el Hospital de Infecciosos del Asilo Municipal.

La cama tiene las sábanas frescas y blancas. Las enfermeras llevan uniformes limpios y blancos, y la monja, la hermana Rita, va toda de blanco. El doctor Humphrey y el doctor Campbell llevan batas blancas y llevan colgadas del cuello unas cosas que me aplican al pecho y por todo el cuerpo. Yo no hago más que dormir, pero estoy despierto cuando traen unos frascos llenos de un líquido rojo y brillante que cuelgan de unas varas altas sobre mi cama y me meten unos tubos en los tobillos y en el dorso de la mano derecha.

—Estás recibiendo sangre, Francis —dice la hermana Rita—. Sangre de los soldados del cuartel de Sarsfield.

Mamá está sentada junto a la cama y la enfermera le dice:

—Sabe usted, señora, esto es muy poco corriente. A nadie le dejan entrar nunca al Hospital de Infecciosos por miedo al contagio, pero con usted han hecho una excepción, ahora que le viene la crisis. Si la supera, seguro que se recuperará.

Me quedo dormido. Cuando me despierto, mamá se ha marchado, pero hay movimiento en la habitación y es el cura, el padre Gorey, el de la Cofradía, que está diciendo misa en una mesa en el rincón. Vuelvo a adormecerme y ahora me despiertan de nuevo y me apartan las sábanas. El padre Gorey me está tocando con aceite y está rezando en latín. Sé que es la Extremaunción y que eso significa que me voy a morir, y me da igual. Vuelven a despertarme para darme la comunión. Yo no la quiero, tengo miedo de que me den náuseas. Me guardo la hostia en la lengua y me quedo dormido, y cuando me despierto otra vez ha desaparecido.

Se ha hecho de noche y el doctor Campbell está sentado junto a mi cama. Me coge la muñeca y mira su reloj. Tiene el pelo rojo y gafas, y sonríe siempre que me habla. Ahora se sienta y tararea y mira por la ventana. Se le cierran los ojos y ronca un poco. Se inclina de lado en la silla y se tira un pedo y sonríe para sí mismo, y ahora sé que voy a recuperarme, porque un médico no se tiraría nunca un pedo delante de un niño que se estuviera muriendo.

El hábito blanco de la hermana Rita brilla al sol que entra por la ventana. Me coge la muñeca, mira su reloj, sonríe.

—Ah —sonríe—, estamos despiertos, ¿verdad? Bueno, Francis, creo que hemos pasado lo peor. Nuestras oraciones han sido atendidas, y también todas las oraciones de los cientos de niños de la Cofradía. ¿Te lo imaginas? Cientos de niños han rezado el Rosario por ti y han ofrecido su comunión por ti.

Tengo punzadas de dolor en los tobillos y en el dorso de la mano por los tubos que me meten la sangre y me da igual que los niños recen por mí. Cuando la hermana Rita sale de la habitación yo oigo el rumor de su hábito y el chasquido de su rosario. Me quedo dormido, y cuando me despierto es de noche y papá está sentado junto a la cama con su mano sobre la mía.

—¿Estás despierto, hijo?

Intento hablar pero estoy seco, no me sale nada, y me señalo la boca. Él me acerca a los labios un vaso de agua, que está dulce y fresca. Me aprieta la mano y dice que soy un buen soldado y que cómo no voy a serlo: ¿acaso no llevo la sangre de los soldados?

Ya no llevo los tubos y los frascos de cristal han desaparecido.

La hermana Rita entra y dice a papá que tiene que marcharse. Yo no quiero que se marche, porque tiene aspecto triste. Se parece a Paddy Clohessy el día en que le di la pasa. Cuando tiene aspecto triste es lo peor del mundo, y yo me echo a llorar.

—¿Qué es eso? —dice la hermana Rita—. ¿Llorando, con toda la sangre de soldado que llevas dentro? Mañana te espera una buena sorpresa,

Francis. No lo adivinarás nunca. Pues te lo diré yo: te vamos a traer una galleta muy rica con el té de la mañana. ¿No es maravilloso? Y tu padre volverá mañana o pasado, ¿verdad, señor McCourt?

Papá asiente con la cabeza y vuelve a poner su mano sobre la mía. Me mira, retrocede, vuelve, me besa en la frente por primera vez en mi vida, y yo me siento tan feliz que me gustaría salir flotando de la cama.

Las otras dos camas de mi habitación están desocupadas. La enfermera dice que soy el único paciente con tifus y que es un milagro que haya superado la crisis.

La habitación contigua a la mía está desocupada hasta que una mañana oigo una voz de muchacha que dice:

—Hola, ¿hay alguien ahí?

Yo no estoy seguro de si me habla a mí o a alguien de la habitación del otro lado.

—Hola, chico del tifus, ¿estás despierto?

—Sí.

—¿Estás mejor?

—Sí.

—Entonces, ¿por qué estás aquí?

—No lo sé. Sigo en la cama. Me ponen inyecciones y me dan medicinas.

—¿Cómo eres?

¿Qué querrá decir con esa pregunta? No sé qué contestarle.

—Hola, ¿sigues ahí, chico del tifus?

—Sí.

—¿Cómo te llamas?

—Frank.

—Es un buen nombre. Yo me llamo Patricia Madigan. ¿Cuántos años tienes?

—Diez.

—Ah.

Parece desilusionada.

—Pero voy a cumplir los once en agosto, el mes que viene.

—Bueno, once es mejor que diez. Yo voy a cumplir catorce en septiembre. ¿Quieres saber por qué estoy en el Hospital de Infecciosos?

—Sí.

—Tengo difteria y otra cosa.

—¿Qué otra cosa?

—No lo saben. Creen que tengo una enfermedad del extranjero, porque mi padre ha estado en África. Estuve a punto de morirme. ¿Vas a decirme cómo eres?

—Tengo el pelo negro.

—Como millones de personas.

—Tengo los ojos castaños con rayas verdes, lo que llaman color avellana.

—Como miles de personas.

—Tengo puntos en el dorso de la mano derecha y en los dos pies, por donde me metieron la sangre de los soldados.

—Dios mío, ¿te han hecho eso?

—Sí.

—No podrás parar de desfilar y de saludar.

Se oye el rumor de un hábito y el chasquido de un rosario y, a continuación, la voz de la hermana Rita:

—Vamos..., vamos..., ¿qué es esto? No se puede hablar de habitación a habitación..., y menos cuando son un niño y una niña. ¿Me has oído, Patricia?

—Sí, Hermana.

—¿Me has oído, Francis?

—Sí, Hermana.

—Podríais dar gracias por haberos recuperado milagrosamente. Podríais rezar el rosario. Podríais leer *El Pequeño Mensajero del Sagrado Corazón* que tenéis junto a la cama. Que no vuelva a encontraros hablando.

Entra en mi habitación y me señala con el dedo.

—Sobre todo a ti, Francis, después de que miles de niños rezaran por ti en la Cofradía. Da gracias, Francis, da gracias.

Se marcha y hay un rato de silencio. Después, Patricia susurra:

—Da gracias, Francis, da gracias y reza el rosario, Francis.

Yo me río con tanta fuerza que viene corriendo una enfermera a ver si me pasa algo. Es una enfermera muy severa del condado de Kerry y me asusta.

—¿Qué es esto, Francis? ¿Riéndote? ¿Qué es lo que tiene tanta gracia? ¿Estáis hablando esa niña, la Madigan, y tú? Daré parte a la hermana Rita. No te puedes reír, pues te puedes provocar daños graves en los órganos internos.

Se marcha pisando pesadamente y Patricia vuelve a susurrar con un fuerte acento de Kerry:

—No te puedes reír, Francis, pues te puedes provocar daños graves en los órganos internos. Reza el Rosario, Francis, y reza por tus órganos internos.

Mamá me visita los jueves. Me gustaría ver también a mi padre, pero ya estoy fuera de peligro, se acabó la crisis, y sólo se me permite un visitante. Por otra parte, ella me dice que papá vuelve a trabajar en la Fábrica de Harina de Rank y que pide a Dios que este empleo le dure algún tiempo, ahora que hay guerra y que los ingleses necesitan harina desesperadamente. Me trae una tableta de chocolate, lo que demuestra que papá está trabajando. Jamás podría permitírselo viviendo del paro. Él me envía notas. Me dice que todos mis hermanos rezan por mí, que debo ser bueno, que obedezca a los médicos, a las monjas, a las enfermeras, y que no me olvide de rezar. Está seguro de que fue San Judas Tadeo quien me hizo salir adelante cuando tuve la crisis, porque es el santo patrono de los casos desesperados, y el mío era, sin duda, un caso desesperado.

Patricia dice que tiene dos libros junto a su cama. Uno es un libro de poesías, y es el que le gusta. El otro es una historia resumida de Inglaterra, y me pregunta si lo quiero. Se lo entrega a Seamus, el hombre que friega los suelos todos los días, y él me lo trae a mí y me dice:

—No debería llevar nada de una habitación de dipteria a una habitación de tifus, con todos los microbios que van por el aire y que se esconden entre las páginas, y si te da la dipteria encima del tifus se van a enterar y yo perderé el buen trabajo que tengo y acabaré en la calle cantando canciones patrióticas y pidiendo con un bote de hojalata en la mano, y lo podría hacer muy bien, pues no se ha escrito ninguna canción sobre los padecimientos de Irlanda que yo no me sepa, y también me sé algunas sobre las alegrías del whiskey.

Sí, se sabe la canción de Roddy McCorley. Dice que me la cantará con mucho gusto, pero apenas ha empezado a cantar la primera estrofa cuando entra corriendo la enfermera de Kerry.

—¿Qué es esto, Seamus? ¿Cantando? Deberías saber mejor que nadie que en este hospital está prohibido cantar. Me dan ganas de dar parte a la hermana Rita.

—Ay, por Dios, no haga eso, enfermera.

—Muy bien, Seamus. Lo pasaré por alto por esta vez. Ya sabes que cantar podría provocar a estos pacientes una recaída.

Cuando ella se marcha, él me dice en voz baja que me enseñará algunas canciones, porque cantar es bueno para pasar el tiempo cuando uno está solo en una habitación de tifus. Dice que Patricia es una niña encantadora, que le suele dar dulces del paquete que le envía su madre cada quince días. Deja de fregar el suelo y dice en voz alta a Patricia, que está en la habitación contigua:

—Decía a Frankie que eres una niña encantadora, Patricia.

Y ella le dice:

—Tú también eres un hombre encantador, Seamus.

Él sonríe porque es un viejo de cuarenta años y nunca ha tenido hijos, sólo tiene a los niños con los que puede hablar aquí, en el Hospital de Infecciosos.

—Aquí tienes el libro, Frankie —me dice—. Qué lástima que tengas que leer cosas de Inglaterra después de todo lo que nos hicieron, que no haya una sola historia de Irlanda en este hospital.

El libro me habla del rey Alfredo y de Guillermo el Conquistador y de todos los reyes y reinas hasta Eduardo, que se pasó toda la vida esperando a que se muriera su madre, Victoria, hasta que pudo ser rey. En el libro viene el primer pasaje de Shakespeare que leí en mi vida:

> *Creo en verdad,*
> *Inducida por poderosas circunstancias,*
> *Que sois mi enemigo.*

El historiador dice que eso se lo dice Catalina, que es una de las esposas de Enrique VIII, al cardenal Wolsey, que quiere que le corten la cabeza. No sé qué significa, y me da igual, porque es de Shakespeare y cuando repito las palabras es como tener joyas en la boca. Si tuviera todo un libro de Shakespeare, no me importaría que me hicieran estar en el hospital un año entero.

Patricia dice que no sabe qué significa «inducida» ni «poderosas circunstancias» y que no le interesa Shakespeare; ella tiene su libro de poesías y me lee desde el otro lado de la pared una poesía que habla de un búho y de una gatita que se hicieron a la mar en una barca verde y que llevaban miel y dinero, y no tiene pies ni cabeza, y cuando se lo digo a Patricia ella se enfada y dice que es la última vez que me lee una poesía. Dice que yo estoy siempre recitando los versos de Shakespeare, que tampoco tienen ni pies ni cabeza. Seamus deja de fregar otra vez y nos dice que no tenemos que discutir por las poesías, que ya discutiremos bastante cuando seamos mayores y nos casemos. Patricia se disculpa y yo me disculpo también, y ella me lee parte de otra poesía, que yo tengo que aprenderme para volver a recitársela a ella de madrugada o a última hora de la noche, cuando no hay monjas ni enfermeras.

El viento era un torrente oscuro entre los árboles agitados;
La luna era un galeón espectral azotado por mares turbulentos;
El camino era una franja de luna entre el páramo purpúreo,
Y el bandolero llegó galopando,
Galopando, galopando,
El bandolero llegó galopando a la puerta de la vieja posada.

Llevaba un tricornio francés en la frente, encajes en el cuello,
Casaca de terciopelo rosado y calzas de gamuza parda
Ceñidas sin arrugas; las botas hasta los muslos,
Y cabalgaba con joyas que brillaban.
Las pistolas le brillaban,
La vaina del sable le brillaba bajo el cielo enjoyado.

Cada día espero con impaciencia a que los médicos y las enfermeras me dejen solo para que Patricia pueda enseñarme una nueva estrofa y poder enterarme de lo que les pasa al bandolero y a la hija del posadero, de rojos labios. Me gusta esta poesía porque es emocionante y es casi tan buena como mis dos versos de Shakespeare. Los casacas rojas acechan al bandolero porque saben que él le dijo a ella: «Vendré por ti a la luz de la luna, aunque todo el infierno me cierre el paso».

A mí me encantaría hacer eso mismo, venir a la luz de la luna a llevarme a Patricia de la habitación de al lado, sin que me importe un pedo de violinista que todo el infierno me cierre el paso. Cuando va a leerme las últimas estrofas entra de pronto la enfermera de Kerry, gritándonos a ella y a mí.

—Os dije que no se podía hablar de habitación a habitación. Los de la difteria tienen prohibido hablar con los del tifus, y viceversa. Os lo advertí.

Y grita a Seamus:

—Seamus, llévate a éste. Llévate al chico. La hermana Rita dijo que si hablaban una palabra más, arriba con él. Os advertimos que os dejaseis de charla, pero no hicisteis caso. Llévate al chico, Seamus, llévatelo.

—Ay, vamos, enfermera, no ha hecho ningún daño. No es más que un poco de poesía.

—Llévate a ese chico, Seamus, llévatelo enseguida.

Él se inclina sobre mí y me susurra:

—Ay, Dios, Frankie, lo siento mucho. Toma tu libro de historia inglesa.

Me desliza el libro bajo el camisón y me levanta de la cama. Me susurra que soy como una pluma. Yo intento ver a Patricia cuando pasamos por su habitación, pero lo único que distingo es una mancha en forma de cabeza morena sobre una almohada.

La hermana Rita nos detiene en el pasillo para decirme que la he decepcionado mucho, que esperaba que yo hubiera sido un niño bueno después de lo que había hecho Dios por mí, después de todo lo que habían rezado por mí cientos de niños en la Cofradía, después de todo lo que me habían cuidado las monjas y las enfermeras del Hospital de Infecciosos, después de que habían dejado entrar a mi madre y a mi padre para que me vieran, cosa que rara vez se permite, y así se lo había pagado yo, echado en la cama recitando poesías tontas con Patricia Madigan, cuando sabía muy bien que estaba prohibido que los del tifus hablasen con los de la difteria. Dice que tendré mucho tiempo a mi disposición para reflexionar sobre mis pecados en la sala grande del piso de arriba, y que debía pedir perdón a Dios por mi acto de desobediencia al recitar una poesía inglesa pagana que hablaba de un ladrón a caballo y de una doncella con labios rojos que comete un pecado terrible, en vez de dedicarme a rezar o a leer la vida de un santo. Ya se había encargado ella de leer la poesía, y más me valía decírselo al cura cuando me confesase.

La enfermera de Kerry nos sigue hasta el piso de arriba, jadeando y asiéndose a la barandilla. Me dice que me quite de la cabeza la idea de que ella vaya a subirse hasta aquí, el fin del mundo, cada vez que a mí me duela o me pique algo.

En la sala hay veinte camas, todas blancas, todas desocupadas. La enfermera dice a Seamus que me acueste al final de la sala, junto a la pared, para asegurarse de que yo no vaya a hablar con cualquiera que pase por la puerta, cosa muy improbable porque no hay un alma en todo este piso. Dice a Seamus que ésta era la sala de infecciosos en la Gran Hambruna, hace mucho tiempo, y que sólo Dios sabe cuántos murieron aquí después de que los trajeran demasiado tarde para hacerles nada más que lavarlos antes de enterrarlos, y que se cuenta que se oyen gritos y quejidos en plena noche.

—Se te partiría el corazón si pensases en lo que nos hicieron los ingleses —dice—. Si no trajeron ellos la peste de la patata, tampoco hicieron gran cosa para aliviarla. Sin piedad. Sin la menor compasión por la gente que moría en esta misma sala, por los niños que sufrían y que morían aquí mientras los ingleses zampaban rosbif y trasegaban el mejor vino en sus casonas, por los niños que tenían la boca verde por haber intentado comer la hierba de los campos de los alrededores. Que Dios nos asista y nos libre de futuras hambrunas.

Seamus dice que fue una cosa terrible, verdaderamente, y que no le gustaría haber tenido que recorrer estos pasillos en la oscuridad viendo aquellas boquitas verdes abiertas. La enfermera me toma la temperatura.

—Ha subido un poco. Duerme, que te sentará bien, ahora que ya no puedes charlar ahí abajo con Patricia Madigan, que no peinará canas.

Hace un gesto con la cabeza a Seamus y éste responde con otro gesto triste.

Las enfermeras y las monjas se creen que uno no entiende nunca lo que dicen. Cuando tienes diez años para cumplir once se creen que eres un inocente, como mi tío Pat Sheehan, al que dejaron caer de cabeza. No puedes hacer preguntas. No puedes dar muestras de que has entendido lo que ha dicho la enfermera de Patricia Madigan, que se va a morir, y no puedes dar muestras de que te dan ganas de llorar por esta niña que te ha enseñado una poesía preciosa que, según la monja, era mala.

La enfermera dice que se tiene que ir y manda a Seamus barrer el polvo bajo mi cama y fregar un poco la sala. Seamus me dice que es una vieja perra por haber ido corriendo a quejarse a la hermana Rita de que nos estábamos recitando la poesía de una habitación a otra. Me dice que con una poesía no se puede contagiar ninguna enfermedad, como no sea el amor, ja, ja, y que eso mal podía pasar cuando se tienen, ¿cuántos años?, ¿diez para cumplir once? No había visto nunca nada igual, que a un chiquillo lo trasladaran al piso de arriba por recitar una poesía, y que le daban ganas de ir a contarlo al *Limerick Leader* para que lo publicasen, si no fuera porque él tenía ese empleo y lo perdería si la hermana Rita se enteraba.

—De todas formas, Frankie, un buen día tú saldrás de aquí y podrás leer toda la poesía que quieras, aunque no sé qué será de Patricia ahí abajo, no sé que será de Patricia, que Dios nos asista.

A los dos días se entera de lo que fue de Patricia, porque ésta se levantó de la cama para ir al retrete, aunque debía hacerlo en una cuña, se desmayó y se murió en el retrete. Seamus friega el suelo y tiene lágrimas en los ojos, y dice:

—Es una porquería morirse en el retrete cuando se es tan encantadora. Ella me dijo que sentía haberte hecho recitar esa poesía y que te trasladaran de la habitación. Dijo que todo fue por su culpa.

—No lo fue, Seamus.

—Ya lo sé, y bien que se lo dije.

Patricia ya no está, y yo no me enteraré de lo que pasó al bandolero y a Bess, la hija del posadero. Se lo pregunto a Seamus, pero él no sabe nada de poesías, y menos de poesías inglesas. Antes se sabía una poesía irlandesa, pero era toda de hadas y no salía ningún bandolero. Pero me dice que se lo preguntará a los parroquianos de la taberna que frecuenta él, donde siempre hay alguien recitando algo, y él me lo contará a mí. Mientras tanto, yo tendré en qué ocuparme leyendo mi historia resumida de Inglaterra y enterándome de toda su perfidia. Eso es lo que dice Seamus, perfidia, y yo no sé qué significa y él tampoco lo sabe, pero si es algo que hacen los ingleses debe de ser terrible.

Viene a fregar el suelo tres veces por semana, y la enfermera viene todas las mañanas a tomarme la temperatura y el pulso. El médico me escucha el pecho con la cosa que tiene colgada del cuello. Todos me dicen:

—¿Y cómo está hoy nuestro soldadito?

Una muchacha que lleva un vestido azul me trae las comidas tres veces al día y no me habla nunca. Seamus me dice que no está bien de la cabeza y que no le diga ni una palabra.

Los días de julio son largos y yo tengo miedo a la oscuridad. En la sala sólo hay dos luces, en el techo, y las apagan cuando se llevan la bandeja del té y la enfermera me da las pastillas. La enfermera me dice que me duerma pero yo no puedo, porque veo en las diecinueve camas de la sala a personas moribundas y con la boca verde por haber intentado comer hierba, y pidiendo a gemidos sopa, sopa protestante, la sopa que sea, y yo me cubro la cara con la almohada esperando que no vengan a rodear mi cama, a intentar cogerme y a pedirme a gritos trozos de la tableta de chocolate que me dio mi madre la semana pasada.

La verdad es que no me la dio ella. Tuvo que dejarla en la puerta porque ya no puedo recibir más visitas. La hermana Rita me dice que una visita al Hospital de Infecciosos es un privilegio y que después de mi mala conducta con lo de Patricia Madigan y aquella poesía yo ya no puedo gozar más del privilegio. Dice que volveré a casa dentro de pocas semanas y que lo que tengo que hacer es dedicarme a ponerme bueno y a aprender a andar otra vez después de pasar seis semanas en la cama, y que mañana, después de desayunar, podré salir de la cama. No sé por qué dice que tengo que aprender a andar, yo ando desde que era pequeño, pero cuando la enfermera me pone de pie junto a la cama, me caigo al suelo y la enfermera se ríe:

—¿Lo ves? Has vuelto a ser un niño pequeño.

Practico andando de cama en cama, de un lado a otro, de un lado a otro. No quiero ser un niño pequeño. No quiero estar en esta sala vacía, sin Patricia, sin el bandolero y sin la hija del posadero, de labios rojos. No quiero que los fantasmas de los niños con las bocas verdes me apunten con los dedos esqueléticos y me pidan a gritos trozos de mi tableta de chocolate.

Seamus dice que uno de los parroquianos de su taberna se sabía todas las estrofas de la poesía del bandolero y que tenía un final muy triste. Se brinda a recitármela, pues él no había aprendido a leer y tenía que llevar la poesía en la cabeza. De pie en el centro de la sala, apoyado en su fregona, recita:

> ¡*Trot, trot en el silencio helado!* ¡*Trot, trot en el eco de la noche!*
> ¡*Él estaba cada vez más cerca!* ¡*El rostro de ella era como una luz!*
> *Abrió mucho los ojos un momento, dio un último suspiro hondo,*
> *Y su dedo se movió a la luz de la luna,*
>   *Su fusil destrozó la luz de la luna,*
> *Le destrozó el pecho a la luz de la luna y dio aviso a él, muriendo ella.*

Él oye el disparo y huye, pero cuando se entera al alba de cómo murió Bess se pone furioso y vuelve con sed de venganza, pero los casacas rojas lo matan.

> *Tintas en sangre sus espuelas bajo el sol dorado; roja como el vino su casaca*
>   *[de terciopelo,*
> *Cuando lo mataron en el camino real,*
>   *Lo abatieron como a un perro en el camino real,*
> *Y yació entre su sangre en el camino real, con encajes en el cuello.*

Seamus se limpia la cara con la manga y se sorbe los mocos. Dice:

—No hay derecho a que te hayan trasladado aquí arriba, apartándote de Patricia, cuando no sabías siquiera lo que había pasado al bandolero y a Bess. Es un cuento muy triste, y cuando se lo recité a mi mujer ella se pasó llorando toda la noche, hasta que nos acostamos. Dijo que no había derecho a que los casacas rojas matasen a aquel bandolero, que ellos tienen la culpa de los males de medio mundo y que tampoco tuvieron nunca compasión con los irlandeses. Bueno, Frankie, si quieres oír más poesías dímelo; yo las oiré en la taberna y te las traeré en la cabeza.

La muchacha del vestido azul que no está bien de la cabeza me dice de repente un día: «¿Quieres leer un libro?», y me trae *La maravillosa búsqueda del señor Ernest Bliss*, de E. Phillips Oppenheim, que trata de un inglés que está harto y que no sabe a qué dedicarse todo el día, a pesar de que es tan rico que no es capaz de contar todo el dinero que tiene. Su criado le trae el periódico de la mañana, el té, el huevo, la tostada y la mermelada y él le dice: «Llévate eso, la vida está vacía». No es capaz de leer el periódico, no es capaz de comerse el huevo, y se consume. Su médico le dice que se vaya a vivir entre los pobres, en el este de Londres, y que así aprenderá a amar la vida; él lo hace así y se enamora de una muchacha que es pobre pero honrada y muy inteligente y se casan y se van a vivir a su casa del oeste de Londres, que es la parte de los ricos, porque es más fácil ayudar a los pobres y no estar hartos cuando se vive bien y con comodidades.

A Seamus le gusta que yo le cuente lo que leo. Me dice que ese relato del señor Ernest Bliss es un cuento inventado, porque nadie que estuviera en su sano juicio tendría que ir al médico por tener demasiado dinero y por no comerse un huevo, aunque nunca se sabe. Puede que sea así en Inglaterra. En Irlanda no se vería nunca nada semejante. Si aquí no te comes un huevo, te llevan al manicomio o dan parte al obispo.

No veo la hora de volver a casa y de contarle a Malachy lo de aquel hombre que no se quería comer el huevo. Malachy se caerá por el suelo de risa, porque una cosa así no podría pasar nunca. Dirá que me lo estoy inventando, pero cuando le diga que el personaje de este relato es un inglés, lo entenderá.

No puedo decirle a la muchacha del vestido azul que el relato era una tontería porque le puede dar un ataque.

—Si has terminado ese libro, te traeré otro —me dice—, porque hay una caja entera de libros que dejaron los pacientes antiguos.

Me trae un libro titulado *Tom Brown en la escuela*, que es difícil de leer, y un montón de libros de P. G. Wodehouse, que me hace reír con Ukridge y Bertie Wooster y Jeeves y todos los Mulliner. Bertie Wooster es rico, pero se come el huevo todas las mañanas por miedo a lo que pueda decir Jeeves. Me gustaría poder hablar de los libros con la muchacha del vestido azul o con quien fuese, pero tengo miedo de que se entere la enfermera de Kerry o la hermana Rita y me trasladen a una sala mayor todavía en el piso de arriba, con cincuenta camas vacías y llena de fantasmas de la Hambruna con la boca verde y que apuntan con dedos esqueléticos. Por la noche, en la cama, pienso en Tom Brown y en sus aventuras en la escuela de Rugby y en todos los personajes de P. G. Wodehouse. Puedo soñar con la hija del posadero, de labios rojos, y con el bandolero, y las monjas y las enfermeras no pueden evitarlo. Es muy bonito saber que la gente no puede entrometerse con lo que tienes dentro de la cabeza.

Llega el mes de agosto y yo cumplo once años. Llevo dos meses en este hospital, y pregunto si me dejarán salir para Navidad. La enfermera de Kerry dice que debía estar de rodillas dando gracias a Dios de estar vivo, en vez de quejarme.

—No me quejo, enfermera. Sólo preguntaba si estaré en casa para Navidad.

No me responde. Me dice que me porte bien o que me mandará a la hermana Rita, y que entonces ya veré si me porto bien.

Mamá viene al hospital el día de mi cumpleaños y me hace entregar un paquete con dos tabletas de chocolate y con una nota con los nombres de las gentes del callejón que me dicen que me ponga bueno y «vuelve a casa» y «eres un buen soldado, Frankie». La enfermera me deja hablar con ella por la ventana, y es difícil, porque las ventanas están altas y yo tengo que ponerme de pie en los hombros de Seamus. Digo a mamá que quiero volver a casa, pero ella dice que todavía estoy algo débil y que seguro que salgo dentro de poco tiempo.

—Es estupendo tener once años —dice Seamus—, porque el día menos pensado serás un hombre, te afeitarás y todo y podrás salir a encontrar trabajo y beberte tu pinta como un hombre más.

Al cabo de catorce semanas la hermana Rita me dice que puedo volver a mi casa y que qué suerte tengo, porque será el día de San Francisco de Asís. Me dice que he sido un paciente muy bueno, salvo aquel problemilla de la poesía y de Patricia Madigan, que Dios tenga en su seno, y que estoy invitado a volver al hospital el día de Navidad a hacer una buena comida. Mamá viene a recogerme al hospital, y con lo débiles que tengo las piernas tardamos mucho tiempo en llegar andando hasta la parada de autobús de Union Cross.

—No corras —me dice—. Después de tres meses y medio, no importa que tardemos una hora más.

Las gentes de la colina del Cuartel y del callejón Roden salen a recibirme a la puerta de sus casas y me dicen que se alegran mucho de verme volver, que soy un buen soldado, que mi padre y mi madre pueden estar orgullosos de mí. Malachy y Michael salen corriendo a mi encuentro en el callejón y me dicen:

—Dios, qué despacio andas. ¿Ya no puedes correr?

Hace un día luminoso y yo estoy contento hasta que veo a papá sentado en la cocina con Alphie en su regazo y siento un vacío en el corazón porque sé que vuelve a estar sin trabajo. Yo había creído todo este tiempo que tenía trabajo, mamá me había dicho que lo tenía, y yo creía que no nos faltaría comida ni zapatos. Me sonríe y dice a Alphie:

—*Och*, aquí está tu hermano mayor que ha vuelto a casa del hospital.

Mamá le dice lo que dijo el médico: que yo debía comer mucha comida nutritiva y descansar. El médico dijo que la carne sería lo mejor para que recobrase fuerzas. Papá asiente con la cabeza. Mamá prepara un caldo de carne con una pastilla de concentrado y Malachy y Mike me miran mientras me lo tomo. Dicen que ellos también quieren, pero mamá les dice:

—Dejadme en paz. Vosotros no habéis tenido el tifus.

Mamá dice que el médico ha mandado que me acueste pronto. Dice que intentó librarse de las pulgas, pero que están peor que nunca con el buen tiempo que hace.

—En todo caso —dice—, poco te pueden sacar, ahora que eres todo huesos y pellejo.

Me acuesto en la cama y pienso en el hospital, donde cambiaban todos los días las sábanas blancas y no había rastro de pulgas. Había un retrete donde se podía sentar uno a leer un libro hasta que llegaba alguien y te preguntaba si estabas muerto. Había una bañera donde se podía meter uno en el agua caliente todo el tiempo que quisiera y recitar:

> *Creo en verdad,*
> *Inducida por poderosas circunstancias,*
> *Que sois mi enemigo.*

Y recitar esto me ayuda a quedarme dormido.

Cuando Malachy y Michael se levantan a la mañana siguiente para ir a la escuela, mamá me dice que puedo quedarme en la cama. Malachy ya está en el quinto curso, con el señor O'Dea, y le gusta decir a todo el mundo que se está aprendiendo el catecismo rojo grande para la Confirmación, y el señor O'Dea les está hablando de la gracia de Dios, de Euclides y de cómo atormentaron los ingleses a los irlandeses durante ochocientos largos años.

Ya no quiero quedarme en la cama. Los días de octubre son preciosos, y prefiero quedarme sentado en la calle, mirando por el callejón cómo cae el sol por la pared que está enfrente de nuestra casa. Mikey Moloney me trae libros de P. G. Wodehouse que saca su padre de la biblioteca y yo paso días estupendos con Ukridge, con Bertie Wooster y con todos los Mulliner. Papá me deja leer su libro favorito, el *Diario de la cárcel* de John Mitchel, que trata de un gran rebelde irlandés al que los ingleses mandaron al exilio en la tierra de Van Diemen, en Australia. Los ingleses dicen a John Mitchel que es libre de ir y venir a sus anchas por la tierra de Van Diemen si da su palabra de honor como caballero de que no intentará escaparse. Él da su palabra hasta que llega un barco para ayudarle a escapar, y él se presenta en la oficina del magistrado inglés y le dice «voy a escaparme», se sube de un salto a su caballo y acaba en Nueva York. Papá dice que no le importa que lea libros ingleses tontos de P. G. Wodehouse mientras no me olvide de los hombres que hicieron su parte y que dieron sus vidas por Irlanda.

No puedo quedarme en casa para siempre, y mamá vuelve a llevarme en noviembre a la Escuela Leamy. El señor O'Halloran, el nuevo director, dice que lo siente, que he perdido más de dos meses de escuela y que tengo que volver al quinto curso. Mamá dice que seguro que estoy preparado para el sexto curso.

—Al fin y al cabo, sólo ha perdido unas semanas —dice.

El señor O'Halloran dice que lo siente mucho y que me lleve al aula de al lado, a la clase del señor O'Dea.

Mientras vamos por el pasillo digo a mamá que no quiero estar en el quinto curso. Malachy está en esa clase y yo no quiero estar en clase con mi hermano, que es un año menor que yo. Ya recibí la Confirmación el año pasado. Él no. Yo soy mayor. Ya no soy más grande que él por culpa del tifus, pero soy mayor.

—No te vas a morir por eso —dice mamá.

A ella no le importa, y a mí me vuelven a meter en esa clase con Malachy y sé que todos sus amigos están riéndose de mí porque he perdido curso. El señor O'Dea me hace sentarme en la primera fila y me dice que me quite de la cara esa expresión amarga o sentiré la punta de su palmeta de fresno.

Entonces sucede un milagro, todo gracias a San Francisco de Asís, mi santo favorito, y a Nuestro Señor en persona. Ese primer día de vuelta a la escuela me encuentro un penique en la calle y quiero ir corriendo a la tienda de Kathleen O'Connell para comprarme una tableta grande de *toffee* Cleeves, pero no puedo correr porque todavía tengo débiles las piernas, y a veces tengo que apoyarme en una pared. Deseo desesperadamente el *toffee* Cleeves, pero también deseo desesperadamente salir de la clase de quinto curso.

Sé que tendré que acudir a la estatua de San Francisco de Asís. Es el único que me querrá escuchar, pero está en la otra punta de Limerick y tardo una hora en llegar allí, sentándome en los escalones, apoyándome en las paredes. Ponerle una vela cuesta un penique, y yo me pregunto si podría ponerle la vela y guardarme el penique. No, San Francisco se enteraría. Ama a las aves del cielo y a los peces del río, pero no es tonto. Enciendo la vela, me arrodillo ante su estatua y le suplico que me saque de la clase de quinto curso donde me han metido con mi hermano, que seguramente está paseándose ahora por el callejón presumiendo de que su hermano mayor ha perdido curso. San Francisco no dice una sola palabra, pero sé que me está escuchando y sé que me sacará de esa clase. Es lo menos que puede hacer después de todo el trabajo que me ha costado llegar hasta su estatua, sentándome en los escalones, apoyándome en las paredes, cuando podría haber ido a la iglesia de San José y haber puesto una vela a la Florecilla o al propio Sagrado Corazón de Jesús. ¿De qué me sirve llevar su nombre si me va a abandonar en los momentos de necesidad?

Tengo que estar en la clase del señor O'Dea escuchando el catecismo y todo lo demás que enseñó el año pasado. Me gustaría levantar la mano y responder a las preguntas, pero él me dice: «Cállate, deja que responda tu hermano». Les pone problemas de aritmética y me encarga a mí que se los corrija. Les hace dictados en irlandés y me hace a mí corregir lo que han escrito. Después me encarga a mí que escriba redacciones especiales y me las hace leer ante toda la clase para que vean todo lo que aprendí de él el año pasado. Dice a la clase:

—Frank McCourt va a enseñaros lo bien que aprendió a escribir en esta clase el año pasado. Va a escribir una redacción sobre Nuestro Señor, ¿verdad, McCourt? Va a decirnos qué habría pasado si Nuestro Señor se hubiera criado en Limerick, que tiene la Archicofradía de la Sagrada Familia y que es la ciudad más santa de Irlanda. Sabemos que si Nuestro Señor se hubiera criado en Limerick no lo habrían crucificado, porque las gentes de Limerick han sido siempre buenos católicos y nada partidarios de las crucifixiones. De modo que, McCourt, escribe esa redacción en tu casa y tráela mañana.

Papá dice que el señor O'Dea tiene mucha imaginación, pero que Nuestro Señor ya sufrió bastante en la cruz para que encima tuviese que estar en Limerick con toda la humedad del río Shannon. Se pone la gorra y sale a dar un largo paseo, y tengo que pensar yo solo en Nuestro Señor y me pregunto qué voy a escribir en la redacción de mañana.

Al día siguiente, el señor O'Dea dice:

—Muy bien, McCourt, lee tu redacción a la clase.

—El nombre de mi redacción es...

—El título, McCourt, el título.

—El título de mi redacción es: «Jesús y el tiempo».

—¿Qué?

—«Jesús y el tiempo».

—Está bien, léela.

—Ésta es mi redacción:

«No creo que a Jesús, que es Nuestro Señor, le hubiese gustado el tiempo de Limerick, porque siempre está lloviendo y la ciudad está siempre húmeda por el Shannon. Mi padre dice que el Shannon es un río asesino porque mató a mis dos hermanos. En los retratos de Jesús siempre se le ve andando por el antiguo Israel con una sábana. Allí no llueve nunca y no se oye decir que nadie tosa ni que a nadie le dé la tisis ni nada por el estilo, y allí nadie tiene trabajo porque lo único que hacen es estar por ahí, comer maná, sacudir el puño y asistir a las crucifixiones.

»Siempre que Jesús tenía hambre lo único que tenía que hacer era ir andando por el camino hasta que encontraba una higuera o un naranjo y comer hasta hartarse. Si quería tomarse una pinta, movía la mano sobre un vaso grande y aparecía la pinta. O podía visitar a María Magdalena y a la hermana de ésta, Marta, y le daban de comer sin rechistar y le lavaban los pies y se los secaban con el pelo de María Magdalena mientras Marta fregaba los platos, lo que me parece injusto. ¿Por qué tenía que fregar ella los platos mientras su hermana se quedaba sentada charlando con Nuestro Señor? Es una buena cosa que Jesús decidiera nacer judío en esa tierra caliente, porque si hubiera nacido en Limerick habría cogido la tisis y se habría muerto en un mes, y no habría Iglesia Católica, y no habría Comunión ni Confirmación y no tendríamos que aprendernos el catecismo ni escribir redacciones sobre Él. Fin.»

El señor O'Dea se queda callado y me dirige una mirada rara, y yo me inquieto, porque cuando se queda callado de ese modo eso significa que alguien va a sufrir.

—¿Quién te ha escrito esa redacción, McCourt? —pregunta.

—Yo, señor.

—¿Te ha escrito tu padre esa redacción?

—No, señor.

—Ven conmigo, McCourt.

Salgo del aula detrás de él y vamos por el pasillo al despacho del director. El señor O'Dea le enseña mi redacción, y el señor O'Halloran me dirige también una mirada rara.

—¿Has escrito tú esta redacción?

—Sí, señor.

Me sacan de la clase de quinto curso y me ponen en la clase de sexto curso del señor O'Halloran, con todos los chicos que conozco: Paddy Clohessy, Fintan Slattery, «Quigley el Preguntas»; y aquel día, a la salida de clase, sé que tengo que volver a presentarme ante la estatua de San Francisco de Asís para darle gracias, aunque todavía tengo las piernas débiles del tifus y tengo que sentarme en los escalones y apoyarme en las paredes, y me pregunto si ha sido porque he dicho algo bueno en esa redacción o porque he dicho algo malo.

El señor Thomas L. O'Halloran imparte clases a tres cursos en una misma aula, al sexto curso, al séptimo y al octavo. Tiene la cara del presidente Roosevelt y lleva gafas con montura de oro. Lleva trajes azul marino o grises, y lleva una leontina de oro que le cuelga sobre el vientre, de un bolsillo del chaleco a otro. Lo llamamos «Saltarín», porque tiene una pierna más corta que la otra y da saltitos al andar. Él sabe que lo llamamos así y dice:

—Sí, soy «Saltarín», y os saltaré encima.

Lleva un palo largo, un puntero, y si no le prestas atención o si le das una respuesta estúpida te da tres palmetazos en cada mano o te azota en las piernas por detrás. Nos hace aprenderlo todo de memoria, todo, y por eso es el maestro más duro de la escuela. Admira a los Estados Unidos y nos hace aprendernos los nombres de todos los Estados en orden alfabético. Nos prepara en su casa tablas de gramática irlandesa, de historia irlandesa y de álgebra, las coloca en un caballete y nosotros tenemos que recitar juntos los casos, las conjugaciones y las declinaciones del irlandés, los nombres y las batallas célebres, las proporciones, la regla de tres, las ecuaciones. Tenemos que sabernos todas las fechas importantes de la historia irlandesa. Nos dice qué es lo importante y por qué lo es. Ningún maestro nos había explicado antes los porqués. Si preguntabas por qué, te pegaban en la cabeza. «Saltarín» no nos llama idiotas y si se le hace una pregunta no le da un ataque de rabia. Es el único maestro que se detiene a decir:

—¿Entendéis lo que estoy diciendo? ¿Queréis hacer alguna pregunta?

Todos nos quedamos impresionados cuando dice que la batalla de Kinsale, en mil seiscientos uno, fue el momento más triste de la historia irlandesa, una batalla muy reñida en la que ambos bandos cometieron actos de crueldad y atrocidades.

¿Actos de crueldad en ambos bandos? ¿En el bando irlandés? ¿Cómo puede ser? Todos los demás maestros nos habían dicho que los irlandeses siempre lucharon con nobleza, que siempre lucharon de forma limpia. Recita unos versos que nos hace aprender:

Salieron al combate pero siempre cayeron.
Tenían los ojos fijos sobre los hoscos escudos.
Lucharon con nobleza y valor, pero no con maña,
Y cayeron con el corazón herido por un hechizo sutil.

Si perdieron sería por culpa de los traidores y de los delatores. Pero yo quiero enterarme de lo de las atrocidades irlandesas.

—Señor, ¿cometieron atrocidades los irlandeses en la batalla de Kinsale?

—Sí, en efecto. Cuentan las crónicas que mataron a algunos prisioneros, pero no fueron peores ni mejores que los ingleses.

El señor O'Halloran no puede mentir. Es el director. Durante todos estos años nos han estado diciendo que los irlandeses eran siempre nobles y que pronunciaban discursos valerosos cuando los ingleses iban a ahorcarlos. Ahora, O'Halloran «el Saltarín» está diciendo que los irlandeses hicieron cosas malas. Ya sólo falta que diga que los ingleses hicieron cosas buenas. Dice:

—Tenéis que estudiar y que aprender para poder llegar a vuestras propias conclusiones sobre la Historia y sobre todo lo demás, pero no podéis llegar a conclusiones si tenéis la mente vacía. Amueblaos la mente, amueblaos la mente. Es vuestro tesoro, y nadie en el mundo puede entrometerse en ella. Si os tocase la lotería y os compraseis una casa que necesitase muebles, ¿la llenaríais de trastos viejos de la basura? Vuestra mente es vuestra casa, y si la llenáis de basura de los cines se os pudrirá en la cabeza. Podéis ser pobres, podéis tener rotos los zapatos, pero vuestra mente es un palacio.

Nos hace salir uno a uno al frente y nos mira los zapatos. Nos pregunta por qué los tenemos rotos o por qué no tenemos zapatos siquiera. Dice que esto es una vergüenza y que va a organizar una rifa para ganar algo de dinero y para que podamos tener botas fuertes y calientes para el invierno. Nos da tacos de papeletas y nosotros invadimos todo Limerick a vender papeletas para el fondo de botas de la Escuela Leamy, un primer premio de cinco libras y cinco premios de una libra cada uno. Once niños que no tenían botas reciben botas nuevas. Malachy y yo no recibimos botas porque tenemos zapatos, aunque las suelas están desgastadas, y nos preguntamos por qué nos hemos recorrido todo Limerick vendiendo papeletas para que otros niños puedan recibir botas. Fintan Slattery dice que haciendo obras de caridad ganamos indulgencias plenarias, y Paddy Clohessy le dice:

—Fintan, vete a cagar, ¿quieres?

Cuando papá hace la cosa mala yo lo sé. Sé cuándo se bebe el dinero del paro y mamá está desesperada y tiene que ir a pedir limosna a la Conferencia de San Vicente de Paúl y pedir fiado en la tienda de Kathleen O'Connell, pero yo no quiero apartarme de él y correr al lado de mamá. ¿Cómo podría hacerlo cuando estoy despierto con él todas las mañanas mientras todo el mundo duerme? Enciende el fuego, prepara el té y canta solo o me lee el periódico en un susurro para no despertar al resto de la familia. Mikey Molloy me robó a Cuchulain, el Ángel del Séptimo Peldaño se ha marchado a otra parte, pero por la mañana mi padre sigue siendo mío. Compra temprano el *Irish Press* y me habla de lo que pasa por el mundo, de Hitler, de Mussolini, de Franco. Dice que esta guerra no nos importa porque los ingleses están haciendo de las suyas otra vez. Me habla del gran Roosevelt que está en Washington y del gran De Valera que está en Dublín. Por la mañana tenemos el mundo entero para nosotros solos y nunca me dice que tengo que morir por Irlanda. Me habla de los tiempos antiguos en Irlanda cuando los ingleses no dejaban a los católicos tener escuelas porque querían que la gente siguiera siendo ignorante; me cuenta que los niños católicos se reunían en escuelas clandestinas entre los setos de las partes más remotas del campo y aprendían inglés, irlandés, latín y griego. A la gente le gustaba la cultura. Les gustaban los relatos y las poesías, aunque nada de ello sirviera para encontrar trabajo. Los hombres, las mujeres y los niños se reunían en las zanjas para escuchar a aquellos grandes maestros y todos se asombraban de cuántas cosas podía tener un hombre dentro de la cabeza. Los maestros se jugaban la vida de zanja en zanja y de seto en seto, porque si los ingleses los pillaban enseñando podían deportarlos al extranjero o hacerles algo peor. Me dice que ir a la escuela es fácil en nuestros tiempos, pues no hay que sentarse en una zanja a aprenderse las cuentas o la gloriosa historia de Irlanda. Yo debo ser bueno en la escuela y algún día volveré a América y encontraré un trabajo de oficina y estaré sentado en un escritorio con dos plumas estilográficas en el bolsillo, una roja y otra azul, tomando decisiones. No me mojaré cuando llueva y llevaré traje y zapatos y viviré en una casa caldeada, ¿y qué más puede desear un hombre? Dice que en América se puede hacer cualquier cosa, que es la tierra de las oportunidades. Puedes ser pescador en Maine o granjero en California. América no es como Limerick, que es un sitio gris con un río que mata.

Cuando tienes a tu padre para ti solo junto al fuego por la mañana no necesitas a Cuchulain ni al Ángel del Séptimo Peldaño ni nada más.

Por la noche nos ayuda con los deberes. Mamá dice que en América los llaman las tareas, pero aquí son los deberes, las cuentas, la gramática inglesa, el irlandés, la historia. No nos puede ayudar con el irlandés porque él es del Norte y no habla la lengua del país. Malachy se ofrece a enseñarle todas las palabras irlandesas que sabe, pero papá dice que es demasiado tarde, que él es ya perro viejo para aprender cosas nuevas. Antes de acostarnos nos sentamos alrededor del fuego y si le decimos «Papá, cuéntanos un cuento» él se inventa un cuento que trata de alguien del callejón y el cuento nos lleva por todo el mundo, por los aires, bajo el mar y de vuelta al callejón. Todos los que salen en el cuento son de un color diferente, y todo está patas arriba y al revés. Los automóviles y los aviones van por debajo del agua y los submarinos vuelan por el aire. Los tiburones se posan en los árboles y los salmones gigantes juegan en la luna con los canguros. Los osos polares luchan con los elefantes en Australia y los pingüinos enseñan a los zulúes a tocar la gaita. Después del cuento, nos lleva al piso de arriba y se arrodilla a nuestro lado mientras rezamos. Rezamos el Padrenuestro y tres Avemarías y decimos: «Dios bendiga al Papa, Dios bendiga a mamá, Dios bendiga a nuestra hermana y a hermanos difuntos, Dios bendiga a Irlanda, Dios bendiga a De Valera y Dios bendiga a cualquiera que dé trabajo a papá». Después nos dice:

—A dormir, niños, que Dios os vigila y si no sois buenos Él se entera siempre.

Yo pienso que mi padre es como la Santísima Trinidad, que tiene tres personas diferentes: el de la mañana con el periódico, el de la noche con los cuentos y las oraciones y el que hace la cosa mala y llega a casa oliendo a whiskey y quiere que muramos por Irlanda.

La cosa mala me pone triste, pero yo no puedo apartarme de él, porque el de la mañana es mi padre de verdad, y si estuviésemos en América yo podría decirle «te quiero, papá», como dicen en las películas, pero eso no lo puedes decir en Limerick porque se pueden reír de ti. Puedes decir que quieres a Dios, a los niños pequeños y a los caballos que ganan las carreras, pero cualquier otra cosa es una bobada.

Sufrimos día y noche en esta cocina el tormento de la gente que vacía los cubos. Mamá dice que lo que nos mata no es el río Shannon, sino la peste de ese retrete que tenemos ante nuestra puerta. Ya estamos bastante mal en el invierno, cuando todo rebosa y se filtra por debajo de nuestra puerta, pero estamos peor con el tiempo cálido, cuando hay moscas, tábanos y ratas.

Junto al retrete hay un establo donde guardan al caballo grande del almacén de carbón de Gabbett. Se llama el Caballo Finn, y todos lo queremos, pero el mozo del almacén de carbón no limpia bien el establo y la peste llega hasta nuestra casa. La peste del retrete y del establo atrae a las ratas, y nosotros tenemos que ahuyentarlas con nuestro perro nuevo, Lucky. A éste le gusta arrinconar a las ratas para que nosotros las hagamos pedazos con palos o con piedras o las atravesemos con la horca del establo. Al mismo caballo lo asustan las ratas y nosotros tenemos que andar con cuidado cuando se encabrita. Sabe que nosotros no somos ratas porque le traemos manzanas cuando las robamos en alguna huerta del campo.

Algunas veces las ratas se escapan y entran corriendo en nuestra casa y en la carbonera que hay bajo las escaleras, que está oscura como la boca del lobo, y no se ven. Aunque traigamos una vela no podemos encontrarlas, porque excavan agujeros por todas partes y no sabemos dónde buscarlas. Si tenemos el fuego encendido podemos hervir agua y derramarla despacio con la tetera, y así salen del agujero entre nuestras piernas y se vuelven a marchar por la puerta, a no ser que las esté esperando Lucky para atraparlas con los dientes y sacudirlas hasta matarlas. Esperamos que se coma las ratas, pero él las deja en el callejón con las tripas colgando y vuelve corriendo para que mi padre le dé un trozo de pan mojado en té. La gente del callejón dice que es una manera rara de comportarse un perro, pero que qué se podía esperar de un perro de los McCourt.

En cuanto hay la menor señal de ratas o alguien habla de ellas, mamá sale por la puerta y se va hasta el final del callejón. Preferiría pasearse eternamente por las calles de Limerick a vivir un solo momento en una casa en la que hubiese una rata, y no tiene un momento de descanso porque sabe que con el establo y el retrete siempre hay cerca una rata que tiene que dar de comer a su familia.

Luchamos contra las ratas y luchamos contra la peste del retrete. Cuando hace buen tiempo nos gustaría dejar abierta la puerta, pero eso no se puede hacer cuando la gente viene trotando por el callejón a vaciar los cubos llenos a rebosar. Algunas familias son peores que otras, y papá las odia a todas, aunque mamá le dice que no es culpa de ellos que los constructores de hace cien años hicieran casas sin más retretes que éste que está ante nuestra puerta. Papá dice que la gente debería vaciar los cubos en plena noche, cuando nosotros estuviésemos dormidos, para que no nos molestase el olor.

Las moscas son casi tan molestas como las ratas. Los días cálidos acuden en enjambre al establo, y cuando alguien vacía un cubo acuden a montones al retrete. Cuando mamá cocina algo acuden a montones a la cocina, y papá dice que es asqueroso pensar que la mosca que está posada en el azucarero estaba posada hace un momento en la taza del retrete, o en lo que queda de ella. Si tienes una llaga, la encuentran y te atormentan. De día tienes encima a las moscas, de noche tienes encima a las pulgas. Mamá dice que las pulgas tienen una virtud, que son limpias, pero dice que las moscas son asquerosas, nunca se sabe de dónde vienen y portan enfermedades de todas clases.

Podemos perseguir a las ratas y matarlas. Podemos matar las moscas y las pulgas dándoles palmadas, pero no podemos hacer nada contra los vecinos y sus cubos. Si estamos jugando en el callejón y vemos venir a alguien con un cubo, damos una voz de alarma a nuestra casa: «Que viene un cubo, cerrad la puerta, cerrad la puerta», y el que está dentro de casa corre a la puerta. Cuando hace calor vamos corriendo constantemente a cerrar la puerta porque sabemos qué familias tienen los cubos peores. Hay familias cuyos padres tienen trabajo, y si adoptan la costumbre de cocinar con *curry* sabemos que sus cubos producirán una peste insoportable que nos pondrá enfermos. Ahora que hay guerra y los hombres envían dinero desde Inglaterra, son cada vez más las familias que cocinan con *curry,* y nuestra casa está llena de la peste día y noche. Sabemos cuáles son las familias del *curry,* sabemos cuáles son las del repollo. Mamá está enferma constantemente, papá se da paseos por el campo cada vez más largos y nosotros jugamos en la calle siempre que podemos, lejos del retrete. Papá ya no se queja del río Shannon. Ya sabe que el retrete es peor, y me lleva consigo al ayuntamiento para quejarse. El hombre que está allí le dice:

—Señor mío, lo único que pudo decirle es que se mude.

Papá le dice que no podemos permitirnos mudarnos, y el hombre dice que él no puede hacer nada.

—No estamos en la India —dice papá—. Estamos en un país cristiano. El callejón necesita más retretes.

El hombre dice:

—¿Espera usted que Limerick se ponga a construir retretes en unas casas que, al fin y al cabo, se están cayendo, en unas casas que serán derribadas cuando termine la guerra?

Papá dice que el retrete podría matarnos a todos. El hombre dice que vivimos en unos tiempos peligrosos.

Mamá dice que ya es bastante difícil encender un fuego para guisar la comida de Navidad, pero que si yo voy a asistir a la comida de Navidad en el hospital tendré que lavarme de la cabeza a los pies. Ella no consentiría que la hermana Rita pudiera decir que yo estaba abandonado o en peligro de contraer otra enfermedad. Por la mañana temprano, antes de misa, pone a hervir una olla de agua y casi me arranca el cuero cabelludo con el agua hirviendo. Me restriega las orejas y me frota la piel con tanta fuerza que me escuece. Puede permitirse darme dos peniques para que vaya en autobús al hospital, pero tendré que volver a pie, y eso me sentará bien porque estaré lleno de comida, y ahora ella tiene que volver a avivar el fuego para hervir la cabeza de cerdo, el repollo y las patatas blancas y harinosas que volvió a recibir por la bondad de la Conferencia de San Vicente de Paúl, y está decidida a que éste sea el último año en que celebremos el nacimiento de Nuestro Señor con cabeza de cerdo. El año que viene comeremos ganso o un buen jamón. ¿Por qué no? ¿Acaso no es famoso Limerick en todo el mundo por sus jamones?

—Mirad a nuestro soldadito —dice la hermana Rita—: qué aspecto más sano tiene. Todavía no tiene carne en los huesos, pero aun así. Ahora, dime: ¿has oído misa esta mañana?

—Sí, Hermana.

—Y ¿has comulgado?

—Sí, Hermana.

Me lleva a una sala desocupada y me dice que me siente allí, en esa silla, que no tardarán en darme mi comida. Se marcha, y yo me pregunto si voy a comer con las monjas y con las enfermeras o si voy a estar en una sala con niños que celebran su comida de Navidad. Al cabo de un rato me trae la comida la muchacha del vestido azul que me traía los libros. Pone la bandeja sobre una cama y yo acerco una silla. Me mira frunciendo el ceño y arruga la cara en un gesto.

—Tú —me dice—, ésa es tu comida, y no voy a traerte ningún libro.

La comida es deliciosa: pavo, puré de patatas, guisantes, gelatina con natillas y una taza de té. El plato de gelatina con natillas parece delicioso y yo no puedo resistirlo, de modo que decido comérmelo primero, ya que no hay nadie delante, pero cuando estoy comiéndomelo entra a traerme pan la muchacha del vestido azul y dice:

—¿Qué estás haciendo?

—Nada.

—Sí que estás haciendo algo. Te estás comiendo el postre antes de la comida —dice, y sale corriendo y gritando—: Hermana Rita, hermana Rita, venga en seguida.

La monja entra corriendo.

—¿Estás bien, Francis?

—Sí, Hermana.

—No está bien, Hermana. Se está comiendo la gelatina y las natillas antes de la comida. Eso es pecado, Hermana.

—Ah, vaya, querida, puedes marcharte, yo hablaré con Francis.

—Sí, Hermana, hable con él. Si no, todos los niños del hospital se comerán el postre antes de la comida, ¿y dónde iríamos a parar?

—Es verdad, es verdad, ¿dónde iríamos a parar? Puedes marcharte.

La muchacha se marcha y la hermana Rita me sonríe.

—A esa alma de Dios no se le escapa nada, a pesar de su confusión. Tenemos que tener paciencia con ella, Francis, porque está tocada.

Se marcha y reina el silencio en esa sala de hospital desocupada, y cuando termino de comer no sé qué hacer porque aquí uno no debe hacer nada mientras no se lo digan. En los hospitales y en las escuelas siempre te dicen lo que tienes que hacer. Paso mucho tiempo esperando hasta que entra a llevarse la bandeja la muchacha del vestido azul.

—¿Has terminado? —dice.

—Sí.

—Bueno, pues no hay más, y ya puedes volverte a tu casa.

Pienso que las muchachas que están mal de la cabeza no pueden decirle a uno que se vuelva a su casa, y me pregunto si debo esperar a la hermana Rita. Una enfermera que encuentro en el pasillo me dice que la hermana Rita está comiendo y que no se la puede molestar.

Hay una larga caminata desde Union Cross hasta la colina del Cuartel, y cuando llego a mi casa mi familia está arriba, en Italia, y ya llevan un buen rato comiéndose la cabeza de cerdo, el repollo y las patatas blancas y harinosas. Les cuento mi comida de Navidad. Mamá me pregunta si he comido con las enfermeras y con las monjas, y se enfada un poco cuando le digo que he comido solo en una sala de hospital y dice que ésa no es manera de tratar a un niño. Me hace sentar y comer algo de cabeza de cerdo, y yo me la tengo que meter en la boca a la fuerza, y estoy tan lleno que tengo que echarme en la cama con un kilómetro de tripa.

A primera hora de la mañana hay un automóvil ante nuestra puerta, el primero que hemos visto nunca en el callejón. Hay hombres de traje asomados a la puerta del establo del Caballo Finn, y debe de pasar algo malo, porque en el callejón no se ve nunca a hombres con traje.

Es el Caballo Finn. Está tendido en el suelo del establo mirando al callejón, y tiene alrededor de la boca un líquido blanco como leche. El mozo que cuida al Caballo Finn dice que se lo encontró así esa mañana, y que es raro porque siempre suele estar en pie esperando el pienso. Los hombres sacuden la cabeza. Mi hermano Michael dice a uno de los hombres:

—¿Qué le pasa a Finn, señor?

—El caballo está enfermo, hijo. Vete a casa.

Al mozo que se ocupa de el Caballo Finn le huele el aliento a whiskey. Dice a Michael:

—Ese caballo está moribundo. Hay que pegarle un tiro.

Michael me tira de la mano.

—Frank, que no le peguen un tiro. Díselo tú, que eres mayor.

—Vete a tu casa, chico —dice el mozo—. Vete a tu casa.

Michael lo ataca, le da patadas, le araña el dorso de la mano, y el mozo hace volar a Michael de un empujón.

—Sujeta a tu hermano —me dice—, sujétalo.

Uno de los otros hombres saca de una bolsa una cosa amarilla y marrón, se acerca al Caballo Finn, se la apoya en la cabeza y se oye un chasquido fuerte. El Caballo Finn tiembla. Michael grita al hombre y lo ataca también, pero el hombre dice:

—El caballo estaba enfermo, hijo. Está mejor así.

Los hombres que van vestidos de traje se marchan en el automóvil, y el mozo dice que tiene que esperar al camión que se llevará al Caballo Finn, que no puede dejarlo solo o las ratas se le echarán encima. Nos pregunta si podríamos vigilar al caballo con nuestro perro Lucky mientras él va a la taberna, pues tiene unas ganas locas de tomarse una pinta.

Ninguna rata tiene la menor ocasión de acercarse al Caballo Finn mientras Michael monta guardia con un palo, aunque es pequeño. El hombre vuelve con olor a cerveza negra en el aliento, y después llega el camión grande para llevarse al caballo con tres hombres y dos tablas grandes que bajan desde la parte trasera del camión hasta la cabeza de Finn. Los tres hombres y el mozo atan cuerdas al Caballo Finn y lo hacen subir, tirando, por las tablas, y la gente del callejón grita a los hombres porque las tablas tienen clavos y astillas que se enganchan en el Caballo Finn y le arrancan tiras de piel y dejan manchadas las tablas con sangre de caballo brillante y rosada.

—Estáis destrozando a ese caballo.

—¿No tenéis respeto a los muertos?

—Tened cuidado con ese pobre caballo.

—Por el amor de Dios, ¿a qué vienen tantas quejas? No es más que un caballo muerto —dice el mozo, y Michael vuelve a atacarlo bajando la cabeza y haciendo volar los pequeños puños, hasta que el mozo le da un empujón que lo tira de espaldas, y mamá corre hacia el mozo con tanta rabia que éste huye subiendo por las tablas y se esconde tras el cuerpo del caballo. Vuelve borracho a última hora de la tarde para dormirla, y cuando se marcha sale humo del heno y el establo se quema, las ratas corren por el callejón y todos los niños y todos los perros las persiguen hasta que huyen a las calles de la gente respetable.

IX

—Con Alphie ya basta —dice mamá—. Estoy agotada. Se acabó. No hay más niños.

—La buena esposa católica debe cumplir sus deberes conyugales y someterse a su esposo. Si no, puede condenarse eternamente —dice papá.

—Me parece bastante apetecible condenarme eternamente siempre que no tenga más niños —dice mamá.

¿Qué va a hacer papá? Hay guerra. Hay agentes ingleses que reclutan a los irlandeses para que trabajen en sus fábricas de municiones; el sueldo es bueno, en Irlanda no hay trabajo y si la mujer te da la espalda no faltan mujeres en Inglaterra, donde los hombres sanos se han ido a luchar contra Hitler y Mussolini y uno puede hacer lo que quiera mientras no se olvide de que es irlandés y de clase baja y no intente moverse por encima de su nivel social.

Las familias de todo el callejón están recibiendo giros telegráficos de sus padres que están en Inglaterra. Corren a la oficina de correos para cobrar los giros postales y poder salir de compras y mostrar al mundo su buena suerte el sábado por la noche y el domingo por la mañana. Los niños se cortan el pelo los sábados, las mujeres se rizan el pelo con tenacillas que calientan a la lumbre. Ahora son muy espléndidos, pagan seis peniques o hasta un chelín de entrada para ir al cine Savoy, donde va gente de mejor clase que el público de clase baja que llena las localidades de dos peniques del gallinero del cine Lyric y que no se cansan nunca de gritar a la pantalla; gente que es capaz, nada menos, de aplaudir a los africanos cuando tiran lanzas a Tarzán o a los indios cuando cortan la cabellera a la caballería de los Estados Unidos. Los nuevos ricos vuelven a sus casas muy ufanos a la salida de la misa del domingo y se hinchan de carne con patatas, de dulces y bollos a discreción, y no dudan en tomarse el té en tacitas delicadas puestas en platillos para recoger el té que rebosa, y cuando levantan las tacitas estiran el dedo meñique para mostrar lo refinados que son. Algunos dejan de frecuentar del todo las freidurías de pescado y patatas, porque en esos sitios no se ven más que soldados borrachos y mujeres de mala vida y hombres que se han bebido el paro y sus esposas que les chillan para que vuelvan a casa. Se ve a los felices nuevos ricos en el restaurante Savoy o en el Stella tomando el té, comiendo bollitos, dándose golpecitos en los labios con servilletas, nada menos, volviendo a sus casas en autobús y quejándose de que el servicio ya no es lo que era. Ahora tienen electricidad en sus casas y pueden ver cosas que no vieron hasta ahora, y cuando se hace de noche encienden sus radios nuevas para enterarse de cómo marcha la guerra. Dan gracias a Dios de que exista Hitler, porque si no hubiera invadido toda Europa los hombres de Irlanda seguirían en sus casas rascándose el culo en la cola de la oficina de empleo.

Algunas familias cantan:

> *Yip ei aidi ei ay ei oh,*
> *Yip ei aidi ei ay,*
> *No nos importan Inglaterra ni Francia,*
> *Sólo queremos que Alemania avance.*

Si hace frío encienden la estufa eléctrica para estar a gusto y se sientan en sus cocinas escuchando las noticias y diciendo que sienten mucho que mueran las mujeres y los niños ingleses bajo las bombas alemanas, pero que hay que ver cómo nos trató Inglaterra durante ochocientos años.

Las familias que tienen al padre en Inglaterra pueden darse humos ante las familias que no lo tienen. A la hora de la comida y a la hora del té las madres nuevas ricas salen a las puertas de sus casas y llaman a sus hijos:

—Mikey, Kathleen, Paddy..., venid a comer. Venid a comeros la rica pierna de cordero, los hermosos guisantes verdes y las patatas blancas y harinosas.

—Sean, Josie, Peggy, venid a tomar el té, venid en seguida a comeros el pan tierno con mantequilla y el hermoso huevo azul de pato que nadie más del callejón se va a comer.

—Brendan, Annie, Patsy, venid a comeros la morcilla frita, las salchichas calentitas y el rico bizcocho borracho hecho con el mejor jerez español.

En estas ocasiones mamá nos hace quedarnos en casa. Nosotros no tenemos más que pan y té, y ella no quiere que los vecinos despiadados nos vean con la lengua colgando y sufriendo por los olores deliciosos que flotan por el callejón. Dice que al ver cómo presumen de todo se advierte claramente que no están acostumbrados a no tener nada. Sólo una persona de mentalidad de franca clase baja se asomaría a la puerta a decir a todo el mundo lo que van a cenar. Dice que así es como nos hacen rabiar porque papá es un extranjero del Norte y no quiere tener nada que ver con ninguno. Papá dice que toda esa comida viene del dinero inglés y que los que lo han aceptado acabarán mal, pero qué iba a esperar uno de Limerick al fin y al cabo, de gente que se aprovecha de la guerra de Hitler, de gente capaz de trabajar para los ingleses y de luchar por ellos. Dice que él no irá allí jamás a ayudar a Inglaterra a ganar una guerra.

—No —dice mamá—, tú te quedarás aquí, donde no hay trabajo y apenas tenemos un trozo de carbón para hervir el agua del té. No, tú te quedarás aquí y te beberás el paro cuando te da la vena. Eres capaz de ver a tus hijos con los zapatos rotos y con los pantalones que les dejan el culo al aire. Todas las casas del callejón tienen electricidad y nosotros podemos dar gracias cuando tenemos una vela. Dios del cielo, si tuviera dinero para el pasaje me iría yo misma a Inglaterra, pues estoy segura de que necesitan mujeres en las fábricas.

Papá dice que una fábrica no es lugar para una mujer.

—Quedarse sentado al fuego no es lugar para un hombre —dice mamá.

—¿Por qué no puedes ir a Inglaterra, papá —le pregunto yo—, para que podamos tener electricidad y radio y para que mamá pueda salir a la puerta a decir a todo el mundo lo que vamos a cenar?

—¿Es que no quieres tener a tu padre aquí en casa a tu lado? —me pregunta.

—Sí, pero puedes volver cuando acabe la guerra y todos podremos ir a América.

—*Och*, sí, *och*, sí —suspira. Dice que está bien, que irá a Inglaterra después de Navidad porque ahora América ha intervenido en la guerra y la causa debe de ser justa. Jamás iría si no hubieran intervenido los americanos. Me dice que yo tendré que ser el hombre de la casa y firma el contrato con un agente para trabajar en una fábrica de Coventry, que, según cuenta todo el mundo, es la ciudad más bombardeada de Inglaterra.

—Hay mucho trabajo para los hombres que tengan ganas de trabajar —dice el agente—. Puedes hacer horas extraordinarias hasta que caigas redondo, y si lo ahorras, serás un Rockefeller cuando acabe la guerra.

Nos levantamos temprano para despedir a papá en la estación de ferrocarril. Kathleen O'Connell, la de la tienda, sabe que papá se va a Inglaterra y que nos enviará dinero, de modo que da fiados con mucho gusto a mamá té, leche, azúcar, pan, mantequilla y un huevo.

Un huevo.

—Este huevo es para vuestro padre —dice mamá—. Necesita alimentarse para el largo viaje que tiene por delante.

Es un huevo duro y papá le quita la cáscara. Corta el huevo en cinco rodajas y nos da una a cada uno para que nos la comamos con el pan.

—No seas tonto —dice mamá.

—¿Qué va hacer un hombre con todo un huevo para él solo? —dice papá.

Mamá tiene lágrimas en las pestañas. Acerca su silla al fuego. Todos nos comemos el pan y el huevo y la vemos llorar, hasta que ella dice: «¿Qué miráis?», y se vuelve para mirar las cenizas. Su pan y su huevo siguen en la mesa, y yo me pregunto si piensa hacer algo con ellos. Tienen un aspecto delicioso y yo sigo teniendo hambre, pero papá se levanta y se los da a ella con el té. Ella sacude la cabeza, pero él insiste y ella come y bebe, sorbiendo y llorando. Él se sienta ante ella durante un rato, en silencio, hasta que ella levanta la vista al reloj y dice:

—Es hora de salir.

Él se pone la gorra y coge su bolsa. Mamá envuelve a Alphie en una manta vieja y nos ponemos en marcha por las calles de Limerick.

En la calle hay otras familias. Los padres que se van caminan por delante, las madres llevan niños en brazos o en cochecitos. Las madres que llevan cochecito dicen a otras madres:

—Dios del cielo, señora, debe de estar agotada de llevar a cuestas a ese niño. ¿Por qué no lo pone en este cochecito y descansa los pobres brazos?

Los cochecitos llegan a estar abarrotados, con cuatro o cinco niños que berrean porque los cochecitos son viejos y tienen las ruedas combadas y los niños sufren sacudidas hasta que se marean y vomitan la papilla.

Los hombres se hablan en voz alta:

—Hace un buen día, Mick.

—Es un día precioso para el viaje, Joe.

—Sí que lo es, Mick.

—*Arrah*, bien podemos tomarnos una pinta antes de salir, Joe.

—Bien podemos, Mick.

—Para ir como vamos, bien podemos ir borrachos, Joe.

Se ríen, y las mujeres que los siguen tienen los ojos llenos de lágrimas y la nariz roja.

Las tabernas próximas a la estación de ferrocarril están abarrotadas de hombres que se están bebiendo el dinero que les dieron los agentes para que comieran por el camino. Se están tomando la última pinta, la última gota de whiskey en tierra irlandesa.

—Pues bien sabe Dios que a lo mejor es lo último que bebemos, Mick, tal como están bombardeando Inglaterra los alemanes hasta hacerla trizas, y ya era hora después de lo que nos hicieron, y vaya si es una gran desgracia que nosotros tengamos que ir allí y salvar el culo al enemigo secular.

Las mujeres se quedan hablando ante las tabernas. Mamá dice a la señora Meehan:

—Cuando reciba el primer giro iré a la tienda a comprar un buen desayuno para que todos podamos comernos un huevo cada uno el domingo por la mañana.

Yo miro a mi hermano Malachy. ¿Lo has oído? Un huevo cada uno el domingo por la mañana. Dios, yo ya pensaba cómo me iba a comer el mío. Le daría golpecitos por arriba, le rompería suavemente la cáscara, lo abriría con una cuchara, echaría un poco de mantequilla a la yema, sal, sin prisas, metería la cuchara, sacaría más, más sal, más mantequilla, a la boca, oh, Dios bendito, si el cielo tiene sabor debe de ser el de un huevo con sal y mantequilla. Y, después del huevo, ¿hay algo más rico en el mundo que el pan tierno y caliente y un tazón de té dulce y dorado?

Algunos hombres ya están tan borrachos que no pueden andar, y los agentes ingleses están pagando a los hombres serenos para que los saquen a rastras de las tabernas y los arrojen a una gran carreta de caballos en la que los llevarán a la estación y los descargarán en el tren. Los agentes están desesperados por sacar a todos de las tabernas.

—Vamos, hombres. Si os perdéis este tren, os perderéis un buen trabajo. Vamos, hombres, también tenemos cerveza Guinness en Inglaterra. También tenemos whiskey Jameson. Vamos, hombres, por favor, hombres. Os estáis bebiendo el dinero de la comida y no recibiréis más.

Los hombres dicen a los agentes que les besen sus culos irlandeses, que los agentes tienen suerte de estar vivos, que tienen suerte de que no los ahorquen después de lo que hicieron a Irlanda. Y los hombres cantan:

En Mountjoy, un lunes por la mañana,
Muy alto, en el árbol de la horca,
Kevin Barry entregó su vida joven
Por la causa de la libertad.

El tren aúlla en la estación y los agentes suplican a las mujeres que saquen a sus hombres de las tabernas, y los hombres salen dando tropezones, cantando, llorando y abrazando a sus mujeres y a sus hijos y prometiéndoles que les enviarán tanto dinero que Limerick será otra Nueva York. Los hombres suben los escalones de la estación y las mujeres y los niños les gritan:

—Kevin, cariño, ten cuidado y no lleves la camisa húmeda.

—Sécate los calcetines, Michael, o los callos te harán polvo del todo.

—Paddy, no abuses de la bebida. ¿Me oyes, Paddy?

—Papa, papá, no te vayas, papá.

—Tommy, no te olvides de mandar el dinero. Los niños están en los huesos.

—Peter, no te olvides de tomarte la medicina para tu pecho débil, que Dios nos asista.

—Larry, ten cuidado con esas condenadas bombas.

—Christy, no hables con las inglesas. Están llenas de enfermedades.

—Jackie, vuelve. Ya nos las arreglaremos de alguna manera. No te vayas, Jacki-i-e, Jacki-i-e, ay, Jesús, no te vayas.

Papá nos da palmaditas en la cabeza. Nos dice que recordemos nuestros deberes religiosos, pero que, sobre todo, obedezcamos a nuestra madre. Está de pie ante ella. Ella lleva en brazos a Alphie, el niño pequeño.

—Cuídate —dice ella. Él suelta la bolsa y la rodea con los brazos. Se quedan así un momento hasta que el niño que está entre los dos da un berrido. Él inclina la cabeza, recoge su bolsa, sube los escalones de la estación, se vuelve para despedirse con la mano y desaparece.

De vuelta en casa, mamá dice:

—No me importa que parezca un derroche, pero voy a encender el fuego y a preparar más té, pues vuestro padre no se va a Inglaterra todos los días.

Nos sentamos alrededor del fuego y nos tomamos el té y lloramos porque no tenemos padre, hasta que mamá dice:

—No lloréis, no lloréis. Ahora que vuestro padre se ha marchado a Inglaterra, seguro que se han acabado nuestros males.

Seguro.

Mamá y Bridey Hannon están sentadas junto al fuego del piso de arriba, en Italia, fumándose Woodbines, tomando té, y yo me puedo sentar en las escaleras a escucharlas. Tenemos al padre en Inglaterra, de modo que podemos tomar todo lo que queramos de la tienda de Kathleen O'Connell y pagarle cuando él empiece a enviar el dinero dentro de quince días. Mamá dice a Bridey que no ve el día de marcharse de este condenado callejón e ir a vivir a un sitio donde haya un retrete decente que no tengamos que compartir con medio mundo. Todos tendremos botas nuevas y abrigos para resguardarnos de la lluvia, para que no tengamos que volver a casa de la escuela famélicos. Comeremos huevos y panceta el domingo para desayunar y jamón con repollo y patatas para comer. Tendremos luz eléctrica, ¿por qué no? ¿Acaso no nacieron Frank y Malachy en América, donde todos la tienen?

Lo único que tenemos que hacer ahora es esperar dos semanas hasta que el chico repartidor de telégrafos llame a la puerta. Papá tendrá que asentarse en su trabajo en Inglaterra, tendrá que comprarse ropas de trabajo y alquilar un alojamiento, de modo que el primer giro no será grande, de tres libras o tres libras y media, pero pronto estaremos como las demás familias del callejón, recibiendo cinco libras cada semana, saldando nuestras deudas, comprándonos ropa nueva, ahorrando algo para cuando hagamos el equipaje y nos mudemos todos a Inglaterra y allí ahorremos para ir a América. También mamá podría encontrar trabajo en una fábrica inglesa, haciendo bombas o algo así, y bien sabe Dios que no habría quien nos conociese con toda esa lluvia de dinero. A ella no le gustaría que nos criásemos con acento inglés, pero más vale hablar con acento inglés que tener la tripa vacía.

Bridey dice que no importa el acento que pueda tener un irlandés, pues nunca olvidará lo que nos hicieron los ingleses durante ochocientos largos años.

Sabemos cómo son los sábados en el callejón. Sabemos que algunas familias, como los Downes, que viven enfrente, reciben pronto el telegrama porque el señor Downes es un hombre formal que sabe tomarse una pinta o dos los viernes e irse a acostar después. Sabemos que los hombres como él van corriendo a la oficina de correos en cuanto cobran para que sus familias no pasen ni un minuto de espera ni de angustia. Los hombres como el señor Downey envían a sus hijos insignias de la RAF en forma de alas para que las lleven en el abrigo. Eso es lo que queremos nosotros y se lo encargamos a papá antes de que se marchara: «No te olvides de las insignias de la RAF, papá».

Vemos a los chicos de telégrafos que entran por el callejón en sus bicicletas. Son unos chicos de telégrafos contentos, porque las propinas que les dan en los callejones son mucho mayores que las que les puedan dar en las calles y en las avenidas elegantes, donde la gente rica te escatima el vapor que echa cuando mea.

Las familias que reciben los telegramas a primera hora tienen un aire satisfecho. Tienen todo el sábado por delante para disfrutar del dinero. Irán de compras, comerán, tendrán todo el día para pensar en lo que harán por la noche, y eso es casi igual de bueno que hacerlo, porque la noche del sábado, cuando se tienen unos chelines en el bolsillo, es la noche más deliciosa de la semana.

Hay familias que no reciben el telegrama cada semana, y se conocen por su aspecto angustiado. La señora Meagher lleva dos meses esperando en la puerta de su casa cada sábado. Mi madre dice que se moriría de vergüenza de esperar así en la puerta. Todos los niños juegan en el callejón y están atentos al chico de telégrafos.

—Oye, chico de telégrafos, ¿tienes algo para Meagher?

Y cuando él les dice que no, ellos dicen:

—¿Estás seguro?

Y él les responde:

—Claro que estoy seguro; yo sé lo que llevo en la jodida cartera.

Todos saben que los chicos de telégrafos dejan de llegar cuando tocan al Ángelus a las seis, y la caída de la tarde llena de desesperación a las mujeres y a los niños.

—Chico de telégrafos, ¿quieres mirar otra vez en tu cartera? Por favor. Ay, Dios.

—Ya he mirado. No hay nada para ustedes.

—Ay, Dios, míralo, por favor. Nos llamamos Meagher. ¿Quieres mirar?

—Sé de sobra que se llaman Meagher, y lo he mirado.

Los niños intentan arañarlo y él, subido en su bicicleta, les tira patadas.

—Jesús, ¿queréis dejarme en paz?

Cuando tocan al Ángelus a las seis de la tarde termina la jornada. Los que han recibido los telegramas están cenando con la luz eléctrica encendida, y los que no han recibido los telegramas tienen que encender velas e ir a ver si Kathleen O'Connell les puede fiar té y pan hasta la semana siguiente, cuando sin duda, con la ayuda de Dios y de Su Santa Madre, llegará el telegrama.

El señor Meehan, de la casa de lo alto del callejón, se fue a Inglaterra con papá, y cuando el chico de telégrafos se pasa por casa de los Meehan sabemos que después nos tocará a nosotros. Mamá tiene preparado el abrigo para ir a la oficina de correos, pero no está dispuesta a moverse de la silla junto al fuego en Italia hasta que tenga en la mano el telegrama. El chico de telégrafos baja en bicicleta por el callejón y para ante la casa de los Downes. Les entrega su telegrama, recibe su propina y da la vuelta a la bicicleta para volver a subir hasta lo alto del callejón. Malachy lo llama:

—Chico de telégrafos, ¿tienes algo para McCourt? El nuestro llega hoy.

El chico de telégrafos niega con la cabeza y se aleja en su bicicleta.

Mamá da caladas a su Woodbine.

—Bueno, tenemos todo el día por delante, pero me gustaría hacer algunas compras pronto antes de que se acaben los mejores jamones en la carnicería de Barry.

Ella no puede apartarse del fuego y nosotros no podemos apartarnos del callejón por miedo a que viniera el chico de telégrafos y no encontrase a nadie en casa. Entonces tendríamos que esperar al lunes para cobrar el giro, y eso nos estropearía del todo el fin de semana. Tendríamos que ver a los Meehan y a todos los demás pasearse con su ropa nueva y volver a sus casas cargados de huevos, de patatas y de salchichas para el domingo y marcharse alegremente al cine el sábado por la noche. No, no podemos movernos ni un centímetro hasta que llegue ese chico de telégrafos. Mamá dice que no hay que preocuparse demasiado entre el mediodía y las dos de la tarde, porque muchos chicos de telégrafos van a comer y seguramente habrá mucho movimiento entre las dos y el Ángelus. No tenemos nada de qué preocuparnos hasta las seis. Detenemos a todos los chicos de telégrafos. Les decimos que nos llamamos McCourt, que estamos esperando nuestro primer telegrama, que debe de ser de tres libras o más, que quizás se hayan olvidado de poner el nombre o la direccion. «¿Estás seguro? ¿Estás seguro?». Uno de los chicos nos dice que preguntará en la oficina de correos. Dice que sabe lo que es esperar el telegrama, porque su propio padre es un mierda borracho que se fue a Inglaterra y no les ha mandado nunca ni un penique. Mamá lo oye desde dentro de casa y nos dice que no debemos hablar así nunca de nuestro padre. El mismo chico de telégrafos vuelve poco antes del Ángelus de las seis y nos dice que preguntó a la señora O'Connell en la oficina de correos si tenían algo para McCourt en todo el día y no lo tenían. Mamá se vuelve a las cenizas muertas del fuego y aspira el último resto de la colilla del Woodbine que sujeta entre el pulgar marrón y el dedo medio, quemado. Michael, que sólo tiene cinco años y no entenderá nada hasta que tenga once años como yo, pregunta si vamos a comer esta noche pescado frito con patatas fritas, porque tiene hambre.

—La semana que viene, cariño —dice mamá, y él vuelve a salir a jugar al callejón.

Uno no sabe qué hacer cuando no llega el primer telegrama. No te puedes pasar toda la noche jugando en el callejón con tus hermanos porque todo el mundo ha vuelto a su casa y te daría vergüenza quedarte en el callejón para sufrir el tormento del olor de las salchichas y de la panceta y del pan frito. No quieres ver la luz eléctrica que sale de las ventanas cuando es de noche y no quieres oír las noticias de la BBC o de Radio Eireann en la radio de los demás. La señora Meagher y sus hijos han vuelto a su casa y sólo se ve la luz tenue de una vela en su cocina. También ellos están avergonzados. Se quedan en casa los sábados por la noche y ni siquiera van a misa los domingos por la mañana. Bridey Hannon contó a mamá que la señora Meagher está avergonzada constantemente por los harapos que llevan, y que está tan desesperada que baja al dispensario a recibir la beneficencia pública. Mamá dice que eso es lo peor que le puede pasar a una familia. Eso es peor que cobrar el paro, eso es peor que ir a la Conferencia de San Vicente de Paúl, eso es peor que pedir limosna por las calles con los gitanos y con los traperos. Es lo último que haría uno para no ir al asilo y para que los niños no vayan al orfanato.

Tengo una llaga encima de la nariz, entre las cejas, gris y roja, y me pica. La abuela me dice:

—No te toques esa llaga y no le pongas agua para que no se te extienda.

Si te rompes un brazo, la abuela te diría que no te pongas agua para que no se te extienda. La llaga se me extiende a los ojos, a pesar de todo, y ahora están enrojecidos y amarillentos por la sustancia que supura y hace que se me peguen por la mañana. Se me pegan tanto que tengo que abrirme los párpados a la fuerza con los dedos, y mamá tiene que limpiarme esa sustancia amarilla con un trapo húmedo y ácido bórico. Se me caen las pestañas, y los días de viento se me meten en los ojos todas las motas de polvo de Limerick. La abuela me dice que tengo los ojos desnudos y dice que es culpa mía, que todos esos males de los ojos vienen de quedarme sentado en lo alto del callejón bajo la farola, haga bueno o haga malo, con la nariz metida en los libros, y dice que lo mismo le pasará a Malachy si no deja de leer tanto. Ya se ve que el pequeño Michael va por el mismo camino, metiendo la nariz en los libros, cuando debería salir a jugar como un niño sano.

—Los libros, los libros, los libros... —dice la abuela—. Os vais a estropear los ojos del todo.

Está tomando té con mamá y la oigo decir en voz baja:

—Lo que tienes que hacer es ponerle la saliva de San Antonio.

—¿Qué es eso? —pregunta mamá.

—Es tu saliva de por la mañana, estando en ayunas. Acércate a él por la mañana, antes de que se despierte, y échale saliva en los ojos, pues la saliva de una madre en ayunas tiene mucha fuerza para curar.

Pero yo siempre me despierto antes que mamá. Me abro los ojos a la fuerza mucho antes de que ella se mueva. La oigo venir de la otra habitación y cuando se pone a mi lado para echarme la saliva yo abro los ojos.

—Dios mío —dice ella—, tienes los ojos abiertos.

—Creo que los tengo mejor.

—Eso está bien —dice, y vuelve a acostarse.

Los ojos no se me curan y ella me lleva al dispensario, donde los pobres consultan al médico y reciben sus medicinas. Allí es donde se solicita la asistencia pública cuando el padre de familia ha muerto o ha desaparecido y no entra en casa ni el subsidio de paro ni un sueldo.

Hay bancos pegados a la pared junto a las consultas de los médicos. Los bancos siempre están llenos de gente que habla de sus enfermedades. Los viejos y las viejas esperan sentados y gruñen, los niños de pecho gritan y sus madres les dicen: «Chis, cariño, chis». En el centro del dispensario hay una tarima alta rodeada de un mostrador que llega hasta el pecho. Cuando uno necesita algo, se pone en una cola que llega al mostrador para hablar con el señor Coffey o con el señor Kane. Las mujeres que esperan en esa cola son como las mujeres de la Conferencia de San Vicente Paúl. Llevan chales y hablan con respeto al señor Coffey y al señor Kane, porque de lo contrario podrían decirles que se marchen y que vuelvan la semana que viene, a pesar de que es ahora mismo cuando necesitan la asistencia pública o el volante para la consulta del médico. Al señor Coffey y al señor Kane les gusta reírse a costa de las mujeres. Son ellos los que deciden si tu caso es lo bastante desesperado para recibir asistencia pública o si estás lo bastante enfermo para consultar a un médico. Tienes que decirles delante de todos lo que te pasa, y muchas veces se ríen a costa de lo que les dices.

—¿Y qué desea, señora O'Shea? ¿Un volante para el médico, verdad? ¿Y qué le pasa, señora O'Shea? ¿Le duele algo? Serán quizás los gases. O quizás haya comido demasiado repollo. Sí, con el repollo basta para estar así.

Se ríen, y la señora O'Shea se ríe, y todas las mujeres se ríen y dicen que el señor Coffey y el señor Kane tienen mucha gracia, que el Gordo y el Flaco a su lado no valen nada.

—Y usted, mujer, ¿cómo se llama? —dice el señor Coffey.

—Ángela McCourt, señor.

—¿Y qué le pasa?

—Mi hijo, señor. Tiene los dos ojos malos.

—Ah, por Dios, vaya si los tiene, señora. Esos ojos tienen un aspecto desesperado. Son como dos soles nacientes. Los japoneses podrían usarlo de bandera, ja, ja, ja. ¿Es que se ha echado ácido en la cara?

—Es una infección de alguna clase, señor. El año pasado tuvo el tifus y ahora le ha dado esto.

—Está bien, está bien, no hace falta que nos cuente su vida. Tenga, el volante para el doctor Troy.

Hay dos bancos largos llenos de pacientes para la consulta del doctor Troy. Mamá se sienta junto a una señora que tiene en la nariz una llaga grande que no se le quita.

—Lo he probado todo, señora, todos los remedios conocidos de este mundo de Dios. Tengo ochenta y tres años y me gustaría irme sana a la tumba. ¿Es mucho pedir que quiera tener la nariz sana cuando me reciba mi Redentor? ¿Y qué le pasa a usted, señora?

—Mi hijo. Los ojos.

—Ay, Dios nos asista y nos proteja, hay que ver cómo tiene los ojos. Son los ojos más irritados que he visto en mi vida. Nunca había visto ojos así de rojos.

—Es una infección, señora.

—Eso tiene un remedio seguro. Necesita *amnios*.

—¿Y qué es eso?

—Es una cosa que llevan en la cabeza algunos niños cuando nacen, una especie de capucha rara y mágica. Consígase *amnios* y póngaselos en la cabeza cualquier día que lleve el número tres, hágale contener la respiración durante tres minutos aunque tenga que taparle la cara con la mano, aspérjalo con agua bendita tres veces, de la cabeza a los dedos de los pies, y cuando salga el sol al día siguiente tendrá los ojos brillantes.

—Y ¿dónde voy a conseguir *amnios*?

—Como si no tuvieran *amnios* todas las comadronas, señora. ¿Qué es una comadrona sin *amnios*? Curan toda clase de enfermedades y protegen de otras.

Mamá dice que hablará con la enfermera O'Halloran para ver si tiene algunos *amnios* de sobra.

El doctor Troy me examina los ojos.

—Hay que llevar a este chico al hospital en seguida. Llévelo al departamento de oftalmología del Asilo Municipal. Aquí tiene el volante para que lo admitan.

—¿Qué tiene, doctor?

—Es la conjuntivitis más fuerte que he visto en mi vida, y tiene algo más que no entiendo. Tiene que verlo el oftalmólogo.

—¿Cuánto tiempo pasará ingresado, doctor?

—Sólo Dios lo sabe. Debería haber visto a este niño hace varias semanas.

En la sala del hospital hay veinte camas y hay hombres y niños que llevan vendajes que les cubren la cabeza, parches negros en los ojos, gafas con gruesos cristales. Algunos andan con bastones, dando golpes a las camas. Hay un hombre que exclama constantemente que no volverá a ver, que es muy joven, que sus hijos son niños de pecho, que no volverá a verlos.

—Jesucristo, ay, Jesucristo —dice, y las monjas se escandalizan de oírlo tomar el nombre de Dios en vano.

—Cállate, Maurice, deja de blasfemar. Tienes tu salud. Estás vivo. Todos tenemos nuestros problemas. Ofréceselo a Dios y piensa en los sufrimientos de Nuestro Señor en la cruz, en la corona de espinas, en los clavos que le atravesaron las manos y los pies, en la herida de Su costado.

—Ay, Jesús —dice Maurice—, mírame y ten piedad de mí.

La hermana Bernadette le advierte que si no se modera en sus expresiones lo llevarán a otra sala donde esté solo, y él dice «Dios del Cielo», que no es tan malo como decir «Jesucristo», así que la hermana Bernadette se queda satisfecha.

A la mañana siguiente tengo que ir al piso de abajo a que me pongan unas gotas. La enfermera me dice:

—Siéntate en este taburete y toma un caramelo muy rico.

El médico tiene una botella llena de un líquido pardo. Me dice que eche la cabeza hacia atrás.

—Así; ahora abre, abre los ojos.

Y me vierte el líquido en el ojo derecho, y es como si una llama me atravesase el cráneo.

—Abre el otro ojo —dice la enfermera—, vamos, sé bueno.

Y tiene que abrirme los párpados a la fuerza para que el médico pueda prenderme fuego al otro lado del cráneo. La enfermera me seca las mejillas y me dice que me vuelva al piso de arriba, pero yo apenas veo y tengo ganas de meter la cara en un arroyo helado.

—Vamos —dice el médico—, pórtate como un hombre, sé un buen soldado.

El mundo entero se ha vuelto pardo y borroso cuando subo por las escaleras. Los demás pacientes están sentados junto a sus camas con sus comidas en bandejas y la mía también está allí, pero con el dolor furioso que tengo dentro de la cabeza no me apetece. Me siento junto a mi cama y un chico de las camas de enfrente me dice:

—Oye, ¿no quieres tu comida? Entonces, me la comeré yo.

Y viene a recogerla.

Intento acostarme en la cama, pero una enfermera me dice:

—Vamos, vamos, nada de acostarse en la cama en pleno día. Tú no estás tan grave.

Tengo que quedarme sentado con los ojos cerrados mientras todo se pone pardo y negro, negro y pardo, y estoy seguro de que debo de estar soñando porque oigo decir:

—Dios del cielo, si es el muchachito del tifus, el pequeño Frankie; «la luna era un galeón espectral azotado por mares turbulentos», ¿eres tú, Frankie? A mí me han ascendido y me han sacado del Hospital de Infecciosos, gracias a Dios, porque allí hay enfermedades de todas clases y no sabes nunca qué microbios estás llevando a casa y a tu mujer con la ropa; ¿y qué te pasa a ti, Frankie, que se te han vuelto pardos los ojos?

—Tengo una infección, Seamus.

—*Yerra*, lo habrás superado antes de casarte, Frankie. Los ojos necesitan ejercicio. Parpadear es muy bueno para los ojos. Un tío mío tenía malos los ojos y los salvó a base de parpadear. Todos los días se pasaba una hora entera sentado parpadeando, y al final le sirvió. Acabó con unos ojos muy sanos, vaya que sí.

Yo quiero preguntarle más cosas sobre lo de parpadear y los ojos fuertes, pero él me dice:

—¿Te acuerdas de la poesía, Frankie, de aquella poesía tan bonita de Patricia?

De pie en el pasillo entre las dos camas con el cubo y la fregona recita la poesía del bandolero, y todos los pacientes dejan de quejarse y las monjas y las enfermeras se quedan quietas y lo escuchan, y Seamus sigue y sigue recitando hasta que llega al final y todos lo aplauden como locos y lo vitorean, y él dice a todo el mundo que le encanta esa poesía, que la llevará siempre en la cabeza vaya donde vaya y que si no hubiera sido por Frankie McCourt, aquí presente, con su tifus, y por la pobre difunta Patricia Madigan, que Dios tenga en su gloria, con su difteria, él no se habría aprendido la poesía, y yo me hago famoso en la sala de oftalmología del Hospital del Asilo Municipal, y todo gracias a Seamus.

Mamá no puede venir a visitarme todos los días, está muy lejos, no siempre tiene dinero para el autobús y la caminata es dura para sus callos. Le parece que mis ojos tienen mejor aspecto, aunque es difícil saberlo con ese líquido pardo que parece yodo y que huele a yodo, y que si tiene algo que ver con el yodo debe de escocer. Pero dicen que cuanto más amarga es la medicina antes cura. Pide permiso para llevarme de paseo por los jardines del hospital cuando haga buen tiempo, y allí me encuentro con un espectáculo extraño, con el señor Timoney, que está de pie, apoyado en la pared en la parte de los viejos, con los ojos levantados al cielo. Quiero hablar con él, y tengo que pedir permiso a mamá, porque en un hospital nunca se sabe lo que se puede hacer y lo que no.

—Señor Timoney.

—¿Quién es? ¿A quién tenemos aquí?

—Soy Frank McCourt, señor.

—Francis, ay, Francis.

—Yo soy su madre, señor Timoney —dice mamá.

—Vaya, benditos sean los dos. Yo no tengo amigos ni parientes, ni a mi perra Macushla. ¿Y qué haces aquí, Francis?

—Tengo una infección en los ojos.

—Ay, Jesús, Francis, los ojos no, los ojos no. Madre de Dios, eres muy joven para eso.

—¿Quiere que le lea algo, señor Timoney?

—¿Teniendo así los ojos, Francis? No, hijo. Cuídate los ojos. Yo ya no estoy para lecturas. Todo lo que necesito lo tengo en la cabeza. De joven tuve la prudencia de meterme cosas en la cabeza, y ahora llevo dentro una biblioteca. Los ingleses mataron a mi mujer a tiros. Los irlandeses sacrificaron a mi pobre e inocente Macushla. ¿No es verdad que este mundo es una broma?

—Es un mundo terrible —dice mamá—, pero Dios es bueno.

—En efecto, señora. Dios hizo el mundo, el mundo es terrible, pero Dios es bueno. Adiós, Francis. Descansa los ojos y después lee hasta que se te caigan de la cara. Pasamos buenos ratos con el amigo Jonathan Swift, ¿verdad, Francis?

—Sí, señor Timoney.

Mamá vuelve a llevarme a la sala de oftalmología.

—No vayas a llorar por el señor Timoney —me dice—, ni siquiera es tu padre. Además, te estropearás los ojos.

Seamus viene a la sala tres veces por semana y se trae aprendidas poesías nuevas.

—Pusiste triste a Patricia, Frankie —me dice—, cuando no te gustó la del búho y la gatita.

—Lo siento, Seamus.

—La traigo aprendida, Frankie, y te la recitaré si no dices que es una tontería.

—No lo diré, Seamus.

Recita la poesía y a todos los que están en la sala les encanta. Quieren aprendérsela, y él la recita tres veces más hasta que toda la sala está recitando:

> *El búho y la gatita se hicieron a la mar*
> *En una bella barquita de color verde guisante.*
> *Se llevaron miel y mucho dinero*
> *Envuelto en un billete de cinco libras.*
> *El búho alzó la vista a las estrellas*
> *Y cantó con una guitarrilla:*
> *Gatita encantadora, gatita de mi amor,*
> *Qué hermosa gatita eres tú,*
> *Eres tú,*
> *Eres tú.*
> *Qué hermosa gatita eres tú.*

La recitan ahora con Seamus y, cuando termina, todos lo vitorean y lo aplauden y Seamus se ríe, satisfecho de sí mismo. Cuando se ha marchado con su cubo y su fregona se les oye repetir a todas horas del día y de la noche:

> *Gatita encantadora, gatita de mi amor,*
> *Qué hermosa gatita eres tú,*
> *Eres tú,*
> *Eres tú.*
> *Qué hermosa gatita eres tú.*

Un día se presenta Seamus sin cubo ni fregona y yo me temo que lo hayan despedido por las poesías, pero él sonríe y me dice que se va a Inglaterra a trabajar en una fábrica para ganar un sueldo razonable para variar. Cuando lleve dos meses trabajando se llevará consigo a su mujer, y tal vez Dios se sirva mandarles hijos, pues algo tiene que hacer él con todas las poesías que tiene en la cabeza, y qué mejor que recitárselas a los pequeños en recuerdo de la dulce Patricia Madigan, que murió de difteria.

—Adiós, Francis. Si tuviera buena letra, te escribiría yo mismo, pero le encargaré a mi mujer que te escriba cuando ella esté allá. A lo mejor aprendo yo también a leer y a escribir para que el niño que llegue no tenga un padre tan bruto.

A mí me dan ganas de llorar, pero en la sala de oftalmología no se puede llorar cuando se tiene líquido pardo en los ojos y las enfermeras dicen «qué es eso, qué es eso, pórtate como un hombre», y las monjas repiten «ofréceselo a Dios, piensa en los sufrimientos de Nuestro Señor en la cruz, la corona de espinas, la lanzada en el costado, las manos y los pies destrozados por los clavos».

Paso un mes en el hospital y los médicos dicen que puedo volver a casa aunque todavía tengo algo de infección, pero que si me limpio bien los ojos con jabón y toallas limpias y me fortalezco con comida nutritiva, mucha carne y huevos, tendré en poco tiempo un par de ojos relucientes. Ja, ja.

El señor Downes, el de la casa de enfrente, vuelve de Inglaterra para asistir al entierro de su madre. Cuenta a la señora Downes lo que hace mi padre. Ésta se lo cuenta a Bridey Hannon, y Bridey se lo cuenta a mi madre. El señor Downes dice que Malachy McCourt está completamente enloquecido por la bebida, que derrocha su sueldo por todas las tabernas de Coventry, que canta canciones independentistas irlandesas, cosa que a los ingleses no les importa porque están acostumbrados a que los irlandeses estén siempre con el tema de sus cientos de años de sufrimientos, pero lo que no toleran es que un hombre se plante en medio de una taberna e insulte al rey y a la reina de Inglaterra, a sus dos hijas encantadoras y a la propia reina madre. Insultar a la reina madre es el colmo de los colmos. ¿Qué mal ha hecho a nadie esa pobre señora mayor? Malachy se bebe una y otra vez el dinero del alojamiento y acaba durmiendo en los parques cuando el casero lo echa a la calle. Es una verdadera vergüenza, eso es lo que es, y el señor Downes se alegra de que McCourt no sea de Limerick y no manche el nombre de esta antigua ciudad. Los alguaciles de Coventry están perdiendo la paciencia, y si Malachy McCourt no deja de hacer el gilipollas, lo expulsarán del país a patadas.

Mamá dice a Bridey que no sabe qué hacer cuando le cuentan esas cosas de Inglaterra y que no ha estado tan desesperada en toda su vida. Comprende que Kathleen O'Connell no quiera fiarle más en la tienda, y su propia madre le contesta de mala manera cuando ella le pide prestado un chelín, y los de la Conferencia de San Vicente de Paúl le preguntan cuándo dejará de pedir ayuda benéfica, sobre todo ahora que tiene al marido en Inglaterra. Se avergüenza del aspecto que tenemos, con las camisas viejas, sucias y rasgadas, con los jerseys hechos trizas, con los zapatos rotos, con agujeros en los calcetines. Pasa las noches en vela pensando que lo más piadoso sería dejar a los cuatro niños en un orfanato para poderse ir ella misma a Inglaterra y buscar allí algún trabajo, y al cabo de un año podernos llevar a todos para tener una vida mejor. Puede que haya bombas, pero prefiere sin dudarlo las bombas a la vergüenza de estar pidiendo limosna aquí y allá.

No, pase lo que pase no soporta la idea de dejarnos en el orfanato. Eso podría pasar si aquí tuviésemos algo parecido a la Ciudad de los Muchachos que hay en América, con un sacerdote agradable como Spencer Tracy, pero una no se puede fiar de los Hermanos de las Escuelas Cristianas de Glin, que para hacer ejercicio se entretienen pegando a los niños y los matan de hambre.

Mamá dice que no le queda más que el dispensario y la asistencia pública, la beneficencia, y se muere de vergüenza de ir a solicitarlo. Eso significa que estás en las últimas, y quizás a un paso de los gitanos, de los traperos y de los mendigos callejeros en general. Significa que te tienes que arrastrar ante el señor Coffey y el señor Kane, y gracias a Dios que el dispensario está en la otra punta de Limerick y así la gente de nuestro callejón no se enterará de que estamos viviendo de la beneficencia.

Sabe por otras mujeres que es aconsejable llegar allí a primera hora de la mañana, cuando el señor Coffey y el señor Kane pueden estar de buen humor. Si llegas a última hora de la mañana, es probable que estén irritables después de haber visto a centenares de mujeres y de niños enfermos y que piden ayuda. Nos llevará consigo para demostrar que tiene cuatro niños que alimentar. Se levanta temprano y nos dice, por una vez en la vida, que no nos lavemos la cara, que no nos peinemos, que nos pongamos cualquier trapo. Me dice que me frote a fondo los ojos irritados y los deje tan rojos como pueda, pues cuanto peor aspecto tengas en el dispensario más lástima causas, y más fácil es que te den la asistencia pública. Se queja de que Malachy, Michael y Alphie tienen un aspecto demasiado sano, y dice que ya es mala suerte que en este día, precisamente, no tengan las habituales costras en las rodillas o algún que otro corte, cardenal o un ojo morado. Dice que si nos encontramos con alguien por las calles de Limerick no debemos decir adónde vamos. Ya sufre bastante vergüenza como para tener que contárselo además a todo el mundo, y habrá que oír a su madre cuando se entere.

Ya se ha formado una cola ante el dispensario. Hay mujeres como mamá que llevan a niños en brazos, niños de pecho como Alphie, y hay niños que juegan en la acera. Las mujeres protegen del frío a los niños y gritan a los que juegan para que no bajen a la calzada y los atropelle un automóvil o una bicicleta. Hay viejos y mujeres acurrucados contra la pared, que hablan solos o no hablan en absoluto. Mamá nos advierte que no nos separemos de ella y pasamos media hora esperando a que se abra la puerta grande. Un hombre nos dice que entremos en orden y que formemos cola ante la tarima, que el señor Coffey y el señor Kane llegarán dentro de un momento cuando terminen de tomarse el té en la habitación contigua. Una mujer se queja de que sus hijos se están helando de frío y dice que Coffey y Kane podían terminarse el té de una puñetera vez. El hombre le dice que es una agitadora, que por esta vez no le tomará el nombre en consideración al frío que hace esa mañana, pero que si vuelve a abrir la boca lo lamentará.

El señor Coffey y el señor Kane suben a la tarima y no prestan atención a la gente. El señor Kane se pone las gafas, se las quita, las limpia, se las pone, mira al techo. El señor Coffey lee papeles, escribe algo, pasa papeles al señor Kane. Hablan en voz baja entre sí. No se dan prisa. No nos miran.

Por fin, el señor Kane llama a la tarima al primer viejo.

—¿Cómo se llama?

—Timothy Creagh, señor.

—Creagh, ¿eh? Tiene un bonito apellido antiguo de Limerick.

—Sí señor. Es verdad.

—¿Y qué quiere, Creagh?

—Ay, mire, es que vuelvo a tener dolores de estómago y quisiera que me viese el doctor Feeley.

—Vaya, Creagh, ¿no será que le sientan mal para el estómago las pintas de cerveza oscura?

—Ay, no, desde luego que no, señor. La verdad es que ya no me tomo casi ninguna pinta por los dolores. Mi mujer está en casa en cama y también tengo que ocuparme de ella.

—Hay mucha pereza en el mundo, Creagh.

Y el señor Kane dice a la gente de la cola:

—¿Lo han oído, señoras? Hay mucha pereza, ¿no es verdad?

Y las mujeres responden:

—Sí, es verdad, desde luego, señor Kane, mucha pereza.

El señor Creagh recibe su volante para la consulta del médico, la cola avanza y el señor Kane atiende a mamá.

—¿La asistencia pública, es eso lo que quiere, señora, la beneficencia?

—Eso es, señor Kane.

—¿Y dónde está su marido?

—Ah, está en Inglaterra, pero...

—¿En Inglaterra, eh? Y ¿qué hay del telegrama semanal, de las cinco librazas?

—No nos ha enviado ni un penique en varios meses, señor Kane.

—¿Ah, sí? Bueno, ya sabemos por qué, ¿no es verdad? Sabemos a qué se dedican en Inglaterra los hombres de Irlanda. Sabemos que a algún que otro hombre de Limerick se le ha visto paseándose con una zorra de Picadilly, ¿no es verdad?

Mira a los que esperan en la cola y éstos saben que deben decir «Sí, señor Kane», y saben que deben sonreír y reírse o les irá mal cuando lleguen a la plataforma. Saben que puede pasárselos al señor Coffey, que tiene fama de negarlo todo.

Mamá dice al señor Kane que papá está en Coventry y que está bien lejos de Picadilly, y el señor Kane se quita las gafas y la mira fijamente.

—¿Qué es esto? ¿Es que me quiere llevar la contraria?

—Oh, no, señor Kane. No, por Dios.

—Entérese, mujer, de que aquí seguimos la política de no conceder beneficencia a las mujeres que tienen a sus maridos en Inglaterra. Entérese de que está quitando el pan de la boca a personas que lo merecen más, que se han quedado en este país para hacer su parte.

—Sí, señor Kane.

—¿Y cómo se llama?

—McCourt, señor.

—Ese apellido no es de Limerick. ¿De dónde ha sacado ese apellido?

—De mi marido, señor. Es del Norte.

—Es del Norte y la deja aquí para que reciba la beneficencia del Estado Irlandés Libre. ¿Para eso hemos luchado? ¿Para eso?

—No lo sé, señor.

—¿Por qué no se va a Belfast, a ver si le ayudan los hombres de Orange?, ¿eh?

—No lo sé, señor.

—No lo sabe. Claro que no lo sabe. Hay mucha ignorancia en el mundo. Mira a la gente.

—He dicho que hay mucha ignorancia en el mundo —repite, y la gente asiente con la cabeza y afirma que hay mucha ignorancia en el mundo.

Habla en voz baja con el señor Coffey y miran a mamá y después nos miran a nosotros. Por fin, dice a mamá que le darán la asistencia pública pero que si recibe un solo penique de su marido deberá cancelar su solicitud y tendrá que devolver todo el dinero al dispensario. Ella lo promete así, y nos marchamos.

La seguimos hasta la tienda de Kathleen O'Connell, donde compramos té, pan y unos trozos de turba para el fuego. Subimos las escaleras hasta Italia y encendemos el fuego, y cuando nos tomamos el té hay un ambiente acogedor. Todos estamos muy callados, hasta Alphie, que es un niño de pecho, porque sabemos lo que ha hecho el señor Kane a nuestra madre.

X

Abajo, en Irlanda, hace frío y hay humedad, pero nosotros estamos arriba, en Italia. Mamá dice que deberíamos subir al pobre Papa para colgarlo en la pared ante la ventana. Al fin y al cabo, es un amigo del obrero y es italiano, y los italianos son gente de clima cálido. Mamá se sienta junto al fuego, tiritando, y cuando vemos que no le apetece fumarse un cigarrillo sabemos que le pasa algo. Dice que le parece que tiene un principio de resfriado y que le encantaría tomarse una bebida un poco ácida, una gaseosa de limón. Pero en la casa no hay dinero, ni siquiera para comprar pan a la mañana siguiente. Se toma un té y se acuesta.

Ella se mueve y da vueltas en la cama, que cruje toda la noche, y no nos deja dormir pidiendo agua a suspiros. A la mañana siguiente se queda en la cama, tiritando todavía, y nosotros nos quedamos callados. Si se queda dormida el tiempo suficiente, Malachy y yo nos levantaremos demasiado tarde para ir a la escuela. Pasan las horas y sigue sin moverse, y cuando sé que ha pasado de sobra la hora de ir a la escuela enciendo el fuego para poner la tetera. Ella se mueve y pide una gaseosa, pero yo le doy un tarro de mermelada lleno de agua. Le pregunto si le apetece un té y ella se comporta como si estuviera sorda. Tiene la cara encendida, y es raro que ni siquiera hable de los cigarrillos.

Nos quedamos sentados junto al fuego en silencio Malachy, Michael, Alphie y yo. Nos tomamos el té mientras Alphie mastica el último trozo de pan untado con azúcar. Nos hace reír el modo en que se embadurna de azúcar toda la cara y nos sonríe con sus mofletes pringosos. Pero no podemos reírnos demasiado, o mamá saltará de la cama y nos mandará a Malachy y a mí a la escuela, donde nos harán polvo por llegar tarde. No nos reímos mucho tiempo, ya no queda pan y los cuatro tenemos hambre. Ya no podemos pedir nada fiado en la tienda de O'Connell. Tampoco podemos acercarnos a la abuela. Siempre nos chilla porque papá es del Norte y nunca envía a su casa dinero desde Inglaterra, donde trabaja en una fábrica de municiones. La abuela dice que por lo que a ella respecta podemos morirnos todos de hambre. Así aprenderá mamá a lo que conduce casarse con un hombre del Norte con la tez amarillenta, un aire raro y aspecto de presbiteriano.

Con todo, tendré que probar suerte una vez más en casa de Kathleen O'Connell. Le diré que mi madre está enferma en cama, en el piso de arriba, que mis hermanos tenemos hambre y que todos nos vamos a morir por falta de pan.

Me pongo los zapatos y voy corriendo aprisa por las calles de Limerick para calentarme en el aire helado de febrero. Se puede asomar uno por las ventanas de la gente y ver lo acogedoras que son sus cocinas con los fuegos encendidos o los fogones negros y calientes todo reluciente a la luz eléctrica tazas y platillos en las mesas con platos de rebanadas de pan libras enteras de mantequilla tarros de mermelada el olor de los huevos fritos y de la panceta que sale por las ventanas es suficiente para que a uno se le haga la boca agua y las familias allí sentadas atacando la comida todos sonrientes la madre lozana y limpia con su delantal todos lavados y el Sagrado Corazón de Jesús contemplándolos desde la pared sufriendo y triste pero aun así feliz por toda esa comida y esa luz y con los buenos católicos que toman el desayuno.

Yo intento encontrar música dentro de mi cabeza, pero no encuentro más que a mi madre, que suspira por una gaseosa.

Gaseosa. Una furgoneta se aleja de la taberna de South, ante la cual ha dejado unas cajas de cervezas y de gaseosas, y en la calle no hay un alma. En un segundo me meto dos botellas de gaseosa bajo el jersey y me alejo con paso tranquilo y procurando poner cara de inocente.

Hay una furgoneta de reparto de pan detenida ante la tienda de Kathleen O'Connell. La portezuela trasera está abierta y deja ver los estantes llenos de pan humeante, recién hecho. El conductor de la furgoneta está dentro de la tienda tomándose un té y un bollo con Kathleen, y a mí no me resulta difícil hacerme con una hogaza. No está bien que robe a Kathleen con lo buena que es siempre con nosotros, pero si entro a pedirle pan se molestará y me dirá que le estoy fastidiando la taza de té de la mañana y que preferiría tomársela tranquilamente, en paz y a gusto, si no me importa. Es más fácil meterme el pan bajo el jersey con la gaseosa y prometerme contarlo todo cuando me confiese.

Mis hermanos han vuelto a meterse en la cama y están jugando bajo los abrigos, pero se levantan de un salto cuando ven el pan. Nos comemos la hogaza haciéndola pedazos con las manos, porque tenemos demasiada hambre para cortarla en rebanadas, y hacemos té con las hojas usadas de la mañana. Cuando mi madre se despierta, Malachy le lleva a los labios la botella de gaseosa y ella se la bebe entera sin respirar. Si le gusta tanto, tendré que buscar más gaseosa.

Echamos al fuego los últimos trozos de carbón que nos quedan y nos sentamos a su alrededor contándonos cuentos que nos inventamos como hacía papá. Cuento a mis hermanos mis aventuras con la gaseosa y con el pan y me invento aventuras, les cuento que me persiguieron los dueños de las tabernas y los tenderos y que yo me refugié en la iglesia de San José, donde nadie puede entrar a perseguirte si eres un delincuente, aunque hayas matado a tu madre. Malachy y Michael ponen cara de susto cuando les cuento cómo he conseguido el pan y la gaseosa, pero después Malachy dice que no era más que lo que habría hecho Robin Hood, robar a los ricos para dárselo a los pobres. Michael dice que soy un forajido y que si me atrapan me ahorcarán del árbol más alto del Parque del Pueblo, como ahorcan a los forajidos en las películas del cine Lyric. Malachy dice que debo procurar estar en gracia de Dios, porque a lo mejor es difícil encontrar a un cura cuando me vayan a ahorcar. Yo le digo que tendría que venir obligatoriamente un cura cuando me fueran a ahorcar. Para eso están los curas. Roddy McCorley tuvo a un cura, y Kevin Barry lo mismo. Malachy dice que cuando ahorcaron a Roddy McCorley y a Kevin Barry no había curas, porque las canciones no dicen nada de eso, y se pone a cantar las canciones para demostrarlo, hasta que mi madre se queja en la cama y dice que nos callemos.

Alphie, el pequeño, está dormido en el suelo junto al fuego. Lo metemos en la cama con mamá para que tenga calor, aunque no queremos que se contagie de la enfermedad de ella y se muera. Si ella se despierta y se lo encuentra muerto en la cama a su lado sus lamentos serán interminables, y encima me echará la culpa a mí.

Los tres volvemos a meternos en nuestra cama, nos acurrucamos bajo los abrigos y procuramos no caernos al hoyo que tiene el colchón. Allí estamos a gusto hasta que Michael empieza a preocuparse porque Alphie puede contagiarse de la enfermedad de mamá y a mí me pueden ahorcar por forajido.

Dice que eso no es justo porque así se quedaría con sólo un hermano mientras que todo el mundo tiene un montón de hermanos. La preocupación lo deja dormido, y al poco rato Malachy se adormece también y yo sigo acostado despierto pensando en la mermelada. Sería estupendo tener otra hogaza de pan y un tarro de mermelada de fresa o de cualquier clase. Yo no recuerdo haber visto nunca una furgoneta de reparto de mermelada, y no me gustaría hacer como Jesse James, entrar a tiros en una tienda exigiendo que me diesen la mermelada. Así es seguro que me ahorcarían.

Entra un sol frío por la ventana y yo estoy seguro de que fuera hará más calor, y qué sorpresa se llevarían mis hermanos si cuando se despertasen me encontrasen con más pan y mermelada. Se lo zamparían todo y después volverían a hablar de mis pecados y de que me iban a ahorcar.

Mamá sigue dormida, aunque tiene la cara roja, y cuando ronca hace un ruido como si se ahogara.

Tengo que ir por la calle con cuidado porque es día de escuela y si me ve el guardia Dennehy me llevará a rastras a la escuela y el señor O'Halloran me correrá a golpes por toda el aula. Ese guardia se ocupa de la asistencia a la escuela, y le encanta perseguirte en bicicleta y llevarte a rastras de la oreja a la escuela.

Hay una caja ante la puerta de una de las casas grandes de la calle Barrington. Finjo llamar a la puerta para ver lo que hay en la caja: una botella de leche, una hogaza de pan, queso, tomates y, Dios, un tarro de mermelada. No puedo meterme todo eso debajo del jersey. Dios. ¿Debo llevarme toda la caja? La gente que pasa no me presta atención. Bien puedo llevarme toda la caja. Mi madre diría que preso por mil, preso por mil y quinientos. Levanto la caja y procuro parecer un recadero que lleva una entrega, y nadie me dice ni una palabra.

Malachy y Michael no caben en sí de gozo cuando ven lo que hay en la caja, y pronto están zampándose gruesas rebanadas de pan untadas de mermelada dorada. Alphie tiene la cara y el pelo cubiertos de mermelada, y también tiene bastante en las piernas y en la tripa. Bajamos la comida con té frío, porque no tenemos fuego para calentarlo.

Mamá vuelve a pedir gaseosa entre dientes y yo le doy la mitad de la segunda botella para hacerla callar. Pide más, y yo la mezclo con agua para estirarla porque no puedo pasarme la vida corriendo de aquí para allá robando gaseosa de las tabernas. Lo estamos pasando bien, hasta que mamá empieza a desvariar en la cama hablando de su hijita preciosa que le quitaron y de sus dos gemelos que perdió antes de que cumplieran tres años, y dice que por qué no se puede llevar Dios a los ricos para variar y pregunta si hay gaseosa en casa. Michael pregunta si se va a morir mamá, y Malachy le dice que uno no se puede morir hasta que llegue un cura. Después Michael se pregunta si volveremos a tener alguna vez fuego y té caliente, porque se está helando en la cama, a pesar de los abrigos que quedaron de tiempos antiguos. Malachy dice que deberíamos salir a pedir turba, carbón y leña de casa en casa y que podríamos llevar la carga en el cochecito de Alphie. Deberíamos llevarnos a Alphie porque es pequeño y sonríe, y la gente lo verá y tendrán lástima de él y de nosotros. Intentamos lavarle toda la suciedad, la pelusa, las plumas y la mermelada pringosa, pero cuando lo tocamos con agua suelta un aullido. Michael dice que volverá a mancharse igual en el cochecito, y que para qué lavarlo. Michael es pequeño, pero siempre está diciendo cosas que llaman la atención como ésta.

Llevamos el cochecito por las avenidas y por los paseos de los ricos, pero cuando llamamos a las puertas las doncellas nos dicen que nos marchemos o llamarán a las autoridades pertinentes y que es una vergüenza que estemos llevando de un lado a otro a un niño pequeño en un cochecito destrozado que echa una peste que clama al cielo, en un cacharro asqueroso que no serviría ni para llevar un cerdo al matadero, y que éste es un país católico donde hay que cuidar bien a los niños pequeños para que vivan y transmitan la fe de generación en generación. Malachy dice a una doncella que le bese el culo y ella le da un coscorrón tan grande que a él se le saltan las lágrimas y dice que no volverá a pedir en su vida nada a los ricos. Dice que es inútil seguir pidiendo, que lo que tenemos que hacer es ir por la parte trasera de las casas, saltar los muros y coger lo que queramos. Michael puede llamar a las puertas principales para distraer a las doncellas mientras Malachy y yo tiramos trozos de carbón y de turba por encima de los muros y rellenamos el cochecito alrededor de Alphie.

Así lo hacemos en tres casas, hasta que Malachy golpea a Alphie con un trozo de carbón que tira por encima del muro y Alphie se pone a chillar y nosotros tenemos que huir corriendo y nos olvidamos de Michael, que sigue llamando a las puertas y recibiendo los insultos de las criadas. Malachy dice que deberíamos llevar el cochecito a casa primero y volver después a recoger a Michael. Ya no podemos pararnos, pues Alphie está berreando y la gente nos pone mala cara y nos dice que somos una deshonra para nuestra madre y para Irlanda en general.

Cuando volvemos a casa tardamos algún tiempo en extraer a Alphie de entre la carga de carbón y de turba, y no deja de gritar hasta que le doy pan y mermelada. Temo que mamá salte de la cama, pero se limita a hablar entre dientes de papá, del alcohol y de los niños muertos.

Malachy vuelve con Michael, que nos cuenta las aventuras que ha tenido llamando a las puertas. Una mujer rica le abrió la puerta en persona, lo invitó a pasar a la cocina y le dio un bollo, leche, pan y mermelada. Le preguntó por su familia y él le dijo que su padre tenía un trabajo importante en Inglaterra pero que su madre está en cama con una enfermedad gravísima y que pedía gaseosa mañana, tarde y noche. La mujer rica le preguntó quién cuidaba de nosotros y Michael se jactó de que nos cuidábamos solos y de que no nos faltaba el pan ni la mermelada. La mujer rica anotó el nombre y la dirección de Michael y le dijo que fuera bueno y que volviese a casa con sus hermanos y con su madre que estaba en cama.

Malachy riñe a voces a Michael por haber sido tan tonto de decir nada a una mujer rica. Ahora irá a denunciarnos y cuando menos nos lo esperemos llamarán a la puerta todos los curas del mundo para molestarnos.

Ya llaman a la puerta. Pero no es un cura, es el guardia Dennehy. Llama en voz alta:

—Oiga, oiga..., ¿hay alguien en casa? ¿Está usted en casa, señora McCourt?

Michael golpea el cristal de la ventana y saluda al guardia con la mano. Yo le doy una buena patada por tonto y Malachy le da un golpe en la cabeza, y él chilla:

—Se lo contaré al guardia. Se lo contaré al guardia. Me están matando, guardia. Me están dando golpes y patadas.

No quiere callarse, y el guardia Dennehy nos grita que abramos la puerta. Yo me asomo a la ventana y le digo que no puedo abrir la puerta porque mi madre está en cama con una enfermedad terrible.

—¿Dónde está vuestro padre?

—Está en Inglaterra.

—Bueno, pues voy a entrar a hablar con vuestra madre.

—No puede entrar, señor guardia. No puede entrar. Tiene una enfermedad. Todos tenemos la enfermedad. Puede ser el tifus. Puede ser la tisis galopante. Ya nos están saliendo manchas. El pequeño tiene un bulto. Puede ser mortal.

Abre la puerta de un empujón y sube por la escalera a Italia en el momento en que Alphie sale gateando de debajo de la cama, lleno de mermelada y de suciedad. Él lo mira, mira a mi madre y nos mira a nosotros, se quita la gorra y se rasca la cabeza.

—Jesús, María y José —dice—, es una situación desesperada. ¿Cómo ha enfermado así vuestra madre?

Yo le digo que no debe acercarse a ella, y cuando Malachy dice que a lo mejor no podemos volver a la escuela en muchísimo tiempo, el guardia dice que iremos a la escuela pase lo que pase, que nuestra misión en la tierra es ir a la escuela, del mismo modo que su misión en la tierra es hacer que vayamos a la escuela. Nos pregunta si tenemos algún pariente y me manda a decir a la abuela y a la tía Aggie que vengan a nuestra casa.

Cuando llego me gritan y me dicen que estoy sucísimo. Intento explicarles que mamá tiene una enfermedad y que estoy agotado de intentar salir adelante, de buscar con qué encender el fuego en casa, de buscar gaseosa para mamá y pan para mis hermanos. Sería inútil hablarles de la mermelada, porque me gritarían otra vez. Sería inútil hablarles de lo antipáticos que son los ricos y sus doncellas.

Me sacan a empujones al callejón, riñéndome a voces e insultándome por las calles de Limerick. El guardia Dennehy sigue rascándose el coco.

—Hay que ver —dice—, qué vergüenza. Eso no se vería en Bombay, ni siquiera en el mismísimo Bowery de Nueva York.

La abuela dice a mi madre con voz quejumbrosa:

—Madre de Dios, Ángela, ¿por qué estás en cama? ¿Qué te han hecho?

Mi madre se pasa la lengua por los labios resecos y pide jadeando más gaseosa.

—Quiere gaseosa —dice Michael—, y nosotros se la hemos traído, y pan, y mermelada, y ahora somos todos forajidos. Frankie fue el primero que se hizo forajido, y después salimos todos a robar carbón por todo Limerick.

Al guardia Dennehy le interesa esto y se lleva a Michael de la mano al piso de abajo, y a los pocos minutos lo oímos reírse. La tía Aggie dice que es una vergüenza comportarse así estando enferma en cama mi madre. El guardia vuelve a subir y dice a la tía Aggie que vaya a avisar a un médico. Siempre que nos mira a mis hermanos o a mí se cubre la cara con la gorra.

—Bandoleros —dice—, bandoleros.

Llega el médico en su automóvil con la tía Aggie y tiene que llevarse a toda prisa a mi madre al hospital con su pulmonía. A todos nos gustaría ir en el coche del médico, pero la tía Aggie dice:

—No, os venís todos a mi casa hasta que vuestra madre vuelva del hospital.

Yo le digo que no se moleste. Tengo once años y no me cuesta nada ocuparme de mis hermanos. Me quedaré en casa con mucho gusto, sin ir a la escuela, y me encargaré de que todos coman y se laven. Pero la abuela grita que no haré tal cosa y la tía Aggie me da un coscorrón para que aprenda. El guardia Dennehy dice que todavía soy joven para ser forajido y padre de familia, pero que doy grandes muestras de aptitud para ambos oficios.

—Coged vuestra ropa —dice la tía Aggie—, os venís a mi casa hasta que vuestra madre salga del hospital. Jesús bendito, ese crío está que da vergüenza.

Busca un trapo y se lo ata al trasero a Alphie para que no cague todo el cochecito. Después nos mira a nosotros y nos dice que qué hacemos ahí pasmados cuando nos ha mandado que cojamos nuestra ropa. Tengo miedo de que me pegue o me grite cuando le digo que ya está, que ya tenemos toda nuestra ropa, que la llevamos puesta. Ella me mira fijamente y sacude la cabeza.

—Vamos —dice—, llena de agua con azúcar el biberón del niño.

Me dice que tendré que llevar yo a Alphie por la calle, pues ella no es capaz de guiar el cochecito con esa rueda combada que lo hace tambalearse de un lado a otro, y, por otra parte, es un trasto indigno en el que a ella le daría vergüenza meter a un perro sarnoso. Coge los tres abrigos viejos de nuestra cama y los amontona en el cochecito hasta que casi no se ve a Alphie.

La abuela viene con nosotros y me riñe a voces durante todo el camino, desde el callejón Roden hasta el piso de la tía Aggie en la calle Windmill.

—¿No puedes llevar ese cochecito como Dios manda? Jesús, vas a matar a ese niño. Deja de moverte de un lado a otro o te doy un buen sopapo en la jeta.

No quiere entrar en el piso de la tía Aggie. Ya no nos aguanta ni un minuto más. Está harta de todo el clan McCourt desde los tiempos en que tuvo que enviar el importe de seis pasajes para que volviésemos todos de América, está harta de darnos más dinero para los entierros de los niños muertos, de darnos comida cada vez que nuestro padre se bebe el paro o el sueldo, de ayudar a Ángela a salir adelante mientras ese desgraciado del Norte se bebe el sueldo por toda Inglaterra. Ah, está harta, vaya si lo está, y se marcha cruzando la calle Henry con su chal negro ceñido a la cabeza de pelo blanco, cojeando con sus altos botines negros.

Cuando tienes once años y tus hermanos tienen diez años, cinco y uno, no sabes qué hacer cuando estás en casa de otra persona, aunque sea la hermana de tu madre. Te dicen que dejes el cochecito en el vestíbulo y que lleves al niño a la cocina, pero si no es tu casa no sabes qué tienes que hacer cuando llegas a la cocina, por miedo a que la tía te grite o te pegue en la cabeza. Ella se quita el abrigo y lo lleva al dormitorio y tú te quedas con el niño en brazos esperando a que te digan qué tienes que hacer. Si das un paso hacia delante o un paso a un lado, podría salir y preguntarte «¿adónde vas?» y no sabes qué contestar porque ni tú mismo lo sabes. Si dices algo a tus hermanos, ella podría decirte que quién eres tú para hablar en su cocina. Tenemos que quedarnos de pie y callados, y eso es difícil cuando se oye un tintineo en el dormitorio y nosotros sabemos que está meando en el orinal. No quiero mirar a Malachy.

Si lo miro me sonreiré, y él se sonreirá, y Michael se sonreirá, y correremos el peligro de echarnos a reír, y en tal caso no podremos parar en días enteros cuando nos imaginemos el gran culo blanco de la tía Aggie posado en un orinalito decorado con flores. Soy capaz de contenerme. No me reiré. Ni Malachy ni Michael se reirán, y se ve claramente que estamos orgullosos de no habernos reído ni haber hecho enfadar a la tía Aggie, hasta que Alphie, al que tengo en brazos, sonríe y dice «gu, gu», y eso nos hace estallar. Los tres nos echamos a reír y Alphie sonríe con su cara sucia y vuelve a decir «gu, gu» hasta que nos desternillamos, y la tía Aggie sale furiosa de la habitación y bajándose el vestido y me da en la cabeza un golpe que me manda contra la pared con niño y todo. Pega también a Malachy e intenta pegar a Michael, pero éste va corriendo hasta el otro lado de la mesa redonda de la tía y ella no puede alcanzarlo.

—Ven aquí, que te voy a quitar esa sonrisa de la cara —le dice, pero Michael sigue corriendo alrededor de la mesa y ella está demasiado gorda para alcanzarlo— Ya te pillaré luego y te calentaré el culo; y tú, don Mugre —me dice a mí—, deja a ese niño allí en el suelo, junto al fogón.

Pone en el suelo los abrigos viejos del cochecito y Alphie se queda allí tendido con su agua azucarada, dice «gu, gu» y sonríe. Nos dice que nos quitemos hasta el último trapo de encima, que salgamos al grifo del patio trasero y que nos freguemos hasta el último centímetro cuadrado del cuerpo. No debemos volver a entrar en esta casa mientras no estemos inmaculados. Me dan ganas de decirle que estamos en pleno febrero, que fuera está helando, que nos podemos morir todos, pero sé que si abro la boca puedo acabar muerto aquí, en el suelo de la cocina.

Salimos desnudos al patio y nos echamos agua fría del grifo. Ella abre la ventana de la cocina y nos tira un cepillo de raíces y una pastilla grande de jabón pardo como el que usaban para lavar al Caballo Finn. Nos manda que nos frotemos la espalda el uno al otro y que sigamos hasta que ella nos lo diga. Michael dice que se le caen de frío las manos y los pies, pero a ella no le importa. Nos sigue diciendo que seguimos sucios y que si tiene que salir a frotarnos ella nos vamos a enterar de lo que vale un peine. Otro peine. Me froto con más fuerza. Todos nos frotamos hasta que estamos de color rosa y nos castañetean los dientes. A la tía Aggie no le parece suficiente. Sale con un cubo y nos echa agua fría por encima.

—Ahora entrad a secaros —nos dice.

Entramos al pequeño cobertizo que está junto a su cocina y allí, de pie, nos secamos con una sola toalla. Esperamos de pie, temblando, porque no podemos entrar tranquilamente a su cocina mientras no nos lo mande. La oímos moverse dentro, enciende el fuego, rasca la reja del fogón con el atizador y después nos grita:

—¿Es que os vais a quedar ahí de pie todo el día? Entrad aquí y poneos la ropa.

Nos da tazones de té y rebanadas de pan frito y nos sentamos a la mesa a comer en silencio, porque no debemos decir ni una palabra si ella no nos lo manda. Michael le pide una segunda rebanada de pan frito y los demás esperamos que lo derribe de la silla por descarado, pero ella se limita a gruñir:

—A vosotros no os han criado con dos rebanadas de pan frito, ni mucho menos.

Y nos da otra rebanada a cada uno. Intenta dar a Alphie pan empapado en té, pero él no se lo come hasta que ella lo espolvorea con azúcar, y cuando ha terminado se sonríe y se mea en su regazo y nosotros estamos encantados. Ella sale corriendo al cobertizo para limpiarse con una toalla y nosotros podemos sonreírnos entre nosotros, sentados a la mesa, y decimos a Alphie que es el crío más grande del mundo. El tío Pa Keating entra por la puerta todo negro, pues viene de su trabajo en la Fábrica de Gas.

—Oh, caramba —dice—, ¿qué es esto?

—Mi madre está en el hospital, tío Pa —dice Michael.

—¿Ah, sí? ¿Qué le pasa?

—Tiene una pulmonía —dice Malachy.

—Bueno, vaya, peor sería que tuviese una corazonmonía.

Se ríe sin que sepamos de qué; entra la tía Aggie que vuelve del cobertizo y le dice que mamá está en el hospital y que nosotros debemos quedarnos con ellos hasta que salga.

—Estupendo, estupendo —dice él, y va al cobertizo a lavarse, aunque cuando vuelve no parece que haya tocado el agua de negro que está.

Se sienta a la mesa y la tía Aggie le da la cena, que es pan frito, jamón y tomates cortados en rodajas. Nos dice que nos apartemos de la mesa y que dejemos de contemplar al tío mientras se toma el té, y a él le dice que deje de darnos trozos de jamón y de tomate.

—*Arrah*, por Dios, Aggie, estos niños tienen hambre —dice él.

—No es asunto tuyo —dice ella—. No son tuyos.

Nos manda a jugar fuera y que volvamos a casa a acostarnos a las ocho y media. Sabemos que fuera está helando y nos gustaría quedarnos junto al fogón caliente, pero es más fácil jugar en la calle que quedarse en casa con la regañona de la tía Aggie.

Me hace entrar más tarde y me manda al piso de arriba a pedir prestada una sábana impermeable a una mujer que tenía un niño que se murió. La mujer me dice:

—Dile a tu tía que me gustaría que me devolviese esta sábana impermeable para el próximo niño que tenga.

La tía Aggie dice:

—Hace doce años que se murió ese niño y ella guarda todavía la sábana impermeable. Ya tiene cuarenta y cinco años, y si tiene otro hijo habrá que ver si ha salido en el cielo la estrella de Oriente.

—¿Qué es eso? —pregunta Malachy, y ella le dice que no se meta en lo que no le importa, que es muy pequeño para entenderlo.

La tía Aggie pone en su cama la sábana impermeable y acuesta a Alphie encima, en la cama, entre ella y el tío Pat. Ella duerme en la parte interior, contra la pared, y el tío Pat por fuera, porque tiene que levantarse temprano para ir a trabajar. Nosotros debemos dormir en el suelo, junto a la pared de enfrente, con un abrigo debajo y dos encima. Dice que si nos oye decir una sola palabra por la noche nos calentará el culo, y que tenemos que madrugar porque es Miércoles de Ceniza y no nos vendría mal ir a misa y rezar por nuestra pobre madre y su pulmonía.

El despertador nos arranca del sueño con un susto. La tía Aggie dice desde la cama:

—Los tres tenéis que levantaros e ir a misa. ¿Me habéis oído? Arriba. Lavaos las caras e id a los Jesuitas.

Su patio trasero es todo escarcha y hielo y nos escuecen las manos con el agua helada. Nos echamos un poco de agua en las caras y nos secamos con la toalla, que sigue húmeda desde ayer. Malachy susurra que nos hemos lavado sólo por encima, como los gatos, como diría mamá.

Las calles también están llenas de escarcha y de hielo, pero la iglesia de los jesuitas está caldeada. Debe de ser estupendo ser jesuita, dormir en una cama con sábanas, mantas, almohadas, tener la casa caldeada al levantarse e ir a una iglesia caldeada donde no hay que hacer nada más que decir misa, confesar y reñir a la gente a gritos por sus pecados, que te suban la comida y leer los oficios en latín antes de acostarte. A mí me gustaría ser jesuita algún día, pero no hay esperanzas de serlo cuando uno se ha criado en un callejón. Los jesuitas son muy exigentes. No les gustan los pobres. Les gusta la gente que tiene automóvil, que estira el meñique al levantar la taza de té.

La iglesia está abarrotada de gente que asiste a la misa de siete y que recibe la ceniza en la frente. Malachy susurra que Michael no debe recibir la ceniza porque no va a hacer la Primera Comunión hasta el mes de mayo y sería pecado. Michael se echa a llorar:

—Quiero la ceniza, quiero la ceniza.

Una mujer vieja que está detrás de nosotros nos dice:

—¿Qué estáis haciendo a ese niño precioso?

Malachy le explica que el niño precioso no ha hecho la Primera Comunión y que no está en gracia de Dios. Malachy se está preparando para la Confirmación y siempre está alardeando de lo bien que se sabe el catecismo, siempre está hablando de la gracia de Dios. No quiere reconocer que yo ya sabía todo lo de la gracia de Dios hace un año, hace tanto tiempo que ya empiezo a olvidarlo. La vieja dice que no es necesario estar en gracia de Dios para que te pongan unas cenizas en la frente y dice a Malachy que deje de atormentar a su pobre hermanito. Da a Michael una palmadita en la frente y le dice que es un niño muy rico y que vaya a que le impongan las cenizas. Él se acerca corriendo al altar y, cuando vuelve, la mujer le da un penique como regalo por haber recibido las cenizas.

La tía Aggie sigue en la cama con Alphie. Dice a Malachy que llene de leche el biberón de Alphie y que se lo lleve. A mí me dice que encienda el fuego en el fogón, que hay papeles y leña en una caja y carbón en el cubo del carbón.

—Si no se enciende el fuego, échale un poco de queroseno.

El fuego tarda en encenderse y humea, y yo vierto por encima el queroseno y sale una llamarada, fus, que casi me quema las cejas. Hay humo por todas partes y la tía Aggie entra corriendo en la cocina. Me aparta del fogón de un empujón.

—Jesús bendito, ¿es que todo lo tienes que hacer mal? Tienes que abrir el tiro, idiota.

Yo no entiendo nada de tiros. En nuestra casa tenemos una chimenea abajo, en Irlanda, y otra chimenea en Italia, arriba, y no hay tiros por ninguna parte. Y vas a casa de tu tía y tienes que entender de tiros. Es inútil que le digas que es la primera vez que enciendes el fuego en un fogón. Te volvería a dar un golpe en la cabeza que te haría volar. Es difícil saber por qué se enfadan tanto los mayores por cosas pequeñas como son los tiros. Cuando yo sea hombre no voy a dar golpes en la cabeza a los niños pequeños por los tiros ni por ninguna otra cosa. Ahora me grita:

—Mira a don Mugre ahí parado. ¿Se te ocurriría abrir la ventana para que se marche el humo? Claro que no. Tienes una cara como la de tu padre del Norte. Y ahora, ¿crees que podrás hervir el agua para el té sin quemar la casa?

Corta tres rebanadas de una hogaza, nos las unta de margarina y se vuelve a acostar. Nos tomamos el té y el pan y esa mañana nos alegramos de ir a la escuela, donde hace calor y no hay tías que griten.

A la vuelta de la escuela me hace sentarme a la mesa y escribir una carta a mi padre contándole que mamá está en el hospital y que todos estamos en casa de la tía Aggie hasta que mamá vuelva a casa. Tengo que decirle que todos estamos felices y con buena salud, que envíe dinero, que la comida está muy cara, que los niños comen mucho cuando están creciendo, ja, ja, que el pequeño, Alphie, necesita ropa y pañales.

No sé por qué está enfadada siempre. Su piso es cálido y seco. Tiene luz eléctrica en la casa y un retrete propio en el patio trasero. El tío Pa tiene trabajo fijo y trae a casa su sueldo todos los viernes. Se toma sus pintas en la taberna de South, pero nunca llega a casa cantando canciones sobre la larga y triste historia de Irlanda. Dice «malditas sean todas sus casas», y dice que lo más gracioso del mundo es que todos tenemos culos que tienen que limpiarse y que nadie se libra de eso. En cuanto un político o un Papa empieza a decir disparates, el tío Pa se lo imagina limpiándose el culo. Hitler, Roosevelt y Churchill se limpian todos el culo. De Valera también. Dice que los únicos de los que se puede fiar uno en ese sentido es de los mahometanos, porque comen con una mano y se limpian con la otra. La mano humana es un bicho traicionero y nunca se sabe dónde ha estado metida.

Pasamos buenos ratos con el tío Pa cuando la tía Aggie va al Instituto de Mecánicos a jugar a las cartas, a las cuarenta y cinco. El tío dice:

—¡A la porra los resentidos!

Se trae dos botellas de cerveza negra de la taberna de South, seis bollos y media libra de jamón de la tienda de la esquina. Prepara té y nos sentamos junto a la estufa bebiéndolo, comiéndonos nuestros emparedados de jamón y nuestros bollos y nos reímos con el tío Pa y las cosas que dice del mundo. Dice:

—Respiré los gases, me bebo la pinta, me importa un pedo de violinista el mundo y sus aledaños.

Si el pequeño Alphie se cansa, se pone de mal humor y llora, el tío Pa se abre la camisa y le dice:

—Toma, teta de mami.

Cuando Alphie ve ese pecho tan plano con la tetilla se impresiona y vuelve a portarse bien.

Antes de que vuelva a casa la tía Aggie tenemos que lavar los tazones y limpiarlo todo para que no se entere de que nos hemos estado atiborrando de bollos y de emparedados de jamón. Si se enterase se pasaría un mes riñendo al tío Pa, y eso es lo que yo no entiendo. ¿Por qué le deja que le riña así? Fue a la Gran Guerra, respiró gases, es mayor, tiene trabajo, hace reír a todo el mundo. Es un misterio. Es lo que te dicen los curas y los maestros, que todo es un misterio y que tienes que creerte lo que te dicen.

De buena gana tendría por padre al tío Pa. Pasaríamos ratos estupendos sentados junto al fuego del fogón, tomando té y riéndonos cuando él se tira un pedo y dice:

—Enciende una cerilla. Es un regalo de los alemanes.

La tía Aggie me atormenta constantemente. Me llama «legañoso». Dice que soy el vivo retrato de mi padre. Tengo un aire raro, tengo un aspecto solapado como los presbiterianos del Norte, de mayor seguramente levantaré un altar al propio Oliver Cromwell, me escaparé de casa y me casaré con una zorra inglesa y llenaré la casa de retratos de la familia real.

Quiero alejarme de ella y sólo se me ocurre un modo de conseguirlo: ponerme enfermo y que me lleven al hospital. Me levanto en plena noche y salgo a su patio trasero. Puedo fingir que voy al retrete. Me quedo de pie al aire libre, con un tiempo helado, esperando coger una pulmonía o la tisis galopante para poder ir al hospital, donde hay buenas sábanas limpias y te llevan la comida a la cama y la muchacha del vestido azul te trae libros. A lo mejor conozco a otra Patricia Madigan y me aprendo una poesía larga. Paso un rato larguísimo en el patio trasero, en camisa y descalzo, mirando a la luna, que es un galeón espectral azotado por mares turbulentos, y vuelvo a la cama tiritando y con la esperanza de despertarme a la mañana siguiente con una tos terrible y con las mejillas enrojecidas. Pero no es así. Me siento fresco y animado, y estaría en muy buena forma si pudiera estar en casa con mi madre y con mis hermanos.

Algunos días la tía Aggie nos dice que no nos aguanta un minuto más.

—Largaos de aquí. Tú, legañoso, llévate a Alphie en el cochecito, llévate a tus hermanos, marchaos al parque a jugar, haced lo que queráis y no volváis hasta la hora del té, cuando toquen al Ángelus, ni un minuto más tarde, ¿me oís?, ni un minuto más tarde.

Hace frío, pero a nosotros no nos importa. Subimos el cochecito por la avenida O'Connell hasta Ballinacurra o por la carretera de Rosbrien. Dejamos a Alphie gatear por los campos para que vea las vacas y las ovejas, y nos reímos cuando las vacas lo tocan con el morro. Yo me meto debajo de las vacas y echo chorros de leche a la boca de Alphie hasta que éste está lleno y la vomita. Los granjeros nos persiguen hasta que se dan cuenta de lo pequeños que son Michael y Alphie. Malachy se ríe de los granjeros. Les dice:

—Pégueme, ahora que llevo al niño en brazos.

Después tiene una gran idea. ¿Por qué no podemos ir a nuestra propia casa y jugar un rato? Recogemos palos y trozos de leña en los campos y vamos corriendo al callejón Roden. En la chimenea de Italia hay cerillas, y encendemos un buen fuego en un momento. Alphie se queda dormido y los demás tardamos poco rato en adormecernos hasta que se escucha el toque del Ángelus en la iglesia de los redentoristas y sabemos que tendremos problemas con la tía Aggie por llegar tarde.

Nos da igual. Podrá gritarnos todo lo que quiera, pero hemos pasado un rato estupendo en el campo con las vacas y con las ovejas, y después con el buen fuego allí arriba, en Italia.

Bien se ve que ella nunca pasa ratos estupendos como éstos. Tendrá luz eléctrica y retrete, pero no pasa ratos estupendos.

La abuela viene a buscarla los jueves y los domingos y cogen el autobús para visitar a mamá en el hospital. Nosotros no podemos ir porque no dejan entrar a los niños, y si les preguntamos «¿cómo está mamá?» ponen cara de mal humor y nos dicen que está bien, que saldrá de ésta. Nos gustaría saber cuándo va a salir del hospital para que todos podamos volver a casa, pero nos da miedo abrir la boca.

Malachy dice un día a la tía Aggie que tiene hambre y le pregunta si puede comerse un trozo de pan. Ella le pega con un *Pequeño Mensajero del Sagrado Corazón* enrollado y a él se le llenan de lágrimas las pestañas. Al día siguiente no vuelve a casa a la salida de la escuela y no ha aparecido todavía a la hora de acostarnos. La tía Aggie dice:

—Bueno, supongo que se ha escapado. Me alegro de perderlo de vista. Si tuviera hambre, volvería. Que esté cómodo en una zanja.

Al día siguiente, Michael entra corriendo de la calle, gritando:

—Ha llegado papá, ha llegado papá.

Y vuelve a salir y allí está papá sentado en el suelo del vestíbulo abrazando a Michael, diciendo con voz llorosa «vuestra pobre madre, vuestra pobre madre», y le huele el aliento a alcohol.

—Ah, has llegado —dice la tía Aggie, sonriendo, y prepara té, huevos y salchichas. A mí me manda a comprar una botella de cerveza negra para papá, y yo me pregunto por qué está tan agradable y generosa de repente.

—¿Vamos a volver a nuestra casa, papá? —dice Michael.

—Sí, hijo.

Alphie vuelve al cochecito con los tres abrigos viejos y con carbón y leña para el fuego. La tía Aggie sale a despedirnos a la puerta y nos dice que seamos buenos, que volvamos a tomar el té cuando queramos, y a mí me vienen a la cabeza unas palabras malas dirigidas a ella, vieja perra. Las tengo en la cabeza y no puedo evitarlo, y tendré que decírselo al cura cuando me confiese.

Malachy no está en una zanja, está allí, en nuestra propia casa, comiendo pescado frito con patatas fritas que dejó caer un soldado borracho en la puerta del cuartel de Sarsfield.

Mamá vuelve a casa a los dos días. Está débil y pálida y camina despacio.

—El médico me ha dicho que esté al calor, que descanse mucho y que coma cosas nutritivas, carne y huevos tres veces por semana —dice—. Dios nos asista, esos pobres médicos no tienen idea de lo que es no tener.

Papá prepara el té y tuesta pan para ella en el fuego. Fríe pan para el resto de nosotros y pasamos una noche agradable allí arriba, en Italia, donde hace calor. Dice que no puede quedarse para siempre, que tiene que volver a trabajar a Coventry. Mamá le pregunta cómo va a volver a Coventry sin un penique en el bolsillo. Él se levanta temprano el Sábado Santo y yo tomo té con él junto al fuego. Fríe cuatro rebanadas de pan, las envuelve con páginas del *Limerick Chronicle* y se mete dos rebanadas en cada bolsillo del abrigo. Mamá sigue en la cama y él le dice en voz alta desde abajo, por las escaleras:

—Ya me voy.

—Está bien —dice ella—. Escribe cuando desembarques.

Mi padre se va a Inglaterra y ella ni siquiera se levanta de la cama. Yo pregunto si puedo acompañarlo hasta la estación de ferrocarril.

—No, no va allí. Va a la carretera de Dublín a ver si alguien lo lleva.

Papá me da unas palmaditas en la cabeza, me dice que cuide de mi madre y de mis hermanos y sale por la puerta. Lo veo subir por el callejón hasta que dobla la esquina. Subo corriendo el callejón para verlo bajar la colina del Cuartel y la calle Saint Joseph. Bajo la colina corriendo y lo sigo todo lo que puedo. Debe de darse cuenta de que lo estoy siguiendo, porque se vuelve y me grita:

—Vuelve a casa, Francis. Vuelve a casa con tu madre.

Al cabo de una semana llega una carta en la que dice que llegó bien, que tenemos que ser buenos, cumplir nuestros deberes religiosos y, sobre todo, obedecer a nuestra madre. Al cabo de otra semana llega un giro telegráfico de tres libras y estamos en la gloria. Seremos ricos, comeremos pescado frito con patatas fritas, gelatina con natillas, veremos películas todos los sábados en el Lyric, en el Coliseum, en el Carlton, en el Atheneum, en el Central y en el más elegante de todos, en el Savoy. Quizás acabemos tomando té y bollos en el café Savoy con la gente fina y distinguida de Limerick. No olvidaremos estirar los meñiques cuando levantemos las tazas.

Al sábado siguiente no llega ningún telegrama, ni al otro sábado, ni ningún otro sábado. Mamá vuelve a pedir limosna en la Conferencia de San Vicente de Paúl y sonríe en el dispensario cuando el señor Coffey y el señor Kane hacen sus bromitas diciendo que papá tendrá una zorra en Picadilly. Michael pregunta qué es una zorra y ella le dice que es la hembra del zorro. Mamá pasa casi todo el día sentada junto al fuego con Bridey Hannon, fumándose sus Woodbines, tomando té flojo. Cuando volvemos a casa de la escuela, las migas de pan de la mañana siguen en la mesa. Nunca lava los tarros de mermelada ni los tazones y hay moscas en el azúcar y en todo lo que está dulce.

Dice que Malachy y yo tenemos que turnarnos para cuidar de Alphie, que tenemos que sacarlo en el cochecito para que tome un poco el aire. El niño no puede pasarse metido en Italia desde octubre hasta abril. Si le decimos que queremos jugar con nuestros amigos puede soltarnos un revés a la cabeza que nos haga escocer las orejas.

Jugamos con Alphie y con el cochecito. Yo me pongo en lo alto de la colina del Cuartel y Malachy se queda abajo. Doy al cochecito un empujón para que baje la cuesta y Malachy debe detenerlo, pero él está distraído mirando a un amigo que lleva patines de ruedas y pasa a toda velocidad por su lado, cruza la calle y entra por las puertas de la taberna de Leniston, donde los parroquianos se están tomando una pinta tranquilamente y no se esperan que irrumpa un cochecito con un niño con la cara sucia que dice «gu, gu, gu, gu». El tabernero grita que esto es una vergüenza, que debería estar prohibido este tipo de comportamiento, que entre por la puerta un niño en un cochecito combado, dice que va a denunciarnos a los guardias, y Alphie lo saluda con la mano y sonríe y él dice:

—Está bien, está bien, que se tome el niño un caramelo y una gaseosa, y sus hermanos también pueden tomar gaseosa, esa pareja de desharrapados. Dios del cielo, qué mundo tan cruel, cuando te crees que las cosas empiezan a salir adelante te entra por la puerta un cochecito y tú te pones a repartir caramelos y gaseosas a diestro y siniestro. Vosotros dos, coged a ese niño y volved a casa con vuestro hermano.

Malachy tiene otra gran idea: se le ocurre que podríamos recorrer Limerick como los gitanos, con Alphie en su cochecito, y entrar en las tabernas para que nos den caramelos y gaseosas, pero yo no quiero que se entere mamá y me dé un revés. Malachy dice que soy un rajado y se aleja de mí corriendo. Yo llevo el cochecito hasta la calle Henry y me acerco a la iglesia de los redentoristas. Hace un día gris, la iglesia es gris y el pequeño grupo de gente que espera ante la residencia de los sacerdotes es gris. Esperan para que les den de limosna las sobras de la comida de los sacerdotes.

Allí, entre la gente, está mi madre con su abrigo gris sucio.

Es mi propia madre, pidiendo limosna. Esto es peor que el subsidio de paro, que la Conferencia de San Vicente de Paúl, que el dispensario. Es la vergüenza mayor, es casi como pedir limosna por las calles como los gitanos que exhiben a sus niños llenos de costras: «Un penique para el pobre niño, señor, el pobre niño tiene hambre, señora».

Mi madre es ahora una mendiga, y si alguien del callejón o de mi escuela la ve, la familia quedará deshonrada por completo. Mis amigos se inventarán nuevos motes para mí y me atormentarán en el patio de la escuela, y ya sé lo que me llamarán.

> *Frankie McCourt,*
> *hijo de la mendiga,*
> *legañoso,*
> *bailarín,*
> *llorica,*
> *japonés.*

Se abre la puerta de la residencia de los sacerdotes y la gente se amontona extendiendo las manos. Los oigo:

—Hermano, hermano, aquí, hermano, ay, por amor de Dios, hermano. Tengo cinco hijos en casa, hermano.

Veo que empujan a mi propia madre. Veo que tiene la boca fruncida cuando coge al vuelo una bolsa y se aleja de la puerta, y yo subo por la calle con el cochecito antes de que pueda verme.

Ya no quiero volver a casa. Bajo con el cochecito hasta la carretera del Muelle, hasta Corkanree, donde se tira y se quema toda la basura y los desperdicios de Limerick. Me quedo allí un rato y veo a unos chicos que persiguen a las ratas. No sé por qué tienen que atormentar a unas ratas que no están en sus casas. Seguiría andando por el campo para siempre, si no fuera porque llevo a Alphie que berrea de hambre, que sacude las piernas regordetas, que enseña el biberón vacío.

Mamá ha encendido el fuego y ha puesto algo a cocer en una olla. Malachy sonríe, y ella dice que ha traído carne en conserva y algunas patatas de la tienda de Kathleen O'Connell. Malachy no estaría tan contento si supiera que era hijo de una mendiga. Nos llama a voces por el callejón para que entremos en casa, y cuando nos sentamos a la mesa me resulta difícil mirar a mi madre, la mendiga. Ella pone la olla en la mesa, saca las patatas con una cuchara y reparte una a cada uno y extrae la carne en conserva con un tenedor.

No es carne en conserva. Es un bloque grande de grasa gris y temblorosa, y el único rastro de carne en conserva es un pequeño pezón de carne roja que está encima. Nos quedamos mirando ese trozo de carne y nos preguntamos quién se la va a comer. Mamá dice:

—Eso es para Alphie. Es pequeño, tiene que crecer mucho, le hace falta.

Lo pone en un plato ante él. Él lo aparta con el dedo y vuelve a cogerlo. Se lo lleva a la boca, recorre la cocina con la mirada, ve al perro Lucky y se lo tira.

Es inútil decir nada. La carne ha desaparecido. Nos comemos las patatas con mucha sal y yo me como mi grasa y me imagino que es ese pezón de carne roja.

XI

—No toquéis con vuestras zarpas ese baúl, porque allí no hay nada que tenga el más mínimo interés ni que os importe —nos advierte mamá.

Lo único que guarda en el baúl es un montón de papeles, partidas de nacimiento y fes de bautismo, el pasaporte irlandés de ella, el pasaporte inglés de papá, extendido en Belfast, nuestros pasaportes estadounidenses y su vestido rojo de la moda de los años 20, con lentejuelas y con volantes negros que se trajo de América. Quiere guardar ese vestido para siempre para que le recuerde que fue joven y que bailaba.

Lo que guarda en el baúl no me importa hasta que formo un equipo de fútbol con Billy Campbell y con Malachy. No tenemos dinero para comprar uniformes ni botas, y Billy dice:

—¿Cómo va a saber el mundo quiénes somos? Ni siquiera tenemos nombre.

Yo me acuerdo del vestido rojo y se me ocurre un nombre, los Corazones Rojos de Limerick. Mamá no abre nunca el baúl, ¿y qué importancia tiene que le corte un trozo del vestido para hacer siete corazones rojos que podamos llevar en el pecho? Ella misma lo dice siempre: ojos que no ven, corazón que no siente.

El vestido está enterrado bajo los papeles. Yo miro la foto del pasaporte que me hicieron cuando era pequeño y me doy cuenta de por qué me llaman japonés. Hay un papel que dice Certificado de Matrimonio, que Malachy McCourt y Ángela Sheehan se unieron en Santo Matrimonio el veintiocho de marzo de 1930. ¿Cómo puede ser? Yo nací el diecinueve de agosto, y Billy Campbell me dijo que el padre y la madre tienen que llevar casados nueve meses para que pueda aparecer un niño. He aquí que yo vine al mundo en la mitad de tiempo. Eso significa que debo de ser milagroso y que puedo llegar a santo y la gente celebrará la fiesta de San Francis de Limerick.

Tendré que preguntárselo a Mikey Molloy, que sigue siendo el experto en los Cuerpos de las Chicas y en las Cochinadas en General.

Billy dice que si queremos llegar a ser unos grandes futbolistas tenemos que practicar, y nos debemos reunir en el parque. Los chicos se quejan cuando yo les reparto los corazones, y yo les digo que si no les gustan pueden irse a sus casas a recortar los vestidos y las blusas de sus propias madres.

No tenemos dinero para comprar una pelota como Dios manda, de modo que uno de los chicos trae una vejiga de oveja llena de trapos. Damos patadas a la vejiga por el prado hasta que le salen agujeros y empiezan a salirse los trapos y nos hartamos de dar patadas a una vejiga que apenas existe ya. Billy dice que al día siguiente, que es sábado, nos reuniremos y saldremos a Ballinacurra para ver si podemos desafiar a los chicos ricos del colegio Crescent a un verdadero partido, siete contra siete. Dice que debemos prendernos en la camisa con alfileres los corazones rojos, aunque no sean más que unos trapos rojos.

Malachy vuelve a casa para tomar el té, pero yo no puedo porque tengo que hablar con Mikey Molloy para enterarme de por qué nací en la mitad del tiempo normal. Mikey sale de su casa con su padre, Peter. Mikey cumple hoy dieciséis años y su padre se lo lleva a la taberna de Bowles para que se tome la primera pinta. Nora Molloy chilla desde dentro de casa a Peter que si se van no vuelvan, que se acabó lo de hacer pan, que ya no vuelve más al manicomio, que si trae a casa borracho a ese niño ella se irá a Escocia y desaparecerá de la faz de la tierra.

—No le prestes atención, Cíclope —dice Peter a Mikey—. Las madres irlandesas siempre son enemigas de la primera pinta. Mi propia madre quiso matar a mi padre con una sartén cuando él me llevó a que me tomase la primera pinta.

Mikey pide a Peter que vaya yo con ellos a tomarme una gaseosa.

Peter dice a todos los presentes en la taberna que Mikey ha venido a tomarse su primera pinta, y cuando todos los hombres quieren invitar a Mikey a una pinta Peter dice:

—Ah, no, sería terrible que bebiese demasiado y lo aborreciera del todo.

Tiran las pintas y nos sentamos junto a la pared, los Molloy con sus pintas y yo con mi gaseosa. Los hombres desean a Mikey mucha suerte en la vida y dicen que fue una bendición de Dios que se cayera de aquel canalón hace años y que no le volviera a dar nunca el ataque desde entonces, y que qué pena que a ese mariconcete de «Cuasimodo» Dooley se lo llevara la tisis después de tanto como se había esforzado por hablar como un inglés para poder trabajar en la BBC, que tampoco es buen sitio para un irlandés, al fin y al cabo.

Peter está hablando con los hombres y Mikey, que se bebe a sorbitos su primera pinta, me dice en voz baja:

—Me parece que no me gusta, pero no se lo digas a mi padre.

Después me dice que él también practica en secreto el acento inglés para poder llegar a locutor de la BBC, que era el sueño de «Cuasimodo». Me dice que puedo quedarme con Cuchulain, que no le sirve a uno de nada para leer las noticias en la BBC. Ahora que tiene dieciséis años quiere ir a Inglaterra, y si me compro algún día una radio lo oiré hablar en el Servicio Nacional de la BBC.

Yo le cuento lo del Certificado de Matrimonio, que Billy Campbell dijo que tenían que pasar nueve meses pero que yo nací en la mitad de tiempo, y le pregunto si sabría decirme si yo soy milagroso de algún modo.

—No —dice—, no. Eres un bastardo. Estás condenado.

—No hace falta que me insultes, Mikey.

—No te estoy insultando. Así se llaman los que nacen antes de los nueve meses del matrimonio, los que han sido concebidos de tapadillo.

—¿Qué es eso?

—¿Qué es qué?

—Concebidos.

—Eso es cuando el espermatozoide se junta con el óvulo y crece y tú apareces nueve meses más tarde.

—No sé de qué estás hablando.

—Lo que tienes entre las piernas es la excitación —me dice en voz baja—. No me gustan los otros nombres que le dan, la picha, la polla, el carajo, el cipote. De modo que tu padre mete su excitación dentro de tu madre y sale un chorrito y esos pequeños microbios suben por tu madre hasta un sitio donde hay un huevo y el huevo crece y eres tú.

—Yo no soy un huevo.

—Eres un huevo. Todos hemos sido un huevo.

—¿Por qué estoy condenado? No es culpa mía ser un bastardo.

—Todos los bastardos están condenados. Son como los niños pequeños que murieron sin que los bautizaran. Van al limbo para toda la eternidad, y no tienen manera de salir, y no es culpa suya. Le hace dudar a uno de Dios, sentado allí arriba en Su trono sin tener piedad con los niños pequeños que murieron sin que los bautizaran. Por eso yo ya no me paso nunca por la capilla. En todo caso, estás condenado. Tu padre y tu madre tuvieron la excitación sin estar casados, por eso tú no estás en gracia de Dios.

—¿Qué puedo hacer?

—Nada. Estás condenado.

—¿No puedo poner una vela o algo así?

—Podías probar con la Virgen María. Ella se encarga de los condenados.

—Pero no tengo un penique para la vela.

—Está bien, está bien, toma un penique. Podrás devolvérmelo cuando tengas trabajo dentro de un millón de años. Me está costando una fortuna ser el experto en los Cuerpos de las Chicas y en las Cochinadas en General.

El tabernero está haciendo un crucigrama y dice a Peter:

—¿Qué es lo contrario de avance?

—Retirada —dice Peter.

—Eso es —dice el tabernero—. Todo tiene su contrario.

—Madre de Dios —dice Peter.

—¿Qué te pasa, Peter? —dice el tabernero.

—¿Qué es lo que acabas de decir, Tommy?

—Que todo tiene su contrario.

—Madre de Dios.

—¿Estás bien, Peter? ¿Está mala la pinta?

—La pinta está estupenda, Tommy, y yo soy el campeón de beber pintas, ¿verdad?

—Sí que lo eres, por Dios. Nadie te lo puede negar.

—Eso significa que podría ser el campeón de lo contrario.

—¿De qué estás hablando, Peter?

—Podría ser el campeón de no beber ninguna pinta.

—Ah, vamos, Peter, creo que vas demasiado lejos. ¿Está bien tu mujer en casa?

—Tommy..., llévate esta pinta... Soy el campeón de no beber ninguna pinta.

Peter se vuelve y retira el vaso de Mikey.

—Vamos a casa con tu madre, Mikey.

—No me has llamado Cíclope, papá.

—Eres Mikey. Eres Michael. Nos vamos a Inglaterra. Se acabaron las pintas para mí, se acabaron las pintas para ti, se acabó hacer pan para tu madre. Vamos.

Salimos de la taberna mientras Tommy, el tabernero, nos dice en voz alta:

—Ya sé lo que te pasa, Peter. Son todos esos malditos libros que lees. Te han destrozado la cabeza.

Peter y Mikey doblan la esquina para ir a su casa. Yo tengo que ir a la iglesia de San José para poner la vela que me salvará de condenarme, pero miro el escaparate de la tienda de Counihan y allí, en el centro, hay una gran barra de *toffee* Cleeves y un letrero que dice: «DOS TROZOS, UN PENIQUE». Sé que estoy condenado, pero se me cae la baba por los lados de la lengua, y cuando dejo el penique en el mostrador de la señora Counihan prometo a la Virgen María que el próximo penique que consiga será para poner una vela, y le pido que haga el favor de hablar con su Hijo para que no me condene de momento.

Un penique de *toffee* Cleeves no dura toda la vida, y cuando se acaba tengo que pensar en volver a casa con una madre que dejó a mi padre que le metiera dentro la excitación para que yo pudiera nacer en la mitad de tiempo y me convirtiese en un bastardo. Si alguna vez me dice una palabra del vestido rojo o de cualquier otra cosa le diré que sé lo de la excitación y ella se quedará escandalizada.

El sábado por la mañana me reúno con los Corazones Rojos de Limerick y salimos sin rumbo por la carretera buscando un desafío de fútbol. Los chicos siguen refunfuñando que esos trozos de vestido rojo no parecen corazones, hasta que Billy les dice que si no quieren jugar al fútbol pueden volverse a sus casas a jugar con las muñecas de sus hermanas.

Hay unos chicos jugando al fútbol en un campo en Ballinacurra y Billy los desafía. Ellos tienen ocho jugadores y nosotros sólo somos siete, pero no nos importa porque uno de ellos es tuerto y Billy nos dice que le entremos por el lado ciego.

—Además —dice—, Frankie McCourt está casi ciego con los dos ojos malos que tiene, y eso es peor.

Los otros llevan todos camisetas azules y blancas y calzones blancos y buenas botas de fútbol. Uno de ellos dice que parece que venimos de un naufragio y nosotros tenemos que sujetar a Malachy para que no se pegue con ellos. Acordamos jugar media hora porque los chicos de Ballinacurra dicen que tienen que ir a almorzar. A almorzar. Todo el mundo come a medio día, pero ellos almuerzan. Si nadie marca gol en media hora quedaremos empatados. Jugamos atacando y defendiéndonos hasta que Billy se hace con la pelota y sube corriendo y driblando por la banda, tan aprisa que nadie es capaz de atraparlo y la pelota entra en la portería. La media hora casi ha terminado, pero los chicos de Ballinacurra quieren jugar otra media hora y consiguen marcar cuando ya está muy avanzada la segunda media hora. Después, la pelota sale por la línea de banda. Sacamos nosotros. Billy se pone en la línea de banda con la pelota sobre la cabeza. Finge mirar a Malachy pero me tira la pelota a mí. Me viene como si fuera lo único que existiera en el mundo. Viene directa a mi pie, y lo único que tengo que hacer es girar a la izquierda y enviar la pelota directamente a la portería. Veo una luz blanca dentro de mi cabeza y me siento como un chico que hubiera subido al cielo. Floto por todo el campo hasta que los Corazones Rojos de Limerick me dan palmadas en la espalda y me dicen:

—Ha sido un gran gol, Frankie. Tú también has estado bien, Billy.

Volvemos caminando por la avenida O'Connell y yo no dejo de pensar en el modo en que me vino al pie la pelota, y seguro que la envió Dios o la Virgen María, que nunca enviarían una bendición así a alguien que estuviera condenado por haber nacido en la mitad de tiempo, y sé que no se me olvidará mientras viva esa pelota de Billy Campbell, ese gol.

Mamá se encuentra con Bridey Hannon y con la madre de ésta que suben por el callejón, y le hablan de las pobres piernas del señor Hannon.

—Pobre John, es una prueba para él volver a casa en bicicleta todas las noches después de repartir carbón y turba todo el día en la carreta grande trabajando para los almacenistas de carbón de la carretera del Muelle.

Le pagan por trabajar de las ocho de la mañana a las cinco y media de la tarde, aunque él tiene que preparar al caballo mucho antes de las ocho y tiene que dejarlo listo para pasar la noche mucho después de las cinco y media. Se pasa el día subiendo y bajando con esa carreta, llevando sacos de carbón y de turba, intentando desesperadamente que no se le muevan las vendas de las piernas para que no le entre el polvo en las llagas abiertas. Las vendas se le están pegando siempre y tiene que arrancárselas, y cuando llega a casa ella le lava las llagas con agua tibia y jabón, se las unta de ungüento y se las vuelve a vendar con vendas limpias. No pueden permitirse unas vendas nuevas cada día, de modo que ella lava las viejas una y otra vez hasta que están grises.

Mamá dice que el señor Hannon debería ir al médico.

—Claro —dice la señora Hannon—, ha ido al médico una docena de veces, y el médico le dice que tiene que descansar las piernas. Eso es todo.

Que descanse las piernas. ¿Y cómo va a descansar las piernas? Tiene que trabajar. ¿De qué viviríamos si no trabajase?

Mamá dice que Bridey podría buscarse algún trabajo, pero Bridey se ofende.

—¿No sabes que tengo el pecho débil, Ángela? ¿No sabes que tuve fiebres reumáticas y que podría morirme en cualquier momento? Tengo que cuidarme.

Mamá suele hablar de Bridey y de sus fiebres reumáticas y de su pecho débil.

—Ésa es capaz de quedarse sentada horas enteras quejándose de sus males —dice—, pero no por eso deja de fumarse sus Woodbines.

Mamá dice a Bridey que siente mucho lo de su pecho débil y que es terrible cómo sufre su padre. La señora Hannon dice a mi madre que John está peor cada día.

—¿Y qué le parecería, señora McCourt, que su chico Frankie fuera con él en la carreta algunas horas cada semana y le ayudase con los sacos? Mal podemos permitírnoslo, pero Frankie podría ganarse un chelín o dos y John podría descansar sus pobres piernas.

—No lo sé —dice mamá—, sólo tiene once años y ha tenido el tifus, y el polvo del carbón no le vendría bien para los ojos.

—Estará al aire libre —dice Bridey—, y nada como el aire fresco para uno que tiene mal los ojos o que está recuperándose del tifus, ¿no es así, Frankie?

—Sí, Bridey.

Yo me muero de ganas de ir con el señor Hannon en la carreta grande como un trabajador de verdad. Si lo hago bien podrían consentirme que dejase de ir a la escuela para siempre, pero mamá dice:

—Puede hacerlo siempre que no sea un obstáculo para sus estudios, y puede empezar un sábado por la mañana.

Como ya soy un hombre, enciendo el fuego temprano el sábado por la mañana y me preparo mi propio té y mi pan frito. Espero ante la casa de al lado a que salga el señor Hannon con su bicicleta, y me llega por la ventana un olor delicioso a panceta y huevos. Mamá dice que el señor Hannon come de lo mejor porque la señora Hannon está tan loca por él como el día en que se casaron. Se comportan como dos amantes de una película americana. Aparece empujando la bicicleta y fumando con la pipa en la boca. Me dice que me suba a la barra de su bicicleta y nos ponemos en marcha, a mi primer trabajo de hombre. Mientras vamos en bicicleta tiene la cabeza sobre la mía, y el olor de la pipa es delicioso. Sus ropas tienen un olor a carbón que me hace estornudar.

Hay hombres que marchan a pie o en bicicleta hacia los almacenes de carbón, la Fábrica de Harina de Rank y la Compañía de Vapores de Limerick, que están en la carretera del Muelle. El señor Hannon se quita la pipa de la boca y me dice que ésta es la mejor mañana de todas, la del sábado, cuando sólo se trabaja medio día. Empezaremos a las ocho y terminaremos para cuando toquen al Ángelus a las doce.

Empezamos por preparar al caballo, lo cepillamos un poco, llenamos de avena el pesebre de madera y de agua el cubo. El señor Hannon me enseña a poner los arreos y me deja empujar al caballo para hacerlo retroceder y ponerlo entre las varas de la carreta.

—Jesús, Frankie, tienes maña para esto —dice.

Eso me pone tan contento que quiero dar saltos y guiar una carreta durante lo que me resta de vida.

Hay dos hombres que están llenando de carbón y de turba los sacos y pesándolos en la gran balanza de hierro; meten un quintal en cada saco. Es tarea suya cargar los sacos en la carreta mientras el señor Hannon va a la oficina a recoger los albaranes de entrega. Los hombres de los sacos trabajan aprisa y ya estamos preparados para nuestra ruta. El señor Hannon se sienta en la parte izquierda de la carreta y hace restallar el látigo para enseñarme dónde debo sentarme, en la parte derecha. La carreta está tan alta y tan cargada de sacos que es difícil subirse, y yo lo intento apoyándome en la rueda. El señor Hannon dice que nunca debo volver a hacer una cosa así.

—No pongas nunca la pierna ni la mano cerca de una rueda cuando el caballo esté enjaezado entre las varas. Al caballo se le puede ocurrir darse un paseo por su cuenta y tú te encuentras con que la rueda te ha atrapado la pierna o el brazo, que te la ha arrancado y que te has quedado mirándola. Tira por ahí —dice al caballo, y éste sacude la cabeza y hace sonar los arreos.

El señor Hannon se ríe.

—Este caballo es tan tonto que le gusta trabajar —dice—. No hará sonar los arreos dentro de unas horas.

Cuando empieza a llover nos cubrimos con sacos viejos de carbón y el señor Hannon se pone la pipa boca abajo en la boca para que no se moje el tabaco. Dice que la lluvia lo pone todo más pesado pero que no sirve de nada quejarse. Sería como quejarse de que en África hace sol.

Atravesamos el puente de Sarsfield para hacer el reparto de la carretera de Ennis y de la carretera de circunvalación del Norte.

—Gente rica —dice el señor Hannon—, y que tarda mucho en llevarse la mano al bolsillo a la hora de dar propina.

Tenemos que repartir dieciséis sacos. El señor Hannon dice que hoy tenemos suerte porque en algunas casas reciben más de un saco y así él no tiene que subirse y bajarse tanto de esa carreta destrozándose las piernas. Cuando nos detenemos se baja y yo arrastro el saco hasta el borde y se lo pongo en los hombros. Algunas casas tienen patios delanteros en los que hay una trampilla que se abre y se vuelca por ella el contenido del saco hasta que éste se vacía, y eso es fácil. Hay otras casas con largos patios traseros, y se nota que al señor Hannon le hacen sufrir las piernas cuando tiene que llevar a cuestas los sacos desde la carreta hasta los cobertizos que están cerca de las puertas traseras.

—Ay, Jesús, Frankie, ay, Jesús.

Ésta es su única queja, y me pide que le eche una mano para volver a subirse a la carreta. Dice que si tuviera una carretilla podría llevar en ella los sacos desde la carreta hasta la casa y que eso sería una bendición, pero una carretilla le costaría el sueldo de dos semanas, ¿y quién puede permitirse tal cosa?

Los sacos están entregados y ha salido el sol, la carreta está vacía y el caballo sabe que ha terminado su jornada de trabajo. Es muy bonito ir sentado en la carreta mirando al caballo a lo largo, desde la cola hasta la cabeza, traquetear por la carretera de Ennis, atravesar el Shannon y subir la carretera del Muelle. El señor Hannon dice que un hombre que ha repartido dieciséis quintales de carbón y de turba se ha ganado una pinta, y que el chico que le ha ayudado se ha ganado una gaseosa. Me dice que debo ir a la escuela para no acabar como él, que tiene que trabajar mientras se le pudren las dos piernas.

—Ve a la escuela, Frankie, y sal de Limerick y de la propia Irlanda. Esta guerra acabará algún día y podrás ir a América, o a Australia o a cualquier país grande con espacios abiertos donde puedas levantar los ojos y ver un terreno sin fin. El mundo es grande y tú puedes vivir grandes aventuras. Si yo no tuviera así las piernas estaría en Inglaterra ganando una fortuna en las fábricas como los demás irlandeses, como tu padre. No, como tu padre no. He oído decir que os ha dejado en la estacada, ¿eh? No sé cómo un hombre en su sano juicio puede marcharse y dejar que su mujer y su familia pasen hambre y tiemblen de frío en un invierno como los de Limerick. A la escuela, Frankie, a la escuela. Los libros, los libros, los libros. Sal de Limerick antes de que se te pudran las piernas y de que se te derrumbe la mente del todo.

El caballo marcha al paso y cuando llegamos al almacén de carbón le echamos el pienso y agua y lo cepillamos. El señor Hannon le habla todo el tiempo y lo llama «mi viejo amigo», y el caballo resopla y apoya el hocico en el pecho del señor Hannon. A mí me encantaría llevarme este caballo a casa y dejar que se alojase en el piso de abajo cuando nosotros estuviésemos arriba, en Italia, pero aunque pudiera hacerlo entrar por la puerta mi madre me gritaría que lo que menos nos hace falta en esta casa es un caballo.

Las calles que suben de la carretera del Muelle son demasiado empinadas para que el señor Hannon pueda subirlas en bicicleta llevándome a mí, de modo que vamos caminando. Tiene las piernas doloridas por el día de trabajo y tardamos mucho tiempo en subir hasta la calle Henry. Se apoya en la bicicleta o se sienta en los escalones de las entradas de las casas, apretando con los dientes la pipa que lleva en la boca.

Yo me pregunto cuándo me dará el dinero del día de trabajo, porque mamá podría dejarme ir al cine Lyric si llego a tiempo a casa con mi chelín o con lo que me dé el señor Hannon. Llegamos a la puerta de la taberna de South.

—Entra —me dice—, ¿no te había prometido una gaseosa?

El tío Pa Keating está sentado en la taberna. Está todo negro, como siempre, y está sentado al lado de Bill Galvin, que está todo blanco, como siempre, resollando y tomándose grandes tragos de su pinta de cerveza negra.

—¿Cómo están? —dice el señor Hannon, y se sienta al otro lado de Bill Galvin, y todos los presentes en la taberna se ríen.

—Jesús —dice el tabernero—, miren eso, dos trozos de carbón y una bola de nieve.

Los hombres que están en otras partes de la taberna se acercan a ver a los dos hombres negros como el carbón con el hombre blanco como la cal en medio, y quieren avisar al *Limerick Leader* para que venga alguien con una cámara de fotos.

—¿Cómo estás todo negro tú también, Frankie? —dice el tío Pa—. ¿Te has caído a una mina de carbón?

—He estado ayudando al señor Hannon en la carreta.

—Tus ojos tienen un aspecto atroz, Frankie. Parecen huellas de meadas en la nieve.

—Es del polvo del carbón, tío Pa.

—Lávatelos cuando llegues a tu casa.

—Sí, tío Pa.

El señor Hannon me invita a una gaseosa, me da el chelín por el trabajo de la mañana y me dice que ya puedo volver a mi casa, que soy un gran trabajador y que puedo ayudarle la semana siguiente a la salida de la escuela.

Camino de casa me veo reflejado en el cristal de un escaparate, todo negro del carbón, y siento que soy un hombre, un hombre que lleva un chelín en el bolsillo, un hombre que se ha tomado una gaseosa en una taberna con dos carboneros y un calero. Ya no soy un niño, y bien podría dejar de ir a la Escuela Leamy para siempre. Podría trabajar todos los días con el señor Hannon, y cuando éste tuviera demasiado mal las piernas podría hacerme cargo de la carreta y repartir el carbón a los ricos durante el resto de mi vida, y mi madre no tendría que ir a pedir limosna a la residencia de los Redentoristas.

La gente que va por la calle me dirige miradas de curiosidad. Los niños y las niñas se ríen y me dicen a gritos:

—Allí va el deshollinador. ¿Cuánto quieres por limpiarnos la chimenea? ¿Te has caído a una carbonera? ¿Te ha quemado la oscuridad?

Son unos ignorantes. No saben que me he pasado el día repartiendo quintales de carbón y de turba. No saben que soy un hombre.

Mamá está dormida arriba, en Italia, con Alphie, y hay un abrigo colocado sobre la ventana para que la habitación esté a oscuras. Le digo que me he ganado un chelín y ella me dice que puedo irme al Lyric, que me lo merezco. Me dice que me quede dos peniques y que deje el resto del chelín en la repisa de la chimenea del piso de abajo para que ella pueda mandar a comprar una hogaza de pan para el té. De pronto se cae el abrigo de la ventana y la habitación se llena de luz. Mamá me mira.

—Dios del cielo, hay que ver cómo tienes los ojos. Ve abajo y yo bajaré dentro de un momento para lavártelos.

Calienta agua en la tetera y me lava los ojos con polvos de ácido bórico y me dice que no puedo ir al cine Lyric, ni hoy ni nunca, hasta que se me curen los ojos, aunque sabe Dios cuándo se me curarán.

—No puedes repartir carbón tal como tienes los ojos —dice—. El polvo te los destrozará, seguro.

—Yo quiero hacer ese trabajo. Quiero traer a casa el chelín. Quiero ser un hombre.

—Puedes ser un hombre sin traer a casa un chelín. Ve arriba y acuéstate y descansa los ojos, o serás un hombre, pero ciego.

Yo quiero hacer ese trabajo. Me lavo los ojos tres veces al día con los polvos de ácido bórico. Recuerdo lo que me dijo Seamus en el hospital de cómo se curó su tío los ojos con el ejercicio de parpadear y procuro pasarme sentado parpadeando una hora cada día. Seamus dijo que no había cosa mejor que parpadear para tener los ojos fuertes. Y ahora yo parpadeo sin parar hasta que Malachy va corriendo a mi madre, que está hablando en el callejón con la señora Hannon.

—Mamá, a Frankie le pasa algo, está arriba parpadeando sin parar.

Ella sube corriendo.

—¿Qué te pasa?

—Estoy haciendo el ejercicio para tener los ojos fuertes.

—¿Qué ejercicio?

—Parpadear.

—Parpadear no es ningún ejercicio.

—Seamus, el del hospital, dice que no hay cosa mejor que parpadear para tener los ojos fuertes. Su tío tenía los ojos muy sanos porque parpadeaba.

Ella dice que me estoy volviendo raro y vuelve al callejón y a su charla con la señora Hannon y yo parpadeo y me baño los ojos con los polvos de ácido bórico disueltos en agua tibia. Oigo por la ventana a la señora Hannon:

—Tu pequeño Frankie viene a John como caído del cielo, pues lo que le estaba estropeando del todo las piernas era tanto subirse y bajarse de la carreta.

Mamá no dice nada, y eso significa que le da tanta lástima el señor Hannon que me dejará que le vuelva a ayudar el día del reparto fuerte, que es el jueves. Me lavo los ojos tres veces al día y parpadeo hasta que me duelen las cejas. Parpadeo en la escuela cuando el maestro no mira y todos los chicos de mi clase me llaman «Guiños» y añaden este mote a la lista:

«Guiños» McCourt,
hijo de la mendiga,
legañoso,
llorica,
bailarín,
japonés.

A mí ya no me importa lo que me llamen mientras se me vayan curando los ojos y mientras tenga un trabajo fijo que consiste en levantar quintales de carbón en una carreta. Ojalá me hubieran visto el jueves, después de clase, cuando salgo con la carreta y el señor Hannon me entrega las riendas para poder fumarse a gusto su pipa.

—Toma, Frankie, con suavidad y con delicadeza, que éste es un buen caballo y no hace falta darle tirones.

Me entrega también el látigo, pero con este caballo no hace falta usar nunca el látigo. Se lleva sólo para guardar las apariencias, y yo me limito a hacerlo restallar en el aire como hace el señor Hannon o a veces quito una mosca de la gran grupa dorada del caballo que se balancea entre las varas.

Sin duda, todo el mundo me mira y admira el modo en que sigo el traqueteo de la carreta, la tranquilidad con que manejo las riendas y el látigo. Ojalá tuviera una pipa, como el señor Hannon, y una gorra de *tweed*. Ojalá pudiera ser un carbonero de verdad, con la piel negra como el señor Hannon y como el tío Pa Keating, para que la gente dijera:

—Ése que va por allí es Frankie McCourt, el que reparte todo el carbón de Limerick y se bebe su pinta en la taberna de South.

No me lavaría nunca la cara. Estaría negro todos los días del año, hasta el día de Navidad, cuando todos esperan que te laves bien para celebrar la venida del Niño Jesús. Sé que a Él no le importaría, porque he visto a los tres Reyes Magos en el Nacimiento de la iglesia de los redentoristas y uno de ellos era más negro que el tío Pa Keating, que es el hombre más negro de Limerick, y si un Rey Mago es negro eso significa que en cualquier sitio del mundo donde vayas te encontrarás con alguien que reparte carbón.

El caballo levanta la cola y le caen del trasero grandes montones de mierda amarilla y humeante. Yo me dispongo a tirarle de las riendas para que pueda pararse y aliviarse a gusto, pero el señor Hannon me dice:

—No, Frankie, déjalo que siga trotando. Siempre cagan al trote. Es una de las ventajas que tienen los caballos, cagan al trote, y tampoco son sucios ni apestan como la raza humana, en absoluto, Frankie. No hay nada peor en el mundo que entrar en un retrete después de un hombre que ha comido manitas de cerdo y se ha pasado la noche bebiendo pintas. La peste que echa eso podría retorcer la nariz a un hombre fuerte. Los caballos son diferentes. No comen más que avena y heno, y lo que echan es limpio y natural.

Trabajo con el señor Hannon después de clase los martes y los jueves y la media jornada de la mañana del sábado y así me gano tres chelines para mi madre, aunque ella está siempre preocupada por mis ojos. En cuanto llego a casa me los lava y me hace descansarlos durante media hora.

El señor Hannon me dice que los jueves me esperará cerca de la Escuela Leamy después de hacer el reparto en la calle Barrington. Ahora me verán los chicos. Ahora sabrán que soy un trabajador y que soy algo más que un legañoso llorica bailarín y japonés.

—Arriba —dice el señor Hannon—, y yo me subo a la carreta como cualquier trabajador. Miro a los chicos que me contemplan boquiabiertos. Boquiabiertos. Digo al señor Hannon que si quiere fumarse la pipa a gusto yo tomaré las riendas, y cuando me las pasa estoy seguro de que los oigo resoplar de asombro. Digo al caballo «tira por ahí», como le dice el señor Hannon. Nos alejamos al trote y sé que hay docenas de chicos de la Escuela Leamy que están cometiendo el pecado capital de la envidia. Vuelvo a decir al caballo «tira por ahí», para asegurarme de que todos lo han oído, para asegurarme de que se enteren de que soy yo el que conduce esta carreta y nadie más, para asegurarme de que no se les olvide que fue a mí a quien vieron en esa carreta con las riendas y con el látigo. Es el día mejor de mi vida, mejor que el día de mi Primera Comunión que echó a perder la abuela, mejor que el día de mi Confirmación cuando me dio el tifus.

Ya no me ponen motes. Ya no se ríen de mis ojos legañosos. Me preguntan cómo he encontrado un trabajo tan bueno a los once años, y cuánto me pagan, y si voy a tener ese trabajo para siempre. Me preguntan si hay otros trabajos buenos en los almacenes de carbón y si podría darles una recomendación.

También hay chicos mayores, de trece años, que se encaran conmigo y me dicen que son ellos los que deberían tener ese trabajo, porque son más grandes y yo no soy más que un enano esmirriado y no tengo hombros. Que digan lo que quieran. El trabajo lo tengo yo, y el señor Hannon me dice que soy fantástico.

Algunos días tiene tan mal las piernas que apenas puede andar y se advierte que la señora Hannon está preocupada. Me da un tazón de té y yo la observo mientras le remanga las perneras del pantalón y le despega las vendas sucias. Las llagas están rojas y amarillas y enlodadas con polvo de carbón. Se las lava con agua jabonosa y se las unta con un ungüento amarillo. Le pone las piernas en alto apoyándolas en una silla y él se queda así toda la noche, leyendo el periódico o un libro de la estantería que tiene sobre la cabeza.

Las piernas se le están poniendo tan mal que tiene que levantarse una hora antes por la mañana para desentumecérselas, para ponerse otro vendaje. Una mañana de sábado, cuando todavía es de noche, la señora Hannon llama a nuestra puerta y me pregunta si puedo ir a casa de un vecino y pedirle prestada la carretilla para llevarla en la carreta, pues ese día el señor Hannon no será capaz de llevar a cuestas los sacos, y quizás pudiera yo llevárselos en la carretilla. Tampoco podrá llevarme en la bicicleta, así que yo puedo esperarlo en el almacén con la carretilla.

—Lo que sea si es para el señor Hannon, que Dios lo bendiga —dice el vecino.

Lo espero en la puerta del almacén de carbón y lo veo venir hacia mí en bicicleta, más despacio que nunca. Está tan rígido que apenas es capaz de bajarse de la bicicleta, y me dice:

—Eres un gran hombre, Frankie.

Me deja que prepare el caballo, aunque todavía me cuesta trabajo ponerle los arreos. Me deja guiar la carreta hasta la salida del almacén y por las calles heladas, y a mí me gustaría seguir guiándola para siempre y no volver nunca a casa. El señor Hannon me enseña a arrastrar los sacos al borde de la carreta y a dejarlos caer al suelo para poder arrastrarlos a la carretilla y llevarlos a las casas. Me enseña a levantar los sacos y a empujarlos sin hacer esfuerzo, y a mediodía ya hemos repartido los dieciséis sacos.

Me gustaría que me vieran ahora los chicos de la Escuela Leamy, cómo guío al caballo y muevo los sacos, cómo lo hago todo mientras el señor Hannon descansa las piernas. Me gustaría que me vieran empujar la carretilla hasta la taberna de South y tomarme la gaseosa, donde el señor Hannon, el tío Pa y yo mismo estamos todos negros y Bill Galvin está todo blanco. Me gustaría enseñar a todo el mundo las propinas que me deja quedarme el señor Hannon, cuatro chelines, y el chelín que me da por el trabajo de la mañana, cinco chelines en total.

Mamá está sentada junto al fuego, y cuando le entrego el dinero me mira, lo deja caer en su regazo y llora. Yo estoy confuso, porque lo normal es que el dinero alegre a la gente.

—Mírate los ojos —dice—. Acércate a ese espejo y mírate los ojos.

Tengo la cara negra, y los ojos están peor que nunca. El blanco del ojo y los párpados están rojos, y el líquido amarillo mana por las comisuras y sale por encima de los párpados inferiores. Cuando el líquido deja de manar un rato, forma una costra que hay que retirar con la mano o lavándola.

Mamá dice que es la última vez. Se acabó el señor Hannon. Yo intento explicarle que el señor Hannon me necesita. Ya casi no puede andar. Esta mañana he tenido que hacerlo todo, guiar la carreta, llevar la carretilla con los sacos, sentarme en la taberna, tomarme la gaseosa, escuchar a los parroquianos que discutían·quién era mejor, Rommel o Montgomery.

Dice que lamenta los problemas del señor Hannon, pero que nosotros tenemos nuestros propios problemas y que lo que menos necesita ella en estos momentos es tener un hijo ciego que vaya a tientas por las calles de Limerick.

—Ya fue bastante malo que estuvieras a punto de morirte del tifus. ¿Quieres quedarte ciego encima?

Y yo ya no puedo dejar de llorar, porque ésta era mi única oportunidad de ser hombre y de traer a casa el dinero que no trajo nunca el chico de telégrafos de parte de mi padre. No puedo dejar de llorar porque no sé qué va a hacer el señor Hannon el lunes por la mañana cuando no tenga a nadie que le ayude a arrastrar los sacos hasta el borde de la carreta, a llevar los sacos a las casas. No puedo dejar de llorar cuando pienso en cómo trata a ese caballo al que llama «Cariño», cuando pienso en lo bondadoso que es él y en qué va a hacer el caballo si no está el señor Hannon para sacarlo, si no estoy yo para sacarlo. ¿Se caerá de hambre ese caballo por falta de avena y de heno y de alguna manzana de vez en cuando?

Mamá dice que no debo llorar, que es malo para los ojos.

—Ya veremos —dice—. No puedo decirte otra cosa ahora mismo. Ya veremos.

Me lava los ojos y me da seis peniques para que vaya con Malachy al Lyric a ver *El hombre al que no pudieron ahorcar*, de Boris Karloff, y nos tomemos dos trozos de *toffee* Cleves. Me cuesta trabajo ver la pantalla con el líquido amarillo que me mana de los ojos, y Malachy tiene que contarme lo que pasa. Los espectadores que están a nuestro alrededor le dicen que se calle, que quieren oír lo que dice Boris Karloff, y cuando Malachy les responde y les dice que lo único que hace es ayudar a su hermano ciego, avisan al acomodador, Frank Goggin, y éste dice que como oiga decir una sola palabra más a Malachy nos echa a los dos.

A mí me da igual. Encuentro el modo de apretarme un ojo para extraer el líquido y despejar el ojo y veo la pantalla mientras se llena el otro ojo y voy cambiando de ojo, aprieto, miro, aprieto, miro, y lo veo todo amarillo.

El lunes por la mañana la señora Hannon vuelve a llamar a nuestra puerta. Pregunta a mamá si Frank tendría la bondad de bajar al almacén de carbón y decir al hombre de la oficina que el señor Hannon no puede ir hoy, que tiene que ir al médico por las piernas, que irá mañana con toda seguridad y que lo que no pueda repartir hoy lo repartirá mañana. La señora Hannon ya me llama siempre Frank. A una persona que reparte quintales de carbón no se le llama Frankie.

El hombre de la oficina dice:

—Hum, creo que tenemos mucha paciencia con Hannon. Tú, ¿cómo te llamas?

—McCourt, señor.

—Di a Hannon que tendrá que traernos una nota del médico. ¿Lo has entendido?

—Sí, señor.

El médico dice al señor Hannon que tiene que ingresar en el hospital o tendrá gangrena y el médico no se hará responsable. La ambulancia se lleva al señor Hannon y yo pierdo mi gran trabajo. Ahora estaré blanco como todos los de la Escuela Leamy, sin carreta, sin caballo, sin chelines que llevar a casa para dárselos a mi madre.

Al cabo de unos días llama a nuestra puerta Bridey Hannon. Dice que a su madre le gustaría que yo fuera a visitarla, a tomarme una taza de té con ella. La señora Hannon está sentada junto al fuego con una mano en el asiento de la silla del señor Hannon.

—Siéntate, Frank —me dice, y cuando pretendo sentarme en una de las sillas corrientes de la cocina, dice—: No, siéntate aquí. Siéntate en su propia silla. ¿Sabes cuántos años tiene, Frank?

—Oh, debe de ser muy mayor, señora Hannon. Debe de tener treinta y cinco años.

Ella sonríe. Tiene unos dientes preciosos.

—Tiene cuarenta y nueve años, Frank, y un hombre de esa edad no debería tener así las piernas.

—No debería, señora Hannon.

—¿Sabes que le dabas mucha alegría al acompañarlo en esa carreta?

—No lo sabía, señora Hannon.

—Sí se la dabas. Hemos tenido dos hijas, Bridey, a la que conoces, y Kathleen, que es enfermera allí arriba, en Dublín. Pero no hemos tenido ningún hijo varón, y él decía que le dabas la sensación de tener un hijo.

Siento que me arden los ojos y no quiero que me vea llorar, sobre todo cuando no sé por qué lloro. Últimamente no hago otra cosa. ¿Es por el trabajo? ¿Es por el señor Hannon? Mi madre me suele decir: «Vaya, tienes la vejiga cerca de los ojos».

Creo que lloro por el modo de hablar en voz baja de la señora Hannon, y habla así por el señor Hannon.

—Como un hijo —dice—, y me alegra que le dieras esa sensación. Ya no podrá volver a trabajar, ¿sabes? Desde ahora tendrá que quedarse en casa. Quizás se pueda curar, y en tal caso bien podría encontrar un puesto de vigilante, para no tener que levantar y cargar pesos.

—Yo no volveré a tener trabajo, señora Hannon.

—Tienes un trabajo, Frank. La escuela. Ése es tu trabajo.

—Eso no es un trabajo, señora Hannon.

—Nunca tendrás un trabajo igual, Frank. Al señor Hannon se le parte el corazón de imaginarte arrastrando sacos de carbón de una carreta, y a tu madre también se le parte el corazón, y te destrozarías los ojos. Siento mucho haberte metido en esto, pues puse a tu pobre madre en un compromiso, entre tus ojos y las piernas del señor Hannon.

—¿Podré ir al hospital a ver al señor Hannon?

—Quizás no te dejen entrar, pero claro que puedes venir a verlo aquí. Bien sabe Dios que no hará gran cosa más que leer y mirar por la ventana.

Mamá me dice en casa:

—No debes llorar, aunque, por otra parte, las lágrimas son saladas y te lavarán el líquido malo de los ojos.

XII

Hay carta de papá. Dice que llegará a casa dos días antes de Navidad. Dice que todo será diferente, que es un hombre nuevo, que espera que seamos buenos, que obedezcamos a nuestra madre, que cumplamos nuestros deberes religiosos, y dice que nos trae regalos de Navidad a todos.

Mamá me lleva a la estación de ferrocarril para recibirlo. La estación siempre es un lugar emocionante con todas las idas y venidas, con la gente que se asoma a las ventanillas, llorando, sonriendo, despidiéndose con la mano, y suena el silbato del tren para llamar a los viajeros y después se aleja el tren con su traqueteo entre nubes de vapor, la gente solloza en el andén, las vías de brillo plateado que se pierden a lo lejos, que llegan hasta Dublín y hasta el mundo que está más allá.

Ahora es casi medianoche y hace frío en el andén vacío. Un hombre con gorra de ferroviario nos pregunta si nos gustaría esperar en un sitio caliente.

—Muchas gracias —dice mamá, y se ríe cuando el hombre nos conduce al final del andén, donde tenemos que subir por una escalera de mano hasta la torre de señales.

Ella tarda algún tiempo en subir, pues está pesada, y no deja de repetir:
—Ay, Dios, ay, Dios.

Estamos por encima del mundo y la torre de señales está oscura a excepción de las luces rojas, verdes y amarillas que parpadean cuando el hombre se inclina sobre el tablero.

—Estoy cenando algo —dice—, ¿ustedes gustan?

—Ay, no, gracias —dice mamá—, no podríamos privarlo de su cena.

—Mi mujer siempre me prepara demasiada comida —dice él—, y no me la podría comer aunque me pasase una semana subido a esta torre. Desde luego, mirar luces y tirar de una palanca de vez en cuando no es un trabajo muy duro.

Destapa un termo y vierte chocolate en un tazón.

—Toma —me dice—, métete este chocolate entre pecho y espalda.

Entrega a mamá la mitad de un emparedado.

—Ay, no —dice ella—, seguro que usted puede llevárselo a su casa para sus hijos.

—Tengo dos hijos, señora, y están fuera combatiendo en el ejército de Su Majestad el Rey de Inglaterra. Uno de ellos hizo su parte con Montgomery en África y el otro está en Birmania o en algún otro sitio de mierda, con perdón. Conseguimos liberarnos de Inglaterra y después vamos a luchar en sus guerras. Conque tenga, señora, tómese el trozo de emparedado.

Unas luces parpadean en el tablero y el hombre dice:

—Ya llega su tren, señora.

—Muchas gracias, y feliz Navidad.

—Le deseo Feliz Navidad, señora, y un próspero Año Nuevo también. Ten cuidado en esa escalera, jovencito. Ayuda a tu madre.

—Muchas gracias, señor.

Volvemos a esperar en el andén mientras el tren entra en la estación con un ruido sordo. Se abren las puertas de los vagones y algunos hombres con maletas bajan al andén y se dirigen aprisa a la salida. Se oye el ruido metálico de las cántaras de leche que caen al andén. Un hombre y dos muchachos descargan periódicos y revistas.

No hay ni rastro de mi padre. Mamá dice que quizás esté dormido en un vagón, pero sabemos que apenas duerme, ni siquiera en su propia cama. Dice que es posible que el barco de Holyhead se haya retrasado y él haya perdido el tren. El Mar de Irlanda está tremendo en esta época del año.

—No va a venir, mamá. No le importamos. Estará borracho allá en Inglaterra.

—No hables así de tu padre.

Yo no le digo más. No le digo que me gustaría tener un padre como el hombre de la torre de señales, que da a la gente emparedados y chocolate.

Al día siguiente entra por la puerta papá. Le falta la dentadura postiza de de arriba y tiene una magulladura bajo el ojo izquierdo. Dice que el Mar de

Irlanda estaba agitado y que cuando se asomó por la borda se le cayó la dentadura.

—¿No sería por la bebida, verdad? —dice mamá—. ¿No sería una pelea?

—*Och*, no, Ángela.

—Dijiste que nos traerías algo, papá —dice Michael.

—Ah, os lo he traído.

Saca de su maleta una caja de bombones y se la entrega a mamá. Ella abre la caja y nos enseña su interior, donde faltan la mitad de los bombones.

—¿No has podido respetarlos? —le pregunta ella—. Menudo sacrificio el tuyo, ¿no?

Cierra la caja y la deja en la repisa de la chimenea. Al día siguiente, después de la comida de Navidad, comeremos bombones.

Mamá le pregunta si ha traído algún dinero. Él le dice que corren malos tiempos, que hay poco trabajo, y ella le dice:

—¿Es que me estás tomando el pelo? Hay guerra, y en Inglaterra hay trabajo por todas partes. Te has bebido el dinero, ¿verdad?

—Te has bebido el dinero, papá.

—Te has bebido el dinero, papá.

—Te has bebido el dinero, papá.

Gritamos con tanta fuerza que Alphie se echa a llorar. Papá dice:

—*Och*, niños, vamos, niños. Tened respeto a vuestro padre.

Se pone la gorra. Dice que tiene que ir a ver a un hombre.

—Ve a ver a tu hombre —dice mamá—, pero no vuelvas borracho a esta casa esta noche cantando «Roddy McCorley» ni ninguna otra canción.

Vuelve borracho a casa, pero está callado y se queda dormido en el suelo junto a la cama de mamá.

Al día siguiente hacemos una comida de Navidad gracias al vale de comida que recogió mamá en la Conferencia de San Vicente de Paúl. Tenemos cabeza de cordero, repollo, patatas blancas y harinosas y una botella de sidra, por ser Navidad. Papá dice que no tiene hambre, que tomará té, y pide prestado un cigarrillo a mamá.

—Come algo —le dice ella—. Es Navidad.

Él vuelve a decirle que no tiene hambre, pero dice que si nadie los quiere se comerá los ojos del cordero. Dice que el ojo tiene mucho alimento, y todos hacemos ruidos de asco. Los baja con su té y se termina de fumar el Woodbine. Se pone la gorra y sube al piso de arriba a coger su maleta.

—¿A dónde vas? —le pregunta mamá.

—A Londres.

—¿En este día de Nuestro Señor? ¿El día de Navidad?

—Es el día mejor para viajar. La gente de los automóviles siempre está dispuesta a llevar a Dublín a un trabajador. Piensan en lo mal que lo pasó la Sagrada Familia.

—¿Y cómo tomarás el barco para Holyhead si no llevas ni un penique en el bolsillo?

—Del mismo modo que vine. Siempre hay un momento en que no miran.

Nos da un beso a cada uno en la frente, nos dice que seamos buenos, que obedezcamos a mamá, que recemos nuestras oraciones. Dice a mamá que escribirá, y ella le dice:

—Ah, sí, como has escrito siempre.

Él se queda plantado ante ella con la maleta en la mano. Ella se levanta, coge la caja de bombones y los reparte. Se mete un bombón en la boca y se lo vuelve a sacar porque está demasiado duro y no lo puede masticar. A mí me ha tocado uno blando y se lo ofrezco a cambio del duro, que durará más tiempo. Está cremoso y espeso y tiene una avellana en el centro. Malachy y Michael se quejan de que a ellos no les ha tocado ninguna avellana y preguntan por qué le toca siempre la avellana a Frank.

—¿Qué quieres decir, como siempre? —pregunta mamá—. Es la primera vez que nos comemos una caja de bombones.

—En la escuela le tocó la pasa del bollo —dice Malachy—, y todos los chicos decían que se la había dado a Paddy Clohessy. Entonces, ¿por qué no puede darnos a nosotros la avellana?

—Porque es Navidad —dice mamá—, y tiene los ojos irritados y la avellana es buena para los ojos irritados.

—¿Se le pondrán mejor los ojos con la avellana? —pregunta Michael.

—Sí.

—¿Se le pondrá mejor un ojo, o los dos?

—Creo que los dos.

—Si me tocara otra avellana se la daría para los ojos —dice Malachy.

—Sé que lo harías —dice mamá.

Papá nos mira comer los bombones un momento. Levanta el pestillo, sale por la puerta y la cierra.

—Los días son malos, pero las noches son peores —dice mamá a Bridey Hannon—. ¿Acabará alguna vez esta lluvia?

Ella intenta aliviar los días malos quedándose en la cama y dejando que Malachy y yo encendamos el fuego por la mañana mientras ella está sentada en la cama dando pedazos de pan a Alphie y acercándole el tazón a la boca para que tome el té que lleva dentro. Nosotros tenemos que bajar a Irlanda a lavarnos las caras en el barreño que está bajo el grifo e intentamos secarnos con la camisa vieja y húmeda que está colgada del respaldo de una silla. Nos hace ponernos de pie junto a la cama para ver si nos hemos dejado círculos de mugre en el cuello, y si es así tenemos que volver al grifo y a la camisa húmeda. Cuando hay un agujero en unos pantalones ella se sienta en la cama y lo remienda con cualquier trapo que encuentre. Llevamos pantalones cortos hasta los trece o los catorce años, y nuestros calcetines largos siempre tienen agujeros que hay que zurcir. Si no tiene lana para zurcir y los calcetines son oscuros, podemos teñirnos de negro los tobillos con betún para guardar las apariencias. Es terrible ir por el mundo enseñando la piel por los agujeros de los calcetines. Cuando los llevamos semana tras semana, los agujeros se vuelven tan grandes que tenemos que adelantar el calcetín metiéndolo bajo los dedos de los pies para que el agujero de atrás quede oculto en el zapato. Los días de lluvia los calcetines se mojan y tenemos que dejarlos colgados ante el fuego por la noche con la esperanza de que estén secos a la mañana siguiente. Después están duros por la suciedad apelmazada y no nos atrevemos a ponérnoslos por miedo a que caigan al suelo rotos en pedazos ante nuestros ojos. Quizás tengamos la suerte de poder ponernos los calcetines, pero después tenemos que taponarnos los agujeros de los zapatos y yo me disputo con mi hermano Malachy cualquier trozo de cartón o de papel que haya en la casa. Michael sólo tiene seis años y tiene que esperar a llevarse lo que pueda sobrar, a no ser que mamá nos advierta desde la cama que debemos ayudar a nuestro hermano pequeño.

—Si no arregláis los zapatos a vuestro hermano y tengo que levantarme de esta cama, va a haber más que palabras —dice.

Tendría que darnos lástima Michael, porque es demasiado mayor para jugar con Alphie y es demasiado pequeño para jugar con nosotros, y no puede pelearse con ninguno por el mismo motivo.

Terminar de vestirnos es sencillo, la camisa que llevaba en la cama es la camisa que llevo a la escuela. La llevo día tras día. Es la camisa que llevo para jugar al fútbol, para saltar los muros, para robar en los huertos. Voy a misa y a la Cofradía con esa camisa, y la gente olisquea el aire y se aparta de mí. Cuando mamá recibe en la Conferencia de San Vicente de Paúl un vale para recoger una nueva, la vieja se convierte en toalla y pasa meses enteros húmeda, colgada en la silla, o mamá puede utilizar trozos de ella para remendar otras camisas. Hasta puede acortarla y hacer que Alphie se la ponga una temporada hasta que acaba en el suelo, encajada contra los bajos de la puerta, para que no entre la lluvia desde el callejón.

Vamos a la escuela por callejones y callejuelas para no encontrarnos con los niños respetables que van a la escuela de los Hermanos Cristianos ni con los ricos que van al colegio Crescent, el de los jesuitas. Los niños de las escuelas de los Hermanos Cristianos llevan chaquetas de *tweed*, jerseys de lana calientes, camisas, corbatas y botas nuevas y relucientes. Sabemos que son los que trabajarán de funcionarios y ayudarán a la gente que dirige el mundo. Los chicos del colegio Crescent llevan chaquetas cruzadas y bufandas con los colores del colegio al cuello y por encima de los hombros para mostrar que son los amos del cotarro. Llevan el pelo largo, les cae por la frente y encima de los ojos, para poder mover el flequillo de un gesto como hacen los ingleses. Sabemos que son los que irán a la universidad, se harán cargo de la empresa familiar, dirigirán el gobierno, dirigirán el mundo. Nosotros seremos los recaderos que iremos en bicicleta a repartirles los comestibles o iremos a Inglaterra a trabajar en las obras. Nuestras hermanas cuidarán a sus hijos y les fregarán los suelos, a no ser que también ellas se vayan a Inglaterra. Nosotros lo sabemos. Nos da vergüenza el aspecto que tenemos, y si los chicos de las escuelas de los ricos hacen comentarios tendremos peleas y acabaremos con la nariz sangrando o con la ropa rota. Nuestros maestros no tienen paciencia con nosotros ni con nuestras peleas porque sus hijos van a las escuelas de los ricos, y nos dicen:

—No tenéis derecho a levantar la mano a la gente que pertenece a una clase mejor que la vuestra, así que no lo hagáis.

Cuando llegas a casa nunca sabes si te vas a encontrar a mamá sentada junto al fuego charlando con una mujer y un niño desconocidos. Siempre son una mujer y un niño. Mamá se los encuentra vagando por las calles, y si le preguntan «¿Podría darnos unos peniques, señora?», a ella se le parte el corazón. Nunca tiene dinero, de modo que los invita a venir a casa a tomar té y un poco de pan frito, y si hace mala noche les deja dormir cerca del fuego, en un rincón, sobre un montón de trapos. El pan que les da nos lo dejamos de comer nosotros, y si nos quejamos dice que siempre hay quien está peor que uno y que seguro que podemos permitirnos dar un poco de lo que tenemos.

Michael es igual. Trae a casa perros callejeros y hombres viejos. Nunca sabes cuándo te vas a encontrar un perro en la cama a su lado. Aparecen perros con llagas, perros sin orejas, sin rabo. Aparece un galgo ciego que se encontró en el parque, al que atormentaban los niños. Michael se peleó con los niños, cogió en brazos al galgo, que era mayor que él, y dijo a mamá que el perro podía comerse su cena.

—¿Qué cena? —dice mamá— Cuando hay una rebanada de pan en la casa estamos de suerte.

Michael le dice que el perro se puede comer su pan. Mamá dice que el perro tendrá que marcharse al día siguiente y Michael se pasa llorando toda la noche y llora con más fuerza por la mañana, cuando se encuentra muerto al perro a su lado. No quiere ir a la escuela porque tiene que cavar una tumba ante la casa, donde estaba el establo, y quiere que todos le ayudemos a cavar y que recemos el rosario. Malachy dice que no vale la pena rezar por un perro.

—¿Cómo sabes siquiera que era católico?

—Claro que era un perro católico —dice Michael—. ¿Acaso no lo llevé en brazos?

Llora tanto por el perro que mamá nos deja a todos quedarnos en casa y no ir a la escuela. Estamos tan encantados que no nos importa ayudar a Michael a cavar la tumba y rezamos tres Avemarías. No estamos dispuestos a desperdiciar un buen día sin escuela rezando el rosario por un galgo muerto. Michael sólo tiene seis años, pero cuando trae viejos a casa consigue encender el fuego y darles té. Mamá dice que se está volviendo loca de tanto llegar a casa y encontrarse con esos viejos que beben en su tazón favorito y hablan entre dientes y se rascan junto al fuego. Cuenta a Bridey Hannon que Michael tiene la costumbre de llevar a casa a viejos que están todos un poco tocados de la cabeza y que si no tiene un trozo de pan para dárselo llama a las puertas de los vecinos y no le da vergüenza pedirlo. Al final dice a Michael:

—Se acabaron los viejos. Uno tenía piojos y nos ha dejado la plaga.

Los piojos son repugnantes, peores que las ratas. Los tenemos en la cabeza y en las orejas y se nos refugian en el hueco de las clavículas. Nos punzan la piel. Se meten en las costuras de nuestras ropas y están en todas partes por los abrigos que usamos como mantas. Tenemos que buscarlos por cada centímetro del cuerpo de Alphie, porque él es pequeño y no se puede valer.

Los piojos son peores que las pulgas. Los piojos se agachan y chupan, y vemos nuestra sangre a través de su piel. Las pulgas saltan y pican, y son limpias, y nosotros las preferimos. Los bichos que saltan son más limpios que los bichos que se agachan.

Todos acordamos que se acabaron las mujeres, los niños, los perros y los viejos vagabundos. No queremos tener más enfermedades ni infecciones.

Michael llora.

La señora Purcell, la vecina de la abuela, tiene la única radio del callejón donde vive. El Estado se la dio porque es vieja y ciega. Yo quiero una radio. Mi abuela es vieja, pero no está ciega, ¿y de qué sirve tener una abuela si no se queda ciega para que el Estado le dé una radio?

Los domingos por la noche me siento en la acera bajo la ventana de la señora Purcell y escucho obras de teatro en la BBC y en Radio Eireann, la emisora irlandesa. Ponen obras de teatro de O'Casey, de Shaw, de Ibsen y del propio Shakespeare, que es el mejor de todos, a pesar de ser inglés. Shakespeare es como el puré de patatas, no cansa nunca. Y también ponen obras de teatro raras en las que salen griegos que se arrancan los ojos porque se casaron con sus madres por equivocación.

Una noche estoy sentado bajo la ventana de la señora Purcell escuchando *Macbeth*. Su hija Kathleen se asoma por la puerta.

—Entra, Frankie. Mi madre dice que vas a coger la tisis sentado en el suelo con este tiempo.

—Ay, no, Kathleen. Estoy bien.

—No. Entra.

Me dan té y una gran rebanada de pan untada de mermelada de moras. La señora Purcell me pregunta:

—¿Te gusta el Shakespeare, Frankie?

—Me encanta el Shakespeare, señora Purcell.

—Oh, es pura música, Frankie, y tiene los mejores argumentos del mundo. No sé cómo me las arreglaría yo los domingos por la noche si no tuviera a Shakespeare.

Cuando termina la obra me deja manipular el botón de la radio y yo exploro el dial buscando sonidos lejanos en la banda de onda corta, susurros y siseos extraños, el fragor del mar que viene y va y el código Morse, raya raya raya punto. Oigo mandolinas, guitarras, gaitas españolas, los tambores de África, el canto como un quejido de los barqueros del Nilo. Veo a los marinos de guardia que se toman tazones de chocolate. Veo catedrales, rascacielos, casitas de campo. Veo a los beduinos en el Sahara y a la Legión Extranjera francesa, a los vaqueros de las praderas americanas. Veo las cabras que saltan por las costas rocosas de Grecia, donde los pastores están ciegos porque se casaron con sus madres por equivocación. Veo a la gente que charla en los cafés, que bebe vino a sorbitos, que se pasea por los bulevares y por las avenidas. Veo a las mujeres de vida nocturna en los portales, a los monjes que cantan vísperas, y oigo las sonoras campanadas del Big Ben.

—Aquí el Servicio Exterior de la BBC. Las noticias.

—Deja eso, Frankie, para que nos enteremos de cómo está el mundo —dice la señora Purcell.

Después de las noticias ponemos la emisora de las Fuerzas Armadas Americanas, y es precioso oír las voces americanas, suaves y tranquilas, y ahora llega la música, oh, caramba, la música del mismísimo Duke Ellington que me dice que coja el tren A, que me llevará al sitio donde Billie Holiday me canta, sólo para mí:

> No te puedo dar más que amor, cariño.
> Es lo único que tengo de sobra, cariño.

Ay, Billie, Billie, quiero estar en América contigo y con toda esa música, donde todos tienen sanos los dientes, donde la gente se deja comida en el plato, donde cada familia tiene su retrete y todos son felices y comen perdices.

Y la señora Purcell dice:

—¿Sabes una cosa, Frankie?

—¿Qué, señora Purcell?

—Ese Shakespeare es tan bueno que seguramente fue irlandés.

El cobrador del alquiler de la casa está perdiendo la paciencia.

—Lleva cuatro semanas de retraso, señora —dice a mamá—. Es una libra y dos chelines. Esto tiene que terminarse, pues ahora yo tengo que volver a la oficina y decir a Sir Vincent Nash que los McCourt llevan un mes de retraso. ¿En qué situación me quedo yo entonces, señora? Me encuentro sin trabajo y con el culo al aire, y con una madre que alimentar, que tiene noventa y dos años, de comunión diaria en la iglesia de los franciscanos. El cobrador de alquileres cobra los alquileres, señora, o pierde el empleo. Volveré la semana que viene, y si no tiene el dinero, una libra, ocho chelines y seis peniques en total, irán a la calle, con sus muebles a la intemperie.

Mamá vuelve a subir a Italia y se sienta junto al fuego preguntando al cielo de dónde va a sacar el dinero para pagar el alquiler de una semana, sin contar con los atrasos. Le encantaría tomarse una taza de té, pero no hay con qué hervir el agua hasta que Malachy saca una tabla que está suelta del tabique que separa las dos habitaciones de arriba.

—Bueno —dice mamá—, ya que ha salido podemos hacerla astillas para el fuego.

Hervimos el agua y usamos el resto de la leña para el té de la mañana, pero ¿qué haremos esta noche y mañana y de mañana en adelante?

—Una tabla más de esa pared —dice mamá—, una más y se acabó.

Se pasa dos semanas diciendo eso, hasta que no quedan más que las vigas. Nos advierte que no toquemos las vigas, pues éstas sujetan el techo y toda la casa.

—Oh, no seríamos capaces de tocar las vigas.

Va a ver a la abuela, y en casa hace tanto frío que doy con el hacha a una de las vigas. Malachy me anima y Michael aplaude emocionado. Tiro de la viga, el techo gruñe y sobre la cama de mamá cae un torrente de yeso, de tejas, de lluvia.

—Ay, Dios, nos vamos a matar todos —dice Malachy, y Michael baila mientras canta:

—Frankie ha roto la casa, Frankie ha roto la casa.

Corremos bajo la lluvia para contárselo a mamá. Pone cara de extrañeza cuando oye cantar a Michael que Frankie ha roto la casa, hasta que yo le explico que hay un agujero en la casa y que se está cayendo.

—Jesús —dice, y corre por las calles, y la abuela intenta seguir su paso.

Mamá ve su cama enterrada bajo el yeso y las tejas y se tira de los pelos.

—¿Qué vamos a hacer ahora, eh? —dice, y me chilla por haber tocado las vigas. La abuela dice:

—Iré a la oficina del casero y le diré que arregle esto antes de que os ahoguéis del todo.

Al poco tiempo está de vuelta con el cobrador del alquiler. Éste dice:

—Dios del cielo, ¿dónde está la otra habitación?

—¿Qué otra habitación? —dice la abuela.

—Yo les alquilé dos habitaciones en el piso de arriba, y una ha desaparecido. ¿Dónde está esa habitación?

—¿Qué otra habitación? —dice mamá.

—Había dos habitaciones aquí arriba, y ahora sólo hay una. Y ¿qué ha pasado con el tabique? Había un tabique. Ahora no hay tabique. Recuerdo claramente que había un tabique porque recuerdo claramente que había una habitación. Ahora, ¿dónde está ese tabique? ¿Dónde está esa habitación?

—No recuerdo ningún tabique —dice la abuela—, y si no recuerdo ningún tabique, ¿cómo voy a recordar una habitación?

—¿No la recuerdan? Pues yo sí que la recuerdo. Cuarenta años de administrador de fincas y no había visto nada parecido. Por Dios, sí que están mal las cosas si en cuanto uno se distrae los inquilínos no pagan el alquiler y encima hacen desaparecer los tabiques y las habitaciones. Quiero enterarme de dónde está ese tabique y de qué han hecho con la habitación, vaya que sí.

Mamá se dirige a nosotros.

—¿Recordáis alguno que hubiera un tabique?

Michael le tira de la mano.

—¿Es el tabique que quemamos en el fuego?

—Dios del cielo —dice el cobrador—, esto es el acabóse, esto es el no va más, esto es el colmo de los colmos. No pagan el alquiler, ¿y qué voy a decir a Sir Vincent abajo, en la oficina? Fuera, señora. La echo. Dentro de una semana llamaré a esta puerta y no quiero encontrarme a nadie en casa, quiero que todos se hayan marchado para no volver nunca. ¿Me ha entendido, señora?

Mamá tiene la cara tensa.

—Es una lástima que usted no viviese en la época en que los ingleses nos desahuciaban y nos dejaban tirados al borde de los caminos.

—No se me insolente, señora, o mando a los hombres para que la echen mañana.

Sale por la puerta y la deja abierta para manifestarnos su desprecio.

—Palabra de Dios que no sé qué voy a hacer —dice mamá.

—Bueno —dice la abuela—, yo no tengo sitio para vosotros, pero tu primo Gerard Griffin vive en la carretera de Rosbrien, en esa casita de su madre, y seguro que podrá alojaros hasta que vengan tiempos mejores. Es tardísimo, pero voy a acercarme a ver qué dice, y Frank puede venirse conmigo.

Me dice que me ponga un abrigo, pero yo no lo tengo, y ella me dice:

—Supongo que será inútil preguntarte si tienes paraguas. Vamos.

Se cubre la cabeza con el chal y yo la sigo. Salimos por la puerta, subimos por el callejón y vamos andando bajo la lluvia hasta la carretera de Rosbrien, que está a casi dos millas. Llama a la puerta de una casita de entre una hilera de casitas.

—¿Estás en casa, Laman? Sé que estás en casa. Abre la puerta.

—Abuela, ¿por qué le llamas Laman? ¿No se llama Gerard?

—¿Yo qué sé? ¿Sé acaso por qué llama todo el mundo Ab a tu tío Pat? A éste lo llaman todos Laman. Abre la puerta. Vamos a entrar. Quizás se haya quedado a hacer horas extraordinarias.

Empuja la puerta. El interior está oscuro y hay un olor dulzón de humedad en la habitación. Esta habitación parece ser la cocina, y hay otra habitación contigua más pequeña. Encima del dormitorio hay un pequeño altillo con un tragaluz sobre el que golpea la lluvia. Hay cajas por todas partes, periódicos, revistas, restos de comida, tazones, latas vacías. Vemos que hay dos camas que ocupan todo el espacio del dormitorio, una cama grande como un prado y una menor junto a la ventana. La abuela da un empujón a un bulto que hay en la cama grande.

—Laman, ¿eres tú? Levántate, ¿quieres? Levántate.

—¿Qué?, ¿qué?, ¿qué?, ¿qué?

—Hay problemas. A Ángela la desahucian con los niños y está lloviendo a mares. Necesitan un sitio donde refugiarse hasta que salgan adelante, y yo no tengo sitio para ellos. Tú podrías alojarlos en el altillo si quisieras, pero no puede ser, porque los pequeños no podrían subir y se caerían y se matarían, de modo que instálate tú allí y ellos pueden mudarse aquí.

—Bueno, bueno, bueno, bueno.

Se levanta trabajosamente de la cama y se percibe un olor a whiskey. Va a la cocina y arrastra la mesa hasta la pared para subir al altillo. La abuela dice:

—Ya está resuelto. Podéis mudaros aquí esta noche y no os tendréis que preocupar de que vengan a desahuciaros.

La abuela dice a mamá que ella se vuelve a su casa. Está cansada y empapada y ya no tiene veinticinco años. Dice que no hace falta que nos traigamos camas ni muebles con todas las cosas que hay en casa de Laman Griffin. Metemos a Alphie en el cochecito y amontonamos a su alrededor la olla, la cazuela, la sartén, la tetera, los tarros de mermelada y los tazones de tomar el té, al Papa, dos almohadas y los abrigos de las camas. Nos cubrimos las cabezas con los abrigos y empujamos el cochecito por las calles. Mamá nos dice que guardemos silencio cuando subamos por el callejón o los vecinos se enterarán de que nos han desahuciado y quedaremos deshonrados. El cochecito tiene una rueda combada que lo desvía y lo hace ir en distintas direcciones. Intentamos llevarlo recto y lo estamos pasando en grande, pues deben de haber dado ya las doce de la noche y seguro que mamá no nos hace ir a la escuela mañana. Nos estamos mudando tan lejos de la Escuela Leamy que a lo mejor no tenemos que volver nunca. Cuando nos alejamos del callejón, Alphie golpea la olla con la cuchara y Michael canta una canción que oyó en una película de Al Jolson, «Swanee, cómo te quiero, cómo te quiero, mi querida Swanee». Nos hace reír el modo en que intenta cantar con voz profunda como Al Jolson.

Mamá dice que se alegra de que sea tarde y de que no haya nadie por la calle que sea testigo de nuestra deshonra.

Cuando llegamos a la casa sacamos a Alphie y todo lo demás que hay en el cochecito para que Malachy y yo podamos volver corriendo al callejón de Roden a recoger el baúl. Mamá dice que se moriría si perdiese ese baúl y todo lo que contiene.

Malachy y yo dormimos cada uno en un extremo de la cama pequeña. Mamá ocupa la cama grande con Alphie a su lado y Michael al fondo. Todo está húmedo y mohoso, y Laman Griffin ronca sobre nuestras cabezas. En esta casa no hay escaleras, y eso significa que no ha venido nunca el Ángel del Séptimo Peldaño.

Pero yo tengo doce años para cumplir trece, y quizá sea demasiado mayor para los ángeles.

Todavía es de noche cuando suena el despertador al día siguiente y Laman Griffin da un resoplido, se suena la nariz y carraspea para despejarse el pecho. El suelo cruje bajo sus pies, y cuando se pasa un rato larguísimo meando en el orinal nosotros tenemos que taparnos la boca con los abrigos para no reírnos, y mamá nos susurra que nos callemos. Él gruñe por encima de nosotros hasta que baja a coger su bicicleta, sale y cierra la puerta de un portazo.

—No hay moros en la costa —dice mamá en voz baja—, volved a dormiros. Hoy podéis quedaros en casa.

No podemos dormir. Estamos en una casa nueva, tenemos que mear y queremos explorarlo todo. El retrete está fuera, a unos diez pasos de la puerta trasera, un retrete propio, con una puerta que se puede cerrar y un asiento donde se puede sentar uno y leer los recortes del *Limerick Leader* que dejó Laman Griffin para limpiarse. Hay un patio trasero largo, un jardín con hierba y hierbajos altos, una bicicleta antigua que debió de pertenecer a un gigante, latas en cantidad, periódicos y revistas viejos que se pudren y vuelven a la tierra, una máquina de coser oxidada, un gato muerto con una cuerda atada al cuello que alguien debió de tirar por encima de la valla.

A Michael se le mete en la cabeza la idea de que estamos en África y no deja de preguntar:

—¿Dónde está Tarzán? ¿Dónde está Tarzán?

Corre de un extremo a otro del patio sin pantalones intentando imitar el grito que lanza Tarzán cuando salta de árbol en árbol. Malachy se asoma por encima de la valla a los patios contiguos y nos dice:

—Tienen huertos. Cultivan cosas. Podemos cultivar cosas. Podemos tener nuestras propias patatas y de todo.

Mamá grita desde la puerta trasera:

—Mirad a ver si hay algo por ahí para encender el fuego aquí dentro.

Hay un cobertizo de madera que se apoya en la parte trasera de la casa. Se está cayendo, y bien podemos usar algo de su madera para el fuego. A mamá le da asco la madera que le llevamos, dice que está podrida y llena de gusanos blancos, pero dice que el que pide no escoge. La madera chisporrotea sobre el papel que arde y vemos que los gusanos blancos intentan escaparse. Michael dice que le dan pena los gusanos blancos, pero nosotros sabemos que todo lo que hay en el mundo le da pena.

Mamá nos dice que esta casa era una tienda, que la madre de Laman Griffin vendía comestibles por la ventana pequeña y que gracias a eso pudo mandar a Laman al colegio Rockwell para que acabase de oficial de la Marina Real. Oh, vaya si lo fue. Oficial de la Marina Real, y aquí hay una foto de él con otros oficiales, cenando todos con Jean Harlow, la famosa actriz de cine americana. Desde que conoció a Jean Harlow no volvió a ser el mismo. Se enamoró locamente de ella, pero ¿de qué le servía? Ella era Jean Harlow y él no era más que un oficial de la Marina Real, y se dio a la bebida y lo expulsaron de la Marina. Ahora hay que verlo, un simple obrero de la Compañía Eléctrica y con una casa que es una vergüenza. Cualquiera que viese esta casa no pensaría que vive en ella un ser humano. Se ve que Laman no ha tocado nada desde que murió su madre, y ahora nosotros tenemos que limpiar la casa para poder vivir aquí.

Hay cajas llenas de botellas de brillantina morada. Mientras mamá sale al retrete nosotros abrimos una botella y nos la untamos en el pelo. Malachy dice que el olor es muy agradable, pero cuando mamá vuelve pregunta:

—¿Qué es esa peste tan horrible?

Y nos pregunta también por qué tenemos de pronto el pelo lleno de grasa. Nos hace meter la cabeza debajo del grifo de fuera y secarnos con una toalla vieja que saca de debajo de un montón de revistas que se llaman *The Illustrated London News*, tan antiguas que traen fotos de la reina Victoria y el príncipe Eduardo saludando a la multitud. Hay pastillas de jabón Pear y un libro grueso titulado *Enciclopedia Pear*, que me tiene ocupado día y noche, porque te cuenta todo de todo y eso es todo lo que yo quiero saber.

Hay botellas de linimento Sloan, que mamá dice que serán útiles cuando tengamos calambres y dolores a causa de la humedad. En las botellas dice: «Aquí está el dolor. ¿Dónde está el Sloan?». Hay cajas de imperdibles y bolsas llenas de sombreros de mujer que se deshacen cuando las tocas. Hay bolsas que contienen corsés, ligas, botines de mujer y diversos laxantes que prometen que tendrás las mejillas sonrosadas, los ojos brillantes y el pelo rizado. Hay cartas del general Eoin O'Duffy al señor don Gerard Griffin en las que le dan la bienvenida a las filas del Frente Nacional, de los Camisas Azules Irlandeses, le dicen que es un privilegio saber que se interesa por su movimiento un hombre como Gerard Griffin, con su excelente educación, su formación en la Marina Real, su fama de gran jugador de rugby en el equipo juvenil de Munster que ganó el campeonato nacional, la copa Bateman. El general O'Duffy está formando una brigada irlandesa que pronto marchará a España para luchar al lado del propio Generalísimo Franco, ese gran católico, y el señor Griffin sería una valiosa adquisición para la brigada.

Mamá nos cuenta que la madre de Laman no lo dejó partir. No pasó tantos años trabajando como una esclava en una tiendecilla para enviarlo al colegio para que él se fuera de correrías a España para ayudar a Franco, de modo que él se quedó en su casa y encontró aquel trabajo que consistía en cavar hoyos para clavar los postes de la Compañía Eléctrica a lo largo de los caminos rurales, y su madre se alegraba de tenerlo consigo todas las noches, salvo las de los viernes, cuando él se tomaba su pinta y suspiraba por Jean Harlow.

Mamá está contenta porque tendremos montones de papel para encender el fuego, aunque la madera del cobertizo que se cae que quemamos deja un olor repugnante y a ella le preocupa que los gusanos blancos se escapen y se reproduzcan.

Trabajamos todo el día sacando cajas y bolsas al cobertizo de fuera. Mamá abre todas las ventanas para airear la casa y para que se despeje el olor de la brillantina y de los años que han pasado sin que entre el aire. Dice que es un alivio poder volver a ver el suelo y que ahora podemos sentarnos y tomarnos una buena taza de té tranquilamente, en paz y a gusto, y qué agradable será cuando llegue el buen tiempo y quizás podamos tener un jardín y sentarnos al aire libre con el té como hacen los ingleses.

Laman Griffin llega a casa todas las tardes a las seis, salvo el viernes, se toma el té y se acuesta hasta la mañana siguiente. Los sábados se acuesta a la una de la tarde y se queda en la cama hasta la mañana del lunes. Arrastra la mesa de la cocina hasta colocarla debajo del altillo, se sube en una silla, levanta la silla y la pone sobre la mesa, se vuelve a subir a la silla, se agarra a una pata de la cama y se sube. Los viernes, si está demasiado borracho, me hace subir a mí a bajarle la almohada y las mantas y duerme en el suelo de la cocina, junto al fuego, o cae en la cama con mis hermanos y conmigo y se pasa toda la noche roncando y tirándose pedos.

Cuando nos mudamos se quejaba de que tenía que renunciar a su habitación del piso de abajo y trasladarse al altillo y de que está cansado de subir y bajar para ir al retrete del patio trasero. Nos llama a voces:

—Traed la mesa, la silla, que bajo.

Y nosotros tenemos que despejar la mesa y arrastrarla hasta la pared. Dice que está harto, que se acabó tanto escalar, y que va a utilizar el precioso orinal de su madre. Se pasa todo el día en la cama leyendo libros de la biblioteca, fumando cigarrillos Gold Flake y tirando a mamá algunos chelines para que alguno de nosotros vaya a la tienda para que él pueda tomar bollos con el té o un buen trozo de jamón con rodajas de tomate. Después dice en voz alta a mamá:

—Ángela, este orinal está lleno.

Y ella arrastra la silla y la mesa para subir a recoger el orinal, vaciarlo en el retrete de fuera, enjuagarlo y volver a subir al altillo. Se le contrae la cara y dice:

—¿Desea su señoría alguna cosa más hoy?

Y él se ríe y dice:

—Labores de mujeres, Ángela, labores de mujeres y sin pagar alquiler.

Laman tira desde el altillo su carnet de la biblioteca y me encarga que le traiga dos libros, uno sobre la pesca con caña y el otro sobre jardinería. Escribe a la bibliotecaria una nota para decirle que las piernas le están matando de tanto cavar hoyos para la Compañía Eléctrica y que desde ahora Frank McCourt le recogerá los libros. Sabe que el chico sólo tiene trece años para cumplir catorce y sabe que el reglamento prohíbe tajantemente que los niños entren en la parte de la biblioteca destinada a los adultos, pero el chico se lavará las manos y se comportará y hará lo que le manden, muchas gracias.

La bibliotecaria lee la nota y dice que es una lástima terrible lo del señor Griffin, que es un verdadero caballero y un hombre de gran cultura, que es increíble la cantidad de libros que lee, a veces hasta cuatro en una semana, que una vez se llevó un libro en francés, en francés, hay que ver, que trataba de la historia del timón, del timón, hay que ver, que ella daría cualquier cosa por ver lo que tiene dentro de la cabeza, que la debe de tener repleta de todo tipo de conocimientos, repleta, hay que ver.

Elige un libro precioso con ilustraciones a colores sobre los jardines ingleses.

—Ya sé lo que le gusta en cuestión de pesca —dice, y elige un libro titulado *En busca del salmón irlandés*, del General de Brigada Hugh Colton.

—Oh —dice la bibliotecaria—, lee centenares de libros que tratan de oficiales ingleses que vienen a Irlanda a pescar. Yo he leído algunos por pura curiosidad y se entiende por qué esos oficiales se alegran de estar en Irlanda después de lo que han aguantado en la India y en África y en otros sitios insoportables. Al menos, los de aquí somos amables. Tenemos fama por eso, por lo amables que somos, en vez de ir tirando lanzas a la gente.

Laman se queda acostado en la cama, lee sus libros, habla desde el altillo del día en que se le curarán las piernas y saldrá al patio trasero y plantará un jardín cuya fama llegará lejos por su colorido y su belleza, y cuando no esté practicando la jardinería recorrerá los ríos de Limerick y traerá a casa unos salmones que os harán la boca agua. Su madre dejó una receta para guisar el salmón que es un secreto familiar, y si él tuviera tiempo y no lo estuvieran matando las piernas la encontraría en alguna parte de esta casa. Dice que ahora que soy de confianza puedo coger un libro para mí cada semana, pero que no traiga a casa porquerías. Yo le pregunto qué son las porquerías, pero él no me lo dice, de modo que tendré que enterarme por mi cuenta.

Mamá dice que ella también quiere hacerse socia de la biblioteca, pero está muy lejos de la casa de Laman, a dos millas, y me pregunta si me importaría traerle un libro cada semana, una novela de amor de Charlotte M. Brame o de cualquier otro escritor agradable. No quiere ningún libro que trate de los oficiales ingleses que buscan salmones ni ningún libro que hable de gente que se mata a tiros. Ya hay bastantes problemas en el mundo como para que la gente moleste a los peces o se moleste entre sí.

La abuela cogió un resfriado la noche en que tuvimos aquel problema en la casa de Roden Lane y el resfriado se convirtió en una pulmonía. La llevaron al Hospital del Asilo Municipal y se ha muerto.

Su hijo mayor, mi tío Tom, pensó en ir a Inglaterra a trabajar como hacen otros hombres de los callejones de Limerick, pero se le empeoró la tisis y volvió a Limerick y se ha muerto.

Su mujer, Jane la de Galway, lo siguió a la tumba, y cuatro de sus seis hijos tuvieron que ir a diversos orfanatos. El chico mayor, Gerry, se escapó de casa y se alistó en el ejército irlandés, desertó y se pasó al ejército inglés. La muchacha mayor, Peggy, se fue con la tía Aggie y tiene una vida desgraciada.

El ejército irlandés busca chicos que tengan oído musical y que quieran estudiar en la Escuela de Música del Ejército. Aceptan a mi hermano Malachy, y éste se marcha a Dublín para ser soldado y tocar la trompeta.

Ahora sólo me quedan dos hermanos en casa y mamá dice que su familia está desapareciendo delante de sus propios ojos.

XIII

Los chicos de mi clase de la Escuela Leamy van a hacer una excursión de fin de semana en bicicleta a Killaloe. Me dicen que debo pedir prestada una bicicleta e ir. Lo único que necesito es una manta, unas cucharadas de té y de azúcar y unas rebanadas de pan para ir tirando. Aprenderé a montar en la bicicleta de Laman Griffin todas las noches después de que él se acueste, y sin duda me la prestará para llevármela dos días a Killaloe.

El mejor momento para pedirle cualquier cosa es la noche del viernes, cuando está de buen humor después de pasar la tarde bebiendo y de haber cenado. Se trae a casa la cena en los bolsillos del abrigo, un gran bistec chorreando sangre, cuatro patatas, una cebolla, una botella de cerveza negra. Mamá hierve las patatas y fríe el bistec con rodajas de cebolla. Él no se quita el abrigo, se sienta a la mesa y se come el bistec con las manos. La grasa y la sangre le corren por la barbilla y le caen al abrigo, en el que se limpia las manos. Se bebe la cerveza negra y dice riéndose que no hay nada como un buen bistec lleno de sangre los viernes por la noche, y que si no comete ningún pecado mayor que ése subirá flotando al cielo en cuerpo y alma, ja, ja, ja.

—Claro que puedes usar mi bici —dice—. Los chicos deben poder salir y ver el campo. Claro. Pero te lo tienes que ganar. No se puede conseguir nada de balde, ¿verdad?

—Sí.

—Y yo tengo un trabajo para ti. No te importa trabajar un poco, ¿verdad?

306

—No.

—¿Y te gustaría ayudar a tu madre?

—Sí.

—Pues bien, ese orinal está lleno desde esta mañana. Quiero que subas, que lo recojas y que lo lleves al retrete y lo enjuagues bajo el grifo de fuera y que vuelvas a subirlo.

Yo no quiero vaciarle el orinal, pero sueño con recorrer millas en bicicleta rumbo a Killaloe, campos y cielos lejos de esta casa, bañarme en el Shannon, dormir una noche en un granero. Arrastro la mesa y la silla hasta la pared. Me subo, y allí está, debajo de la cama, el orinal blanco, listado de marrón y de amarillo, a rebosar de orina y de mierda. Lo deposito suavemente en el borde del altillo para que no se derrame, me descuelgo hasta la silla, cojo el orinal, lo bajo, aparto la vista, lo sujeto mientras bajo a la mesa, lo coloco en la silla, me bajo al suelo, llevo el orinal al retrete, lo vacío y vomito detrás del retrete hasta que me acostumbro a hacer este trabajo.

Laman dice que soy un buen chico y que la bici es mía siempre que quiera, a condición de que el orinal esté vacío y de que yo esté dispuesto a acercarme de una carrera a la tienda para comprarle cigarrillos, a ir a la biblioteca a traerle libros y a hacer cualquier otro recado que él quiera.

—Tienes mucha mano con el orinal —me dice. Se ríe, y mamá mira fijamente las cenizas apagadas de la chimenea.

Un día llueve tanto que la señorita O'Riordan, la bibliotecaria, me dice:

—No salgas con lo que cae, o estropearás los libros que te llevas. Siéntate allí y pórtate bien. Mientras esperas puedes leer las vidas de los santos.

Hay cuatro tomos grandes, *Las vidas de los santos*, de Butler. Yo no quiero pasarme la vida leyendo las vidas de los santos, pero cuando empiezo deseo que no se acabe nunca la lluvia. En todas las imágenes de los santos y de las santas éstos están mirando siempre al cielo, donde hay nubes llenas de angelitos gordos que llevan flores o arpas y cantan alabanzas. El tío Pa Keating dice que no se le ocurre el nombre de ningún santo del cielo con el que le gustaría sentarse a tomar una pinta. Los santos de estos libros son diferentes. Hay relatos sobre vírgenes, mártires, vírgenes y mártires, y son peores que cualquier película de terror que pongan en el cine Lyric.

Tengo que consultar el diccionario para enterarme de qué es una virgen. Sé que la Madre de Dios es la Virgen María, y que la llaman así porque no tuvo un marido en toda regla, sólo al pobre viejo San José. En las *Vidas de los santos* las vírgenes siempre se están metiendo en líos, y yo no sé por qué. El diccionario dice: «Virgen. Mujer (generalmente joven) que está y se mantiene en estado de castidad inviolada».

Ahora tengo que mirar «castidad» e «inviolada», y lo único que saco en limpio es que «inviolada» significa «no violada» y que «castidad» significa «virtud del casto» y que «casto» significa «libre de trato carnal ilícito». Ahora tengo que mirar «trato carnal», que me remite a «miembro viril», que me remite a «pene», el órgano de copulación de cualquier animal macho. «Copulación» me remite a «cópula», que es «la unión de los sexos en el acto de la generación», y yo no sé qué significa eso y estoy muy cansado de ir de una palabra a otra en este grueso diccionario que me obliga a una búsqueda inútil de tal palabra a tal otra, y todo porque los que han escrito este diccionario no querían que la gente como yo se enterase de nada.

Lo único que quiero saber es de dónde he salido, pero si se lo preguntas a alguien te dicen que se lo preguntes a otro o te envían de palabra en palabra.

A todas estas vírgenes y mártires les dicen los jueces romanos que renuncien a su fe y que acepten a los dioses romanos, pero ellas dicen que no, y los jueces mandan que las torturen y las maten. Mi favorita es Santa Cristina la Maravillosa, que tarda muchísimo tiempo en morirse. El juez manda: «Que le corten un pecho», y cuando se lo cortan, ella se lo tira y él se queda sordo, mudo y ciego. Traen a otro juez para que se ocupe del caso y él manda: «Que le corten el otro pecho», y pasa lo mismo. Intentan matarla a flechazos, pero las flechas rebotan en ella y matan a los soldados que las disparan. Intentan meterla en aceite hirviendo, pero ella se mece en la olla y se echa una siesta. Después, los jueces se hartan y mandan que le corten la cabeza, y así resuelven la cuestión. La fiesta de Santa Cristina la Maravillosa es el veinticuatro de julio, y creo que la celebraré por mi cuenta junto con la de San Francisco de Asís, el cuatro de octubre.

—Ya puedes marcharte a tu casa, ha dejado de llover —me dice la bibliotecaria, y cuando salgo por la puerta me hace volver. Quiere escribir una nota a mi madre y no le importa en absoluto que la lea yo también. La nota dice:

«Estimada señora McCourt: justo cuando parece que Irlanda va a la ruina total se encuentra una con un niño que se sienta en la biblioteca y lee *Las vidas de los santos* tan absorto que no se da cuenta de que ha dejado de llover y hay que quitarle a la fuerza las susodichas *Vidas*. Creo, señora McCourt, que puede tener entre sus manos a un futuro sacerdote y pondré una vela con la esperanza de que se haga realidad. Suya afectísima, Catherine O'Riordan, Bibliotecaria Adjunta».

«Saltitos» O'Halloran es el único maestro de la Escuela Nacional Leamy que se sienta. Será porque es el director o porque tiene que descansar de los pasos retorcidos que tiene que dar a causa de su pierna corta. Los otros maestros andan de un lado a otro del frente del aula o van y vienen por los pasillos, y nunca sabes cuándo te vas a llevar un azote con una vara o un latigazo con una correa por dar una respuesta equivocada o por escribir algo mal. Cuando «Saltitos» quiere hacerte algo te hace salir al frente del aula para castigarte delante de tres clases.

Hay días buenos en los que se sienta en su escritorio y habla de América.

—Muchachos —dice—, desde los desiertos helados de Dakota del Norte hasta los fragantes naranjales de Florida, los americanos disfrutan de todos los climas.

Nos habla de la historia americana. Si el granjero americano, con su fusil de chispa y su mosquete, pudo arrancar un continente de manos de los ingleses, sin duda nosotros, que siempre hemos sido guerreros, podremos recuperar nuestra isla.

Cuando no queremos que nos atormente con el álgebra o con la gramática irlandesa, lo único que tenemos que hacer es formularle alguna pregunta sobre América, y con eso se emociona tanto que es capaz de seguir hablando todo el día.

Se sienta en su escritorio y recita los nombres de las tribus y de los jefes indios que tanto le gustan. Los arapajoe, los cheyene, los chipewa, los síux, los apaches, los iroqueses. «Poesía pura, muchachos, poesía pura. Y escuchad los nombres de los jefes: Oso que Cocea, Lluvia en la Cara, Toro Sentado, Caballo Loco, y el genio, Jerónimo.»

En el séptimo curso reparte un libro pequeño, un poema que tiene muchas páginas, *El pueblo desierto*, de Oliver Goldsmith. Dice que aparentemente se trata de un poema sobre Inglaterra, pero que en realidad es un lamento por la tierra natal del poeta, nuestra propia tierra natal, Irlanda. Debemos aprendernos este poema de memoria, veinte versos cada noche, para recitarlo cada mañana. Cada mañana deben salir al frente de la clase seis chicos a recitar, y si se te olvida un verso te llevas dos palmetazos en cada mano. Nos hace guardar los libros bajo los pupitres y toda la clase recita el pasaje que habla del maestro del pueblo.

Junto a esa cerca irregular que bordea el camino,
Con aulagas en flor que dan alegría y no provecho,
Allí, en su ruidosa mansión, con sabia mano,
El maestro del pueblo enseñaba en su pequeña escuela.
Era hombre de aspecto severo y firme;
Yo lo conocí bien, y todos los novilleros lo conocían.
Bien aprendían los temblores a interpretar
Lo que les esperaba aquel día en su rostro de la mañana.
Bien aprendían a reír con falsa alegría
Todos sus chistes, pues muchos chistes tenía.
Bien corría de uno a otro en un susurro
El mal presagio cuando fruncía el ceño.

Siempre cierra los ojos y sonríe cuando llegamos a las últimas líneas de este pasaje:

Pero era amable, y si en algo era severo
La culpa era de su amor a la ciencia.
Todo el pueblo se hacía lenguas de cuánto sabía.
Mucho entendía de letras, y también de cifras.
Sabía medir las tierras, anunciaba los tiempos y las mareas,
Y aun decían algunos que sabía medir volúmenes.
También en las disputas el párroco lo respetaba,
Pues, aunque vencido, seguía disputando,
Mientras las palabras sabias, largas y resonantes,
Asombraban a los rústicos atónitos que lo rodeaban.
Y lo miraban boquiabierto y crecía su admiración
De que le cupiese en una pequeña cabeza tanto como sabía.

Sabemos que le gustan estos versos porque hablan de un maestro, de él, y tiene razón, porque no entendemos cómo puede caberle en una pequeña cabeza tanto como sabe y lo recordaremos en estos versos.

—Ah, muchachos, muchachos —dice—. Llegad a vuestras propias conclusiones, pero antes amueblaos la mente. ¿Me oís? Amueblaos la mente y podréis resplandecer por todo el mundo. Clark, defíneme «resplandeciente».

—Creo que significa «brillante», señor.

—Conciso, Clarke, pero adecuado. McCourt, di una frase en la que figure la palabra «conciso».

—Clarke es conciso, pero adecuado, señor.

—Hábil, McCourt. Tienes madera para el sacerdocio, muchacho, o para la política. Piénsatelo.

—Sí, señor.

—Di a tu madre que venga a verme.

—Sí, señor.

Mamá me dice:

—No, no puedo acercarme de ningún modo al señor O'Halloran. No tengo ningún vestido presentable ni un abrigo como Dios manda. ¿Para qué quiere verme?

—No lo sé.

—Pues pregúntaselo.

—No puedo. Me mataría. Cuando te dice que traigas a tu madre tienes que traer a tu madre, o saca la vara.

Ella viene a verlo y él habla con ella en el pasillo. Le dice que su hijo Frank tiene que seguir estudiando.

—No debe caer en la trampa del recadero. Eso no conduce a ninguna parte. Llévelo a los Hermanos Cristianos, dígales que va de mi parte, dígales que es un chico listo y que debería ir a la escuela secundaria y después a la universidad.

Le dice que no ha llegado a director de la Escuela Nacional Leamy para dirigir una academia de recaderos.

—Gracias, señor O'Halloran —dice mamá.

Me gustaría que el señor O'Halloran no se metiera en lo que no le importa. Yo no quiero ir a la escuela de los Hermanos Cristianos. Quiero dejar la escuela para siempre y encontrar un trabajo, cobrar mi sueldo todos los viernes, ir al cine los sábados por la noche como todo el mundo.

Algunos días más tarde mamá me dice que me lave bien la cara y las manos, que vamos a ver a los Hermanos Cristianos. Yo le digo que no quiero ir, que quiero trabajar, que quiero ser un hombre. Ella me dice que me deje de lloriquear, que voy a ir a la escuela secundaria y que nos las arreglaremos de algún modo. Yo voy a ir a la escuela aunque ella tenga que ponerse a fregar suelos, y practicará fregándome la cara.

Llama a la puerta de la escuela de los Hermanos Cristianos y dice que quiere hablar con el superior, el hermano Murray. Éste acude a la puerta, nos echa una mirada a mi madre y a mí y dice:

—¿Qué?

—Éste es mi hijo Frank —dice mamá—. El señor O'Halloran, de la Escuela Leamy, dice que es listo y que si habría alguna posibilidad de meterlo en la escuela secundaria.

—No tenemos sitio para él —dice el hermano Murray, y nos cierra la puerta en las narices.

Mamá se aparta de la puerta y volvemos a casa dándonos un largo paseo en silencio. Se quita el abrigo, prepara té y se sienta junto al fuego.

—Escúchame —dice—. ¿Me estás escuchando?

—Sí.

—Es la segunda vez que la Iglesia te cierra la puerta en las narices.

—¿Sí? No me acuerdo.

—Stephen Carey os dijo a tu padre y a ti que no podías ser monaguillo y os cerró la puerta en las narices. ¿Lo recuerdas?

—Sí.

—Y ahora el hermano Murray te cierra la puerta en las narices.

—No me importa. Quiero encontrar trabajo.

A ella se le pone tenso el rostro y se enfada.

—Nunca más debes permitir que nadie te cierre la puerta en las narices. ¿Me oyes?

Se echa a llorar junto al fuego.

—Dios mío, no os he traído al mundo para que seáis una familia de recaderos.

Yo no sé qué hacer ni qué decir, pues estoy muy aliviado por no tener que pasarme cinco o seis años más en la escuela.

Soy libre.

Tengo trece años para cumplir catorce y estamos en junio, el último mes de escuela para siempre. Mamá me lleva a ver al cura, el doctor Cowpar, para que me ayude a conseguir un empleo de chico de telégrafos. La señora O'Connell, que es la supervisora de la oficina de correos, me pregunta:

—¿Sabes montar en bicicleta?

Yo le digo que sí, aunque es mentira. Ella me dice que no puedo empezar hasta que haya cumplido catorce años y que vuelva en agosto.

El señor O'Halloran dice a la clase que es una vergüenza que chicos como McCourt, Clarke, Kennedy, tengan que cortar leña y acarrear agua. Le da asco esta Irlanda libre e independiente que mantiene un sistema de clases que nos impusieron los ingleses, que estemos tirando al estercolero a nuestros hijos con más talento.

—Debéis marcharos de este país, muchachos. Vete a América, Mc-Court. ¿Me oyes?

—Sí, señor.

Vienen curas a la escuela para reclutarnos para las misiones en el extranjero, unos redentoristas, unos franciscanos, unos Padres del Espíritu Santo, que se dedican todos ellos a convertir a los paganos de tierras lejanas. Yo no les hago caso. Sé que voy a ir a América, hasta que un cura me llama la atención. Dice que pertenece a la orden de los Padres Blancos, misioneros entre las tribus beduinas nómadas y capellanes de la Legión Extranjera francesa.

Yo pido el formulario de solicitud.

Necesitaré una carta del párroco y un certificado de mi médico de cabecera. El párroco escribe la carta al instante. Dice que se alegraría de que me hubiera marchado el año anterior. El médico me pregunta:

—¿Qué es esto?

—Es una solicitud para ingresar en la orden de los Padres Blancos, misioneros entre las tribus beduinas nómadas del Sáhara y capellanes de la Legión Extranjera francesa.

—¿Ah, sí? Conque la Legión Extranjera francesa, ¿eh? ¿Sabes cuál es el medio de transporte más común en el desierto del Sáhara?

—¿El tren?

—No. El camello. ¿Sabes qué es un camello?

—Tiene una joroba.

—Tiene algo más que una joroba. Tiene muy mal genio y muy mala intención, y tiene los dientes verdes de gangrena, y muerde. ¿Sabes dónde muerde?

—¿En el Sáhara?

—No, *omadhaun*. Te muerde el hombro, te lo arranca de cuajo. Te deja allí descabalado en pleno Sáhara. Eso no te gustaría, ¿verdad? Y ¿qué impresión darías andando deforme por las calles de Limerick? ¿Qué chica en su sano juicio se dignaría mirar a un ex-Padre Blanco que sólo tiene un hombro escuálido? Y hay que ver cómo tienes los ojos. Bastante mal los tienes aquí, en Limerick. En el Sáhara te supurarán, se te pudrirán y se te caerán de la cara. ¿Cuántos años tienes?

—Trece.

—Vuélvete a tu casa con tu madre.

No es nuestra casa, y no nos sentimos libres como nos sentíamos en el callejón Roden, arriba en Italia o abajo en Irlanda. Cuando Laman llega a casa quiere leer en la cama o dormir y nosotros tenemos que guardar silencio. Nos quedamos en la calle hasta que se hace de noche, y cuando entramos en la casa no podemos hacer nada más que acostarnos y leer un libro si tenemos una vela o queroseno para la lámpara.

Mamá nos dice que nos acostemos, que ella se acostará enseguida, en cuanto suba al altillo a llevar a Laman su último tazón de té. Muchas veces nos quedamos dormidos antes de que ella suba, pero algunas noches los oímos hablar, jadear, suspirar. Algunas noches ella no baja y Michael y Alphie tienen la cama grande para ellos solos. Malachy dice que ella se queda allí arriba porque le resulta demasiado difícil bajar a oscuras.

Sólo tiene doce años, y no entiende.

Yo tengo trece años y creo que allí arriba se están dedicando a la excitación.

Ya sé lo que es la excitación y sé que es pecado, pero ¿cómo puede ser pecado si me viene en un sueño en el que salen chicas americanas en bañador en la pantalla del cine Lyric y me despierto empujando y bombeando? Es pecado cuando estás despierto del todo y te tocas como decían los chicos en el patio de la Escuela Leamy después de que el señor O'Dea nos rugiera el Sexto Mandamiento, No Cometerás Adulterio, lo que significa pensamientos impuros, palabras impuras, obras impuras, y eso es lo que significa adulterio, las Cochinadas en General.

Un cura redentorista nos abronca siempre hablando del Sexto Mandamiento. Dice que la impureza es un pecado tan grave que la Virgen María aparta el rostro y llora.

—Y ¿por qué llora, niños? Llora por vosotros y por lo que hacéis a su Hijo Amado. Llora cuando observa la larga perspectiva del tiempo y contempla con horror el espectáculo de los niños de Limerick que se manchan, que se contaminan, que se tocan, que abusan de sus cuerpos, que ensucian sus cuerpos jóvenes, que son templos del Espíritu Santo. Nuestra Señora llora por estas abominaciones, pues sabe que cada vez que os tocáis claváis en la cruz a su Hijo Amado, que volvéis a clavar en Su cabeza amada la corona de espinas, que volvéis a abrir esas heridas terribles. Está colgado en la cruz, la sed Lo atormenta, y ¿qué Le ofrecen esos pérfidos romanos? Una esponja de baño empapada de vinagre y de hiel que le meten en la pobre boca, en una boca que rara vez abre si no es para rezar, para rezar también por vosotros, niños, también por vosotros que Lo habéis clavado en esa cruz. Pensad en los sufrimientos de Nuestro Señor. Pensad en la corona de espinas. Pensad que os clavan un alfiler pequeño en el cráneo, en el suplicio del pinchazo. Pensad qué sería entonces que os clavasen en la cabeza veinte espinas. Reflexionad, meditad sobre los clavos que le rasgan las manos, los pies. ¿Seríais capaces de soportar una pequeña parte de ese suplicio? Volved a pensar en ese alfiler, en ese simple alfiler. Claváoslo en el costado. Multiplicad esa sensación por cien y sabréis lo que es sentir que os penetra esa lanza terrible. Ay, niños, el demonio quiere quedarse con vuestras almas. Quiere que vayáis con él al infierno, y sabed una cosa, que cada vez que os tocáis, que sucumbís al vil pecado de la masturbación, no sólo claváis a Cristo a la cruz sino que dais un paso más hacia el infierno. Apartaos del abismo, niños. Resistíos al demonio y tened las manos quietas.

Yo no puedo dejar de tocarme. Rezo a la Virgen María y le digo que siento haber clavado otra vez a su Hijo en la cruz y que no lo haré más, pero no puedo contenerme y juro que me confesaré y que después de confesarme no lo haré nunca más, con toda seguridad. No quiero ir al infierno, donde los demonios me perseguirán por toda la eternidad clavándome tridentes al rojo vivo.

Los curas de Limerick no tienen paciencia con los que son como yo. Me confieso, y ellos me susurran en tono cortante que no tengo verdadero propósito de enmienda, que si lo tuviera renunciaría a ese pecado odioso. Voy de iglesia en iglesia buscando a un cura tolerante, hasta que Paddy Clohessy me dice que en la iglesia de los dominicos hay uno que tiene noventa años y que está sordo como una tapia. El cura viejo me confiesa cada pocas semanas y murmura que rece por él. A veces se queda dormido y yo no me atrevo a despertarlo, de modo que al día siguiente comulgo sin haber recibido penitencia ni absolución. No es culpa mía que se me queden dormidos los curas, y sin duda estoy en gracia de Dios por el mero hecho de haber acudido al confesonario. Pero un día, cuando se retira la tablilla del confesonario, no aparece el de costumbre sino un cura joven con la oreja tan grande como una caracola. No cabe duda de que lo oirá todo.

—Ave María Purísima. Padre, hace quince días de mi última confesión.

—Y ¿qué has hecho desde entonces, hijo mío?

—He pegado a mi hermano. He hecho novillos. He mentido a mi madre.

—Sí, hijo mío, y ¿qué más?

—Yo..., yo... he hecho cochinadas, Padre.

—Ah, hijo mío, ¿has hecho eso a solas, con otra persona, o con algún animal?

Con algún animal. Yo no había oído hablar de un pecado así. Este cura debe de ser del campo, y si lo es me está desvelando un mundo nuevo.

La noche anterior a la excursión a Killaloe, Laman Griffin llega a casa borracho y se come en la mesa una gran bolsa de pescado frito con patatas fritas. Dice a mamá que hierva agua para hacer té, y cuando ella le dice que no tiene carbón ni turba él le grita y le dice que es una cargante que está viviendo de balde bajo su techo con su hatajo de mocosos. Me tira dinero para que vaya a la tienda por unos pedazos de turba y astillas para encender. Yo no quiero ir. Quiero pegarle por tratar así a mi madre, pero si le digo algo no me dejará la bicicleta mañana, después de haberme pasado tres semanas esperando.

Cuando mamá enciende el fuego y hierve el agua yo le recuerdo que me había prometido prestarme la bici.

—¿Me has vaciado el orinal hoy?

—Ah, se me ha olvidado. Lo haré ahora mismo.

—No me has vaciado el maldito orinal —me grita—. Te prometo la bici. Te doy dos peniques cada semana para que me hagas recados y para que me vacíes el orinal, y tú te quedas ahí con la bocaza abierta y me dices que no lo has hecho.

—Lo siento. Se me ha olvidado. Lo haré ahora mismo.

—Que lo harás, ¿eh? Y ¿cómo piensas subir al altillo? ¿Vas a quitarme la mesa de delante ahora que me estoy comiendo el pescado y las patatas fritas?

—La verdad es que se ha pasado todo el día en la escuela —dice mamá—, y ha tenido que ir al médico por lo de los ojos.

—Bueno, pues te puedes olvidar de la bicicleta de una puñetera vez. No has cumplido el trato.

—Pero no ha podido hacerlo —dice mamá.

Él le dice que se calle y que no se meta donde no la llaman, y ella se queda callada junto al fuego. Él sigue comiéndose su pescado y sus patatas fritas, pero yo le digo otra vez:

—Me lo prometiste. Me he pasado tres semanas vaciando ese orinal y haciéndote los recados.

—Cállate y vete a la cama.

—Tú no puedes mandarme a la cama. Tú no eres mi padre, y me lo prometiste.

—Te digo que, como hay Dios, si me tengo que levantar de esta mesa tendrás que invocar a tu santo patrono.

—Me lo prometiste.

Aparta la silla de la mesa. Viene hacia mí con pasos vacilantes y me apoya el dedo entre los ojos.

—Te digo que cierres el pico, legañoso.

—No quiero. Me lo prometiste.

Me da puñetazos en los hombros, y cuando ve que no me callo pasa a dármelos en la cabeza. Mi madre salta, gritando, e intenta apartarlo. Él me lleva al dormitorio a puñetazos y a patadas, pero yo no dejo de decir:

—Me lo prometiste.

Me derriba en la cama de mi madre y me da de puñetazos hasta que me cubro la cara y la cabeza con los brazos.

—Te voy a matar, mierdecilla.

Mamá está dando gritos y tirando de él hasta que lo derriba de espaldas en la cocina.

—Vamos, oh, vamos —le dice—. Cómete el pescado y las patatas fritas. No es más que un niño. Lo superará.

Le oigo volver a su silla y acercarla a la mesa. Le oigo resollar y relamerse mientras come y bebe.

—Alcánzame las cerillas —dice—. Por Cristo Jesús, necesito un pitillo después de esto.

Se oyen las chupadas que da cuando se fuma el cigarrillo, y el llanto callado de mi madre.

—Me voy a la cama —dice, y con lo que ha bebido le cuesta bastante rato subirse a la silla, de la silla a la mesa, subir la silla, izarse hasta el altillo. La cama cruje con su peso y él gruñe mientras se quita las botas y las deja caer al suelo.

Oigo llorar a mamá mientras sopla en el globo de la lámpara de queroseno para apagarla, y todo se queda a oscuras. Después de lo que ha pasado, ella querrá sin duda acostarse en su propia cama y yo estoy dispuesto a meterme en la pequeña que está contra la pared. Pero se le oye subirse a la silla, a la mesa, a la silla, llorar en el altillo y decir a Laman Griffin:

—No es más que un niño, sufre mucho de los ojos.

Y cuando Laman dice: «Es un mierdecilla y quiero que se vaya de esta casa», ella llora y le suplica, hasta que se oyen susurros y jadeos y suspiros y silencio.

Al cabo de un rato los del altillo están roncando y mis hermanos duermen a mi alrededor. No puedo quedarme en esta casa, pues si Laman Griffin me vuelve a atacar le clavaré un cuchillo en el cuello. No sé qué hacer ni dónde ir.

Salgo de la casa y voy por las calles, desde el cuartel de Sarsfield hasta el café del Monumento. Sueño que algún día me desquitaré de Laman. Iré a América y visitaré a Joe Louis. Le contaré mis penas y él me entenderá, porque procede de una familia pobre. Me enseñará a desarrollar los músculos, el modo de poner las manos y de mover los pies. Me enseñará a meter la barbilla en el hombro como hace él y a soltar un gancho de derecha que hará volar a Laman. Llevaré a rastras a Laman hasta el cementerio de Mungret, donde está enterrada su familia y la de mamá, y lo enterraré hasta el cuello para que no pueda moverse, y él me suplicará que le perdone la vida y yo le diré: «Fin de trayecto, Laman, reza lo que sepas», y él me suplicará y me suplicará mientras le echo poco a poco tierra en la cara hasta que la tenga enterrada del todo, y él se atragantará y pedirá perdón a Dios por no haberme dejado la bici y por haberme dado de puñetazos por toda la casa y por haber hecho la excitación con mi madre, y yo me moriré de risa porque no estará en gracia de Dios después de hacer la excitación, e irá al infierno como hay Dios, como decía él.

Las calles están oscuras y tengo que estar atento por si me toca la suerte que tuvo Malachy hace mucho tiempo y me encuentro una bolsa de pescado con patatas fritas que hayan dejado caer los soldados borrachos. En el suelo no hay nada. Si encuentro a mí tío Ab Sheehan podría darme parte de su pescado y sus patatas fritas de la noche del viernes, pero en el café me dicen que ya estuvo allí y se marchó. Ya tengo trece años, de modo que ya no lo llamo tío Pat. Lo llamo Ab, o el Abad, como todo el mundo. Sin duda, si voy a casa de mi abuela él me dará un trozo de pan o alguna otra cosa, y quizás me deje pasar allí la noche. Puedo decirle que dentro de pocas semanas trabajaré en la oficina de correos de repartidor de telegramas y me darán buenas propinas y podré pagar mis propios gastos.

Está sentado en la cama terminándose el pescado frito y las patatas fritas, dejando caer al suelo las páginas del *Limerick Leader* en que venían envueltos, limpiándose la boca y las manos con la manta. Me mira.

—Tienes la cara hinchada. ¿Te has caído de cara?

Le digo que sí, porque no sirve de nada decirle otra cosa. No lo entendería.

—Puedes pasar la noche en la cama de mi madre —dice—. No puedes ir por la calle con esa cara y con los ojos tan rojos.

Dice que en la casa no hay comida, ni un trozo de pan, y cuando se queda dormido yo cojo del suelo el periódico grasiento. Lamo la primera página, que está llena de anuncios de películas y de bailes en la ciudad. Lamo los titulares. Lamo los grandes ataques de Patton y de Montgomery en Francia y en Alemania. Lamo la guerra del Pacífico. Lamo las esquelas y las poesías tristes en recuerdo de los difuntos, las páginas de deportes, los precios de mercado de los huevos, de la mantequilla y del tocino. Chupo el papel hasta que no queda ni rastro de grasa.

No sé qué haré al día siguiente.

XIV

A la mañana siguiente, el Abad me da dinero para que vaya a la tienda de Kathleen O'Connell a comprar pan, margarina, té, leche. Hierve agua en la cocina de gas y me dice que me puedo tomar un tazón de té.

—No abuses del azúcar, no soy millonario. Te puedes tomar una rebanada de pan, pero no la cortes muy gruesa.

Estamos en julio y la escuela ha terminado para siempre. Dentro de pocas semanas estaré repartiendo telegramas en la oficina de correos, trabajando como un hombre. En las semanas que voy a pasar desocupado puedo hacer lo que quiera, levantarme por la mañana, quedarme en la cama, darme largos paseos por el campo como mi padre, vagar por Limerick. Si tuviera dinero, iría al cine Lyric, comería dulces, vería a Errol Flynn derrotar a todos los que se le ponen por delante. Puedo leer los periódicos ingleses e irlandeses que trae a casa el Abad o puedo utilizar los carnets de la biblioteca de Laman Griffin y de mi madre hasta que me pillen.

Mamá envía a Michael con una botella de leche llena de té caliente, unas rebanadas de pan con pringue, una nota en la que dice que Laman Griffin ya no está enfadado y que puedo volver.

—¿Vas a volver a casa, Frankie? —me pregunta Michael.

—No.

—Ay, ven, Frankie. Vamos.

—Ahora vivo aquí. No voy a volver nunca.

—Pero Malachy se ha ido al ejército y tú estás aquí, y no tengo ningún hermano mayor. Todos los chicos tienen hermanos mayores y yo sólo tengo a Alphie. Ni siquiera tiene cuatro años, y no sabe hablar bien.

—No puedo volver. No voy a volver nunca. Tú puedes venir aquí siempre que quieras.

Los ojos le brillan por las lágrimas y a mí se me parte el corazón de tal modo que quiero decirle: «Está bien. Volveré con vosotros». Pero lo digo por decir. Sé que nunca seré capaz de enfrentarme otra vez con Laman Griffin y no sé si podré mirar a mi madre a la cara. Veo a Michael subir por el callejón con la suela del zapato rota que resuena por la acera. Cuando empiece a trabajar en la oficina de correos le compraré unos zapatos, vaya si lo haré. Le daré un huevo y lo llevaré al cine Lyric a ver la película y a comer dulces y después iremos a la freiduría de Naughton y comeremos pescado frito con patatas fritas hasta que tengamos una tripa de un kilómetro. Algún día reuniré dinero para tener una casa o un piso con luz eléctrica y retrete y camas con sábanas, mantas, almohadas, como todo el mundo. Tomaremos el desayuno en una cocina luminosa mientras las flores se mecen el jardín contiguo, con tazas y platos delicados, hueveras, huevos con la yema blanda y dispuesta para mezclarla con mantequilla espesa de primera calidad, una tetera con funda de lana, tostadas con mantequilla y mermelada en abundancia. No tendremos prisa y escucharemos música en la BBC o en la emisora de las Fuerzas Armadas Americanas. Yo compraré ropas como Dios manda para toda la familia para que no vayamos enseñando el culo con los pantalones rotos y no nos dé vergüenza. Cuando pienso en la vergüenza se me parte el corazón y empiezo a sollozar. El Abad me dice:

—¿Qué te pasa? ¿No te has comido el pan? ¿No te has tomado el té? ¿Qué más quieres? Sólo te falta pedir un huevo.

Es inútil hablar con una persona a la que dejaron caer de cabeza cuando era pequeño y que se gana la vida vendiendo periódicos.

Se queja de que no puede darme de comer toda la vida y dice que tendré que comprarme mi propio té y mi pan. No quiere llegar a casa y encontrarme leyendo con la bombilla eléctrica encendida y gastando. Él sabe leer cifras, vaya si sabe, y cuando salga a vender los periódicos mirará el contador para ver cuánto he gastado, y si no dejo de encender esa luz cogerá los fusibles y se los llevará en el bolsillo, y si yo pongo otros fusibles hará quitar la electricidad definitivamente y volverá a usar el gas, que le bastaba a su pobre madre difunta y que bien le podrá bastar a él, pues lo único que hace es sentarse en la cama a comerse el pescado y las patatas fritas y a contar su dinero antes de dormirse.

Yo me levanto temprano como hacía papá y salgo a dar largos paseos por el campo. Paseo por el cementerio de la antigua abadía de Mungret donde están enterrados los parientes de mi madre y subo la ladera hasta llegar al castillo normando de Carrigogunnell, al que me llevó papá dos veces. Subo hasta lo alto e Irlanda se extiende ante mí, el Shannon es una línea reluciente que llega hasta el Atlántico. Papá me dijo que este castillo se construyó hace centenares de años y que si esperas a que las alondras dejen de cantar por encima de ti puedes oír a los normandos abajo que dan martillazos, hablan y se preparan para la batalla. Una vez me trajo aquí cuando estaba oscuro para que pudiésemos oír las voces normandas e irlandesas que llegaban de siglos pasados y yo las oí. Las oí.

A veces estoy allí arriba yo solo, en las alturas de Carrigogunnell, y oigo voces de muchachas normandas de tiempos pasados, que se ríen y cantan en francés, y cuando las veo en mi mente tengo tentaciones y me subo a lo más alto del castillo, donde había antes una torre, y allí, a la vista de toda Irlanda, me toco y me corro encima de todo Carrigogunnell y de los campos colindantes.

Es un pecado que nunca podré contar a un cura. Subir a una altura grande y tocarte ante toda Irlanda es sin duda peor que hacerlo en un lugar privado a solas, o con otra persona, o con algún tipo de animal. Allí abajo, en alguna parte de las riberas del Shannon, un niño o una lechera pueden haber levantado la vista y pueden haberme visto cometer mi pecado, y si lo han hecho estoy condenado, porque los curas dicen siempre que al que escandaliza a un niño le atarán al cuello una piedra de molino y lo tirarán al mar.

Pero la idea de que alguien me esté mirando me produce la excitación otra vez. No me gustaría que me estuviera mirando un niño pequeño. No, no, así me ganaría seguramente la piedra de molino, pero si hubiera alguna lechera curioseando lo que pasaba arriba seguramente le daría a ella también la excitación y se tocaría, aunque no sé si las chicas se pueden tocar, dado que no tienen nada que tocar. No están equipadas, como solía decir Mikey Molloy.

Ojalá volviera aquel viejo cura dominico sordo para que yo pudiera contarle mis problemas con la excitación, pero ya ha muerto y tendré que entendérmelas con un cura que me contará lo de la piedra de molino y la condenación.

La condenación. Es la palabra favorita de todos los curas de Limerick.

Vuelvo caminando por la avenida O'Connell y por Ballinacurra, donde a la gente le dejan el pan y la leche temprano en la puerta de la calle, y seguramente no hago daño a nadie si tomo prestada una hogaza o una botella, con intención firme de devolverlas cuando tenga trabajo en la oficina de correos. No estoy robando, estoy tomando algo prestado, y eso no es pecado mortal. Por otra parte, esta mañana me he subido a un castillo y he cometido un pecado mucho mayor que robar pan y leche, y si cometes un pecado bien puedes cometer algunos más, porque la condena al infierno es la misma. Por un pecado, la eternidad. Por una docena de pecados, la eternidad.

Preso por mil, preso por mil y quinientos, como diría mi madre. Me bebo alguna que otra pinta de leche y dejo la botella para que no acusen al lechero de no haberla entregado. Los lecheros me caen bien porque uno me dio una vez dos huevos rotos, que yo me sorbí enteros, con trozos de cáscara y todo. Me dijo que me haría fuerte si no tomaba más que dos huevos disueltos en una pinta de cerveza negra cada día. Todo lo que necesitas está en el huevo, y todo lo que te apetece está en la pinta.

Algunas casas reciben mejor pan que otras. Es más caro, y es el que cojo. Lo siento por los ricos que cuando se levanten por la mañana y salgan a la puerta descubrirán que les falta el pan, pero yo no puedo dejarme morir de hambre. Si paso hambre no tendré fuerzas para hacer mi trabajo de chico de telégrafos en la oficina de correos, lo que significa que no tendré dinero para devolver todo ese pan y esa leche y no podré ahorrar para ir a América, y si no puedo ir a América más vale que me tire al río Shannon. Sólo faltan unas semanas para que yo cobre mi primer sueldo en la oficina de correos, y seguramente estos ricos no se van a desmayar de hambre en ese tiempo. Siempre pueden mandar a la doncella a que compre más. En esto se diferencian los pobres de los ricos. Los pobres no pueden mandar a comprar más porque no tienen dinero para mandar a comprar más, y si lo tuvieran no tendrían doncella para mandarla. De quien me tengo que preocupar es de las doncellas. Tengo que andarme con cuidado cuando tomo prestada la leche y el pan y ellas están en la puerta principal sacando brillo a los pomos, a las aldabas y a los buzones. Si me ven irán corriendo a la mujer de la casa:

—Ay, señora, señora, hay un pillete acullá que se está llevando toda la leche y el pan.

«Acullá». Las doncellas hablan así porque son todas del campo, «vaquillas de Mullingar, carne de pies a cabeza», como dice el tío de Paddy Clohessy, y no te darían ni el vapor que echan al mear.

Llevo el pan a casa, y aunque el Abad se sorprende no me pregunta «¿De dónde lo has sacado?», porque lo dejaron caer de cabeza y así se le quita a uno de encima la curiosidad de golpe. Se limita a mirarme con sus grandes ojos que son azules en el centro y amarillos por los bordes y se bebe el té a grandes tragos en el gran tazón rajado que dejó su madre.

—Éste es mi tazón —me dice—, no quiero que te lo vea zacar para tomarte el té.

«Zacar». Es la manera de hablar de los barrios bajos de Limerick que molestaba siempre a papá. Siempre decía:

—No quiero que mis hijos se críen en un callejón de Limerick diciendo «zacar». Es una manera de hablar vulgar y baja. Decid «sacar», como es debido.

Y mamá decía:

—Espero que a ti te vaya bien, pero no haces gran cosa por zacarnos de aquí.

Más allá de Ballinacurra salto los muros de los huertos para coger manzanas. Cuando hay un perro me marcho, porque no tengo la habilidad de Paddy Clohessy para hablar con ellos. Los granjeros me persiguen, pero siempre van despacio con sus botas de goma, y aunque se suban a una bicicleta yo salto los muros, por donde no pueden pasar con la bici.

El Abad sabe de dónde saco las manzanas. Cuando uno se cría en los callejones de Limerick, tarde o temprano acaba robando en algún que otro pomar. Aunque no te gusten nada las manzanas, tienes que robar en los pomares para que tus amigos no te llamen mariquita.

Siempre ofrezco una manzana al Abad, pero él no quiere comérsela porque tiene pocos dientes en la boca. Le quedan cinco, y no se quiere arriesgar a dejárselos en una manzana. Si corto la manzana en rodajas, él sigue sin querer comérsela porque ésa no es la manera correcta de comerse una manzana. Eso es lo que dice él, y si yo le digo: «¿Acaso no cortas el pan en rebanadas antes de comértelo?», él me contesta:

—Las manzanas son las manzanas y el pan es el pan.

Así es como habla uno cuando lo han dejado caer de cabeza cuando era pequeño.

Michael vuelve a visitarme con té caliente en una botella de leche y dos rebanadas de pan frito. Yo le digo que ya no lo necesito.

—Dile a mamá que me estoy cuidando solo y que no necesito su té ni su pan frito, muchas gracias.

Michael se queda encantado cuando le doy una manzana y le digo que vuelva a verme cada dos días y le daré más. Con eso deja de pedirme que vuelva a la casa de Laman Griffin, y yo me alegro de haber puesto fin así a sus lágrimas.

En el barrio de Irishtown hay un mercado al que acuden los granjeros los sábados con verduras, gallinas, huevos, mantequilla. Si llego temprano me dan algunos peniques por ayudarles a descargar los carros o los automóviles. A última hora del día me dan las verduras que no pueden vender, cualquier cosa que esté aplastada, golpeada o podrida en parte. La mujer de un granjero me da siempre huevos rotos y me dice:

—Fríete estos huevos mañana cuando vuelvas de misa en gracia de Dios, pues si te comes estos huevos con un pecado en el alma se te atascarán en el gaznate, vaya que sí.

Es la mujer de un granjero, y así es como hablan.

Ahora soy poco menos que un mendigo yo mismo, espero en la puerta de las freidurías de pescado frito y patatas fritas cuando están cerrando con la esperanza de que les queden patatas quemadas o trozos de pescado flotando en la grasa. Cuando los propietarios tienen prisa me dan las patatas fritas y una hoja de papel de periódico para envolverlas.

El periódico que más me gusta es el *News of the World*. Está prohibido en Irlanda, pero la gente lo trae a escondidas de Inglaterra por las fotos escandalosas de chicas con unos trajes de baño que casi no se ven. También trae artículos que hablan de personas que cometen pecados de todo tipo que no se encuentran en Limerick, que se divorcian, que cometen adulterio.

Adulterio. Todavía tengo que enterarme de qué significa esa palabra, tendré que mirarlo en la biblioteca. Estoy seguro de que es algo peor que lo que nos enseñaron los maestros, pensamientos malos, palabras malas, obras malas.

Me llevo las patatas fritas a casa y me meto en la cama como el Abad. Si se ha tomado algunas pintas se queda sentado en la cama comiéndose sus patatas fritas envueltas en el *Limerick Leader* y cantando *El camino de Rasheen*. Yo me como mis patatas fritas. Lamo el *News of the World*. Lamo los artículos que hablan de personas que hacen cosas escandalosas. Lamo a las chicas con sus trajes de baño, y cuando no queda nada que lamer miro a las chicas hasta que el Abad apaga la luz y yo cometo un pecado mortal bajo la manta.

Puedo ir a la biblioteca siempre que quiera con el carnet de mamá o con el de Laman Griffin. No me pillarán nunca, porque Laman es demasiado perezoso para levantarse de la cama un sábado, y mamá no se acercará nunca a la biblioteca con la vergüenza de sus ropas.

La señorita O'Riordan me sonríe.

—Las *Vidas de los santos* te esperan, Frank. Volúmenes y volúmenes. Butler, O'Hanlon, Baring-Gould. He hablado de ti a la bibliotecaria jefe, y está tan contenta que está dispuesta a darte tu propio carnet de adulto. ¿Verdad que es maravilloso?

—Gracias, señorita O'Riordan.

Leo la historia de Santa Brígida, virgen, uno de febrero. Era tan hermosa que los hombres de toda Irlanda suspiraban por casarse con ella, y su padre quería que se casase con algún personaje importante. Ella no quería casarse con nadie, de modo que rezó a Dios pidiéndole ayuda y Él hizo que se le disolviera un ojo en la cara y que le cayera goteando por la mejilla, y le dejó una llaga tan grande que los hombres de toda Irlanda perdieron interés.

También está Santa Wilgefortis, virgen y mártir, veinte de julio. Su madre tuvo nueve hijos, de dos en dos, cuatro parejas de mellizos y Wilgefortis de non, y todos acabaron siendo mártires de la fe. Wilgefortis era hermosa, y su padre quería casarla con el rey de Sicilia. Wilgefortis estaba desesperada, y Dios la ayudó haciendo que le saliera bigote y barba en el rostro, con lo que el rey de Sicilia se lo pensó mejor, pero el padre de ella se enfadó tanto que la mandó crucificar con barba y todo.

A Santa Wilgefortis la invocan las mujeres inglesas que tienen un marido problemático.

Los curas no nos hablan nunca de las vírgenes y mártires como Santa Águeda, cinco de febrero. Febrero es un gran mes para las vírgenes y mártires. Los paganos de Sicilia mandaron a Águeda que renunciase a su fe en Jesús, y ella dijo que no, como todas las vírgenes y mártires. La torturaron, la estiraron en el potro, le rasgaron los costados con ganchos de hierro, la quemaron con teas encendidas, y ella decía: «No, no negaré a Nuestro Señor». Le aplastaron los pechos y se los cortaron, pero cuando la tiraron sobre carbones encendidos ya no pudo soportarlo más y expiró alabando a Dios.

Las vírgenes y mártires morían siempre cantando himnos y alabando a Dios, y no les importaba en absoluto que los leones les arrancaran grandes trozos de carne de sus costados y se los zamparan allí mismo.

¿Por qué no nos hablaron nunca los curas de Santa Úrsula y las once mil vírgenes y mártires, veintiuno de octubre? Su padre quería casarla con un rey pagano, pero ella dijo:

—Me marcharé una temporada, tres años, y lo pensaré.

De manera que se marchó con sus mil doncellas y con las compañeras de éstas, que eran diez mil. Navegaron de un lado a otro durante una temporada y se pasearon por diversos países hasta que pasaron por Colonia, donde el jefe de los hunos pidió a Úrsula que se casase con él. Ella dijo que no, y los hunos la mataron y mataron también a las doncellas que la acompañaban. ¿Por qué no pudo decir que sí y salvar la vida a once mil vírgenes? ¿Por qué tenían que ser tan tercas las vírgenes y mártires?

Me cae bien San Moling, un obispo irlandés. Él no vivía en un palacio como el obispo de Limerick. Vivía en un árbol, y cuando lo visitaban otros santos para comer con él se sentaban en las ramas como los pájaros y lo pasaban muy bien con su agua y su pan duro. Un día iba caminando solo y un leproso le dijo:

—Oye, San Moling, ¿adónde vas?

—Voy a misa —le dice San Moling.

—Bueno, yo también quiero ir a misa, conque, ¿por qué no me subes a tu espalda y me llevas?

San Moling así lo hizo, pero en cuanto se echó a la espalda al leproso éste empezó a quejarse.

—Tu cilicio me irrita las llagas —dijo—, quítatelo.

San Moling se quitó el cilicio y se pusieron en marcha de nuevo. Después, el leproso dijo:

—Tengo que sonarme la nariz.

—No tengo ningún tipo de pañuelo —dijo San Moling—, suénate con la mano.

—No puedo agarrarme a ti y sonarme con la mano a la vez —dijo el leproso.

—Está bien —dijo San Moling—, puedes sonarte en mi mano.

—No puede ser —dijo el leproso—. Casi no tengo mano por la lepra y no puedo agarrarme y sonarme en tu mano a la vez. Si fueras un santo como es debido, volverías la cabeza y me sorberías lo que tengo en la nariz con tu boca.

San Moling no quería sorberle los mocos al leproso, pero lo hizo y se lo ofreció a Dios y le agradeció haber tenido aquel privilegio.

Cuando mi padre sorbió las cosas malas que tenía Michael en la cabeza cuando era pequeño y estaba en una situación desesperada yo lo entendí, pero no entiendo por qué quería Dios que San Moling fuera sorbiendo los mocos de las narices de los leprosos. No entiendo a Dios en absoluto, y aunque me gustaría ser santo y que todos me adorasen yo no sorbería nunca los mocos a un leproso. Me gustaría ser santo, pero si es eso lo que hay que hacer, creo que me quedaré como estoy.

Aun así estoy dispuesto a pasarme la vida en esta biblioteca leyendo las vidas de las vírgenes y de las vírgenes y mártires, hasta que me meto en un lío con la señorita O'Riordan por un libro que alguien se dejó en la mesa. Su autor se llama Lin Yütang. Está claro que es un nombre chino, y tengo curiosidad por saber de qué hablan los chinos. Es un libro de ensayos sobre el amor y sobre el cuerpo, y una de sus palabras me hace consultar el diccionario. «Turgente». El autor dice: «El órgano copulatorio masculino se pone turgente y se inserta en el orificio receptivo femenino».

«Turgente». El diccionario dice que significa «hinchado», y así es como estoy allí de pie consultando el diccionario, porque ahora sé de qué estaba hablando Mikey Molloy todo este tiempo, sé que no somos distintos de los perros que se juntan en la calle, y es impresionante pensar que todos los padres y las madres hacen una cosa así.

Mi padre me mintió durante años cuando me contaba lo del Ángel del Séptimo Peldaño.

La señora O'Riordan me pregunta qué palabra estoy buscando. Siempre se inquieta cuando consulto el diccionario, y yo le digo que estoy buscando «canonizar», o «beatífico», o cualquier otra palabra religiosa.

—Y ¿qué es esto? —dice—. Esto no es *Las vidas de los santos*.

Coge el libro de Lin Yütang y se pone a leer la página por la que yo había dejado abierto el libro boca abajo sobre la mesa.

—Madre de Dios. ¿Es esto lo que estabas leyendo? Te lo he visto en la mano.

—Bueno..., yo..., yo sólo quería ver si los chinos..., si los chinos, esto, tenían santos.

—Ah, ¿no me digas? Esto es una vergüenza. Una porquería. No me extraña que los chinos sean como son. Pero ¿qué cabría esperar de ellos, con esos ojos rasgados y esa piel amarilla? Y ahora que te miro bien, tú también tienes los ojos algo rasgados. Sal de esta biblioteca ahora mismo.

—Pero si estoy leyendo *Las vidas de los santos*.

—Fuera, o llamo a la bibliotecaria jefe y ella avisará a los guardias. Fuera. Debes ir corriendo a confesar tus pecados al cura. Fuera, y antes de marcharte dame los carnets de la biblioteca de tu pobre madre y del señor Griffin. Me dan ganas de escribir a tu pobre madre, y lo haría si no fuera porque el disgusto la destrozaría del todo. Conque Lin Yütang... Fuera.

Es inútil intentar hablar con las bibliotecarias cuando están tan indignadas. Uno podría pasarse allí una hora entera contándoles todo lo que ha leído de Brígida, de Wilgefortis, de Águeda, de Úrsula y de las once mil vírgenes y mártires, pero lo único que les importa es una palabra en una página de Lin Yütang.

El Parque del Pueblo está detrás de la biblioteca. Hace sol, el césped está seco y yo estoy cansado de pedir patatas fritas y de soportar a las bibliotecarias que se ponen fuera de sí por la palabra «turgente», y me pongo a mirar las nubes que flotan por encima del monumento y yo mismo floto y me pongo turgente, hasta que sueño con las vírgenes y mártires en trajes de baño en el *News of the World* que tiran vejigas de oveja a unos escritores chinos, y me despierto en un estado de excitación mientras me sale algo caliente y pegajoso, ay, Dios, mi órgano copulatorio masculino mide un kilómetro y la gente que pasea por el parque me mira de un modo raro y las madres dicen a sus hijos: «Ven aquí, cariño, apártate de ese tipo, alguien debería llamar a los guardias».

El día antes de cumplir los catorce años me miro en el espejo del aparador de la abuela. Con este aspecto no podré empezar a trabajar en la oficina de correos, de ninguna manera. Todo está roto, la camisa, el jersey, los pantalones cortos, los calcetines, y los zapatos se me van a caer de los pies por completo. Reliquias de la vieja respetabilidad, como los llamaría mi madre. Si mis ropas están mal, yo estoy peor. Por mucho que me moje el pelo bajo el grifo, se me pone de punta en todas direcciones. Lo mejor para el pelo de punta es la saliva, pero es difícil escupirse en la propia cabeza. Hay que soltar un buen escupitajo al aire y agacharse para atraparlo con la cabeza. Tengo los ojos rojos y me mana de ellos líquido amarillo, tengo granos rojos y amarillos a juego por toda la cara, y mis dientes están tan negros de caries que no podré sonreír en toda la vida.

No tengo hombros, y sé que todo el mundo admira los hombros. Cuando muere un hombre en Limerick, las mujeres dicen siempre:

—Era un hombre espléndido, tenía unos hombros tan anchos que no cabía por la puerta, tenía que entrar de lado.

Cuando yo me muera, dirán:

—Pobrecito, se murió sin rastro de hombros.

A mí me gustaría tener algún rastro de hombros para que la gente supiera que yo tenía al menos catorce años. Todos los chicos de la Escuela Leamy tenían hombros salvo Fintan Slattery, y no quiero ser como él, sin hombros y con las rodillas desgastadas de tanto rezar. Si me quedara algún dinero pondría una vela a San Francisco y le preguntaría si le sería posible convencer a Dios de que hiciera un milagro con mis hombros. O si tuviera un sello de correos podría escribir a Joe Louis y decirle: «Querido Joe, ¿podrías decirme cómo conseguiste tener unos hombros tan fuertes, a pesar de que eras pobre?».

Tengo que tener buen aspecto para el trabajo, de modo que me quito toda la ropa y me quedo desnudo en el patio lavándola bajo el grifo con una pastilla de jabón desinfectante. La tiendo en el tendedero de la abuela, la camisa, el jersey, los pantalones, los calcetines, y pido a Dios que no llueva, le pido que estén secas para mañana, que es el comienzo de mi vida.

No puedo ir a ninguna parte en cueros, así que me quedo en la cama leyendo periódicos viejos, excitándome con las chicas del *News of the World* y dando gracias a Dios por el sol que seca la ropa. El Abad llega a casa a las cinco y prepara té en el piso de abajo, y aunque yo tengo hambre sé que gruñirá si le pido algo. Sabe que lo único que temo es que él vaya a quejarse a la tía Aggie de que estoy viviendo en casa de la abuela y de que duermo en la cama de ella, y si la tía Aggie se entera vendrá aquí y me echará a la calle.

Esconde el pan cuando termina, y yo no lo encuentro nunca. Cabría pensar que uno al que no han dejado caer nunca de cabeza sería capaz de encontrar el pan que ha escondido otro al que dejaron caer de cabeza. Entonces me doy cuenta de que si el pan no está en la casa él debe de llevárselo en el bolsillo del abrigo que se pone en invierno y en verano. En cuanto lo oigo salir dando pisotones de la cocina al retrete del patio trasero corro al piso de abajo, le saco la hogaza del bolsillo, le corto una rebanada gruesa, la vuelvo a meter en el bolsillo, subo las escaleras y me meto en la cama. No podrá decir ni una palabra, no podrá acusarme nunca. Habría que ser un ladrón de la peor especie para robar una rebanada de pan, y nadie lo creería, ni siquiera la tía Aggie. Además, ella le diría a voces:

—De todos modos, ¿qué haces tú con una hogaza en el bolsillo? No es lugar para llevar una hogaza de pan.

Yo mastico el pan despacio. Si le doy un bocado cada cuarto de hora, me durará, y si lo bajo con agua, el pan se me hinchará en el estómago y me hará sentirme lleno.

Miro por la ventana trasera para asegurarme de que el sol del atardecer me está secando la ropa. En otros patios hay tendederos con ropas alegres y llenas de color que ondean al viento. Las mías cuelgan del tendedero como perros muertos.

Brilla el sol, pero dentro de la casa hace frío y hay humedad y me gustaría tener algo que ponerme en la cama. No tengo otras ropas, y si toco algo del Abad es seguro que él irá corriendo a quejarse a la tía Aggie. Lo único que encuentro en el armario es el viejo vestido de lana negra de la abuela. Uno no debe ponerse el vestido viejo de su abuela cuando ésta ha muerto y cuando uno es un chico, pero ¿qué importa, si te da calor y estás en la cama bajo las mantas donde nadie se enterará nunca? El vestido huele a vieja abuela muerta, y a mí me preocupa que pueda levantarse de la tumba y maldecirme delante de toda la familia y de todos los presentes. Rezo a San Francisco, le pido que no la deje salir de la tumba, que es su sitio, le prometo que le encenderé una vela cuando empiece a trabajar, le recuerdo que la túnica que llevaba él no era muy diferente de un vestido de mujer y que nadie lo atormentó nunca por llevarla, y me quedo dormido con la imagen del rostro de San Francisco en mi sueño.

No hay cosa peor en el mundo que estar durmiendo en la cama de tu abuela llevando puesto su vestido negro cuando tu tío el Abad se cae de culo delante de la taberna de South después de una noche de beber pintas y la gente que no es capaz de dejar de meterse donde no la llaman va corriendo a casa de la tía Aggie para avisarla y ella logra que el tío Pa Keating le ayude a llevar al Abad a casa y a subirlo al piso de arriba, donde tú estás durmiendo, y ella te dice a voces:

—¿Qué haces en esta casa, en esa cama? Levántate y pon a hervir la tetera para hacer un té para tu pobre tío Pat que se ha caído.

Y cuando tú no te mueves, ella retira las mantas y se cae de espaldas como si hubiera visto a un fantasma y chilla:

—Madre de Dios, ¿qué haces con el vestido de mi difunta madre?

Eso es lo peor de todo, porque es difícil explicar que te estás preparando para el gran trabajo de tu vida, que te has lavado la ropa, que se está secando fuera en el tendedero y que hacía tanto frío que tuviste que ponerte lo único que pudiste encontrar en la casa, y es más difícil todavía hablar con la tía Aggie cuando el Abad está quejándose en la cama, «tengo los pies como un fuego, echadme agua en los pies», y el tío Pa Keating se está tapando la mano con la boca y se está cayendo de risa contra la pared y te dice que estás precioso y que el negro te sienta bien y si tienes la bondad de estirarte el borde del vestido. No sabes qué hacer cuando la tía Aggie te dice:

—Sal de esa cama y pon la tetera al fuego abajo para hacer un té para tu pobre tío.

¿Debes quitarte el vestido y ponerte una manta, o debes ir como estás?

Hace un momento te estaba gritando: «¿Qué haces con el vestido de mi pobre madre?», y ahora te dice que pongas al fuego la maldita tetera. Le digo que me he lavado la ropa para el gran trabajo.

—¿Qué gran trabajo?

—Chico de telégrafos en la oficina de correos.

Ella dice que si en Correos están contratando a elementos como yo deben de estar desesperados del todo por encontrar personal, y me dice que baje a poner esa tetera al fuego.

La segunda cosa peor de todas es estar fuera, en el patio trasero, llenando la tetera en el grifo mientras la luna brilla alegremente y encontrarte con Kathleen Purcell, de la casa de al lado, que está subida al muro buscando a su gato.

—Dios, Frankie McCourt, ¿qué haces con el vestido de tu abuela?

Y tú tienes que quedarte allí con el vestido puesto y con la tetera en la mano y explicarle que te has lavado la ropa, que está colgada allí en el tendedero a la vista de todos, y que tenías tanto frío en la cama que te pusiste el vestido de tu abuela, y que tu tío Pat, el Abad, se cayó y lo trajeron a casa la tía Aggie y su marido, Pa Keating, y que ella te hizo salir al patio para llenar aquella tetera, y que te quitarás ese vestido en cuanto tengas seca la ropa, porque no has tenido nunca la menor intención de ir por la vida con el vestido de tu difunta abuela.

Entonces Kathleen Purcell suelta un grito, se cae de la pared, se olvida del gato y la oyes hablar entre risitas con su madre ciega:

—Mamá, mamá, verás cuando te cuente lo de Frankie McCourt, que estaba fuera en el patio con el vestido de su difunta abuela.

Sabes que en cuanto Kathleen Purcell se entera del menor escándalo lo sabrá al día siguiente todo el callejón, y para el caso es lo mismo que te asomes a la ventana y hagas una declaración pública sobre tu caso y el problema del vestido.

Cuando hierve la tetera, el Abad está dormido por lo que ha bebido y la tía Aggie dice que el tío Pa y ella se tomarán también un trago de té y que no le importa que yo me tome un trago. El tío Pa dice que, pensándolo bien, el vestido negro podría ser el hábito de un fraile dominico, y se pone de rodillas y dice:

—Ave María Purísima. Padre, me acuso...

—Levántate, viejo idiota —dice la tía Aggie—, y deja de burlarte de la religión.

Después, dice:

332

—¿Y qué haces tú en esta casa?

No puedo contarle lo de mamá y Laman Griffin y la excitación en el altillo. Le digo que había pensado en alojarme allí una temporada porque la casa de Laman Griffin estaba muy lejos de la oficina de correos y que en cuanto levante cabeza encontraremos, sin duda, una casa adecuada y nos mudaremos allí todos, mi madre, mis hermanos, todos.

—Bueno —dice ella—, es más de lo que haría tu padre.

XV

Es difícil quedarse dormido cuando sabes que al día siguiente tendrás catorce años y empezarás en tu primer trabajo de hombre. El Abad se despierta al alba gimiendo. Me dice si tendría la bondad de hacerle algo de té, y si se lo hago yo puedo tomarme una buena rebanada de pan de la media hogaza que tiene en el bolsillo, la guarda allí para que no la encuentre alguna rata, y dice que si busco en el gramófono de la abuela, donde ella guardaba los discos, encontraré un tarro de mermelada.

No sabe leer, no sabe escribir, pero sabe esconder la mermelada.

Llevo al Abad su té y su pan y me preparo algo de té para mí. Me pongo la ropa húmeda y me meto en la cama con la esperanza de que si me quedo allí un rato las ropas se secarán con mi propio calor antes de que vaya a trabajar. Mamá dice siempre que es la ropa húmeda lo que te da la tisis y lo que te manda a la tumba joven. El Abad está sentado en la cama y me dice que tiene un dolor de cabeza terrible por un sueño que ha tenido, en el que salía yo con el vestido negro de su pobre madre y ella volaba de un lado a otro gritando «pecado, pecado, es pecado». Apura su té y se queda dormido y roncando, y yo espero a que su reloj marque las ocho y media, la hora de levantarse e ir a la oficina de correos a las nueve, aunque todavía lleve la ropa húmeda sobre la piel.

Cuando salgo me pregunto por qué baja la tía Aggie por el callejón. Vendrá a ver si el Abad está muerto o si necesita a un médico.

—¿A qué hora tienes que estar en ese trabajo? —me pregunta.

—A las nueve.

—Está bien.

Se vuelve y viene andando conmigo hasta la oficina de correos de la calle Henry. No dice una palabra, y me pregunto si viene conmigo a la oficina de correos para denunciarme por haber dormido en la cama de mi abuela y haberme puesto su vestido negro.

—Sube y diles que te está esperando aquí abajo tu tía —me dice—, y que entrarás con una hora de retraso. Si quieren discutir, subiré a discutir.

—¿Por qué tengo que entrar con una hora de retraso?

—Haz lo que te mandan de una maldita vez.

Hay chicos de telégrafos sentados en un banco pegado a la pared. Hay dos mujeres sentadas ante un escritorio, una gorda y una delgada. La delgada dice:

¿Sí?

—Me llamo Frank McCourt, señorita, y he venido para empezar a trabajar.

—¿Y qué trabajo es el tuyo?

—Chico de telégrafos, señorita.

La delgada dice en son de burla:

—Ay, Dios, yo creía que habías venido a limpiar los retretes.

—No, señorita. Mi madre trajo una nota del cura, el doctor Cowpar, y debe de haber un puesto para mí.

—Debe de haberlo, ¿eh? ¿Y sabes qué día es hoy?

—Sí, señorita. Es mi cumpleaños. Tengo catorce años.

—Qué estupendo —dice la mujer gorda.

—Hoy es jueves —dice la mujer delgada—. Empiezas a trabajar el lunes. Vete y lávate, y vuelve ese día.

Los chicos de telégrafos que están sentados a lo largo de la pared se ríen. No sé por qué, pero siento que se me acalora la cara. Doy las gracias a las mujeres, y cuando salgo oigo decir a la delgada:

—Jesús bendito, Maureen, ¿quién ha traído a ese ejemplar?

Y se ríen con los chicos de telégrafos.

—¿Y bien? —dice la tía Aggie, y yo le digo que no empiezo a trabajar hasta el lunes. Ella dice que mis ropas son una vergüenza y me pregunta con qué las he lavado.

—Con jabón desinfectante.

—Huelen a palomas muertas, y estás haciendo que la familia entera sea el hazmerreír de todos.

Me lleva a los almacenes Roche y me compra una camisa, un jersey, un par de pantalones cortos, dos pares de calcetines y un par de zapatos de verano que estaban rebajados. Me da dos chelines para que me tome el té y un bollo por mi cumpleaños. Coge el autobús para volver a subir la calle O'Connell, pues está demasiado gorda y es demasiado perezosa para ir andando. Está gorda y perezosa, no soy hijo suyo, pero me ha comprado la ropa para mi nuevo trabajo.

Me dirijo hacia el muelle Arthur con el paquete de ropa nueva bajo el brazo y tengo que acercarme hasta la orilla del río Shannon para que no vea todo el mundo las lágrimas de un hombre el día que cumple catorce años.

El lunes por la mañana me levanto temprano para lavarme la cara y para alisarme el pelo con agua y saliva. El Abad me ve con la ropa nueva.

—Jesús, ¿es que te vas a casar? —dice, y se vuelve a dormir.

La señora O'Connell, la mujer gorda, dice:

—Vaya, vaya, si vamos a la última moda.

Y la delgada, la señorita Barry, dice:.

—¿Has robado un banco en el fin de semana?

Y se oye una gran risotada de los chicos de telégrafos que están sentados en el banco a lo largo de la pared.

Me dicen que me siente al final del banco y que espere a que me llegue el turno de salir con telegramas. Algunos chicos de telégrafos son los fijos, los que aprobaron el examen. Pueden quedarse en Correos para siempre si quieren, pueden presentarse al examen siguiente, para ser carteros, y después al examen para ser empleados, lo que les permite trabajar en la oficina despachando sellos y giros en el mostrador del piso de abajo. La oficina de correos da a los chicos fijos grandes capas impermeables para el mal tiempo, y tienen dos semanas de vacaciones al año. Todos dicen que estos trabajos son buenos, fijos, respetables y con derecho a pensión y que si consigues un trabajo como éste ya no tienes que volver a preocuparte en toda tu vida, y por lo tanto no te preocupas.

Los chicos de telégrafos temporales deben dejar el trabajo cuando cumplen los dieciséis años. No llevan uniforme, no tienen vacaciones, el sueldo es menor, y si no se presentan a trabajar un día por estar enfermos les pueden despedir. No hay excusas que valgan. No les dan capas impermeables. Te traes tu propio impermeable o esquivas las gotas de lluvia.

La señora O'Connell me hace ir a su escritorio y me da un cinturón de cuero negro y una cartera. Dice que faltan bicicletas, de modo que tendré que salir andando con mi primera partida de telegramas. Debo ir primero a la dirección más lejana y seguir repartiendo mientras vuelvo hacia aquí, y me dice que no tarde todo el día. Dice que lleva en Correos el tiempo suficiente para saber cuánto se tarda en repartir seis telegramas, incluso a pie. No debo detenerme en las tabernas ni en los corredores de apuestas, ni siquiera en mi casa para tomarme una taza de té, y si lo hago se enterarán. No debo detenerme en las capillas para rezar. Si tengo que rezar, lo haré mientras ando o en la bicicleta. Si llueve, no debe importarme. Debo repartir los telegramas y no ser un mariquita.

Uno de los telegramas va dirigido a la señora Clohessy, del muelle Arthur, que no puede ser otra que la madre de Paddy.

—¿Eres tú, Frankie McCourt? —me dice—. Dios mío, no se te conoce de grande que estás. Entra, haz el favor.

Lleva una bata de colores vivos llena de flores, y zapatos nuevos y relucientes. En el suelo hay dos niños que juegan con un tren de juguete. En la mesa hay una tetera, tazas con platillos, una botella de leche, una hogaza de pan, mantequilla, mermelada. Junto a la ventana hay dos camas donde no había ninguna. La cama grande de la esquina está vacía, y ella debe de adivinar lo que pienso.

Ya no está —dice—, pero no se ha muerto. Se ha marchado a Inglaterra con Paddy. Tómate una taza de té y un poco de pan. Lo necesitas, Dios nos asista. Pareces un superviviente de la mismísima Gran Hambruna. Cómete ese pan con mermelada y cobra fuerzas. Paddy siempre hablaba de ti, y Dennis, mi pobre marido que estaba en cama, no olvidó nunca el día que vino tu madre y cantó aquella canción de los bailes de Kerry. Ahora está en Inglaterra preparando emparedados en una cantina y me envía algunos chelines cada semana. Hay que ver en qué estarán pensando los ingleses cuando cogen a un hombre que tiene la tisis y lo ponen a trabajar preparando emparedados. Paddy tiene un buen trabajo en una taberna de Cricklewood, que está en Inglaterra. Dennis seguiría aquí si no fuera porque Paddy saltó el muro por la lengua.

—¿La lengua?

—Dennis tenía antojo, eso es lo que tenía, de una buena cabeza de cordero con un poco de repollo y una patata, así que yo fui donde Barry, el carnicero, con los pocos chelines que me quedaban. Cocí la cabeza y Dennis, enfermo como estaba, no veía el momento de que estuviera preparada. Pe-

337

día la cabeza desde la cama como un demonio, y cuando se la di en el plato estaba encantado, sorbiendo la médula de cada pulgada de aquella cabeza. Después, cuando se la acaba, me dice:

»"Mary, ¿dónde está la lengua?".

»"¿Qué lengua?", le digo yo.

»"La lengua de este cordero. Todos los corderos nacen con una lengua que les permite hacer be, be, be, y en esta cabeza se aprecia una notable falta de lengua. Súbete donde Barry, el carnicero, y exígesela".

»De modo que yo voy donde Barry, el carnicero, y él me dice:

»"Ese condenado cordero llegó aquí balando y quejándose tanto que le cortamos la lengua y se la echamos al perro, que se la zampó, y desde entonces bala como un cordero, y si no para le cortaré la lengua y se la echaré al gato".

»Yo me vuelvo con Dennis y él se pone frenético en la cama.

»"Quiero esa lengua", dice. "Todo el alimento está en la lengua".

»¿Y qué crees que pasó entonces? Que mi Paddy, que era amigo tuyo, va donde Barry, el carnicero, cuando se ha hecho de noche, salta el muro, corta la lengua de una cabeza de cordero que está colgada de un gancho en la pared y se la trae a su pobre padre que está en cama. Naturalmente, yo tengo que cocer esa lengua con sal en cantidad y Dennis, bendito de Dios, se la come, se echa en la cama un rato, se quita de encima la manta y se pone de pie y anuncia a todo el mundo que, con tisis o sin ella, él no se va a morir en aquella cama, que si se va a morir de todos modos bien puede matarlo una bomba alemana mientras él gana unas libras para su familia en vez de lloriquear en aquella cama.

Me enseña una carta de Paddy. Trabaja doce horas al día en la taberna de su tío Anthony, gana veinticinco chelines a la semana y una sopa y un emparedado cada día. Le encanta cuando vienen los alemanes a tirar bombas, pues así puede dormir mientras está cerrada la taberna. Por la noche duerme en el suelo del pasillo de arriba. Enviará a su madre dos libras cada mes, y está ahorrando el resto para llevársela con el resto de la familia a Inglaterra, donde estarán mucho mejor en una habitación en Cricklewood que en diez habitaciones en el muelle Arthur. Ella podrá encontrar trabajo sin problemas. Muy malo tienes que ser para no encontrar trabajo en un país que está en guerra, sobre todo ahora que están llegando los yanquis, que se gastan el dinero a diestro y siniestro. El propio Paddy piensa encontrar trabajo en el centro de Londres, donde los yanquis dejan unas propinas que bastan para dar de comer a una familia irlandesa de seis personas durante una semana.

—Por fin tenemos dinero suficiente para comprar comida y zapatos, gracias a Dios y a Su Santa Madre —dice la señora Clohessy—. ¿A que no sabes con quién se encontró Paddy allá en Inglaterra, con catorce años y trabajando como un hombre? Con Brendan Kiely, al que llamabais «Preguntas». Está trabajando, y ahorra para ir a alistarse en la Policía Montada y cabalgar por todo el Canadá como Nelson Eddy, que cantaba «Te llamaré, uh, uh, uh, uh, uh, uh». Si no fuera por Hitler, estaríamos todos muertos, y vaya si es terrible tener que decir una cosa así. ¿Y cómo está tu pobre madre, Frankie?

—Está muy bien, señora Clohessy.

—No, no lo está. La he visto en el dispensario y tiene un aspecto peor que el que tenía mi pobre Dennis en la cama. Tienes que cuidar de tu pobre madre. Tú también tienes un aspecto desesperado, Frankie, con esos dos ojos rojos que tienes en la cara. Toma una propinilla para ti. Tres peniques. Cómprate un dulce.

—Eso haré, señora Clohessy.

—Hazlo.

Al terminar la semana la señora O'Connell me entrega el primer sueldo de mi vida, una libra, mi primera libra. Bajo corriendo las escaleras y subo a la calle O'Connell, la calle principal, donde están encendidas las luces y hay gente que vuelve a casa de su trabajo, gente que lleva el sueldo en el bolsillo como yo. Quiero que se enteren de que soy como ellos, de que soy un hombre, de que tengo una libra. Subo por un lado de la calle O'Connell y bajo por el otro con la esperanza de que se fijen en mí. No se fijan. Quiero exhibir mi billete de una libra ante todo el mundo para que digan:

—Ése es Frankie McCourt, el trabajador, que lleva una libra en el bolsillo.

Es la noche del viernes y puedo hacer lo que me dé la gana. Puedo comer pescado frito con patatas fritas e ir al cine Lyric. No, se acabó el Lyric. Ya no tengo que sentarme en el gallinero rodeado de gente que jalea cuando los indios matan al General Custer y cuando los africanos persiguen a Tarzán por toda la selva. Ya puedo ir al cine Savoy, pagar seis peniques por una butaca de patio donde va una gente de mejor clase, que come cajas de bombones y se tapa la boca con la mano cuando se ríe. Después de la película puedo tomar té y bollos en el restaurante del piso de arriba.

Michael está en la acera de enfrente y me llama. Tiene hambre y me pregunta si podría ir a casa del Abad a comer un poco de pan y pasar allí la noche en vez de tener que andar hasta la casa de Laman Griffin, que está muy lejos. Le digo que no tiene que preocuparse por un poco de pan. Iremos al café del Coliseum y comeremos pescado frito y patatas fritas, todo lo que quiera, gaseosa a discreción, y después iremos a ver *Yanqui Dandy*, de James Cagney, y nos comeremos dos grandes tabletas de chocolate. Después de la película tomamos té y bollos y volvemos cantando y bailando como Cagney todo el camino hasta la casa del Abad. Michael dice que debe de ser estupendo estar en América, donde la gente no tiene nada más que hacer que cantar y bailar. Está medio dormido, pero dice que algún día irá allá a cantar y a bailar, y me pregunta si yo le ayudaría a ir, y cuando se queda dormido me pongo a pensar en América y en que tengo que ahorrar el dinero para mi pasaje en vez de derrocharlo en pescado frito con patatas fritas y en té con bollos. Tendré que ahorrar algunos chelines de mi libra, pues de lo contrario me quedaré en Limerick para siempre. Ahora tengo catorce años, y si ahorro algo cada semana seguro que podré irme a América para cuando tenga veinte años.

Hay telegramas para las oficinas, las tiendas, las fábricas, donde no hay esperanza de recibir propina. Los empleados recogen los telegramas sin mirarte ni darte las gracias. Hay telegramas para la gente respetable que tiene doncella y que vive en la carretera de Ennis y en la carretera de circunvalación del Norte, donde no hay esperanza de recibir propina. Las doncellas son como los empleados, ni te miran ni te dan las gracias. Hay telegramas para las residencias de los sacerdotes y de las monjas, y ellos también tienen doncellas, aunque dicen que la pobreza es noble. Si te quedas esperando a que los curas o las monjas te dieran propina te morirías en su portal. Hay telegramas para gente que vive a varias millas de la ciudad, granjeros que tienen el patio embarrado y perros que te quieren comer la pierna. Hay telegramas para la gente rica que vive en casas grandes, con la vivienda del guardia a la puerta y millas de tierras rodeadas por muros. El guarda de la puerta te deja pasar con un gesto y hasta que llegas a la casa grande tienes que recorrer millas enteras en bicicleta por caminos a cuyos lados hay prados, macizos de flores, fuentes. Cuando hace buen tiempo hay gente que juega al croquet, el juego de los protestantes, o que se pasea, charlando y riendo, ataviada con vestidos floridos y con chaquetas cruzadas con escudos y botones dorados, y nadie diría al verlos que hay guerra. Hay Bentleys y Rolls Royces aparcados ante la gran puerta principal, donde una doncella te dice que des la vuelta y entres por la puerta de servicio, «¿es que no lo sabes?».

La gente de las casas grandes tiene acento inglés y no da propina a los chicos de telégrafos.

Quienes dan las mejores propinas son las viudas, las mujeres de los pastores protestantes y los pobres en general. Las viudas saben cuándo les va a llegar el giro telegráfico del gobierno inglés y te esperan asomadas a la ventana. Si te invitan a pasar a tomarte una taza de té tienes que ir con cuidado, porque uno de los chicos temporales, Scrawby Luby, dijo que una viuda mayor, de treinta y cinco años, lo invitó a pasar a tomar té e intentó bajarle los pantalones, y él tuvo que salir corriendo de la casa, aunque sintió verdaderas tentaciones y tuvo que ir a confesarse el sábado siguiente. Dijo que era muy incómodo saltar a la bici con la cosa dura, pero que si pedaleas muy deprisa y piensas en los sufrimientos de la Virgen María se te ablanda en seguida.

Las mujeres de los pastores protestantes no se comportarían nunca como la viuda mayor de Scrawby Luby, a no ser que también ellas estuvieran viudas. Christy Wallace, que es chico de telégrafos fijo y que va a ser cartero en cualquier momento, dice que a las protestantes no les importa lo que hacen, aunque sean mujeres de pastores. Están condenadas de cualquier modo, de manera que qué les importa darse un revolcón con un chico de telégrafos. A todos los chicos de telégrafos nos caen bien las mujeres de los pastores protestantes. Aunque tengan doncella salen ellas a abrir la puerta en persona, y te dicen «espera un momento, por favor» y te dan seis peniques. A mí me gustaría hablar con ellas y preguntarles qué se siente cuando uno está condenado, pero podrían ofenderse y quitarme los seis peniques.

Los irlandeses que trabajan en Inglaterra envían sus giros telegráficos los viernes por la noche y durante todo el sábado, y entonces es cuando nos llevamos las buenas propinas. En cuanto hemos repartido una partida de telegramas, salimos con otra.

Los callejones peores son los del barrio de Irishtown, los que salen de la calle Mayor o de la calle Mungret, son peores que el callejón Roden o que el callejón O'Keefe o que cualquier otro callejón donde haya vivido yo. Hay callejones por cuyo centro corre un arroyo. Las madres salen a la puerta y gritan «agua va» cuando tiran los cubos de agua sucia. Los niños hacen barquitos de papel o con cajas de cerillas a las que ponen velas pequeñas y los hacen flotar en el agua grasienta.

Cuando entras en bicicleta por un callejón los niños gritan: «Que viene el chico de telégrafos, que viene el chico de telégrafos». Salen corriendo a tu encuentro y las mujeres esperan en la puerta. Si das a un niño pequeño un telegrama para su madre lo conviertes en el héroe de la familia. Las niñas saben que deben esperarse para dar una oportunidad a los niños, aunque se les puede dar el telegrama si no tienen hermanos. Las mujeres te dicen desde la puerta que ahora no tienen dinero, pero que si pasas por ese callejón al día siguiente llames a la puerta y te darán tu propina, y que Dios te bendiga a ti y a todos los tuyos.

La señora O'Connell y la señorita Barry, de la oficina de correos, nos dicen todos los días que nuestro trabajo consiste en repartir los telegramas y nada más. No debemos hacer favores a la gente, ni ir a la tienda a comprar alimentos ni ningún otro tipo de recado. No les importa que la gente esté en la cama muriéndose. No les importa que la gente no tenga piernas, que esté loca o que se esté arrastrando por el suelo. Nosotros tenemos que entregar el telegrama, eso es todo. La señora O'Connell dice:

—Yo me entero de todo lo que hacéis, de todo, pues la gente de Limerick os vigila y me pasa informes que yo tengo aquí guardados, en mis cajones.

—Por mí, como si te los guardas en los calzones —dice Toby Mackey entre dientes.

Pero la señora O'Connell y la señorita Barry no saben lo que se siente cuando se llega al callejón, se llama a una puerta y alguien te dice que pases, tú entras y no hay luz y hay un montón de harapos en una cama en el rincón y el montón de harapos te pregunta «quién es» y tú dices «un telegrama», y el montón de harapos te dice:

—¿Tendrías la bondad de ir por mí a la tienda? Estoy que me caigo de hambre y daría los ojos por una taza de té.

¿Y qué vas a hacer? No vas a decirle «estoy ocupado» y marcharte en la bicicleta y dejar allí al montón de harapos con un giro telegráfico que no le sirve para nada en absoluto porque el montón de harapos no es capaz de levantarse de la cama para ir a la oficina de correos para cobrar el maldito giro telegráfico.

¿Qué vas a hacer?

Te dicen que no vayas nunca a la oficina de correos a cobrar un giro telegráfico para nadie, que si lo haces perderás el trabajo para siempre. Pero ¿qué vas a hacer cuando un viejo que luchó en la guerra de los bóers hace cientos de años te dice que ya no lo sostienen las piernas y que te agradecería eternamente que fueras a hablar con Paddy Considine, de la oficina de correos, y le expusieras la situación, y que Paddy me abonará sin duda el giro y que yo podré quedarme dos chelines porque soy un gran muchacho? Paddy Considine te dice: «No hay problema, pero no se lo cuentes a nadie o me echarán a la calle con el culo al aire, y a ti también, hijo». El viejo que luchó en la guerra de los bóers dice que sabe que ahora tienes que repartir los telegramas, pero que si tendrías la bondad de volver esta noche y si podrías ir a la tienda por él, pues no tiene nada en casa y encima se está helando de frío. Está sentado en un sillón viejo en el rincón, cubierto con trozos de mantas, y detrás del sillón hay un cubo que echa una peste como para hacerte vomitar, y cuando ves a aquel viejo en el rincón oscuro te dan ganas de traer una manguera de agua caliente y desnudarlo y lavarlo y darle una buena comida de panceta, huevos y puré de patatas con mucha mantequilla, sal y cebolla.

Me gustaría llevarme al hombre que luchó en la guerra de los boers y al montón de harapos del rincón y dejarlos en una casa grande y soleada en el campo, donde canten los pájaros ante la ventana y cerca de un arroyo que borbotea.

La señora Spillane, del callejón Pump, que sale de la carretera de Carey, tiene dos hijos gemelos tullidos con las cabezas grandes y rubias, con los cuerpos pequeños y con trocitos de piernas que les cuelgan del borde de las sillas. Se pasan el día mirando al fuego y preguntan:

—¿Dónde está papá?

Saben hablar en inglés, como todo el mundo, pero entre ellos parlotean en un idioma que se han inventado.

—Hamb cen té té cen hamb.

La señora Spillane dice que eso significa:

—¿Cuándo cenamos?

Me dice que tiene suerte cuando su marido le envía cuatro libras al mes, y que ya no soporta el modo en que la insultan en el dispensario porque su marido está en Inglaterra. Los niños sólo tienen cuatro años y son muy listos, aunque no son capaces de andar ni de cuidarse solos. Si pudieran andar, si fueran más o menos normales, ella haría el equipaje y se marcharía a Inglaterra, se iría de este país dejado de la mano de Dios que luchó tanto tiempo por la libertad.

—Y mira cómo estamos, De Valera en su mansión de Dublín, el muy hijo de puta, y todos los demás políticos, que se vayan al infierno, Dios me perdone. Que se vayan al infierno los curas también, y no pediré a Dios que me perdone por decir una cosa así. Allí están los curas y las monjas, nos dicen que Jesús era pobre y que la pobreza no es bajeza, y llegan a sus casas camiones llenos de cajas y de barriles de whiskey y de vino, de huevos a discreción y de perniles enteros, y ellos nos dicen que debemos practicar el ayuno y la abstinencia en Cuaresma. Cuaresma, y una mierda. ¿Cómo vamos a practicar el ayuno y la abstinencia si para nosotros la Cuaresma dura todo el año?

Me gustaría llevarme a la señora Spillane y a sus dos hijos rubios y tullidos a esa misma casa de campo, con el montón de harapos y con el hombre de la guerra de los bóers, y lavarlos a todos y dejarles sentarse al sol mientras cantan los pájaros y borbotean los arroyos.

No puedo dejar al montón de harapos con un giro telegráfico inútil porque el montón de trapos es una mujer anciana, la señora Gertrude Daly, con el cuerpo retorcido por todas las enfermedades que se pueden contraer en un callejón de Limerick, la artritis, el reumatismo, la alopecia, una ventana de la nariz casi desaparecida de tanto meterse en ella el dedo, y uno se pregunta qué tipo de mundo es éste cuando esta anciana se incorpora entre sus harapos y te sonríe con unos dientes blancos que relucen en la oscuridad, dientes naturales y perfectos.

—Eso es —dice ella—, son mis dientes naturales, y cuando me esté pudriendo en la tumba encontrarán mis dientes dentro de cien años, blancos y relucientes, y me harán santa.

El giro telegráfico, de tres libras, es de su hijo. Lleva un mensaje: «Feliz cumpleaños, mamá. Tu hijo querido, Teddy».

—Es un milagro que se lo pueda permitir ese mierdecilla que siempre está paseándose con todas las zorras de Picadilly —dice ella.

Me pregunta si tendría la bondad de hacerle un favor, de ir a cobrar el giro telegráfico y traerle un poco de whiskey Baby Powers de la taberna, una hogaza de pan, una libra de manteca, siete patatas, una para cada día de la semana. ¿Tendría la bondad de hervirle una patata, de hacerla puré con un poco de manteca, de cortarle una rebanada de pan, de traerle un trago de agua para acompañar al whiskey? ¿Tendría la bondad de ir a la farmacia de O'Connor a traerle un ungüento para las llagas y, ya que estoy en ello, de traerle algo de jabón para que ella pueda lavarse bien el cuerpo? Me lo agradecerá eternamente y rezará por mí, y me da un par de chelines por la molestia.

—Ay, no, gracias, señora.

—Coge el dinero. Una propinilla. Me has hecho grandes favores.

—No puedo, señora, tal como está usted.

—Coge el dinero o diré en la oficina de correos que manden a otro para que me traiga los telegramas.

—Ay, está bien, señora. Muchas gracias.

—Buenas noches, hijo. Pórtate bien con tu madre.

—Buenas noches, señora Daly.

Las clases empiezan en septiembre, y algunos días Michael se pasa por casa del Abad antes de volver andando a casa de Laman Griffin. Los días de lluvia dice:

—¿Puedo quedarme a dormir aquí esta noche?

Y al cabo de poco tiempo ya no quiere volver más con Laman Griffin. Está cansado y tiene hambre de tanto andar dos millas de ida y dos de vuelta.

Cuando mamá viene a buscarnos no sé qué decirle. No sé cómo mirarla y aparto la vista.

—¿Cómo te va en el trabajo? —dice, como si no hubiera pasado nada en casa de Laman Griffin.

—Muy bien —le respondo yo, como si no hubiera pasado nada en casa de Laman Griffin.

Cuando llueve demasiado para que ella se vuelva a su casa, se queda con Alphie en la habitación pequeña del piso de arriba. Al día siguiente vuelve a casa de Laman, pero Michael se queda, y al poco tiempo ella se va mudando de casa poco a poco hasta que deja de ir por completo a casa de Laman.

El Abad paga el alquiler cada semana. Mamá recibe la beneficencia y los vales de comida, hasta que alguien la delata y le retiran la ayuda del dispensario. Le dicen que si su hijo está ganando una libra a la semana eso es más de lo que reciben algunas familias de subsidio de desempleo, y que debe dar gracias de que su hijo esté trabajando. Ahora tengo que entregarle mi sueldo.

—¿Una libra? —dice mamá—. ¿Es lo único que te dan por ir en bicicleta de un lado a otro, con buen tiempo o con malo? Eso serían cuatro dólares en América. Cuatro dólares. Con cuatro dólares no bastaría en Nueva

York para dar de comer a un gato. Si estuvieras repartiendo telegramas para la Western Union en Nueva York ganarías veinticinco dólares a la semana y vivirías a todo lujo.

Ella siempre traduce el dinero irlandés a dinero americano para que no se le olvide, e intenta convencer a todos de que las cosas nos iban mejor allí. Algunas semanas me deja quedarme dos chelines, pero si voy a ver una película o me compro un libro de segunda mano ya no me queda nada, no podré ahorrar para pagarme el pasaje y me quedaré atascado en Limerick hasta que sea un viejo de veinticinco años.

Malachy escribe desde Dublín y dice que está harto y que no quiere pasarse el resto de su vida soplando una trompeta en la banda del ejército. Al cabo de una semana vuelve a casa y se queja de tener que compartir la cama grande con Michael, con Alphie y conmigo. Allí en Dublín tenía un catre del ejército para él solo, con sábanas, mantas y una almohada. Ahora vuelve a los abrigos y a una almohada que suelta una nube de plumas cuando la tocas.

—Lo siento por ti —dice mamá—. Te acompaño en el sentimiento.

El Abad tiene cama propia y mi madre ocupa la habitación pequeña. Estamos todos juntos otra vez sin que Laman nos atormente. Preparamos té y pan frito y nos sentamos en el suelo de la cocina. El Abad dice que no hay que sentarse en el suelo de las cocinas, que para qué están las mesas y las sillas. Dice a mamá que Frankie no está bien de la cabeza, y mamá nos dice que la humedad del suelo nos va a matar. Nosotros nos quedamos sentados en el suelo y cantamos, y mamá y el Abad se sientan en sillas. Ella canta, y el Abad canta *El camino de Rasheen*, y nosotros seguimos sin enterarnos de qué trata su canción. Nos quedamos sentados en el suelo y nos contamos cuentos que hablan de cosas que han pasado, de cosas que no han pasado nunca y de las cosas que pasarán cuando nos vayamos todos a América.

En la oficina de correos hay días de poco trabajo en los que nos quedamos sentados en el banco y hablamos. Podemos hablar, pero no debemos reírnos. La señorita Barry dice que deberíamos dar gracias de que nos paguen por estar allí sentados, que somos un montón de vagos y de pilletes y que nada de risas. Que a uno le paguen por quedarse sentado y charlar no es cosa de risa, y a la primera risita por parte de cualquiera de nosotros nos iremos a la calle hasta que recuperemos el sentido común, y si siguen las risitas nos denunciará a las autoridades pertinentes.

Los chicos hablan de ella entre dientes. Toby Mackey dice:

—Lo que le hace falta a esa vieja perra es unas buenas friegas con la reliquia, un buen repaso con el cepillo. Su madre era una buscona azotacalles y su padre se escapó de un manicomio con callos en los huevos y con verrugas en la polla.

Hay risas a lo largo del banco y la señorita Barry nos dice en voz alta:

—Os advertí que no os rieseis. Mackey, ¿qué estás mascullando?

—Decía que en este día tan maravilloso estaríamos mejor al aire libre repartiendo telegramas, señorita Barry.

—Seguro que has dicho eso, Mackey. Tu boca es una cloaca. ¿Me has oído?

—Sí, señorita Barry.

—Te han oído hablar por la escalera, Mackey.

—Sí, señorita Barry.

—Cállate, Mackey.

—Así lo haré, señorita Barry.

—Ni una palabra más, Mackey.

—No, señorita Barry.

—He dicho que te calles, Mackey.

—Está bien, señorita Barry.

—Se acabó, Mackey. No pongas a prueba mi paciencia.

—No lo haré, señorita Barry.

—Madre de Dios, dame paciencia.

—Sí, señorita Barry.

—Di la última palabra, Mackey. Dila, dila, dila.

—Así lo haré, señorita Barry.

Toby Mackey es chico de telégrafos temporal, como yo. Vio una película titulada *Primera plana* y ahora quiere irse a América algún día y ser un periodista duro con sombrero y cigarrillo. Lleva en el bolsillo una libreta, porque un buen periodista tiene que escribir lo que pasa. Hechos. Tiene que escribir hechos, y no un montón de malditas poesías, que es lo único que se oye en Limerick, donde los parroquianos de las tabernas están siempre con el cuento de lo mucho que sufrimos bajo el dominio inglés. «Hechos, Frankie». Anota el número de telegramas que reparte y la distancia que recorre. Sentados en el banco, procurando no reírnos, me dice que si repartimos cuarenta telegramas cada día son doscientos por semana, que son diez mil al año y veinte mil en los dos años que nos dura el trabajo. Si recorremos en bicicleta ciento veinticinco millas por semana, son trece mil millas en dos años, que es media vuelta al mundo, Frankie, y no es de extrañar que no tengamos ni una fibra de carne en el culo.

Toby dice que nadie conoce Limerick como el chico de telégrafos. Conocemos cada uno de sus caminos, avenidas, calles, paseos, glorietas, pasajes, travesías, callejones.

—Jesús —dice Toby—, no hay una puerta de Limerick que no conozcamos. Llamamos a puertas de todo tipo, de hierro, de roble, de contrachapado. A veinte mil puertas, Frankie.

Llamamos con los nudillos, a patadas, empujamos la puerta. Llamamos con campanillas y con timbres eléctricos. Silbamos y gritamos: «El chico de telégrafos, el chico de telégrafos». Dejamos los telegramas en los buzones, los metemos por debajo de la puerta, los tiramos por los montantes de las puertas. Entramos por la ventana en casas cuyos ocupantes están impedidos en cama. Nos quitamos de encima a todos los perros que quieren hacer de nosotros su cena. No sabes nunca qué va a pasar cuando entregas a la gente los telegramas. Ríen, cantan, bailan, lloran, gritan, se desmayan y tú te preguntas si van a volver en sí para darte la propina. No se parece en nada al reparto de telegramas en América. Mickey Rooney se dedica a eso en una película que se titula *La comedia humana*, y allí la gente es agradable y se desvive por darte propina, por invitarte a pasar, por darte una taza de té y un bollo.

Toby Mackey dice que tiene datos en abundancia en su libreta y que todo le importa menos que un pedo de violinista, y así quiero ser yo mismo.

La señora O'Connell sabe que a mí me gusta repartir los telegramas del campo, y cuando hace un día soleado me entrega una partida de diez telegramas que me tendrán ocupado toda la mañana y no tengo que regresar hasta después de la hora de comer, al mediodía. Hay días buenos de otoño en los que el Shannon brilla y los campos están verdes y relucen con el rocío plateado de la mañana. Se percibe el olor dulzón de los fuegos de turba, cuyo humo llena los campos. Las vacas y las ovejas pastan en los prados y yo me pregunto si son éstos los animales de los que hablaba el cura. No me sorprendería, porque veo constantemente a los toros montar a las vacas, a los carneros a las ovejas, a los caballos sementales a las yeguas, y todos tienen la cosa tan grande que me hacen sudar cuando los miro y me dan lástima todas las criaturas hembras del mundo que tienen que sufrir así, aunque a mí no me importaría ser toro, porque los toros pueden hacer lo que quieran y los animales no pecan nunca. A mí no me importaría tocarme aquí mismo, pero nunca se sabe cuándo puede aparecer un granjero por el camino con un rebaño de vacas o de ovejas a los que lleva a la feria o a otro prado, que te saluda con el bastón y que te dice:

—A los buenos días, joven, buena mañana tenemos, gracias a Dios y a Su Santa Madre.

Un granjero tan religioso podría ofenderse si te viera quebrantar el Sexto Mandamiento fornicando en su prado. A los caballos les gusta asomar la cabeza por encima de las cercas y de los setos para enterarse de quién pasa, y yo me detengo a hablar con ellos porque tienen ojos grandes y morros largos que demuestran lo inteligentes que son. Algunas veces hay dos pájaros que se cantan el uno al otro de un extremo al otro de un prado y yo tengo que detenerme a escucharlos, y si espero el tiempo suficiente se unen al canto más pájaros hasta que todos los árboles y todos los arbustos están llenos del canto de los pájaros. Si pasa un arroyo que borbotea bajo un puente de la carretera, mientras los pájaros cantan, las vacas mugen y los corderos balan, es mejor que cualquier orquesta de película. El olor de la panceta y del repollo de la comida que me llega a bocanadas de la vivienda de una granja me deja tan débil de hambre que entro en un prado y me paso media hora comiendo moras. Meto la cara en el arroyo y bebo agua helada, que es mejor que la gaseosa de cualquier freiduría de pescado frito y patatas fritas.

Cuando termino de entregar los telegramas tengo tiempo suficiente para visitar el antiguo cementerio del monasterio donde están enterrados los parientes de mi madre, los Guilfoyle y los Sheehan, donde quiere mi madre que la entierren a ella. Desde allí puedo ver las altas ruinas del castillo de Carrigogunnell y tengo tiempo de sobra para subir hasta allí en bicicleta, para sentarme en la muralla más alta, para contemplar el Shannon que corre hasta el Atlántico, que llega hasta América, y para soñar con el día en que yo mismo me haré a la mar.

Los chicos de la oficina de correos me dicen que tengo suerte de entregar el telegrama de la familia Carmody, que da un chelín de propina, una de las propinas mayores que puedes recibir en Limerick. Entonces, ¿por qué me lo dejan entregar a mí? Soy el chico más novato. Bueno, es que algunas veces es Theresa Carmody quien abre la puerta. Está tísica, y tienen miedo de que les pegue la tisis. Tiene diecisiete años, pasa temporadas ingresada en el sanatorio y no cumplirá los dieciocho. Los chicos de la oficina de correos dicen que los que están enfermos como Theresa saben que les queda poco tiempo y que por eso están locos por amar, por tener aventuras románticas y de todo. De todo. La tisis tiene ese efecto, según los chicos de la oficina de correos.

Voy en bicicleta por las calles mojadas de noviembre pensando en esa propina de un chelín, y cuando giro para enfilar la calle donde viven los Carmody la bicicleta patina y yo resbalo por el suelo y me raspo la cara y me despellejo el dorso de la mano. Theresa Carmody abre la puerta. Es pelirroja. Tiene los ojos verdes como los prados de las afueras de Limerick. Tiene las mejillas de un color rosado brillante y la piel de un blanco rabioso.

—Ay, estás empapado, y estás sangrando —me dice.

—He resbalado en la bici.

—Entra, y te pondré algo en los cortes.

«¿Debo entrar?», me pregunto. Podría contagiarme la tisis, que acabaría conmigo. Quiero estar vivo cuando cumpla los quince años, y quiero también el chelín de propina.

—Entra. Te vas a morir si te quedas aquí de pie.

Ella pone la tetera al fuego para preparar té. Después me pone yodo en los cortes y yo procuro ser hombre y no quejarme.

—Oh, eres todo un hombre —dice ella—. Pasa al salón y sécate delante del fuego. Mira, ¿por qué no te quitas los pantalones y te los secas en la pantalla de la chimenea?

—Ay, no.

—Ay, hazlo.

—Bueno.

Extiendo mis pantalones sobre la pantalla. Me siento, veo subir el vapor y veo que lo mío sube también, y me inquieta que pueda entrar ella y verme con la excitación.

Entonces aparece ella con un plato de pan y mermelada y dos tazas de té.

—Señor... —dice—, eres un chico esmirriado, pero tienes ahí un buen nabo.

Deja el plato y las tazas en una mesa que está junto a la chimenea y se quedan allí. Coge entre el pulgar y el índice la punta de mi excitación y me conduce por la habitación hasta un sofá verde que está pegado a la pared y a mí me dan constantemente vueltas en la cabeza el pecado, el yodo, el miedo a la tisis y el chelín de propina y sus ojos verdes, y ella está tendida en el sofá, «no pares o me muero», y ella está llorando y yo estoy llorando porque no sé qué me pasa, si me estoy matando contagiándome la tisis de su boca, si estoy volando al cielo, si me estoy cayendo por un barranco, y si esto es pecado me importa menos que un pedo de violinista.

Descansamos un rato en el sofá hasta que ella dice:

—¿No tienes que repartir más telegramas?

Y cuando nos incorporamos ella da un gritito:

—Ay, estoy sangrando.

—¿Qué te pasa?

—Creo que es porque es la primera vez.

—Espera un momento —le digo. Traigo de la cocina el frasco de yodo y se lo echo encima de la parte que sangra. Ella salta del sofá, da botes por el salón como una loca furiosa y entra corriendo en la cocina a lavarse con agua. Después de secarse dice:

—Dios mío, qué inocente eres. No debes echar yodo a las chicas de esta manera.

—Creí que tenías un corte.

Desde ese día le entrego el telegrama durante varias semanas. A veces hacemos la excitación en el sofá, pero hay otros días en que ella tiene tos y se nota que está débil. Nunca me dice que está débil. Nunca me dice que está tísica. Los chicos de la oficina de correos me dicen que lo debo estar pasando en grande con el chelín de propina y con Theresa Carmody. Yo no les digo nunca que dejé de cobrar el chelín de propina. No les hablo nunca del sofá verde ni de la excitación. No les cuento el dolor que siento cuando abre la puerta y veo que está débil y lo único que quiero es prepararle un té y sentarme en el sofá verde y abrazarla.

Un sábado me dicen que entregue el telegrama a la madre de Theresa, que se lo lleve a su trabajo, en los almacenes Woolworth. Procuro aparentar indiferencia.

—Señora Carmody, siempre entrego el telegrama a una muchacha que creo que se llama Theresa. Es su hija, ¿no?

—Sí, está ingresada en el hospital.

—¿Está en el sanatorio?

—He dicho que está en el hospital.

La tuberculosis le parece una deshonra, como a todo el mundo en Limerick, y no me da un chelín ni ninguna propina. Voy en bicicleta al sanatorio a ver a Theresa. Me dicen que hay que ser pariente suyo y que hay que ser persona mayor. Yo les digo que soy primo suyo y que voy a cumplir quince años en agosto. Me dicen que me largue. Voy en bicicleta a la iglesia de los franciscanos a rezar por Theresa.

—San Francisco, ¿tendrías la bondad de hablar con Dios? Dile que no fue culpa de Theresa. Yo podría haberme negado a entregar ese telegrama cada sábado. Dile a Dios que Theresa no era responsable de que hiciéramos la excitación en el sofá porque son los efectos de la tisis. Tampoco importa, San Francisco, porque yo quiero a Theresa. La quiero tanto como tú quieres a cualquier pájaro, a cualquier animal del campo o a cualquier pez, y ten la bondad de decir a Dios que le quite la tisis y yo prometo que no volveré a acercarme a ella.

El sábado siguiente me dan el telegrama de los Carmody. Cuando me falta media calle para llegar veo que están bajadas las persianas. Veo los crespones negros en la puerta. Veo la tarjeta de duelo blanca con bordes morados. Veo la puerta y las paredes del salón donde Theresa y yo nos revolcábamos desnudos y desenfrenados en el sofá verde, y ahora sé que ella está en el infierno y que es por culpa mía.

Meto el telegrama por debajo de la puerta y vuelvo en bicicleta a la iglesia de los franciscanos para rezar por el descanso del alma de Theresa. Rezo a todas las imágenes, a las vidrieras, a las estaciones del Vía Crucis. Juro que llevaré una vida llena de fe, esperanza y caridad, de pobreza, castidad y obediencia.

Al día siguiente, domingo, oigo cuatro misas. Rezo el Vía Crucis tres veces. Rezo el Rosario todo el día. No como ni bebo, y siempre que encuentro un sitio tranquilo lloro y pido a Dios y a la Virgen María que tengan misericordia con el alma de Theresa Carmody.

El lunes sigo en mi bicicleta de Correos al cortejo fúnebre hasta el cementerio. Me escondo detrás de un árbol a cierta distancia de la tumba. La señora Carmody llora y gime. El señor Carmody resuella con aire de incomprensión. El cura recita las oraciones en latín y asperja con agua bendita el ataúd.

Quiero ir a hablar con el cura, con el señor y la señora Carmody. Quiero decirles que soy yo el que ha mandado al infierno a Theresa. Pueden hacerme lo que quieran. Que me insulten. Que me injurien. Que me tiren tierra de la tumba. Pero me quedo escondido detrás del árbol hasta que los miembros del cortejo fúnebre se marchan y los enterradores cubren la tumba.

La escarcha empieza a blanquear la tierra fresca de la tumba y yo pienso en Theresa, que estará fría en el ataúd, con su pelo rojo, con sus ojos verdes. No entiendo los sentimientos que me invaden, pero sé que con todas las personas que se han muerto en mi familia y con todas las que se han muerto en los callejones de mi barrio y con todas las personas que han faltado no había sentido nunca un dolor como éste que tengo en el corazón, y espero no volver a tenerlo.

Está oscureciendo. Salgo del cementerio a pie empujando la bicicleta. Tengo que repartir telegramas.

XVI

La señora O'Connell me da telegramas para que se los entregue al señor Harrington, el inglés cuya difunta esposa era nacida y criada en Limerick. Los chicos de la oficina de correos dicen que los telegramas de pésame son una pérdida de tiempo. La gente no hace más que llorar y sollozar con su duelo y se piensan que no tienen que darte propina. Te invitan a pasar a ver al difunto y a rezar una oración junto a la cama. Eso no estaría tan mal si te ofrecieran un trago de jerez y un emparedado de jamón. Ah, no, reciben con gusto tu oración, pero tú no eres más que un chico de telégrafos y tienes suerte si te dan una galleta seca. Los chicos mayores de la oficina de correos dicen que tienes que saber jugar bien tus cartas para llevarte propina con un telegrama de pésame. Si te invitan a pasar a rezar una oración tienes que arrodillarte junto al cadáver, dar un hondo suspiro, santiguarte, hundir la frente entre las sábanas para que no te vean la cara, hacer temblar los hombros como si te estuvieses desmayando de dolor, agarrarte a la cama con las dos manos como si tuvieran que arrancarte de allí a la fuerza para que sigas entregando telegramas, procurar que te brillen las mejillas con las lágrimas o untándotelas de saliva, y si después de eso no te dan propina mete la partida siguiente de telegramas por debajo de la puerta o tíralos por el montante y déjalos a solas con su dolor.

No es la primera vez que entrego telegramas en casa de los Harrington. El señor Harrington está siempre de viaje de negocios para la compañía de seguros, y la señora Harrington es generosa con la propina. Pero ahora se ha muerto y es el señor Harrington quien abre la puerta. Tiene los ojos rojos y está sorbiendo.

—¿Eres irlandés? —me dice.

¿Que si soy irlandés? ¿Qué otra cosa podría ser para estar en este portal de Limerick con una partida de telegramas en la mano?

—Sí, señor.

—Entra —me dice—. Deja los telegramas en el velador del vestíbulo.

Cierra la puerta de la calle, echa la llave y se guarda la llave en el bolsillo. Qué raros son los ingleses, pienso.

—Querrás verla, por supuesto. Querrás ver lo que le ha hecho tu gente con su maldita tuberculosis. Raza de vampiros. Ven conmigo.

Me lleva en primer lugar a la cocina, donde recoge un plato de emparedados de jamón y dos botellas, y después al piso de arriba. La señora Harrington está preciosa en la cama, rubia, rosada, en paz.

—Ésta es mi esposa. Será irlandesa, pero no lo parece, gracias a Dios. Como tú. Irlandés. Te hará falta un trago, por supuesto. Vosotros los irlandeses empináis el codo a cada paso. En cuanto os destetan pedís a voces la botella de whiskey, la pinta de cerveza negra. ¿Qué quieres tomar? ¿Whiskey, jerez?

—Ah, una gaseosa estaría bien.

—Estoy velando a mi esposa, no estoy celebrando la fiesta de los puñeteros cítricos. Te tomarás un jerez. El brebaje de la maldita España católica y fascista.

Me trago el jerez. Me vuelve a llenar el vaso y va a llenarse el suyo de whiskey.

—Maldita sea. Se acabó el whiskey. Espera aquí, ¿me oyes? Voy a la taberna por otra botella de whiskey. Espera a que vuelva. No te muevas de aquí.

Estoy confuso, mareado con el jerez. No sé cómo hay que comportarse con los ingleses en los duelos. «Señora Harrington, está preciosa en la cama. Pero usted es protestante, ya está condenada, en el infierno, como Theresa. Fuera de la Iglesia no hay salvación, dijo el cura. Espere, quizás pueda salvarle el alma. La bautizaré como católica. Compensaré lo que hice a Theresa. Traeré un poco de agua. Ay, Dios, la puerta está cerrada. ¿Por qué? ¿Es posible que usted no esté muerta de verdad? Me está mirando. ¿Está muerta, señora Harrington? No me da miedo. Tiene la cara helada. Ah, está muerta y bien muerta. La bautizaré con jerez de la maldita España católica y fascista. Yo te bautizo en el nombre del Padre, y del Hijo, y del...».

—¿Qué diablos estás haciendo? Apártate de mi mujer, condenado imbecil papista. ¿Qué ritual irlandés primitivo es éste? ¿La has tocado? ¿La has tocado? Te voy a retorcer ese cuello esmirriado.

—Yo..., yo...

—Habla, mequetrefe, que no sabes ni decir *yo* sin acento irlandés.

—Yo sólo... un poco de jerez para que fuera al cielo.

—¿Al cielo? Vivíamos en el cielo, Ann, nuestra hija Emily y yo. No le vuelvas a poner encima tus manos rosadas de cerdito. Cristo, no lo soporto. Toma, más jerez.

—Ay, no, gracias.

—«Ay, no, gracias». Ese blando lloriqueo celta. A vosotros os encanta el alcohol. Os ayuda a arrastraros y a lloriquear mejor. Quieres comer, por supuesto. Tienes el aspecto derrotado de un *paddy* muerto de hambre. Toma. Jamón. Come.

—Ay, no, gracias.

—«Ay, no, gracias.» Si vuelves a decir eso, te meto el jamón por el culo.

Me tiende un emparedado de jamón, me lo mete en la boca empujándolo con la palma de la mano.

Se derrumba en una silla.

—Ay, Dios, Dios, ¿qué voy a hacer? Tengo que descansar un momento.

Se me revuelve el estómago. Voy corriendo a la ventana, saco la cabeza y vomito. Salta de la silla y se abalanza sobre mí.

—Tú, tú, maldito seas, has vomitado en el rosal de mi esposa.

Me tira un golpe, falla, se cae al suelo. Yo salgo por la ventana, me cuelgo del alféizar. Él se asoma a la ventana, me agarra las manos. Yo me suelto, me caigo en el rosal, caigo entre el emparedado de jamón y el jerez que acabo de vomitar. Las rosas me pinchan, me llenan de rasguños, me he torcido el tobillo. Él está asomado a la ventana, dando voces:

—Vuelve aquí, irlandés canijo.

Dice que me denunciará a la oficina de correos. Me tira la botella de whiskey y me da en la espalda, me suplica:

—¿No puedes velar una hora conmigo?

Me bombardea con copas de jerez, vasos de whiskey, varios emparedados de jamón, objetos diversos del tocador de su mujer, polvos, cremas, cepillos.

Me subo a mi bici y recorro las calles de Limerick haciendo eses, mareado del jerez y del dolor. La señora O'Connell me riñe:

—Siete telegramas a una sola dirección y estás fuera todo el día.

—Estaba..., estaba...

—Estabas. Estabas. Borracho, eso es lo que estabas. Borracho, eso es lo que estás. Apestas a alcohol. Ah, nos hemos enterado. Ha llamado por teléfono ese señor tan agradable, el señor Harrington, un inglés encantador que habla como James Mason. Te deja pasar para que reces una oración por su pobre esposa y cuando menos se lo espera le quitas el jerez y el jamón y te largas por la ventana. Qué disgusto para tu madre, para la que te trajo al mundo.

—Él me obligó a comerme el jamón, a beberme el jerez.

—¿Que te obligó? Jesús, ésta sí que es buena. Que te obligó. El señor Harrington es un inglés refinado y no tiene motivos para mentir, y no queremos tener a gente de tu calaña en esta oficina de correos, a gente que no es capaz de respetar el jerez y el jamón ajenos, de modo que entrega tu cartera de telegramas y tu bicicleta, pues en esta oficina has terminado.

—Pero yo necesito el trabajo. Tengo que ahorrar para ir a América.

—A América. Será un mal día para América cuando dejen entrar a un sujeto como tú.

Voy cojeando por las calles de Limerick. Me gustaría volver y tirar un ladrillo por la ventana del señor Harrington. No. Hay que respetar a los muertos. Cruzaré el puente de Sarsfield y bajaré a la ribera, donde puedo tenderme en alguna parte entre los arbustos. No sé cómo voy a volver a casa y decir a mi madre que he perdido el trabajo. Tengo que ir a casa. Tengo que decírselo. No puedo pasarme toda la noche en la ribera. Estaría loca de preocupación.

Mamá suplica en la oficina de correos que vuelvan a admitirme. Se niegan. Nunca habían oído una cosa así. Un chico de telégrafos que manosea un cadáver. Un chico de telégrafos que huye llevándose el jamón y el jerez. No volverá a pisar la oficina de correos. No.

Mi madre consigue que el párroco escriba una carta. «Admitan al chico», dice el párroco. «Ah, sí, padre, desde luego», dicen en la oficina de correos. Me dejarán seguir trabajando hasta el día en que cumpla los dieciséis años, ni un momento más.

—Por otra parte —dice la señora O'Connell—, si se tiene en cuenta lo que nos hicieron los ingleses durante ochocientos años, ese hombre no tenía derecho a quejarse por un poco de jamón y de jerez. ¿Qué es un poco de jamón y de jerez comparado con la Gran Hambruna? Si viviera mi pobre marido y yo le contase lo que has hecho, te diría que has dado un buen golpe, Frank McCourt, que has dado un buen golpe.

Todos los sábados por la mañana juro que iré a confesarme y a contar al cura los actos impuros que cometo en casa, en las laderas solitarias de los alrededores de Limerick mientras me contemplan las vacas y las ovejas, en las alturas de Carrigogunnell con el mundo a mis pies.

Le contaré lo de Theresa Carmody y cómo la envié al infierno, y entonces estaré perdido, me expulsarán de la Iglesia.

Theresa me atormenta. Cada vez que entrego un telegrama en su calle, cada vez que paso por delante del cementerio, siento que el pecado crece dentro de mí como un tumor, y si no voy a confesarme pronto no seré más que un tumor que va en bicicleta mientras la gente me señala y se dicen unos a otros:

—Allí está, ése es Frankie McCourt, el inmundo que envió al infierno a Theresa Carmody.

Miro a la gente que comulga los domingos, todos en gracia de Dios, todos vuelven a sus sitios llevando a Dios en la boca, en paz, tranquilos, preparados para morirse en cualquier momento y subir derechos al cielo o para volver a sus casas y comerse la panceta y los huevos sin la menor preocupación del mundo.

Estoy agotado de ser el peor pecador de Limerick. Quiero librarme de este pecado y comer panceta y huevos sin sentimientos de culpa, sin estar atormentado. Quiero ser normal.

Los curas nos dicen siempre que la misericordia de Dios es infinita, pero ¿cómo va a absolver un cura a uno como yo, que entrega telegramas y acaba en estado de excitación en un sofá verde con una muchacha que se está muriendo de tisis galopante?

Recorro todo Limerick con telegramas y me detengo en todas las iglesias. Paso por la iglesia de los redentoristas, por la de los jesuitas, por la de los agustinos, por la de los dominicos, por la de los franciscanos. Me arrodillo ante la imagen de San Francisco de Asís y le suplico que me ayude, pero creo que está demasiado asqueado de mí. Me arrodillo con la gente que espera en los bancos próximos a los confesonarios, pero cuando me toca a mí no puedo respirar, me dan palpitaciones, tengo frío en la frente y sudor frío y huyo corriendo de la iglesia.

Juro que iré a confesarme en Navidad. No puedo. En Semana Santa. No puedo. Pasan las semanas y los meses y hace un año que murió Theresa. Pienso confesarme en su aniversario, pero no puedo. Ya tengo quince años y paso por delante de las iglesias sin pararme. Tendré que esperar a ir a América, donde hay sacerdotes como Bing Crosby en *Siguiendo mi camino* que no me echarán a patadas del confesionario como los curas de Limerick.

Sigo teniendo dentro el pecado, el tumor, y espero que no me mate del todo antes de que pueda hablar con el cura americano.

Entrego un telegrama a una mujer mayor, la señora Brigid Finucane.

—¿Cuántos años tienes, muchacho?

—Quince y medio, señora Finucane.

—Eres lo bastante joven para hacer el tonto y lo bastante mayor para saber que no debes hacerlo. ¿Eres listo, muchacho? ¿Tienes algo de inteligencia?

—Sé leer y escribir, señora Finucane.

—*Arrah*, allí en el manicomio hay gente que sabe leer y escribir. ¿Sabes escribir una carta?

—Sí.

Quiere que le escriba cartas para sus clientes. Si necesitas un traje o un vestido para un niño, puedes acudir a ella. Ella te entrega un vale y a ti te dan la ropa con el vale. A ella le hacen un descuento, y te cobra el precio completo y encima intereses. Le devuelves el dinero en pagos semanales. Algunos de sus clientes se retrasan en los pagos y ella tiene que enviarles cartas amenazadoras.

—Te daré tres peniques por cada carta que escribas —me dice—, y otros tres peniques si cobro gracias a ella. Si quieres el empleo, ven aquí los jueves y los viernes por la noche y tráete tu propio papel y sobres.

Necesito ese trabajo desesperadamente. Quiero ir a América. Pero no tengo dinero para comprar papel y sobres. Al día siguiente entrego un telegrama en los almacenes Woolworth y allí está la solución, todo un departamento lleno de papel y de sobres. No tengo dinero, de modo que tendré que cogerlos por mi cuenta. Pero ¿cómo? Dos perros me salvan la situación, dos perros en la puerta de Woolworth trabados después de la excitación. Ladran y corren en círculo. Los clientes y los vendedores sueltan risitas nerviosas y fingen mirar para otro lado, y mientras se ocupan de fingir yo me meto papel y sobres debajo del jersey, salgo por la puerta y me voy en bicicleta, me alejo de los perros unidos.

La señora Finucane me mira con desconfianza.

—Este papel y estos sobres que traes son muy elegantes. ¿Son de tu madre? Los devolverás cuando tengas dinero, ¿no, muchacho?

—Ah, sí.

Me dice que desde ahora no debo entrar nunca en su casa por la puerta principal. Detrás de la casa hay un callejón, y yo debo entrar por la puerta trasera por miedo a que me vea alguien.

Me presenta en un gran libro de cuentas los nombres y las direcciones de seis clientes que están retrasados en los pagos.

—Amenázales, muchacho. Haz que se mueran de miedo.

Mi primera carta:

Estimada señora O'Brien:

Habida cuenta que no ha tenido a bien pagarme lo que me debe, puedo verme obligada a recurrir a los tribunales. Veo a su hijo Michael pasearse por el mundo luciendo su traje nuevo que yo pagué, mientras yo apenas tengo un mendrugo de pan para mantener un hálito de vida. Estoy segura de que no querrá pudrirse en las mazmorras de la cárcel de Limerick, separada de sus amigos y de su familia.

Su segura servidora que espera demandarle,

Señora Brigid Finucane.

—Es una carta grandiosa, muchacho —me dice—, mejor que todo lo que se lee en el *Limerick Leader*. Eso de «habida cuenta» mete el miedo en el cuerpo. ¿Qué significa?

—Creo que significa que ésta es su última oportunidad.

Escribo cinco cartas más y ella me da dinero para los sellos. Mientras vuelvo a la oficina de correos pienso: «¿Por qué voy a derrochar el dinero en sellos cuando tengo dos piernas para entregar yo mismo las cartas en plena noche?». Cuando uno es pobre, una carta amenazadora es siempre una carta amenazadora, sin que importe cómo entra por la puerta.

Corro por las calles de Limerick metiendo cartas por debajo de las puertas y rezando por que nadie me vea.

A la semana siguiente, la señora Finucane está dando chillidos de alegría.

—Han pagado cuatro. Ah, siéntate ahora mismo a escribir más, muchacho. Dales un susto de muerte.

Al ir pasando las semanas, mis cartas amenazadoras se vuelven cada vez más afiladas. Empiezo a usar palabras que apenas entiendo yo mismo.

Estimada señora O'Brien:

Habida cuenta que no ha sucumbido a la inminencia de la demanda de nuestra epístola anterior, ha de saber que hemos emprendido consultas con nuestro abogado susodicho de Dublín.

La señora O'Brien paga a la semana siguiente.

—Llegó temblando, con lágrimas en los ojos, y me prometió que no volvería a retrasarse en ningún pago.

Los viernes por la noche, la señora Finucane me manda a la taberna por una botella de jerez.

—Tú eres demasiado joven para el jerez, muchacho. Puedes hacerte una buena taza de té, pero tendrás que volver a usar las hojas del té de esta mañana. No, no puedes tomarte un trozo de pan, con lo caro que está. ¿Conque pan, eh? Sólo te falta pedir un huevo.

Se mece junto al fuego, bebiéndose el jerez a traguitos, contando el dinero que hay en el monedero que tiene en su regazo, apuntando los pagos en su libro de cuentas antes de guardarlo todo bajo llave en el baúl que tiene bajo la cama en el piso de arriba. Después de tomarse varias copas de jerez me explica lo bonito que es tener un poco de dinero para poder dejárselo a la Iglesia para que te digan misas por el reposo de tu alma. Le da mucha felicidad pensar que los curas dirán misas por su alma cuando lleve muchos años muerta y enterrada.

Algunas veces se queda dormida y se le cae al suelo el monedero. Yo cojo algunos chelines más por las horas extraordinarias y por haber usado tantas palabras nuevas e imponentes. Habrá menos dinero para los curas y para sus misas, pero ¿cuántas misas necesita un alma? y ¿no tengo derecho a quedarme algunas libras después de que la Iglesia me diera con la puerta en las narices? No me dejaron que fuese monaguillo, estudiante de secundaria, misionero con los Padres Blancos. No me importa. Yo tengo una cuenta postal de ahorros, y si sigo escribiendo cartas amenazadoras que consiguen su objetivo, si sigo quedándome algún que otro chelín del monedero de ella y guardándome el dinero de los sellos, tendré el dinero que necesito para huir a América. Yo no tocaría ese dinero que guardo en Correos aunque toda mi familia se estuviera cayendo de hambre.

Con frecuencia tengo que escribir cartas amenazadoras dirigidas a vecinas y amigas de mi madre, y tengo miedo de que me descubran. Se quejan delante de mamá:

—Esa vieja perra, la Finucane, que vive ahí abajo en el barrio de Irishtown, me ha enviado una carta amenazadora. Tiene que ser un demonio del infierno para atormentar a su propia gente con un tipo de carta que tampoco tiene pies ni cabeza, llena de palabras que no había oído decir en la vida. La persona capaz de escribir una carta así es peor que Judas o que cualquier delator a sueldo de los ingleses.

Mi madre dice que cualquiera que escriba cartas así debería ser hervido en aceite y deberían arrancarle las uñas los ciegos.

Yo lo siento por ellos, pero no tengo otra manera de ahorrar el dinero para ir a América. Sé que algún día seré un yanqui rico y que enviaré a mi casa centenares de dólares, y mi familia no tendrá que volver a preocuparse por las cartas amenazadoras.

Algunos chicos de telégrafos temporales van a examinarse en agosto para ser fijos. La señora O'Connell dice:

—Deberías examinarte, Frank McCourt. Tienes algo de cerebro y aprobarías sin problemas. Llegarías a cartero enseguida, y serías una gran ayuda para tu pobre madre.

También mamá dice que debo examinarme, llegar a cartero, ahorrar, ir a América y ser cartero allí; dice que sería una vida estupenda.

Entrego un telegrama en la taberna de South un sábado y allí está sentado el tío Pa Keating, todo negro como de costumbre.

—Tómate una gaseosa, Frankie —me dice—, ¿o prefieres una pinta, ahora que vas a cumplir dieciséis años?

—Una gaseosa, tío Pa, gracias.

—Querrás tomarte tu primera pinta el día que cumplas los dieciséis, ¿no?

—Sí, pero no estará aquí mi padre para dármela.

—No te preocupes por eso. Ya sé que no es lo mismo sin el padre de uno, pero yo te daré tu primera pinta. Es lo que haría si tuviera un hijo. Ven aquí la noche antes de que cumplas los dieciséis años.

—Vendré, tío Pa.

—He oído decir que te vas a examinar para Correos.

—Así es.

—¿Por qué vas a hacer una cosa así?

—Es un buen trabajo, y llegaría a cartero enseguida, con derecho a pensión.

—Ah, pensión, y una mierda. Con dieciséis años y ya estás hablando de pensiones. ¿Es que me estás tomando el pelo? ¿Me has oído, Frankie? Pensión, y una mierda. Si apruebas el examen te quedarás en Correos a gusto y con seguridad el resto de tu vida. Te casarás con una Brígida y tendrás cinco catoliquitos y cultivarás rositas en tu jardín. Tendrás la cabeza muerta antes de cumplir los treinta años y se te secarán los huevos el año anterior. Toma tus propias decisiones de una puñetera vez y que se vayan a la porra las seguridades y los resentidos. ¿Me oyes, Frankie McCourt?

—Sí, tío Pa. Eso es lo que decía el señor O'Halloran.

—¿Qué decía?

—Que tomásemos nuestras propias decisiones.

—Tenía razón el señor O'Halloran. Ésta es tu vida, toma tus propias decisiones y a la porra los resentidos. En todo caso, y al fin y al cabo, te irás a América, ¿no es así?

—Sí, tío Pa.

El día del examen me dispensan de ir a trabajar. En la cristalera de una oficina de la calle O'Connell hay un letrero: SE NECESITA CHICO LISTO, CON BUENA LETRA, QUE VALGA PARA LAS CUENTAS, RAZÓN AQUÍ, PRESENTARSE AL DIRECTOR, SEÑOR MCCAFFREY, EASONS S.L.

Me quedo de pie ante el edificio donde se va a celebrar el examen, la sede de la Asociación de Jóvenes Protestantes de Limerick. Llegan chicos de todo Limerick a examinarse, suben por los escalones y un hombre que está en la puerta les va dando hojas de papel y lápices y les dice a voces que se den prisa, que se den prisa. Miro al hombre de la puerta, pienso en el tío Pa Keating y en lo que me dijo, pienso en el letrero que estaba en la oficina de Easons, SE NECESITA CHICO LISTO. No quiero entrar por esa puerta y aprobar ese examen, pues si lo hago seré un chico de telégrafos fijo, con uniforme, después seré cartero, después empleado y venderé sellos el resto de mi vida. Me quedaré en Limerick para siempre, cultivando rosas con la cabeza muerta y con los huevos secos.

El hombre de la puerta me dice:

—Tú, ¿vas a entrar o te vas a quedar ahí pasmado?

Me dan ganas de decir al hombre que me bese el culo, pero todavía me quedan algunas semanas de trabajo en la oficina de correos y podría dar parte. Sacudo la cabeza y subo por la calle en la que necesitan a un chico listo.

El director, el señor McCaffrey, me dice:

—Me gustaría ver una muestra de tu letra, ver, en suma, si tienes un puño aceptable. Siéntate en esa mesa. Escribe tu nombre y tu dirección y escríbeme un párrafo en el que expliques por qué has venido a solicitar este trabajo y cómo piensas ascender en el escalafón de Easons e Hijo, S.L. gracias a tu perseverancia y a tu ahínco, pues en esta empresa hay grandes oportunidades para un muchacho que no pierda de vista la bandera al frente y que proteja sus flancos del canto de sirena del pecado.

Yo escribo:

Frank McCourt
Calle Little Barrington, 4
Limerick
Condado de Limerick
Irlanda

Solicito este puesto para poder ascender a lo más alto del escalafón de Easons S.L. gracias a mi perseverancia y ahínco, sabiendo que si mantengo la vista al frente y me protejo los flancos estaré libre de tentaciones y daré prestigio a Easons y a toda Irlanda.

—¿Qué es esto? —me pregunta el señor McCafrey—. ¿Es que quieres falsear la verdad?
—No lo sé, señor McCaffrey.
—«Calle Little Barrington». Eso es un callejón. ¿Por qué lo llamas calle? Vives en un callejón, no en una calle.
—La llaman calle, señor McCaffrey.
—No te quieras dar importancia, muchacho.
—Oh, no pretendo hacerlo, señor McCaffrey.
—Vives en un callejón, y eso significa que no puedes más que subir en la vida. ¿Entiendes esto, McCourt?
—Sí, señor.
—Tienes que salir del callejón a fuerza de trabajo, McCourt.
—Sí, señor McCaffrey.
—Tienes el aire y la pinta de un chico de callejón, McCourt.
—Sí, señor McCaffrey.
—Tienes el aire del callejón, de arriba abajo. Desde la coronilla hasta la punta de los pies. No intentes engañar al populacho, McCourt. Muy vivo tendrías que andar para engañar a alguien como yo.

—Oh, no lo intentaría, señor McCaffrey.

—Y los ojos. Tienes los ojos muy irritados. ¿Ves bien?

—Sí, señor McCaffrey.

—Sabes leer y escribir, pero ¿sabes sumar y restar?

—Sí, señor McCaffrey.

—Bueno, no sé cuál es la política de la empresa en lo que respecta a los ojos irritados. Tendré que hablar por teléfono con Dublín y enterarme de cuál es la política en lo que respecta a los ojos irritados. Pero tienes letra clara, McCourt. Buen puño. Te contrataremos dejando pendiente la decisión sobre los ojos irritados. El lunes por la mañana. En la estación de ferrocarril, a las seis y media.

—¿De la mañana?

—De la mañana. ¿Es que acaso repartimos los malditos periódicos por la noche?

—No, señor McCaffrey.

—Otra cosa. Distribuimos el *Irish Times*, un periódico protestante, publicado por los masones de Dublín. Lo recogemos en la estación de ferrocarril. Contamos los periódicos. Se los llevamos a los vendedores de prensa. Pero no los leemos. No quiero verte leyéndolos. Podrías perder la fe, y tal como tienes los ojos, podrías perder también la vista. ¿Me has oído, McCourt?

—Sí, señor McCaffrey.

—Nada de leer el *Irish Times*, y cuando entres a trabajar la semana que viene te diré toda la basura inglesa que no has de leer en esta oficina. ¿Me has oído?

—Sí, señor McCaffrey.

La señora O'Connell tiene la boca fruncida y no quiere mirarme. Dice a la señorita Barry:

—He oído decir que cierto advenedizo de los callejones no quiso examinarse para Correos. No era digno de él, supongo.

—Así es —dice la señorita Barry.

—No somos dignos de él, supongo.

—Así es.

—¿Cree que nos dirá por qué no quiso examinarse?

—Oh, puede que nos lo diga si se lo pedimos de rodillas —dice la señorita Barry.

—Quiero ir a América, señora O'Connell —le digo.

—¿Ha oído eso, señorita Barry?

—Sí que lo he oído, señora O'Connell.

—Ha hablado.

—Ha hablado, en efecto.

—Se va a enterar de lo que vale un peine, señorita Barry.

—Sí que se va a enterar, señora O'Connell.

La señora O'Connell habla por encima de mí a los chicos que esperan recoger sus telegramas sentados en el banco.

—Éste es Frankie McCourt, que se cree que Correos no es digno de él.

—Yo no creo eso, señora O'Connell.

—¿Y quién le ha pedido a usted que abra el pico, Excelencia Eminentísima? Es demasiado importante para nosotros, ¿verdad, muchachos?

—Lo es, señora O'Connell.

—Y después de todo lo que hemos hecho por él, de que le diésemos los telegramas que valían buenas propinas, de que lo enviásemos al campo los días buenos, de que lo volviésemos a admitir después de su conducta vergonzosa con el señor Harrington, el inglés, de que no respetase el cuerpo de la pobre señora Harrington, de que se atiborrase de emparedados de jamón, de que se emborrachase como una cuba con el jerez, de que saltase por la ventana y destrozase todos los rosales de los alrededores, de que se presentase aquí haciendo eses, ¿y quién sabe qué más cosas hizo en los dos años que pasó repartiendo telegramas? ¿Quién sabe, verdaderamente? Aunque nosotras algo sabemos, ¿verdad, señorita Barry?

—Sí que lo sabemos, señora O'Connell, aunque son cosas de las que no se puede hablar.

Habla en voz baja con la señorita Barry, y me miran y sacuden la cabeza.

—Es una deshonra para Irlanda y para su pobre madre. Espero que ella no se entere nunca. Pero ¿qué se podría esperar de uno que nació en América, con padre del Norte? Y nosotras que le toleramos todo eso y que volvimos a admitirlo.

Sigue hablando a los chicos del banco por encima de mí:

—Va a trabajar en Easons, va a trabajar para esa banda de masones y de protestantes de Dublín. Correos no es digno de él, pero está preparado y dispuesto a repartir revistas inglesas sucias de todo tipo por todo Limerick. Toda revista que toque será un pecado mortal. Pero ya nos deja, vaya si nos deja, y es un mal día para su pobre madre, que rezó por tener un hijo con derecho a pensión que la cuidase en su vejez. De modo que, toma, aquí tienes tu sueldo y quítate de nuestra vista.

—Es un chico malo, ¿verdad, chicos? —dice la señorita Barry.

—Sí, señorita Barry.

Yo no sé qué decir. No sé qué he hecho de malo. ¿Debo disculparme? ¿Debo despedirme?

Dejo mi cinturón y mi cartera en el escritorio de la señorita O'Connell. Ella me mira fijamente.

—Vete. Vete a tu trabajo en Easons. Vete de entre nosotros. El siguiente, que venga a recoger telegramas.

Se ponen a trabajar de nuevo y yo bajo las escaleras para iniciar la etapa siguiente de mi vida.

XVII

No sé por qué tuvo que avergonzarme la señora O'Connell delante de todo el mundo, y tampoco creo que Correos ni ninguna otra cosa sea indigna de mí. ¿Cómo iba a serlo, con mi pelo de punta, mi cara salpicada de espinillas, mis ojos rojos que manan líquido amarillo, mis dientes que se me caen por las caries, sin hombros, sin carne en el culo después de recorrer en bicicleta trece mil millas para entregar veinte mil telegramas a todas las puertas de Limerick y de su comarca?

La señora O'Connell dijo hace mucho tiempo que lo sabía todo acerca de todos los chicos de telégrafos. Debe de saber las veces que me he tocado en lo alto de Carrigogunnell mientras las lecheras me contemplaban y los niños pequeños me miraban desde abajo.

Debe de saber lo de Theresa Carmody y el sofá verde, cómo la dejé en pecado y la mandé al infierno, el peor pecado de todos, mil veces peor que lo de Carrigogunnell. Debe de saber que no me he vuelto a confesar después de lo de Theresa, que yo también estoy condenado al infierno.

Ni Correos ni ninguna otra cosa puede ser indigna de una persona capaz de cometer un pecado así.

El tabernero de la taberna de South se acuerda de mí desde los tiempos en que yo me sentaba con el señor Hannon, Bill Galvin, el tío Pa Keating, negro blanco negro. Recuerda a mi padre, cómo se gastaba el sueldo y el paro mientras cantaba canciones patrióticas y pronunciaba discursos desde el banquillo de los acusados como un rebelde condenado a muerte.

—¿Y qué quieres tomar? —dice el tabernero.

—He venido a ver a mi tío Pa Keating para tomarme mi primera pinta.

—Ah, pardiez, ¿es cierto eso? Llegará dentro de un momento, y nada impide que te tire a él su pinta, y quizás te tire a ti tu primera pinta, ¿no?

—Así es, señor.

Llega el tío Pat y me dice que me siente a su lado, junto a la pared. El tabernero trae las pintas, el tío Pa paga, levanta el vaso, dice a los presentes en la taberna:

—Éste es mi sobrino, Frankie McCourt, hijo de Ángela Sheehan, hermana de mi mujer, y se va a tomar su primera pinta; a tu salud y que vivas muchos años, Frankie, que vivas para apreciar las pintas, pero no demasiado.

Los parroquianos levantan las pintas, asienten con la cabeza, beben, y les quedan líneas cremosas en los labios y en los bigotes. Yo doy un gran trago a mi pinta y el tío Pat me dice:

—Despacio, por el amor de Dios, no te lo bebas todo, hay de sobra mientras la familia Guinness siga gozando de prosperidad y de salud.

Yo le digo que quiero invitarlo a una pinta con mi último sueldo de la oficina de correos, pero él me dice:

—No, llévate el dinero a casa y dáselo a tu madre, podrás invitarme a una pinta cuando vuelvas de América con el rubor del éxito y de una rubia ardorosa colgada del brazo.

Los parroquianos de la taberna están hablando del terrible estado del mundo y de cómo, en nombre de Dios, pudo escaparse Herman Goering del verdugo una hora antes de que lo fueran a ahorcar. Los yanquis están declarando allí en Nuremberg que no saben cómo tenía escondida esa pastilla el hijo de puta del nazi. ¿La llevaría en el oído?, ¿en la nariz?, ¿en el culo? Seguro que los yanquis registraban hasta el más mínimo rincón y agujero de los nazis que cogían prisioneros, pero Hermann los dejó con un palmo de narices. Ya ves. Eso te demuestra que podrán cruzar el Atlántico, desembarcar en Normandía, bombardear Alemania hasta borrarla de la faz de la tierra, pero a la hora de la verdad no son capaces de encontrar una pastillita escondida en los recovecos del culo gordo de Goering.

El tío Pa me invita a otra pinta. Me resulta más difícil beberla porque me llena y me hincha el vientre. Los parroquianos hablan de los campos de concentración y de los pobres judíos que no habían hecho mal a nadie, «hombres, mujeres, niños, amontonados en hornos, niños, ¿qué te parece?, ¿qué daño podían hacer, zapatitos esparcidos por todas partes, amontonados?», y la taberna se vuelve nebulosa y las voces se vuelven confusas.

—¿Estás bien? —me pregunta el tío Pat—. Estás blanco como el papel.

Me lleva al retrete, y los dos echamos una larga meada contra la pared, que no deja de moverse. No puedo volver a entrar en la taberna, con el humo de tabaco, la Guinness rancia, el culo gordo de Goering, los zapatitos esparcidos, no puedo volver a entrar, buenas noches, tío Pa, gracias, y él me dice que me vaya derecho a casa con mi madre, derecho a casa, ah, él no sabe nada de la excitación en el altillo ni de la excitación en el sofá verde, ni que estoy en tal estado de condenación que si me muriera ahora llegaría al infierno en un abrir y cerrar de ojos.

El tío Pa vuelve a su pinta. Yo he salido a la calle O'Connell, ¿y por qué no recorro los pocos pasos que me separan de los jesuitas y les cuento todos mis pecados esta última noche que tendré quince años? Toco el timbre en la residencia de los sacerdotes y sale un hombre grande.

—¿Sí?

—Quiero confesarme, Padre —le digo.

—No soy sacerdote —dice él—. No me llames Padre. Soy Hermano.

—Está bien, Hermano. Quiero confesarme antes de cumplir los dieciséis años mañana. Quiero estar en gracia de Dios en mi cumpleaños.

—Vete de aquí —dice—. Estás borracho. Un niño como tú, borracho como un odre, llamando a estas horas para pedir un sacerdote. Vete de aquí, o llamo a los guardias.

—Ay, no. Ay, no. Sólo quiero confesarme. Estoy condenado.

—Estás borracho y no tienes un arrepentimiento sincero.

Me cierra la puerta en las narices. Otra puerta que me cierran en las narices, pero mañana cumplo dieciséis años, y vuelvo a llamar. El Hermano abre la puerta, me hace girar sobre mí mismo, me da una patada en el culo y me hace bajar las escaleras a trompicones.

—Como vuelvas a llamar a ese timbre, te rompo la mano —me dice.

Los Hermanos jesuitas no deberían hablar así. Deberían ser como Nuestro Señor y no ir por el mundo amenazando a la gente con romperles las manos.

Estoy mareado. Iré a casa a acostarme. Me agarro a los pasamanos por la calle Barrington y me apoyo en la pared cuando bajo por el callejón. Mamá está junto al fuego fumándose un Woodbine, mis hermanos están arriba, en la cama.

—Bonita manera de llegar a casa —me dice.

Me cuesta trabajo hablar, pero le digo que me he tomado mi primera pinta con el tío Pa. No está mi padre para invitarme a mi primera pinta.

—Tu tío Pa debería tener más sentido común.

Me acerco tambaleándome a una silla, y ella me dice:

—Igual que tu padre.

Yo intento controlar el movimiento de mi lengua en mi boca.

—Prefiero ser, prefiero ser, prefiero ser como mi padre a ser como Laman Griffin.

Ella aparta la vista de mí y mira las cenizas del fogón, pero yo no quiero dejarla en paz porque me he tomado la pinta, dos pintas, y mañana cumplo dieciséis años, soy un hombre.

—¿Me has oído? Prefiero ser como mi padre a ser como Laman Griffin.

Ella se pone de pie y me mira.

—Cuidado con esa lengua —me dice.

—Ten tú cuidado con esa cochina lengua.

—No me hables de ese modo. Soy tu madre.

—Te hablaré como me dé la puñetera gana.

—Tienes una boca como la de un recadero.

—¿Ah, sí?, ¿ah, sí? Bueno, pues prefiero ser un recadero a parecerme a Laman Griffin, ese borracho lleno de mocos en su altillo, donde espera a que suban otros con él.

Ella se aparta de mí y yo la sigo al piso de arriba, hasta la habitación pequeña. Se vuelve y me dice:

—Déjame en paz, déjame en paz.

Y yo sigo gritándole: «Laman Griffin, Laman Griffin», hasta que ella me empuja.

—Sal de esta habitación.

Y yo le doy una bofetada en la mejilla y se le saltan las lágrimas y ella dice, lloriqueando:

—No te voy a dar la oportunidad de que vuelvas a hacer esto.

Y me aparto de ella porque ya tengo otro pecado en mi larga lista y estoy avergonzado de mí mismo.

Me desplomo en mi cama con ropa y todo y me despierto en plena noche vomitando en la almohada, mis hermanos se quejan de la peste, me dicen que lo limpie, que soy una deshonra. Oigo llorar a mi madre y quiero decirle que lo siento, pero por qué iba a hacerlo después de lo que hizo ella con Laman Griffin.

A la mañana siguiente mis hermanos pequeños se han ido a la escuela, Malachy ha salido a buscar trabajo, mamá está tomando té junto al fuego. Dejo mi sueldo en la mesa al alcance de su mano y me vuelvo para marcharme.

—¿Quieres una taza de té? —dice ella.

—No.

—Es tu cumpleaños.

—Me da igual.

Me grita por el callejón:

—Deberías llevar algo en el estómago.

Pero yo le vuelvo la espalda y doblo la esquina sin responder. Todavía tengo ganas de decirle que lo siento, pero si se lo digo tendré ganas de decirle que ella tiene toda la culpa, que no debería haberse subido al altillo aquella noche, y en todo caso todo me importa menos que un pedo de violinista, porque sigo escribiendo cartas amenazadoras para la señora Finucane y estoy ahorrando para marcharme a América.

Tengo todo el día por delante antes de ir a ver a la señora Finucane para escribir las cartas amenazadoras, y me paseo por la calle Henry hasta que la lluvia me hace entrar en la iglesia de los franciscanos, donde está San Francisco entre sus pájaros y sus corderos. Lo miro y me pregunto cómo he podido rezarle. No, no le he rezado, le he pedido cosas.

Le pedí que intercediera por Theresa Carmody pero él no hizo nada, se quedó allí de pie en su peana con su sonrisita, con los pájaros, con los corderos, y Theresa y yo le importamos menos que un pedo de violinista.

Tú y yo hemos terminado, San Francisco. Te dejo. Francis. No sé por qué me pusieron ese nombre. Me iría mejor si me llamara Malachy, el nombre de un rey y el de un gran santo. ¿Por qué no curaste a Theresa? ¿Por qué dejaste que se fuera al infierno? Dejaste a mi madre subirse al altillo. Me dejaste caer en estado de condenación. Los zapatitos de los niños, dispersos por los campos de concentración. Vuelvo a tener el tumor. Lo tengo en el pecho, y tengo hambre.

San Francisco no me ayuda, no impide que me broten las lágrimas de los ojos, que sorba y me atragante y que me salgan los «Dios mío, Dios mío» que me hacen caer de rodillas con la cabeza apoyada en el banco de delante, y estoy tan débil por el hambre y por el llanto que estoy a punto de caerme al suelo, ¿y tendrías la bondad de ayudarme, Dios, o San Francisco?, porque hoy cumplo dieciséis años, y he pegado a mi madre y he mandado a Theresa al infierno y me he hecho pajas por todo Limerick y por toda su comarca, y tengo miedo de la rueda de molino atada a mi cuello.

Hay un brazo que me rodea los hombros, un hábito pardo, el chasquido de un rosario negro, un fraile franciscano.

—Hijo mío, hijo mío, hijo mío.

Soy un niño y me reclino contra él, el pequeño Frankie en el regazo de su padre, cuéntame lo de Cuchulain, papá, es mi cuento, no lo pueden tener ni Malachy ni Freddie Leibowitz en los columpios.

—Hijo mío, siéntate aquí conmigo. Dime qué te inquieta. Sólo si quieres decírmelo. Soy el padre Gregory.

—Hoy cumplo dieciséis años, Padre.

—Ah, qué bonito, qué bonito, ¿y por qué ha de inquietarte eso?

—Anoche me tomé mi primera pinta.

—¿Sí?

—Pegué a mi madre.

—Dios nos asista, hijo mío. Pero Él te perdonará. ¿Hay algo más?

—No puedo decírselo, Padre.

—¿Querrías confesarte?

—No puedo, Padre. He hecho cosas terribles.

—Dios perdona a todos los que se arrepienten. Envió a Su único Hijo Amado para que muriera por nosotros.

—No puedo contárselo, Padre. No puedo.

—Pero puedes contárselo a San Francisco, ¿verdad?

—Ya no me ayuda.

—Pero tú lo quieres, ¿verdad?

—Sí. Me llamo Francis.

—Entonces, cuéntaselo a él. Nos quedaremos aquí y tú le contarás las cosas que te inquietan. Si yo te escucho aquí sentado no seré más que los oídos de San Francisco y de Nuestro Señor. ¿No te vendrá bien?

Hablo con San Francisco, le hablo de Margaret, Oliver, Eugene, de mi padre que cantaba *Roddy McCorley* y no traía dinero a casa, de mi padre que no enviaba dinero de Inglaterra, de Theresa y el sofá verde, de mis pecados terribles en Carrigogunnell, de por qué no pudieron ahorcar a Hermann Goering después de lo que hizo a los niños pequeños, cuyos zapatos estaban esparcidos por los campos de concentración, del Hermano cristiano que me cerró la puerta en las narices, de cuando no me dejaron ser monaguillo, de mi hermano pequeño Michael que andaba por el callejón con el zapato roto con la suela que le aleteaba, de mis ojos enfermos que me avergüenzan, del Hermano jesuita que me cerró la puerta en las narices, de las lágrimas en la cara de mamá cuando le di una bofetada.

El padre Gregory me dice:

—¿No querrías quedarte sentado en silencio, rezar unos minutos quizás?

Siento la aspereza de su hábito pardo contra mi mejilla, y percibo un olor a jabón. Mira a San Francisco y al sagrario e inclina la cabeza, y yo supongo que está hablando con Dios. Después me dice que me arrodille, me da la ab-solución, me dice que rece tres avemarías, tres padrenuestros, tres glorias. Me dice que Dios me perdona y que yo debo perdonarme a mí mismo, que Dios me ama y que yo debo amarme a mí mismo, pues sólo cuando amas a Dios en ti mismo puedes amar a todas las criaturas de Dios.

—Pero yo quiero saber si Theresa Carmody está en el infierno, Padre.

—No, hijo mío. Seguro que está en el cielo. Sufrió como los mártires antiguos, y Dios sabe que ésa es una penitencia suficiente. No dudes de que las hermanas del hospital no la dejaron morir sin un sacerdote.

—¿Está seguro, Padre?

—Lo estoy, hijo.

Me bendice otra vez, me pide que rece por él, y yo troto feliz por las calles lluviosas de Limerick, pues sé que Theresa está en el cielo y ya no tose.

Llega la mañana del lunes y sale el sol en la estación de ferrocarril. Los periódicos y las revistas están amontonados en paquetes a lo largo de la pared del andén. El señor McCaffrey está allí con otro chico, Willie Harold, cortando los cordeles de los paquetes, contando, apuntando los totales en un libro de cuentas. Los periódicos ingleses y el *Irish Times* deben entregarse temprano, las revistas se entregan más tarde, a media mañana. Contamos los periódicos y los etiquetamos para entregarlos en las tiendas de la ciudad.

El señor McCaffrey conduce la camioneta y se queda al volante mientras Willie y yo entramos corriendo en las tiendas con los paquetes y anotamos los pedidos para el día siguiente, aumentamos o reducimos la cifra en el libro de cuentas. Cuando están repartidos los periódicos descargamos las revistas en la oficina y tenemos cincuenta minutos para ir a casa a desayunar.

Cuando vuelvo a la oficina me encuentro con otros dos chicos, Eamon y Peter, que ya están clasificando revistas, contándolas y metiéndolas en los casilleros de los vendedores de prensa que están en la pared. Los pedidos pequeños los reparte Gerry Halvey en su bicicleta de reparto, los grandes se reparten con la camioneta. El señor McCaffrey me dice que me quede en la oficina para que aprenda a contar las revistas y a anotarlas en el libro de cuentas. En cuanto se marcha el señor McCaffrey, Eamon y Peter abren un cajón donde esconden colillas y las encienden. No se creen que yo no fume. Me preguntan si me pasa algo, si es por los ojos o si estoy tísico quizás.

—¿Cómo vas a salir con una chica si no fumas? —dice Peter—. ¿No quedarías por idiota si sales por un camino con la chica y ella te pide un pitillo y tú le dices que no fumas? ¿No quedarías entonces por un completo idiota? ¿Cómo ibas a llevártela entonces a un prado para meterle mano?

—Es lo que dice mi padre de los hombres que no beben —dice Eamon—, que no son de fiar.

Peter dice que si te encuentras con un hombre que no bebe ni fuma es que es un hombre al que tampoco le interesan las chicas, y más te vale taparte con la mano el ojo del culo, más te vale hacer eso.

Se ríen y les da la tos, y cuanto más se ríen más tosen, hasta que se están sujetando el uno al otro y se dan golpes entre los omoplatos y se limpian las lágrimas de las mejillas. Cuando se les pasa el ataque escogemos revistas inglesas y americanas y miramos los anuncios de ropa interior de mujer, de sujetadores, de bragas y de medias largas de nilón. Eamon está mirando una revista americana llamada *See* que trae fotos de las chicas japonesas que alegran la vida a los soldados que están tan lejos de sus casas, y Eamon dice que tiene que ir al retrete, y cuando sale, Peter me hace un guiño.

—Ya sabes a qué se dedica allí dentro, ¿no? Y algunas veces el señor McCaffrey se pone de mal genio cuando los chicos pasamos mucho tiempo dentro del retrete, tocándonos y derrochando el valioso tiempo por el que nos paga la empresa Easons, y encima poniendo en peligro nuestras almas inmortales. El señor McCaffrey no es capaz de decir abiertamente «dejad de haceros pajas», porque no se puede acusar a nadie de un pecado mortal sin tener pruebas. A veces entra a inspeccionar el retrete cuando sale un chico. Sale con la mirada amenazante y nos dice: «No tenéis que mirar esas revistas cochinas de países extranjeros. Tenéis que contarlas y que meterlas en los casilleros, eso es todo».

Eamon vuelve a salir del retrete y entra Peter con una revista americana, *Collier's*, que trae fotos de chicas en un concurso de belleza.

—¿Sabes lo que hace allí dentro? —dice Eamon—. Se está tocando. Entra cinco veces al día. Cada vez que llega una revista americana nueva con ropa interior de mujeres, él se mete allí. No acaba nunca de tocarse. Se lleva prestadas las revistas a casa a espaldas del señor McCaffrey, y sabe Dios lo que hace él solo con las revistas toda la noche. Si se cayera muerto se le abriría de par en par la boca del infierno.

A mí me gustaría también entrar en el retrete cuando sale Peter, pero no quiero que se pongan a decir: «Mírale, el chico nuevo, en su primer día de trabajo, ya se está tocando. No quiere encenderse un pitillo, eso no, pero se hace pajas como un chivo».

El señor McCaffrey vuelve de hacer el reparto en la camioneta y nos pregunta por qué no están contadas las revistas, empaquetadas y dispuestas para salir. Peter le dice:

—Estábamos ocupados enseñando a McCourt, el chico nuevo. Dios nos asista, era un poco lento con lo mal que tiene los ojos, pero insistimos y ya lo hace mejor.

Gerry Halvey, el recadero, va a pasarse una semana sin venir a trabajar, porque tiene derecho a vacaciones y quiere pasar el tiempo con su novia, Rose, que vuelve de Inglaterra. Como soy el chico nuevo, tengo que hacer de recadero en su ausencia, tengo que ir por todo Limerick en la bicicleta que tiene una gran cesta de metal en la parte delantera. Él me enseña a equilibrar los periódicos y las revistas de tal modo que la bicicleta no se caiga estando yo sentado en el sillín y un camión que pase me atropelle y me deje en la calzada como un trozo de salmón. Una vez vio a un soldado al que había atropellado un camión militar y eso era lo que parecía, un salmón.

Gerry hace una última entrega en el quiosco de Easons de la estación de ferrocarril el sábado a mediodía, y eso nos viene bien porque puedo esperarlo allí para recoger la bicicleta y él puede recibir a Rose que llega en el tren. Esperamos en la puerta y él me dice que hace un año que no ve a Rose. Ella está en Inglaterra trabajando en una taberna de Bristol, y eso no le gusta nada a él porque los ingleses siempre están sobando a las muchachas irlandesas, les meten la mano por debajo de la falda y les hacen cosas peores, y las muchachas irlandesas no se atreven a decir nada por miedo a perder sus trabajos. Todo el mundo sabe que las muchachas irlandesas se mantienen puras, sobre todo las muchachas de Limerick, célebres en el mundo entero por su pureza, que tienen un hombre que las espera como el propio Gerry Halvey. Él sabrá si ella le ha sido fiel por su manera de andar.

—Si una muchacha llega al cabo de un año andando de una manera diferente a como andaba cuando se marchó, entonces se sabe que no ha hecho bueno con los ingleses, esos hijos de puta sucios y cachondos.

El tren entra silbando en la estación y Gerry saluda con la mano y señala a Rose que viene hacia nosotros desde el final del tren, a Rose que sonríe con sus dientes blancos, preciosa, con un vestido verde. Gerry deja de saludar con la mano y murmura entre dientes: «Mira cómo anda, perra, puta, azotacalles, ramera, fulana», y sale corriendo de la estación. Rose se acerca a mí.

—¿No era Gerry Halvey el que estaba contigo?

—Sí.

—¿Dónde está?

—Ah, se ha marchado.

—Ya sé que se ha marchado. ¿Adónde ha ido?

—No lo sé. No me lo dijo. Salió corriendo, eso es todo.

—¿No ha dicho nada?

—No le oí decir nada.

—¿Trabajas con él?

—Sí. He venido a recoger la bicicleta.

—¿Qué bicicleta?

—La bicicleta de reparto.

—¿Lleva él una bicicleta de reparto?

—Sí.

—Me dijo que trabajaba en la oficina de Easons, de empleado, trabajo de oficina. ¿No es así?

Yo estoy desesperado. No quiero dejar por mentiroso a Gerry Halvey, no quiero que tenga problemas con la preciosa Rose.

—Ah, todos nos turnamos con la bicicleta de reparto. Una hora en la oficina, una hora en bicicleta. El director dice que es bueno que salgamos a tomar el aire.

—Bueno, yo me voy a mi casa a dejar la maleta e iré después a su casa. Pensé que él me la llevaría.

—Tengo aquí la bicicleta, y puedes meter la maleta en la cesta y yo te acompañaré a casa a pie.

Vamos a pie hasta su casa, que está en la carretera de Carey, y ella me dice que está muy ilusionada con Gerry. Ahorró dinero en Inglaterra y ahora quiere volver a su lado y casarse, aunque él sólo tiene diecinueve años y ella sólo diecisiete.

—¿Qué importa, cuando uno está enamorado? He vivido como una monja en Inglaterra y soñaba con él todas las noches, y muchas gracias por traerme la maleta.

Me vuelvo para saltar en la bici y volver a Easons, pero entonces aparece por detrás Gerry. Tiene la cara roja y resopla como un toro.

—¿Qué hacías con mi chica, mierdecilla?, ¿eh? ¿Qué hacías? Como me entere de que has hecho algo con mi chica, te mato.

—No he hecho nada. Le he llevado la maleta porque pesaba.

—No vuelvas a mirarla o mueres.

—No la miraré, Gerry. No quiero mirarla.

—¿Ah, sí? ¿Es que es fea, o qué?

—No, no, Gerry, es que es tuya y te quiere.

—¿Cómo lo sabes?

—Me lo ha dicho.

—¿Te lo ha dicho?

—Me lo ha dicho, palabra de honor.

—Jesús.

Él aporrea la puerta de ella.

—Rose, Rose, ¿estás en casa?

Y ella sale a abrir.

—Claro que estoy en casa.

Y yo me voy en la bicicleta de reparto con el letrero que dice EASONS en la cesta, intentando entender cómo la besa ahora después de las cosas tan terribles que dijo de ella en la estación e intentando entender cómo pudo mentir descaradamente Peter en la oficina al señor McCaffrey cuando le dijo lo de mis ojos, cuando la verdad es que Eamon y él habían pasado todo el tiempo mirando las chicas en ropa interior y tocándose después en el retrete.

El señor McCaffrey está terriblemente alterado en la oficina.

—¿Dónde te habías metido? Dios del cielo, ¿es que tardas todo el día en venir en bicicleta de la estación de ferrocarril? Aquí tenemos una emergencia, y debería estar Halvey, pero está disfrutando de sus vacaciones, córcholis, y que Dios me perdone la manera de hablar, y tú vas a tener que ir en bicicleta tan aprisa como puedas, menos mal que fuiste chico de telégrafos y te conoces cada pulgada de Limerick, y te pasas por cada condenada tienda que es cliente nuestro y entras directamente y coges todos los ejemplares que veas de la revista *John O'London Semanal* y les arrancas la página dieciséis, y si alguien te dice algo, le dices que son órdenes del Gobierno y que no debe entrometerse en los asuntos del Gobierno, y que si te pone un dedo encima corre el riesgo de que lo detengan, lo metan en la cárcel y le impongan una fuerte multa; ahora, vete, por Dios, y tráete todas las páginas dieciséis que arranques para que las quememos aquí en el fuego.

—¿En todas las tiendas, señor McCaffrey?

—Yo me encargaré de las grandes, ocúpate tú de las pequeñas hasta Ballinacurra y por la carretera de Ennis y más allá, Dios nos asista. Vamos, vete.

Estoy saltando en la bici cuando Eamon baja corriendo la escalera.

—Oye, McCourt, espera. Escucha. No le des todas las páginas dieciséis cuando vuelvas.

—¿Por qué?

—Podemos venderlas Peter y yo.

—¿Por qué?

—Hablan del control de la natalidad, y eso está prohibido en Irlanda.

—¿Qué es el control de la natalidad?

—Ay, Jesús bendito, ¿es que no sabes nada? Son los condones, ya sabes, las gomas, los preservativos, cosas así para que las chicas no se queden en estado.

—¿En estado?

—Preñadas. Para tener dieciséis años eres un total ignorante. Date prisa y tráete las páginas antes de que todo el mundo empiece a correr a las tiendas a comprarse el *John O'London Semanal*.

Estoy a punto de marcharme en la bicicleta cuando baja corriendo por las escaleras el señor McCaffrey.

—Espera, McCourt, iremos en la furgoneta. Eamon, ven con nosotros.

—¿Y Peter?

—Déjalo. Acabará en el retrete con una revista, de todos modos.

El señor McCaffrey habla solo en la furgoneta:

—Bonita papeleta, que te llamen por teléfono de Dublín un buen sábado para que salgamos a recorrernos todo Limerick arrancando páginas de una revista inglesa cuando podía estar en casa con una taza de té y un buen bollo, leyendo el *Irish Press* con los pies apoyados en una caja, bajo el cuadro del Sagrado Corazón, bonita papeleta, sí, señor.

El señor McCaffrey entra corriendo en todas las tiendas y nosotros entramos detrás de él. Agarra las revistas, nos entrega un montón a cada uno y nos dice que empecemos a arrancar las páginas. Los tenderos le gritan:

—¿Qué hacen? Jesús, María y el santo San José, ¿es que están locos de atar? Dejen esas revistas donde estaban o llamo a los guardias.

El señor McCaffrey les dice:

—Son órdenes del Gobierno, señora. En el *John O'London* de esta semana vienen unas porquerías indignas de ser vistas por los ojos de los irlandeses, y nosotros hemos venido en nombre de Dios.

—¿Qué porquerías?, ¿qué porquerías? Enséñeme las porquerías antes de ponerse a mutilar las revistas. No voy a pagar estas revistas a Easons, ya lo creo que no.

—Señora, eso no nos importa. La empresa Easons prefiere perder grandes sumas antes que tolerar que las gentes de Limerick y de Irlanda se corrompan con estas porquerías.

—¿Qué porquerías?

—No se lo puedo decir. Vámonos, muchachos.

Tiramos las páginas al suelo de la furgoneta, y cuando el señor McCaffrey está discutiendo en una tienda nos metemos algunas debajo de las camisas. En la furgoneta hay revistas viejas y nosotros les arrancamos páginas y las revolvemos con las otras para que el señor McCaffrey se crea que todas son la página dieciséis del *John O'London*.

El cliente que más ejemplares recibe de la revista, el señor Hutchinson, dice al señor McCaffrey que se vaya al infierno y que se largue de su tienda o le abre el cráneo, que deje en paz esas revistas, y cuando el señor McCaffrey sigue arrancando páginas el señor Hutchinson lo echa a la calle, mientras el señor McCaffrey grita que estamos en un país católico y que porque Hutchinson sea protestante eso no le da derecho a vender porquerías en la ciudad más santa de Irlanda.

—Ah, béseme el culo —dice el señor Hutchinson, y el señor McCaffrey nos dice:

—¿Lo veis, muchachos? ¿Veis lo que pasa cuando no se es miembro de la Iglesia Verdadera?

En algunas tiendas dicen que ya han vendido todos los ejemplares del *John O'London*, y el señor McCaffrey dice:

—Ay, Madre de Dios, ¿qué va a ser de todos nosotros? ¿A quién se las vendió?

Exige los nombres y las direcciones de los clientes que corren el peligro de perder sus almas inmortales por leer artículos sobre el control de la natalidad. Quiere ir a sus casas y arrancar esa página cochina, pero los tenderos le dicen:

—Está oscureciendo, McCaffrey, y es la noche del sábado, y váyase usted a la porra de una vez.

Mientras volvemos a la oficina, Eamon me susurra en la parte trasera de la furgoneta:

—Tengo veintiuna páginas. ¿Cuántas tienes tú?

Yo le digo que catorce, aunque tengo más de cuarenta, pero no le digo la verdad porque nunca hay que decir la verdad a la gente que dice mentiras a costa de los ojos enfermos de uno. El señor McCaffrey nos dice que saquemos las páginas de la furgoneta. Recogemos todo lo que hay en el suelo y él se sienta satisfecho en su escritorio, al otro extremo de la oficina, a llamar por teléfono a Dublín para decir que ha irrumpido en todas las tiendas como la justicia divina y que ha salvado a Limerick de los horrores del control de la natalidad, mientras contempla un alegre fuego de páginas de revistas que no tienen nada que ver con el *John O'London Semanal*.

El lunes por la mañana recorro las calles en bicicleta entregando las revistas y hay personas que ven el letrero de Easons en la bici y que me hacen parar para preguntarme si habría alguna manera de hacerse con un ejemplar del *John O'London Semanal*. Es toda gente de aspecto rico, algunos van en automóvil, hombres que llevan sombrero, cuello y corbata y dos plumas estilográficas en el bolsillo, mujeres que llevan sombreros y pequeñas estolas de piel colgando del cuello, gente que toma el té en el Savoy o en el Stella y que estira el dedo meñique para demostrar lo bien educada que está, y esa gente quiere leer ahora esta página que habla del control de la natalidad.

Eamon me había dicho a primera hora:

—No vendas la jodida página por menos de cinco chelines.

Yo le pregunté si estaba de broma. No, no estaba de broma. Todo Limerick habla de esa página y la gente se muere de ganas de hacerse con ella.

—Cinco chelines o nada, Frankie. Si son ricos, cóbrales más, pero eso es lo que cobro yo, de modo que no vayas por ahí en la bicicleta reventando los precios y arruinándome a mí. Tenemos que dar algo a Peter o irá corriendo a darle el soplo a McCaffrey.

Hay personas dispuestas a pagar siete chelines y seis peniques, y al cabo de dos días soy rico, tengo más de diez libras en el bolsillo, menos una que tengo que dar a Peter, la víbora, que es capaz de vendernos a McCaffrey. Ingreso ocho libras en la Caja Postal para mi pasaje a América, y esa noche hacemos una buena cena con jamón, tomates, pan, mantequilla, mermelada. Mamá me pregunta si me ha tocado la lotería, y yo le digo que me dan propinas. No está contenta de que yo sea recadero, porque es lo más bajo que se puede caer en Limerick, pero si gracias a ello vamos a comer jamón de esta categoría, deberíamos poner una vela de acción de gracias. No sabe que el dinero de mi pasaje se va acumulando en la Caja Postal, y si se enterase de lo que gano escribiendo cartas amenazadoras, se moriría.

Malachy tiene un nuevo trabajo en el almacén de un garaje, lleva las piezas a los mecánicos, y la propia mamá está cuidando a un viejo, el señor Sliney, que vive en la carretera de circunvalación del Sur, mientras las dos hijas de éste salen a trabajar cada día. Me dice que si alguna vez estoy repartiendo periódicos por esa zona entre en la casa para tomarme un té y un emparedado. Las hijas no se enterarán, y al viejo no le importará porque está semiinconsciente casi siempre, agotado por todos los años que pasó en el ejército inglés en la India.

Mi madre parece estar en paz en la cocina de esta casa, con su delantal impoluto, con todo limpio y bruñido a su alrededor, mientras las flores se balancean en el jardín contiguo, los pájaros cantan y suena la música de Radio Eireann en la radio. Está sentada a la mesa con una tetera, tazas con platillos, mucho pan, mantequilla, fiambres de todo tipo. Me dice que me puedo tomar un emparedado de lo que quiera, pero yo sólo conozco los de jamón y los de chicharrones. Ella no tiene chicharrones, porque esas cosas son las que come la gente de los callejones, y no se comen en una casa de la carretera de circunvalación del Sur. Dice que los ricos no comen chicharrones porque los hacen con las barreduras de los suelos y de las mesas de las fábricas de tocino, y no se sabe lo que tienen. Los ricos son muy mirados con lo que meten entre dos rebanadas de pan. Allí, en América, a los chicharrones los llaman queso de cerdo, y ella no sabe por qué.

Me da un emparedado de jamón con rodajas jugosas de tomate, y té en una taza con angelitos de color de rosa que vuelan tirando flechas a otros angelitos azules que vuelan, y yo me pregunto por qué no pueden hacer tazas y orinales sin llenarlos de todo tipo de angelitos y de doncellas retozando en el valle. Mamá dice que así son los ricos, que les encanta decorar un poco las cosas, y que a nosotros nos encantaría también si tuviésemos dinero. Ella daría los dos ojos por tener una casa como ésta, con flores y pájaros fuera, en el jardín, y con una radio que toca ese precioso *Concierto de Varsovia* o el *Sueño de Olwyn*, y un montón de tazas y platillos con ángeles que tiran flechas.

Dice que tiene que echar una mirada al señor Sliney, que está tan viejo y tan débil que se le olvida pedir el orinal.

—¿El orinal? ¿Tienes que limpiarle el orinal?

—Claro que sí.

Entonces se produce un silencio, porque creo que estamos recordando la causa de todos nuestros problemas, el orinal de Laman Griffin. Pero de eso hace mucho tiempo, y ahora se trata del orinal del señor Sliney, que no hace daño porque a ella le pagan por limpiarlo y el señor Sliney es inofensivo. Cuando vuelve, me dice que al señor Sliney le gustaría verme, que entre ahora que está despierto.

Está acostado en una cama en el salón de la parte delantera de la casa, tiene la ventana tapada con una sábana negra, no hay rastro de luz.

—Incorpóreme un poco, señora —dice a mi madre—, y quite esa condenada cosa de la ventana para que yo pueda ver al chico.

Tiene el pelo blanco y largo que le llega a los hombros. Mamá me dice en voz baja que no permite que nadie se lo corte.

—Conservo mis dientes de verdad, hijo —me dice—. ¿Qué te parece? ¿Conservas tú tus dientes de verdad, hijo?

—Sí, señor Sliney.

—Ah. Estuve en la India, ¿sabes? Con Timoney, que vivía en esta misma carretera. Había un montón de hombres de Limerick en la India. ¿Conoces a Timoney, hijo?

—Lo conocía, señor Sliney.

—Ha muerto, ¿sabes? El pobrecillo se quedó ciego. Yo conservo la vista. Yo conservo los dientes. Conserva los dientes, hijo.

—Lo haré, señor Sliney.

—Me canso, hijo, pero quiero decirte una cosa. ¿Me estás escuchando?

—Sí, señor Sliney.

—¿Me está escuchando el chico, señora?

—Oh, sí, señor Sliney.

—Bien. Pues esto es lo que quiero decirte. Acércate a mí para que te lo pueda decir al oído. Lo que quiero decirte es esto: no fumes nunca en la pipa de otro hombre.

Halvey se marcha a Inglaterra con Rose y yo tengo que llevar la bicicleta de reparto todo el invierno. Es un invierno crudo, hay hielo por todas partes, y yo no sé nunca cuándo va a patinar la bici y voy a salir volando a la calzada o a la acera mientras caen por todas partes las revistas y los periódicos. Los tenderos se quejan al señor McCaffrey de que el *Irish Times* les llega decorado con trozos de hielo y de cagadas de perro, y él nos murmura a nosotros que así es como hay que entregar ese periódico, ese periodicucho protestante.

Todos los días, después de haber hecho mis entregas, me llevo a casa el *Irish Times* para ver dónde estriba el peligro. Mamá dice que menos mal que no está papá. Él diría: «¿Para esto han luchado y han muerto los hombres de Irlanda, para que mi propio hijo esté aquí sentado a la mesa de la cocina leyendo el periódico de los masones?».

Publican cartas al director de personas de toda Irlanda que afirman que han oído cantar al primer cuclillo del año, y se lee entre líneas que se están llamando mentirosos los unos a los otros. Hay artículos y fotografías que cuentan las bodas protestantes, y las mujeres siempre parecen más bonitas que las que conocemos nosotros en los callejones. Se ve que las mujeres protestantes tienen los dientes perfectos, aunque Rose, la de Halvey, tenía los dientes bonitos.

No dejo de leer el *Irish Times* y me pregunto si estoy corriendo peligro de pecado, pero me da igual. Desde que sé que Theresa Carmody está en el cielo y ya no tose, ya no me confieso. Leo el *Irish Times* y el *Times* de Londres, porque éste me dice a qué se dedica el Rey cada día y qué hacen Isabel y Margarita.

Leo las revistas femeninas inglesas por todos los artículos sobre cocina y por las respuestas a los consultorios femeninos. Peter y Eamon adoptan acentos ingleses y fingen leer revistas femeninas inglesas.

—Querida señorita Hope —dice Peter—: salgo con un tipo de Irlanda que se llama McCaffrey y no deja de meterme mano y me aprieta la cosa contra el ombligo, y estoy loca porque no sé qué hacer. Señorita Lulu Smith, Yorkshire.

—Querida Lulu —dice Eamon—: si ese tal McCaffrey es tan alto que te aprieta el pijo contra el ombligo, te recomiendo que te busques a un hombre más pequeño que te lo meta entre las piernas. Seguro que podrás encontrar a un hombre decente y bajito en Yorkshire.

—Querida señorita Hope: tengo trece años y soy morena, y me pasa una cosa terrible y no se lo puedo decir a nadie, ni siquiera a mi madre. Sangro cada pocas semanas por ya sabe dónde, y tengo miedo de que me descubran. Señorita Agnes Tripple, Little Biddle-on-the-Twiddle, Devon.

—Querida Agnes: hay que darte la enhorabuena. Ya eres mujer y puedes hacerte la permanente, porque tienes el mes. No tengas miedo al mes, pues todas las inglesas lo tienen. Es un don de Dios para purificarnos y para que podamos tener hijos más fuertes para el Imperio, soldados para mantener a raya a los irlandeses. En algunas partes del mundo consideran impuras a las mujeres cuando tienen el mes, pero nosotros los británicos queremos a nuestras mujeres cuando tienen el mes, desde luego que sí.

En la primavera llega un recadero nuevo y yo vuelvo a la oficina. Peter y Eamon acaban marchándose a Inglaterra. Peter está harto de Limerick, no hay chicas y no te queda más que tocarte, pajas, pajas, pajas, es lo único que hacemos en Limerick. Llegan chicos nuevos. Yo soy el más antiguo, y el trabajo es más fácil, porque soy rápido y cuando el señor McCaffrey sale en la furgoneta y he terminado de trabajar leo las revistas y los periódicos ingleses, irlandeses, americanos. Sueño con América día y noche.

Malachy va a Inglaterra a trabajar en un internado de niños católicos ricos, y allí está alegre y sonriente como si fuera igual a cualquier niño de la escuela, y todo el mundo sabe que cuando trabajas en un internado inglés debes llevar la cabeza baja y arrastrar los pies como corresponde a un criado irlandés como Dios manda. Lo despiden por su manera de comportarse, y Malachy les dice que le pueden besar el real culo irlandés, y ellos dicen que esa manera de hablar tan sucia y esa conducta eran de esperar. Encuentra trabajo en la Fábrica de Gas de Coventry, echando carbón en los hornos a paletadas, igual que el tío Pa Keating; echa carbón a paletadas y espera el día en que podrá irse a América siguiendo mis pasos.

XVIII

Tengo diecisiete años, dieciocho, para cumplir diecinueve, trabajo en Easons, escribo cartas amenazadoras para la señora Finucane, que dice que no le queda mucho tiempo en este mundo y que cuantas más misas digan por su alma más tranquila se quedará. Mete dinero en sobres y me manda a todas las iglesias de la ciudad para que llame a la puerta de los curas y les entregue los sobres con el encargo de las misas. Quiere que recen por ella todos los curas, menos los jesuitas.

—No sirven para nada —dice ella—, son todo cabeza y no tienen corazón. Eso es lo que deberían tener escrito en el dintel de la puerta en latín, y yo no voy a darles ni un penique, porque cada penique que das a un jesuita se gasta en un libro caro o en una botella de vino.

Ella envía el dinero, espera que le digan las misas, pero nunca está segura, y si ella no está segura, ¿por qué voy a entregar yo todo ese dinero a los curas cuando yo necesito el dinero para irme a América? Y si me guardo algunas libras y las ingreso en la Caja Postal, ¿quién se va a enterar? Y si rezo una oración por la señora Finucane y enciendo velas por su alma cuando se muera, ¿no me escuchará Dios, aunque yo sea un pecador que hace mucho tiempo que no se confiesa?

Dentro de un mes cumpliré diecinueve años. Sólo me faltan algunas libras para pagarme el pasaje y algunas libras más para tener en el bolsillo cuando desembarque en América.

La noche del viernes anterior al día en que cumplo diecinueve años la señora Finucane me manda a traer el jerez. Cuando vuelvo, está muerta en la silla, con los ojos muy abiertos, y con su monedero en el suelo muy abierto. No me atrevo a mirarla, pero cojo un fajo de billetes. Diecisiete libras. Cojo la llave del baúl de arriba. Cojo cuarenta de las cien libras que hay en el baúl, y me llevo también el libro de cuentas. Sumando esto a lo que tengo en la Caja Postal, ya tengo bastante para ir a América. Cuando salgo me llevo la botella de jerez para que no se eche a perder.

Me siento junto al río Shannon, cerca de los diques secos, y bebo tragos del jerez de la señora Finucane. En el libro de cuentas figura el nombre de la tía Aggie. Debe nueve libras. Puede que fuera el dinero que se gastó en mis ropas hace mucho tiempo, pero ahora ya no tendrá que pagarlo porque yo arrojo al río el libro de cuentas. Siento que nunca podré decir a la tía Aggie que le he ahorrado nueve libras. Siento haber escrito cartas amenazadoras a los pobres de los callejones de Limerick, mi propia gente, pero el libro de cuentas ha desaparecido, nadie sabrá nunca cuánto deben y ellos no tendrán que pagar los saldos pendientes. Me gustaría poder decirles que soy su Robin Hood.

Otro trago de jerez. Dejaré una libra o dos para encargar una misa por el alma de la señora Finucane. Su libro de cuentas ya baja por el Shannon y se dirige al Atlántico, y yo sé que seguiré su camino algún día, dentro de poco tiempo.

El hombre de la agencia de viajes de O'Riordan dice que no puede facilitarme el viaje a América en avión a no ser que me vaya primero a Londres, lo que me costaría una fortuna. Puede darme pasaje en un barco llamado *Irish Oak*, que zarpará de Cork dentro de unas semanas.

—Nueve días de navegación —me dice—, en septiembre, octubre, la mejor época del año, camarote propio, trece pasajeros, comida de la mejor, como unas vacaciones para ti, y te costará cincuenta y cinco libras, ¿las tienes?

—Las tengo.

Digo a mamá que me marcharé dentro de unas semanas y ella se echa a llorar.

—¿Nos iremos todos algún día? —dice Michael.

—Sí.

Alphie dice:

—¿Me mandarás un sombrero de vaquero y esa cosa que la tiras y vuelve?

Michael le dice que eso es un bumerán, y que para encontrarlo hay que irse a Australia, que en América no los hay.

Alphie dice que en América se pueden encontrar, claro que sí, y los dos discuten acerca de América, de Australia y de los bumeranes, hasta que mamá dice:

—Por el amor de Dios, tu hermano nos deja y los dos os ponéis a reñir por los bumeranes. ¿Queréis dejarlo?

Mamá dice que tendremos que hacer una pequeña fiesta la noche anterior a mi partida. Antiguamente solían hacer fiestas cuando alguien partía para América, que estaba tan lejos que las fiestas se llamaban velatorios americanos, porque la familia no esperaba volver a ver en su vida al que partía. Dice que es una pena que Malachy no pueda volver de Inglaterra, pero todos estaremos juntos algún día en América, con la ayuda de Dios y de Su Santa Madre.

Los días que tengo libres en el trabajo me paseo por Limerick y contemplo todos los sitios donde hemos vivido, la calle Windmill, la calle Hartstonge, el callejón Roden, la carretera de Rosbrien, la calle Little Barrington, que en realidad es un callejón. Me quedo mirando la casa de Theresa Carmody hasta que sale la madre de ella y me pregunta qué quiero. Me siento junto a las tumbas de Oliver y de Eugene en el antiguo cementerio de San Patricio y voy al cementerio de San Lorenzo, al otro lado de la carretera, donde está enterrada Theresa. Vaya donde vaya, oigo las voces de los muertos, y me pregunto si podrán seguirme hasta el otro lado del Océano Atlántico.

Quiero que se me queden grabadas en la mente las imágenes de Limerick por si no vuelvo nunca. Me siento en la iglesia de San José y en la iglesia de los redentoristas y me digo a mí mismo que debo mirarlo todo bien, porque quizás no lo vuelva a ver nunca. Bajo por la calle Henry a despedirme de San Francisco, aunque sé que podré hablar con él en América.

Ahora hay días en que no quiero irme a América. Me dan ganas de ir a la agencia de viajes de O'Riordan y recuperar mis cincuenta y cinco libras. Podría esperar a tener veintiún años para que Malachy se viniera conmigo, y entonces conocería al menos a una persona en Nueva York. Tengo sensaciones extrañas, y algunas veces, sentado junto al fuego con mamá y con mis hermanos, siento que se me saltan las lágrimas y me avergüenzo de mí mismo por ser tan débil. Al principio, mamá se ríe y me dice que debo de tener la vejiga cerca de los ojos, pero después dice Michael:

—Todos iremos a América, papá estará allí, Malachy estará allí y estaremos todos juntos.

Y entonces se le saltan las lágrimas a ella y los cuatro, allí sentados, lloramos como idiotas.

Mamá dice que es la primera vez que hemos celebrado una fiesta en la vida, y que es bien triste celebrarla cuando los hijos de una se le marchan uno a uno, Malachy a Inglaterra, Frank a América. Ahorra algunos chelines de lo que gana cuidando al señor Sliney y compra pan, jamón, chicharrones, queso, gaseosa y algunas botellas de cerveza negra. El tío Pa Keating trae cerveza negra, whiskey y un poco de jerez para la tía Aggie, que tiene el estómago delicado, y ésta trae una tarta que ha preparado ella misma, repleta de pasas de Corinto y de uvas pasas. El Abad trae seis botellas de cerveza negra y dice:

—No te preocupes, Frankie, podéis beber todos mientras me quede a mí una botella o dos para ayudarme a cantar mi canción.

Canta *El camino de Rasheen*. Levanta su cerveza negra, cierra los ojos y le sale la canción como un quejido agudo. La letra no tiene sentido, y todos nos preguntamos por qué le saltan las lágrimas de los ojos cerrados. Alphie me pregunta en voz baja:

—¿Por qué llora por una canción que no tiene sentido?

—No lo sé.

El Abad termina su canción, abre los ojos, se seca las mejillas y nos dice que es una canción triste que habla de un muchacho irlandés que se fue a América y lo mataron a tiros unos gángsteres, y se murió antes de que pudiera asistirlo un cura, y me dice que procure que no me peguen un tiro si no estoy cerca de un cura.

El tío Pa dice que es la canción más triste que ha oído en su vida, y pregunta si podríamos oír algo más animado. Se lo pide a mamá, y ella dice:

—Ay, no, Pa, seguro que no tengo fuelle.

—Vamos, Ángela, vamos. Todos a una, que sólo se oiga una voz.

—Está bien. Lo intentaré.

Todos cantamos el estribillo de la canción triste de mamá:

> *El amor de una madre es una bendición*
> *Vayas por donde vayas.*
> *Cuídala mientras la tengas,*
> *La echarás de menos cuando falte.*

El tío Pa dice que esta canción es peor que la anterior, y que estamos convirtiendo esta noche en un verdadero velatorio, que si nadie canta una canción que anime el ambiente él tendrá que darse a la bebida por la tristeza.

—Ay, Dios —dice la tía Aggie—, se me olvidaba. Afuera hay un eclipse de luna ahora mismo.

Salimos al callejón y contemplamos cómo desaparece la luna detrás de una sombra negra y redonda.

—Es un presagio muy bueno para tu partida a América, Frankie —dice el tío Pa.

—No —dice la tía Aggie—, es mal presagio. He leído en el periódico que la luna está ensayando para el fin del mundo.

—Oh, el fin del mundo, y una mierda —dice el tío Pa—. Esto es un comienzo para Frankie McCourt. Volverá dentro de unos años con un traje nuevo y con grasa encima de los huesos, como cualquier yanqui, y con una muchacha preciosa con los dientes blancos colgada del brazo.

—Ay, no, Pa, ay, no —dice mamá, y la hacen entrar en casa y la consuelan con un trago de jerez de España.

Está cayendo la noche cuando el *Irish Oak* zarpa de Cork y pasa por delante de Kinsale y del cabo Clear, y es noche cerrada cuando se ven centellear las luces del promontorio Mizen, la última tierra irlandesa que veré hasta Dios sabe cuándo.

Sin duda debería haberme quedado, haberme examinado para Correos, haber subido en el mundo. Podría haber traído a casa el dinero suficiente para que Michael y Alphie fueran a la escuela con zapatos como Dios manda y con los estómagos bien llenos. Podríamos habernos mudado de un callejón a una calle, o incluso a una avenida de casas con jardín. Debería haber hecho ese examen, para que mamá no tuviese que volver a limpiar los orinales del señor Sliney ni de nadie.

Ya es demasiado tarde. Estoy a bordo del barco e Irlanda se queda atrás y se pierde en la noche, y es una tontería que me quede en esta cubierta mirando atrás y pensando en mi familia, en Limerick, en Malachy y en mi padre, que está en Inglaterra, y es una tontería aún mayor que me vengan a la cabeza canciones, Roddy McCorley va a morir, y mamá canta, ahogándose, «Oh, las noches de los bailes de Kerry», mientras el pobre señor Clohessy tose en la cama, y ahora quiero que me devuelvan a Irlanda, allí al menos tenía a mamá y a mis hermanos y a la tía Aggie, por mala que fuera, y al tío Pa, que me invitó a mi primera pinta, y tengo la vejiga cerca de los ojos, y hay un cura a mi lado en la cubierta y se ve que siente curiosidad por mí.

Es de Limerick, pero tiene acento americano después de todos los años que ha pasado en Los Ángeles. Sabe lo que es dejar Irlanda, él mismo lo hizo y no lo ha superado nunca. Uno vive en Los Ángeles viendo el sol y las palmeras un día tras otro y pide a Dios que le mande, si es posible, un día de lluvia suave como en Limerick.

El cura se sienta a mi lado durante las comidas en la mesa del primer oficial, que nos dice que se ha cambiado la ruta del barco y que en vez de ir a Nueva York vamos rumbo a Montreal.

Después de tres días de travesía vuelve a cambiar la ruta. Vamos a Nueva York, después de todo.

Tres pasajeros americanos se quejan:

—Condenados irlandeses. ¿No se pueden aclarar de una vez?

El día anterior a nuestra llegada a Nueva York vuelve a cambiar la ruta. Vamos a subir por el río Hudson a desembarcar en un lugar llamado Albany.

—¿A Albany? —dicen los americanos—. ¿A la maldita Albany? ¿Por qué demonios hemos tenido que embarcarnos en un maldito cascarón irlandés? Maldita sea.

El cura me dice que no les preste atención. No todos los americanos son así.

Estoy en cubierta al romper el día cuando entramos navegando en Nueva York. Estoy seguro de que estoy en una película, de que se va a acabar y se encenderán las luces y me encontraré en el cine Lyric. El cura quiere enseñarme las cosas, pero no hace falta. Reconozco la estatua de la Libertad, la isla de Ellis, el edificio Empire State, el edificio Chrysler, el puente de Brooklyn. Hay millares de coches que corren por las carreteras y el sol lo vuelve todo dorado. Los americanos ricos que llevan sombrero de copa, pajarita blanca y frac deben estar volviendo a sus casas para meterse en la cama con las mujeres preciosas que tienen los dientes blancos. Los demás van a trabajar en oficinas caldeadas y cómodas y nadie tiene la menor preocupación del mundo.

Los americanos están discutiendo con el capitán y con un hombre que ha subido a bordo desde un remolcador.

—¿Por qué no podemos desembarcar aquí? ¿Por qué tenemos que seguir en el maldito barco hasta la maldita Albany?

—Porque son pasajeros del buque —dice el hombre—, y el capitán es

391

el capitán y el reglamento no contempla que los desembarquemos nosotros.

—¿Ah, sí? Pues bien, éste es un país libre y somos ciudadanos americanos.

—¿De verdad? Pues bien, están en un barco irlandés con capitán irlandés, y harán lo que a él le dé la maldita gana disponer, si no quieren ir nadando al puerto.

Baja por la escalerilla, el remolcador se aleja dando resoplidos y nosotros subimos por el Hudson, pasamos por delante de Manhattan, bajo el puente George Washington, por delante de centenares de barcos de la Libertad, que hicieron su parte en la guerra y que ahora están amarrados y dispuestos a pudrirse.

El capitán anuncia que la marea nos obligará a echar el ancla por la noche frente a un pueblo que se llama Poughkeepsie. El cura me lo deletrea y me dice que es un nombre indio, y los americanos dicen: «Maldito Poughkeepsie».

Cuando ya ha oscurecido llega al barco un barquito que hace put, put, y una voz irlandesa grita:

—Hola. Jesús, he visto la bandera irlandesa, vaya que sí. No daba crédito a mis dos ojos. Hola.

Invita al primer oficial a que baje a tierra a beber algo y le dice que se traiga a un amigo.

—Y usted también, Padre, y tráigase a un amigo.

El cura me invita a mí, y bajamos por una escalerilla al barquito con el primer oficial y con el oficial de radio. El hombre del barco dice que se llama Tim Boyle y que es del condado de Mayo, Dios nos asista, y que hemos anclado allí en buen momento porque estaban celebrando una fiestecilla y estamos todos invitados. Nos lleva a una casa que tiene césped, una fuente y tres aves rosadas que se sostienen en una pata. Hay cinco mujeres en una habitación que llaman *living*. Las mujeres llevan el pelo tieso, vestidos inmaculados. Tienen vasos en la mano y son amables y sonríen con dientes perfectos. Una de ellas dice:

—Pasen, hagan el favor. Justo a tiempo para la fiersta.

«La fiersta». Así es como hablan, y supongo que yo hablaré así dentro de pocos años.

Tim Boyle dice que las chicas lo están pasando bien mientras sus maridos pasan la noche fuera cazando ciervos, y una de las mujeres, Betty, dice:

—Sí. Amigotes de la guerra. Ya hace casi cinco años que terminó la guerra y no lo han superado, de modo que pegan tiros a los animales todos los fines de semana y beben Rheingold hasta que se ponen ciegos. Condenada guerra, y perdone la palabra, Padre.

El cura me dice al oído:

—Son mujeres malas. No nos quedaremos mucho rato.

—¿Qué quieren beber? —preguntan las mujeres malas—. Tenemos de todo. ¿Cómo te llamas, cielo?

—Frank McCourt.

—Bonito nombre. Así que te tomarás una copita. A todos los irlandeses les gusta tomarse una copita. ¿Te apetece una cerveza?

—Sí, muchas gracias.

—Hay que ver, qué educado. Me gustan los irlandeses. Mi abuela era medio irlandesa. ¿Qué soy yo entonces, la mitad, un cuarto de irlandesa? No lo sé. Me llamo Frieda. Toma tu cerveza, cielo.

El cura se queda sentado en el extremo de un sofá que llaman *tresillo* y dos de las mujeres hablan con él. Betty pregunta al primer oficial si le gustaría ver la casa y él le dice:

—Oh, sí que me gustaría, porque en Irlanda no tenemos casas como ésta.

Otra mujer dice al oficial de radio que debería ver las plantas que tienen en el jardín, que tienen unas flores increíbles. Frieda me pregunta si estoy bien y yo le digo que sí, pero que si no le importa decirme dónde está el retrete.

¿El qué?

—El retrete.

—Ah, quieres decir el baño. Por aquí, cielo, por el pasillo.

—Gracias.

Me abre la puerta, me enciende la luz, me besa en la mejilla y me dice al oído que me esperará fuera por si necesito algo.

De pie ante el retrete, disparando, me pregunto qué podría necesitar en un momento así, y si esto es corriente en América, que te espere fuera una mujer mientras echas una meada.

Termino, tiro de la cadena y salgo. Ella me coge de la mano y me lleva a un dormitorio, deja su vaso, cierra la puerta con llave, me empuja a la cama. Está luchando con mi bragueta.

—Dichosos botones. ¿Es que no tenéis cremalleras en Irlanda?

Me saca la excitación se sube encima de mí se desliza arriba y abajo arriba y abajo Jesús estoy en el cielo y llaman a la puerta el cura Frank estás ahí

393

Frieda se lleva el dedo a los labios y levanta los ojos al cielo Frank estás ahí Padre le importaría irse a la porra y ay Dios ay Theresa ves lo que me pasa por fin me importa menos que un pedo de violinista que el propio Papa llame a la puerta y que todo el colegio cardenalicio se reúna a mirar por la ventana ay Dios le he echado dentro todo lo que tenía dentro yo y ella se derrumba sobre mí y me dice que soy maravilloso y que si me plantearía la posibilidad de quedarme a vivir en Poughkeepsie.

Frieda dice al cura que me había dado un pequeño mareo después de ir al baño, que eso es lo que pasa cuando se viaja y se bebe una cerveza desconocida como la Rheingold, que a ella le parece que no se conoce en Irlanda. Veo que el cura no la cree y yo no puedo contener el calor que me va y viene de la cara. El cura ya tenía anotado el nombre y la dirección de mi madre, y ahora temo que escriba y que diga «el bueno de su hijo pasó su primera noche en América en un dormitorio de Poughkeepsie retozando con una mujer cuyo marido se había ido a cazar ciervos para relajarse un poco después de hacer su parte por América en la guerra, y vaya una manera de tratar a los hombres que lucharon por su país».

El primer oficial y el oficial de radio vuelven de sus visitas a la casa y al jardín y no miran al cura. Las mujeres nos dicen que debemos estar muertos de hambre y entran en la cocina. Nos quedamos sentados en el *living* sin cruzarnos la palabra y escuchando los susurros y las risas de las mujeres en la cocina. El cura vuelve a decirme al oído: «Mujeres malas, mujeres malas, ocasión de pecado», y yo no sé qué decirle.

Las mujeres malas sacan emparedados y sirven más cerveza, y cuando terminamos de comer ponen discos de Frank Sinatra y preguntan si alguien quiere bailar. Nadie dice que sí, porque nadie se levanta a bailar con mujeres malas delante de un cura, de modo que las mujeres bailan las unas con las otras y se ríen como si todas tuvieran secretitos. Tim Boyle bebe whiskey y se queda dormido en un rincón hasta que Frieda lo despierta y le dice que vuelva a llevarnos al barco. Cuando nos vamos a marchar, Frieda se inclina hacia mí como si fuera a besarme la mejilla, pero el cura dice «buenas noches» con un tono muy cortante y nadie se da la mano. Mientras bajamos por la calle hacia el río oímos las risas de las mujeres, cristalinas y luminosas en el aire de la noche.

Subimos por la escalerilla y Tim nos grita desde su barquito:

—Tengan cuidado al subir esa escalerilla. Ay, muchachos, ay, muchachos, ¿verdad que ha sido una noche estupenda? Buenas noches, muchachos, y buenas noches, Padre.

Contemplamos su barquito hasta que desaparece entre la oscuridad de la ribera de Poughkeepsie. El cura nos da las buenas noches y baja a los camarotes y el primer oficial lo sigue.

Yo me quedo en cubierta con el oficial de radio, contemplando el centelleo de las luces de América.

—Dios mío —me dice—, ha sido una noche encantadora, Frank. ¿Verdad que éste es un gran país?

XIX

—Lo es.